글로컬 한국불교 총서 12

# 징관澄觀의 불교세계에 대한 해석

동아시아 불교의 관점에서

동국대학교 출판문화원

이 저서는 2021년 대한민국 교육부와 한국연구재단의 지원을 받아 수행된 연구임
(NRF-2021S1A6A3A01097807)

# 징관澄觀의 불교세계에 대한 해석

### 동아시아 불교의 관점에서

## 서문

본서는 징관에 관한 연구 논문을 동아시아 불교의 관점에서 모아 간행한 최초의 전문서이다. 본서에 실린 논고는 두 부류로 분류된다. 첫째는 2023년 5월 12-13 양일간 동국대학 불교문화연구원 HK+사업단, 중국인민대학 불교와종교학이론연구소, 중앙민족대학 철학과종교학학원, 용곡대학 세계불교문화연구센터가 공동으로 개최한 「현대 한국화엄의 원류를 찾아서-징관과 동아시아 불교」에 발표된 논고들이고, 둘째는 본서의 구성에 맞추어 모은 기존의 논고들이다.

우선 2023년 5월에 개최된 학술대회에 대해서 간략히 그 의의를 소개하고자 한다. 본 학술대회는 HK+사업단의 전신 HK연구단에서 원효탄신 1400주년을 기념하기 위해서 중국인민대·중앙민족대와 교차학술대회를 개최하기로 한데서 시작한다. 당시 화엄 인물을 주제로 학술대회를 개최하기로 하였고, 한국의 인물은 중국에서, 중국의 인물은 한국에서 학술대회를 개최하자고 약속하였다. 그래서 2017년 3월에 중국인민대에서 원효스님을 주제로 첫 학술대회를 개최하였다. 다음 해에는 동국대에서 법장스님을 주제로 개최하였고, 그 다음 해에는 중앙민족대에서 의상스님을 주제로 학술대회를 개최하였다.

이후 일본 용곡대가 합류하면서 2019년에 일본 용곡대에서 일본의 화엄에서 가장 중요한 두 인물인 명혜와 응연을 주제로 2일 동안 학술대회를 개최하였다. 이 학술대회의 결과는 2023년 3월에 일본 법장관法藏館에서 일·중·한 공동 편집으로 간행되었다. 한편 2023년 징관스님을 주제로 한 학술대회는 코로나 상황에 직면하여 연기를 거듭하다 4년 만에 개최된 것이다. 각 논고의 발표자와 발표 제목은 아래와 같다.

### 1부 징관의 불교 사상 탐색
김지연金知姸 동국대: 징관의 기신론관/ 장위신張宇心 내몽고대: 당대의 화엄성불론 연구-혜원과 징관의 「性」해석을 중심으로/ 밍쩐스님釋明臻 항주불학원: 화엄 불성론에 대한 담연의 사유-『금강비』를 중심으로

### 2부 한국과 일본 불교의 징관 수용
다카다 시즈카高田悠 용곡대: 징관의 일심해석과 일본적 수용/ 사토 아쓰시佐藤厚 동양대: 고려불교에서의 징관수용/ 노로 세이野呂靖 용곡대: 일본화엄의 논의에 보이는 징관의 영향-천태교학과의 관계에 주목하여

### 3부 근세불교에서의 징관 이해
김자현金慈玄 동국대: 『화엄경소초』의 한국유전과 조선후기 화엄신앙의 양상/ 장원량張文良 중국인민대학: 명대불교에서의 징관/ 승범스님僧範 조계종: 『화엄사기』에 보이는 징관의 선종관 이해 -연담과 인악의 사기를 중심으로

위의 발표들은 징관의 불교 사상과 동아시아 각 지역, 각 인물과의 관련을 정리하고 새롭게 조명했다는 점에서 그 의의를 찾을 수 있었다. 다만 이 가운데 본서의 주제와 동떨어지거나, 시간에 맞추어 논고를 제출하

기 어려운 상황에 있었던 3편의 논고를 제외하였음을 밝혀둔다.

　본서는 14편의 논고를 3부로 나누어 구성하였다. 1부는 '징관의 불교사상 탐구'로 징관의 불교사상을 중심으로 논구된 논고 5편을 실었다. 우선 징관 불교 사상의 원리에 해당하는 교판론을 장원량張文良의 저서 『징관화엄사상의 연구-심의 문제를 중심으로』에서 일부 발췌하였다. 장원량에 따르면 징관은 법성종을 최고의 가르침으로 위치 지으면서도 법성종을 융회하는 자세를 취하여, 양자의 차이뿐 아니라 동일성을 강조한다. 이어 징관의 화엄의 성기사상을 가마타 시게오鎌田茂雄(1927-2001)의 저서 『중국화엄사상의 연구』로부터 발췌하였다. 가마타 시게오에 따르면, 징관의 성기관은 사리무애의 측면에서 설명되며, 선의 영향과 함께 당시 사회 종교적인 요구에 대한 해답이라고 한다. 그런데 요시즈 요시히데吉津宜英(1943-2014)의 저술 『화엄선의 사상사적 연구』에서는 이와는 달리 징관의 사사무애적인 성불론을 다루고 있다. 즉 징관은 사사무애법계라고 하는 절대성에서부터 일체의 것에 상대성을 부여하는 성기의 사유를 주장하는데 그 근거가 되는 이론이 '以性融相'이라고 한다. 두 대가의 징관 해석의 차이에 대한 평가는 후학의 몫이 될 것이다. 장위신張宇心의 논고는 특히 성불론에서 법장의 제자 혜원이 비정성불을 주장함에 따라 성불의 주체 문제가 약화된 반면에, 징관은 성불론의 명제를 유정에 한정하면서 주체성의 문제에 주목했고, 도생의 돈오설과 결합시켰다는 점을 밝혔다. 김지연金知姸은 문헌학적 접근법을 통해 징관이 『화엄경소』에서 보다 『연의초』에서 『기신론』을 중시한다는 사실을 밝혔다. 그리고 『화엄경』의 품과 『기신론』의 내용을 기준으로 하여 징관이 『기신론』을 인용한 경향과 선호한 부분을 드러내었다.

2부는 '동아시아 불교에 미친 징관의 불교사상'으로 징관의 불교사상이 후대의 중국뿐 아니라, 한국과 일본에 미친 영향을 연구한 4편의 논고를 실었다. 우선 김용태金龍泰의 논고는 송대에는 징관을 계승한 관복, 법장을 계승한 사회의 대비적 구도로 설명되는 반면에, 조선후기에는 징관 화엄이 큰 영향을 미치면서 화엄 강학이 성행하고 사기 저술이 본격화되면서 선과 교의 두 전통이 병립하여 계승되는 대비적 상황에 주목하였다. 장원량張文良의 논고는 명대 화엄사들의 특징을 승조에 대한 해석, 징관과 이통현의 사상에 대한 입장의 대비를 통해, 명말 사상가들이 기존의 종파적 입장에 얽매이지 않고, 자신의 학식과 신앙을 바탕으로 역사적인 인물을 평가하고 사상을 선택할 수 있었음을 밝혀낸 역작이다. 노로 세이野呂靖의 논고는 일본의 화엄에서 징관의 화엄사상이 매우 늦은 가마쿠라시대에 수용되었지만, 이후 징관을 중심으로『법화경』의 논의 주제들을 해석한다는 사실을 밝혔으며, 징관의 교학은 화엄을 축으로 선·밀교 등 다양한 사상을 종합적으로 위치시키는 성격을 지니고 있음을 밝혔다. 다카다 시즈카高田悠의 논고는 여심게如心偈를 통해 징관과 종밀의 일심 해석이 일본불교에서 수용되는 과정을 밝혔다. 나아가 종밀의『원각경』수용으로 고산사 승려들에 의해 일심 해석이 중시되었음도 추정하였다.

　3부는 '징관과 조선의 화엄사기'로, 본서만의 독특한 구성으로써 조선시대의 화엄사기류와 징관 불교의 관련을 중심으로 다룬 5편의 논고를 실었다. 강현찬의 논고는 조선 후기『화엄경소초』의 전래와 징광사본·영각사본·봉은사본의 판각 배경 및 유통을 검토하고, 봉은사본에 실린「화엄합본삼가후서」와「영징이본대교」를 대교·분석하여 세 판본의 차이 및 관계를 밝혔다. 이종수의 논고는 조선 후기 화엄학 유행의 역사적 사실을 밝히고, 그 배경에는 조선 후기에 전래된 『화엄경소초』와 『회현기』가 강원 교재로 사용된 것과 화엄학에 정통한 강사의 강원 노트에 해당하는 화엄 사기를 필사하는 전통의 형성이 있었음을 살펴보았다. 김천학의 논고는 설파 상언의 『십지품사기』를 중심으로 징관을 존숭한 설파의 사상적 특징을 밝혔다. 설파는 징관의 『화엄경소초』를 연구하면서 스승인 강노의 설을 수용하지만 사견으로 보충하였고, 혜원을 인용하지만 비판하고 있으며, 해박한 유식학적 지식을 통해 이해하였음을 보였다. 김자현의 논고는 조선 후기 『화엄소초』가 전래되어 화엄학이 성행하면서 그 영향을 받은 화엄경변상도·연화장세계도·신중도 등을 고찰하여, 화엄 교학이 사찰의 장엄과 신앙에 반영되었고 화엄과 다불신앙이 융합된 독특한 양상이 나타났음을 밝혔다. 이선화선암의 논고는 조선후기 사기의 출현과 성행의 양상 및 현황과 간행 사례를 밝히고, 봉선사 능엄승가대학원에 이어져 온 과도와 사기를 활용한 간경법을 『화엄현담』〈왕복서〉의 사례에 적용시켜 검토하였다.

이미 징관을 주제로 한 저서가 간행되었지만, 이 책은 한국·중국·일본 학자들의 징관에 대한 연구논문 모음집으로는 최초라는 점에서 의미있는 성과가 될 것이다. 현재까지는 한국을 포함한 동아시아에서 징관에 대한 연구가 그렇게 활발하게 이루어지고 있지 않은데, 이 책의 간행을 계기로 징관 연구의 붐을 일으키는 계기가 되기를 기대한다.

새해 설날
김천학金天鶴, 장원량張文良, 노로 세이野呂靖, 김지연金知姸

# 목차 CONTENTS

## PART 01 ❖ 징관의 불교사상 탐구

**01** 징관의 교판론 ·························································· 017
법상종과 법성종의 관계를 중심으로
장원량張文良 (번역: 송동규)

**02** 징관 화엄사상의 특질 ············································· 036
징관의 성기사상性起思想
가마타 시게오鎌田茂雄 (번역: 한민수(서담))

**03** 징관의 화엄교학과 선종 ········································· 054
사사무애법계의 성불론
요시즈 요시히데吉津宜英 (번역: 조세인)

**04** 당대 화엄성불론 연구 ············································· 069
혜원, 징관의 '성性'에 대한 해석
장위신張宇心 (번역: 조소영)

**05** 징관의 기신론관 ······················································ 097
『화엄경소』에서 『연의초』로의 변화를 중심으로
김지연

# PART 02 ◈ 동아시아 불교에 미친 징관의 불교사상

**01** 동아시아의 징관 화엄 계승과 그 역사적 전개 ········ 127
송대와 조선후기 화엄교학을 중심으로
김용태

**02** 명대불교에서의 징관 ········ 163
장원량張文良 (번역: 조소영)

**03** 일본 화엄의 논의論義에 보이는 징관의 영향 ········ 191
천태교학과의 관계에 주목하여
노로 세이野呂靖 (번역: 이상민)

**04** 징관과 종밀의 일심 해석과 일본적 수용 ········ 220
다카다 시즈카高田悠 (번역: 송동규)

# 목차 CONTENTS

## PART 03 ◈ 징관과 조선시대 화엄사기

**01** 조선후기 『화엄경소초』의 판각과
「영징이본대교靈澄二本對校」본의 의의 ···················· 255
강현찬

**02** 조선후기 화엄학의 유행과 그 배경 ···················· 293
이종수

**03** 설파상언의 징관 『화엄소초』 이해의 일고찰 ···················· 318
「십지품소」를 중심으로
김천학

**04** 조선 후기 『화엄소초』의 한국 유전과
불교미술의 제작 양상 ···················· 348
김자현

**05** 과도科圖와 사기私記를 활용한 간경법看經法 ···················· 390
봉선사 능엄승가대학원의 사례를 중심으로
이선화(선암)

# PART 01

# 징관의
# 불교사상 탐구

# 01

## 징관의 교판론
### 법상종과 법성종의 관계를 중심으로[1]

장원량張文良

교판[교상판석敎相判釋]이란 인도에서 전래된 여러 경론들을 통일적·합리적 시점으로 정리하고자 하는 것이다. 남북조 이래, 불교 교학의 형성과 교단의 확립을 위해 중국의 조사들은 교판의 정비에 힘을 쏟았다. 특히 수당 이후, 불교 교단의 성립 조건으로 교판이 중요시되어 다양한 교판설이 제시된다. 따라서 교판은 단순히 불교의 여러 교설을 서열화하는 것뿐만 아니라, 그 불교인의 가치 의식, 불교 이해의 기본 입장을 단적으로 보여주는 것이기도 하다.

두순·지엄·법장에 의해 구축된 화엄교학에서 교판론은 『화엄경』을 위치 짓는 문제와 관련된 핵심적인 논제 중 하나이다. 그 대표적인 설은 법장의 '오교십종五敎十宗'이다.[2] 이는 법장이 지엄의 소승-초교-숙교(종교)-돈

---

1 張文良, 『澄觀華嚴思想の研究―「心」の問題を中心に―』 제1장 제3절 「澄觀の敎判論: 法相宗と法性宗との關係を中心として」, 山喜房佛書林, 2006, pp.17-30의 번역이다.

2 『大乘起信論』(『大正藏』32, p.575b-c).

교-원교(일승)의 오교판³을 계승, 정비하고, 나아가 신흥의 법상종法相宗의 팔종교판八宗敎判을 도입하여 확립한 것이다. 이 교판을 통해 법장은 『화엄경』을 정점으로 하여 여러 경론들을 체계적으로 위치 짓고, 이에 따라서 자신의 화엄교학의 절대적 우위를 주장했다고 할 수 있다.

법장에게 사사師事하여 그 문하의 상좌로 여겨지는 혜원慧苑은 법장의 교판을 전승하지 않고 스스로 견혜堅慧의 『보성론』을 통해 '사종교판四種敎判'을 세웠다. 이것이 바로 미진이집교迷眞異執敎·진일분반교眞一分半敎·진일분만교眞一分滿敎·진구분만교眞具分滿敎이다.⁴ 그의 교판의 특징은 인도의 수론數論·승론勝論 등의 구십오종외도九十五種外道의 가르침과 중국의 역易·노老·장莊의 삼가三家의 설을 미진이집교로 귀속시켜 불교 외의 사상도 불교 안에 종합적으로 체계화했다는 것이다.

징관은 이러한 교판의 흐름 속에서 혜원의 설을 배사이류背師異流라고 비판하고, 법장의 '오교십종'의 교판설을 계승하였다. 그러나 징관은 법장의 설에 약간의 중요한 수정을 가하여, 돈교관·선종관·천태종관에 대해 독자적인 설을 만들었다. 이하에서는 법상종法相宗과 법성종法性宗에 관한 징관의 설을 중심으로 그의 교판설을 검토할 것이다. 이를 통해 그의 불교이해의 기본적인 입장을 부각시키고자 한다.

---

3  지엄의 교판론에 대해서, 기무라木村는 지엄의 『공목장孔目章』의 오교판이라 불리는 것은 그 명칭이나 종류가 일정하지 않다고 지적하며, 소승·초교·숙교熟敎·돈교·원교와, 소승·초교·종교·돈교·일승을 들 수 있다고 하였다. 木村清孝(1977), pp. 430-441 참조. 지엄의 교판론에 관해서는 織田顯祐(1983); 中條道昭(1979) 참조.

4  『大乘起信論』(『大正藏』32, pp. 576a-580c).

# I. 법상종과 법성종

처음으로 무착·세친의 유식사상을 법상종이라 칭한 사람은 법장일 것이다. 그는 『대승법계무차별론소大乘法界無差別論疏』와 『대승기신론의기大乘起信論義記』에서 중국에 전래된 불교사상의 전체를 사종四宗으로 나누어 1.수상법집종隨相法執宗, 2.진공무상종眞空無相宗, 3.유식법상종唯識法相宗, 4.여래장연기종如來藏緣起宗이라는 명칭을 부여한다.[5] 그리고 이 사종은 "첫째는 소승 제사諸師의 소립所立, 『아함경』·『비바사론』 등을 가리킨다. 둘째는 용수·제바의 소립, 『반야경』·『중론』·『백론』 등을 가리킨다. 셋째는 무착·세친의 소립, 『해심밀경』·『유가사지론』 등을 가리킨다.[6] 넷째는 마명·견혜의 소립, 『능가경』·『밀엄경』·『기신론』·『보성론』 등을 가리킨다."라고 한다. 교의적으로 제1종은 소승에만 속한다. 제2종과 제3종은 삼승三乘을 갖추고 있는데, 정성定性의 이승二乘이 성불할 수 없다고 주장하기 때문이다. 제4종은 이승도 성불할 수 있다고 설하므로 일승에 속한다. 또한 제4종인 여래장연기종은 여래장이 수연隨緣하여 아뢰야식을 성립시킨다고 하므로 대승종교에 속한다고 한다. 이 사종설은 그 후의 『입능가경현의入楞伽經玄義』의 1.유상종有相宗, 2.무상종無相宗, 3.법상종法相宗, 4.실상종實相宗이라는 설과도 통한다.[7] 이를 보면 '법상종'은 법장과 그의 문도들이 유식교학을 화엄교학의 하위에 위치시키기 위해 사용한 호칭임을 알 수 있다. 게다가 그것은 유식의 종지에 대해 말하는 것이지 종파로서 사용한 것은

---

5 『大乘法界無差別論疏』(『大正藏』44, p.61c); 『大乘起信論義記』卷上(『大正藏』44, p.243b-c).

6 법장은 『십이문론종치十二門論宗致』·『탐현기探玄記』에서 계현과 지광의 논쟁을 소개할 때, 『해심밀경解深密經』·『유가사지론瑜伽師地論』을 소의所依로 하는 계현의 설을 법상대승이라고 칭한다. 吉津宜英(1983) 참조.

7 『入楞伽經玄義』(『大正藏』39, p.426b-c).

아니다.[8] 법상종의 교의는 여래장연기사상과 달리, 정성이승定性二乘의 성불을 부정하고 진여의 수연도 설하지 않는다고 파악하고 있다. 이는 법장 오교판의 대승시교에 해당한다. 대승종교에 해당되는 것은 위의 여래장연기종 혹은 실상종이다. 주의할 점은 '법성종'이라는 표현은 법장의 저서에서 찾아볼 수 없다는 점이다.[9]

법성종이라는 개념을 처음으로 화엄종 교판에 도입한 것은 징관의 『화엄경소華嚴經疏』에서일 것이다. 징관은 '서역西域(인도)'의 제교판설諸敎判說을 설하는 곳에서, "둘째, 서역에 대해 서술한다. 즉 지금의 성상이종性相二宗은 원래 그곳에서 나왔기 때문에 서역[에 있어서의 교판의 연원]이라 이름 붙여졌다."[10]라고 말한 후, 인도에서의 계현戒賢·지광智光 논쟁을 다루고, 지금 중국불교에 존재하는 법성종과 법상종의 근원은 각각 지광의 법상대승法相大乘과 계현의 무상대승無相大乘에 있다고 설한다. 그러나 징관은 여기에서 법성종과 법상종을 정의하는 것이 아니었기 때문에, 두 종의 구체적인 내용은 밝히지 않았다.

보다 명확한 형태로 법상종과 법성종의 특징을 드러내는 것은 징관의 십종판十宗判이다. 십종이란, 즉 아법구유종我法俱有宗·법유아무종法有我無宗·법무거래종法無去來宗·현통가실종現通假實宗·속망진실종俗妄眞實宗·제법단명종諸法但名宗·삼성공유종三性空有宗·진공절상종眞空絶相宗·공유무애종空有

---

[8] '법상종'이 종파명으로 사용된 것은 일본에서 그 예를 볼 수 있다. 일본의 유식도 나라시대에는 '법성중[종]法性衆[宗]'이라고 칭해졌는데, 쇼무聖武천황이 '화엄종'을 중심으로 육종六宗을 조직할 때 '법상종'으로 개칭되어, 8세기 말부터 9세기 초반에는 그 호칭으로 정착했다고 한다. 吉津宜英(1997); 末木文美士(1992) 참조.

[9] 『入楞伽經玄義』(『大正藏』39, p. 426c)에 "性相交徹, 鎔融無礙"라고 나오는데, 성상性相은 진망眞妄·본말本末·이사理事 등에 대응되는 개념이며, 법성종와 법상종이라는 뜻이 아니다.

[10] 『華嚴經疏』卷2(『大正藏』35, p. 510b), "第二叙西域者, 即今性相二宗元出彼方, 故名西域."

無礙宗·원융구덕종圓融具德宗이다. 이 십종설은 법장의 십종설을 계승한 것이다[순서는 다르다].[11] 십종의 조직은 제7종까지를 자은대사 규기慈恩大師窺基의 『법화현찬法華玄贊』의 8종에 근거하고, 이후 제8의 진공절상종을 돈교의 입장에서, 제9의 공유무애종을 여래장의 입장에서, 제10의 원융구덕종을 여래장 입장에서 판단한다. 이에 이어

> 앞의 네 종은 단지 소승에만 속한다. 다섯째, 여섯째 종은 대승에도 소승에도 통한다. 후의 네 종은 오직 대승에만 속한다. 제7종은 즉 법상종이다. 제8종은 즉 무상종이다. 마지막 두 종은 즉 법성종이다. 또한 제7종은 시교이다. 제8종은 돈교이다. 제9종은 종교이다. 제10종은 원교이다.[12]

라고 하여 대승시교(삼성공유종)를 법상종에, 돈교(진공절상종)를 무상종에, 종교·원교(공유무애종·원융구덕종)를 법성종에 각각 배치시켰다. 법장은 종교와 원교를 각각 여래장연기종과 실상종에 대치시킨다. 징관에게 법성종이라는 개념은 법장이 말하는 여래장연기종과 실상종 둘 다를 포섭함을 알 수 있다. 그러나 법상종과 법성종 사이에 무상종이 있기 때문에 법상종과 법성종은 아직 짝개념으로 사용되지는 않고 있다.

법장이 말하는 무상종은 『반야경』이나 『중론』 등에 설하는 연기성공

---

11 『探玄記』(『大正藏』35, p.116b)와 『華嚴經疏』卷2(『大正藏』35, p.521a-b)의 십종十宗은 각각 다음과 같다.
『探玄記』: ①我法具有宗, ②法有我無宗, ③法無去來宗, ④現通假實宗, ⑤俗妄眞實宗, ⑥諸法但名宗, ⑦一切皆空宗, ⑧眞德不空宗, ⑨相想俱絶宗, ⑩圓明具德宗.
『華嚴經疏』: ①我法具有宗, ②法有我無宗, ③法無去來宗, ④現通假實宗, ⑤俗妄眞實宗, ⑥諸法但名宗, ⑦三性空有宗, ⑧眞空絶相宗, ⑨空有無礙宗, ⑩圓融具德宗.

12 『華嚴經疏』卷2(『大正藏』35, p.521c), "前回唯小. 五六通大小. 後四唯大乘. 七即法相宗. 八即無相宗. 後二即法性宗. 又七即始教. 八即頓教. 九即終教. 十即圓教."

設緣起性空說이다.[13] 한편 징관은 『연의초』에서 무상종은 시교·돈교·실교의 삼교를 포함한다고 한다고 하였다.[14] 이 경향은 『행원품소行願品疏』에서 더욱 선명하게 부각된다. 즉 무상종의 독립적인 위치가 상실되고 법상종·무상종·법성종의 삼종은 권교·실교라는 교판설과 관련지어져 법상종·법성종이라는 두 종으로 바뀌게 된다. 징관은 『행원품소』의 '교문권실教門權實'에서 권교와 실교의 경계를 분석하는 것을 통해 대승불교에서 『화엄경』의 위치를 밝히고 있다. 권교·실교와 기존의 삼승·일승교판, 오교판의 관련성에 대해 징관은 다음과 같이 말하고 있다.

> 세 번째로, 대승 중의 제교諸教에 대해서도 둘로 나눈다. 첫 번째는 권교대승이며, 또한 삼승이라고도 한다. 즉 삼승은 반드시 다르고, 오성五性은 아득히 떨어져 있다고 한다. 이것은 즉 앞의[오교판의] 두 번째인 대승시교이다. 두 번째는 실교대승이며, 또한 일승이라고 한다. 즉 삼승을 일승으로 귀결시킨다고 한다. 시방불토 안에 오직 일승의 법만이 있기 때문이다. 후의 삼교를 합하여 실교라 이름한다. 이 위의 두 교(역자주: 권교와 실교)는 즉 지금의 법성종·법상종의 두 종이다.[15]

여기서 징관은 대승을 권교대승과 실교대승으로 나누어 권교대승을 시교에, 실교대승을 돈교·종교·원교로 구분한다. 또한 대승권교와 대승실

---

13 『探玄記』卷1(『大正藏』35, p. 112a).

14 『演義鈔』卷17(『大正藏』36, p. 132a).

15 『行願品疏』卷1(『卍續藏經』1-7-3, p. 241左上·左下), "第三就大乘中, 復分為二. 一者權教大乘, 亦名三乘. 謂三乘定異, 五性懸隔. 即前第二大乘始教. 二實教大乘, 亦名一乘. 謂會三歸一. 十方佛土中, 唯一乘法故. 即後三教合名爲實. 此上二教, 即今法性法相二宗."

교를 각각 법상종과 법성종에 배당한다. 거기서 법성종은 오교판 중 돈교·종교·원교에 해당함을 알 수 있다.『화엄경소』에서는 무상종이 돈교로서 독자적인 위치가 있지만,『행원품소』에서는 법성종에 흡수되어 법성종의 함의가 되어 버린다. 따라서 법상종과 법성종은 각각 권교와 실교의 교의를 나타내는 대응 개념으로 확립되었다.

## II. 권교·실교로서의 법상종·법성종

법장은 교판의 전체 명칭을 '오교십종五敎十宗'으로 하는 것에서 알 수 있듯이, 교와 종을 겸한 교판론을 전개한다. 이에 대해 징관은『화엄경소』에서 "의義로써 교敎를 나누고", "교敎에 의해 종宗을 연다."고 하며, 마찬가지로 교를 종과 관련지어 생각한다.『화엄경소』에서 징관은 계현·지광의 논쟁에서 제기된 법상대승·무상대승을 받아들여, 법장이 권교라고 불렀던 것을 상종相宗으로 하고, 실교라고 불렀던 것을 성종性宗으로 한 위에, 상종과 성종에 관한 열 가지 차이를 열거한다. 이는 즉 일승삼승별一乘三乘別·일성오성별一性五性別·유식진망별唯心眞妄別·진여수연응연별眞如隨緣凝然別·삼성공유즉리별三性空有即離別·생불부증불감별生佛不增不減別·이제공유즉리별二諦空有即離別·사상일시전후별四相一時前後別·능소단증즉리별能所斷證即離別·불신무위유위별佛身無爲有爲別이다.[16]

징관은『행원품소』에서 이 두 종파의 열 가지 차이를 좀 더 상세히 정리하고, 권교[법상종]와 실교[법성종]의 차이점을 다음과 같이 분석하고

---

16 『華嚴經疏』卷2(『大正藏』35, p. 511a).

있다.[17]

① 일승인가 아니면 삼승인가 하는 분별이다. 권교는 삼승설을 요의了義로 삼고 일승설을 불요의不了義로 여기지만, 실교는 일승설을 진실로 삼고 삼승설을 방편으로 여긴다.
② 일성인가 아니면 오성인가 하는 분별이다. 권교는 오성설을 요의로 여기고 일성설을 불요의로 여기기지만, 실교는 일성설을 요의로 여기고, 오성설을 방편으로 여긴다.
③ 유심唯心은 진리 뿐인가 아니면 망상도 포함되는가 하는 분별이다. 권교는 이 삼계가 오직 마음만 있다고 보고, 팔식은 업과 미혹으로 의해 생겨나는 것으로 생멸의 법이라고 한다. 반면 실교는 팔식도 마음에 의해 생겨나는 것이며, 불생불멸의 법과 생멸의 법이 같지도 않고 다르지도 않다고 한다.
④ 진여는 수연隨緣인가 아니면 응연凝然인가 하는 분별이다. 권교는 진여가 응연이며 수연 등은 있을 수 없다고 한다. 반면 실교는 진여는 변하지 않으면서도 연에 따라 일체법을 성립시킨다고 한다.
⑤ 삼성의 공과 유는 즉卽해 있는가 아니면 떨어져 있는가 하는 분별이다. 권교는 삼성 중 변계소집성은 공이지만, 의타기성과 원성실성은 공이 아니라고 한다. 반면 실교는 삼성이 모두 공이면서도 유라고 한다.
⑥ 부처에게 증감增減이 있는지 없는지 하는 분별이다. 권교는 만약 중생이 모두 성불한다면 중생계가 줄어들고 불계가 늘어날 것이라고

---

[17] 『行願品疏』卷1(『卍續藏經』1-7-3, pp. 241左下-243右下). 이 열 가지 차이점에서 ③·⑤·⑥·⑦·⑧·⑩의 내용은 『華嚴經疏』卷2(『大正藏』35, p. 512c)에서도 다루어지는데, 충분히 전개되어 있지 않다.

한다. 반면 실교는 중생과 부처는 모두 진실의 법성을 벗어나지 않으므로 중생계는 줄어들지도 늘어나지도 않는다고 한다.
⑦ 이제二諦와 공유空有는 즉해 있는가 아니면 떨어져 있는가 하는 분별이다. 권교는 속제俗諦에는 공空도 있고 불공不空도 있다. 그러므로 진제와 속제는 체體가 다르다고 한다. 반면 실교는 공과 유, 진제와 속제는 동일하지도 않고 다르지도 않다고 한다.
⑧ 사상四相은 동시인가 아니면 전후가 있는가 하는 분별이다. 생·주·이·멸이라는 사상에 대해 권교는 전후의 구분이 있다고 한다. 반면 실교는 사상이 동시라고 한다.
⑨ 능단과 소단, 능증과 소증은 서로 즉해 있는가 아니면 떨어져 있는가 하는 분별이다. 권교는 능단과 소단, 능증과 소증은 각각 같지 않다고 한다. 반면 실교는 이것들이 동일하지도 않고 다르지도 않다고 한다.
⑩ 불신이 무위無爲인가 유위有爲인가 하는 분별이다. 권교는 불보신佛報身이 유위신有爲身이라고 한다. 반면 실교는 불보신도 무위신이라고 한다.

그리고 '삼승'부터 '불신유위'까지가 권교의 뜻, '일승'부터 '불신무위'까지가 실교가 세우는 뜻이라고 한다. 이 열 가지 뜻 중 권교와 실교가 서로 대립하는 입장을 가장 집중적으로 해설한 것은 ④의 뜻일 것이다. 즉 진여의 수연을 설하는가, 설하지 않는가에 의해 권교와 실교가 구별된다. 징관에게 사상적으로 중요한 문제는 반야공의 입장에서 벗어나지 않고 어떻게 이理와 사事, 무위와 유위, 불생멸과 생멸, 법신과 중생신이라는 대립하는 것들의 동일성을 확립할까 하는 것이다. 한 가지 해답을 준 것은 『기신론』의 여래장연기사상의 입장이다. 『기신론』의 일심이문一心二門 설에 따르면, 일심이 진여로서 불생불멸법이지만, 연에 따라 일체의 생멸법을 성립시킨다. 여래장에는 무량성공덕無量性功德이 있기 때문에 일체법의 소의所依가 된다. 법장은 이러한 입장에서 대승시교와 대승종교를 구분하지만, 징관은 같은 입장에 서서 법상종과 법성종을 판별하는 것을 알 수 있다.

권교·실교의 교판은 『법화경』의 삼권일실三權一實의 교판에서 비롯된 것이다. 일반적으로 권교는 사람들을 진실의 가르침으로 인도하기 위한 방편으로 마련된 가르침이다. 이에 반해 실교는 영원히 변하지 않는 궁극적인 진리의 가르침이다.[18] 법장은 권교와 실교로 사종四宗의 설을 판별하여 제4종인 여래장연기종만을 실교로 삼고, 수상법집종·진공무상종·유식법상종을 권교로 삼고 있다. 결국 여래장연기를 기반으로 하는 화엄교학은 궁극적인 진리의 가르침으로 위치 지어진다.

징관의 권교와 실교의 판별은 법장을 계승한 것임에는 틀림없지만, 징관설의 특징은 무상종無相宗에 대한 교판적 위상에 있다. 법장은 일체개성一切皆成인가 일분불성一分不成인가 하는 기준으로 실교와 권교를 판별한다면, 무상종에서도 일분불성불을 용인하기 때문에 권교에 포섭된다고 한다.[19] 이에 반해 징관은 공관空觀을 중심으로 하는 무상종의 계위를 끌어올려 실교에 귀속시키고, 중관사상을 여래장연기설에 융회融會시키려

---

18 『法華經』「譬喩品」卷3(『大正藏』9, p. 13a).
19 『入楞伽經玄義』(『大正藏』39, p. 426c)에 무상종의 일분불성불의에 대해서, "二宗中定性二乘亦不成佛, 不定性 中已見道則不回心, 自下位中可有回心入菩薩道."라고 되어 있다.

고 한다. 무상종의 공사상은 여래장사상 밖에 존재하는 것이 아니라, 여래장사상에 내재하는 사상적 기반이다. 징관은 이러한 입장에 입각하여 연기법을 복합적으로 파악하여 그 무애의 본질을 해명한다. 법장의 종교설 내지는 후대 종밀의 법성종설과 비교했을 때, 이상과 같은 무상종에 대한 교판적 해석은 징관의 법성종설의 중요한 특징이다.

## III. 법상종과 법성종의 융회

앞서 언급했듯이, 법상종과 법성종은 모든 면에서 서로 대립하고 있다. 그러나 법상종과 법성종, 혹은 권교와 실교의 차이가 절대적인가라고 한다면 그렇지 않다. 징관은 『화엄경소』에서 부처님의 가르침을 권교와 실교로 구분하는 이유와 구분하지 않는 이유를 모두 밝힌다. 즉 중생의 근기根機에 차이가 있어 부처의 동일한 가르침에 대한 다양한 해석이 있기 때문에 그 안에 권교와 실교가 있다. 그러나 부처의 기준에서는 그것은 동일한 진리를 설하기 때문에 구분할 수 없다.[20] 결국 중생의 측면만을 기준으로 이야기하는 경우, 권교와 실교 혹은 법상종과 법성종의 구분이 있을 수 있다고 한다.

징관은 『팔십화엄』「보살문명품菩薩問明品」의 "심성은 하나이다. 무엇 때문에 갖가지 구별이 있다고 보는가?心性是一, 云何見有種種區別"라는 문장을 해석할 때, 연기의 네 가지 원인을 들고 있다. 그것은 바로 망분별妄分別·제식훈습諸識薰習·무성불상지無性不相知·진여수연眞如隨緣이다. 이 네 가지

---

[20] 『華嚴經疏』卷2(『大正藏』35, p. 508a).

원인은 서로 도와 깊은 연기를 이룬다고 한다. 이 네 가지 원인 중 '망분별'이 법상종과 법성종에 공통되고, 나머지 세 가지가 각각 법상종, 무상종, 법성종에 귀속된다.[21] 이 세 종의 관계에 대해 징관은 『열반경』의 '중맹모상衆盲摸象'의 비유로 다음과 같이 설명한다.

> 지금 이 비유를 빌려 성자의 가르침의 깊은 취지를 비유한다. 총[연기법의 취지]는 코끼리에 비유한다. 여러 종파의 서로 다른 견해는 장님이 손으로 만지는 것과 같다. [여러 종파는] 모두 성스러운 이치에 부합하기 때문에, [이치를] 벗어나지 않는다. 하지만 [여러 종파는] 원만한 요의가 아니므로 코끼리를 [바르게] 설하는 것이 아니다. 그러므로 협존자는 "그것에 의지하여 수행하면 이익을 얻지 못하는 자가 없다."고 했다. "한 종파를 받아들이고 다른 종파를 비난하는 것, 그것이 편견偏見이다."라고 한 것은 코끼리가 키箕와 같다고 하고, 맷돌臼과 같다고 한 것은 믿지 않는다면 이것은 큰 미혹이라는 뜻이다. 제식諸識만을 믿고 무성無性·진여수연眞如隨緣을 믿지 않으니 이는 편견이다.[22]

즉 법상종·무상종·법성종은 모두 다른 입장에서 동일한 연기법을 파악하는 일설에 불과하다. 어느 한 종만으로는 연기법의 전모를 다 설명할 수 없지만, 어느 종파도 진리를 벗어나지는 않는다. 삼종 모두 부분적인 진리이기 때문에 삼종을 합쳐야 비로소 진리의 전체상을 볼 수 있다고 한

---

21 『華嚴經疏』卷14(『大正藏』35, p. 604b).

22 『演義鈔』卷31(『大正藏』36, p. 241b), "今借此比喩以況聖敎深旨. 總喩於象. 諸宗異見, 如盲所觸. 幷合聖理, 故云不離. 然非圓了, 故云非是說象. 故脇尊者云. 依之修行無不獲益. 言受一非餘, 斯爲偏見者, 言象如箕, 不信如臼, 斯爲大迷. 但信諸識, 不信無性眞如隨緣, 故爲偏見."

다. 여기서 언뜻 보면 법상종과 무상종·법성종을 동등하게 파악하는 것처럼 보이지만, 마지막 결론이 나타내듯이 이 문장의 목적은 법상종만을 믿고 무상종과 법성종을 믿지 않음을 비판하는 것이다.

결론적으로 말하면, 법상종은 중생의 심식心識을 기반으로 전개되며 심식의 존재방식과 지혜로의 전화轉化를 주제로 하는 반면, 법성종은 심식의 본성으로서의 이理·진여眞如를 기반으로 심식의 이사교철理事交徹의 특징을 밝힌다. 따라서 법상종과 법성종의 관점은 위에서 언급한 바와 같이, 모든 면에서 서로 대립하고 있다. 하지만 이러한 대립적 관계는 주체의 근기 차이나 인식수준의 얕고 깊음에 따른 것이다. 연기법 자체에는 그에 상응하는 차이가 없다. 따라서 보다 고차원의 입장, 즉 원교의 입장에서 보면 법상종과 법성종은 모두 인과법의 본질을 나타낸 것이기 때문에, 궁극적으로 두 종은 모순되지 않는다. 징관은 삼성설三性說을 예로 들어 다음과 같이 설명한다.

> 별도로 두 종을 다룬다면 인용하는 경문에 다소 차이가 있지만, 만약 의리義理에서 이것을 융회하면 두 종은 서로 다르지 않다. '인연소생법因緣所生法'은 즉 총체적으로 삼성의 소의所依의 법을 든다. '아설즉시공我說說即是空'은 변계[소집]성이다. '역위시가명亦爲是假名'은 의타기성이다. '역시중도의亦是中道義'는 원성실성圓成實性이다. 다만 삼성이 서로 떨어져 있다고 하면 이것은 법상종法相宗이다. 지금 [삼성이] 모두 즉하고 있다고 하는 것은 법성종이다. …… 후세의 사람들은 자기 생각에 집착하기 때문에 이 두 종은 서로 괴리가 생기게 된다. 자기를 비우고 구한다면,

[두 종의] 주된 취지는 구별이 없다.[23]

유식의 삼성설은 본래 악취공惡取空을 제거하기 위해, 변계소집의 공과 의타·원성의 불공을 설하기 때문에 삼성에는 공과 유와 차이가 있다. 이에 반해 법성종의 입장에서는 삼성 모두 공과 유를 동시에 갖추기 때문에 삼성은 상즉相卽이다. 징관은 궁극적인 진리의 입장에서 보면 법상종도 법성종도 중도의 일의一義를 나타내는 것이기 때문에 종지宗旨에 차이가 없다고 생각한다.

또한 『팔십화엄경』「여래출현품如來出現品」의 "여래의 심의식은 갖추어 얻을 수 없다. 다만 마땅히 한량없는 지智로써 여래의 마음을 알 수 있다.如來心意識,俱不可得.但應以智無量故,知如來心."[24]라는 문장을 해석할 때, 징관은 『성유식론』·『섭대승론』에 설해진 여래의 심유설心有說과 『금광명경』 등에 설해진 여래의 심무설心無說을 들어, 전자를 '즉진지유卽眞之有'에, 후자를 '즉유지진卽有之眞'에 배당하고, 두 설의 융회을 시도하였다. 징관은 『연의초』에서 법상종과 법성종에 대해 "진에 즉하는 유를 설하는 것은 법상종이다. 유에 즉하는 진을 설하는 것은 법성종이다. 이 두 종은 서로 동떨어지지 않고, 그때야 비로소 걸림이 없는 진불심眞佛心이 된다."[25]고 하였다. 징관은 진유상즉眞有相卽의 입장에 서서 법상종과 법성종의 동일성을 주장한다. 법상종은 진유상즉에서 '유有'에 무게를 두는 반면, 법성종은 진유상즉에

---

23 『演義鈔』卷31(『大正藏』36, p. 248a-b), "別出二宗, 取文小異. 若以義會, 二宗不違. 因緣所生法, 卽總擧三性所依之法. 我說卽是空, 遍計性也. 亦爲是假名, 依他起也. 亦是中道義, 圓成實也. 但三性迢然, 卽法相宗. 今皆言卽, 是法性宗. …… 後人隨計, 二互相乖. 虛己而求, 大旨無別."

24 『演義鈔』卷51(『大正藏』10, p. 271a).

25 『演義鈔』卷79(『大正藏』36, p. 619a), "卽眞之有, 是法相宗. 卽有之眞, 是法性宗. 兩不相離, 方成無礙眞佛心矣."

서 '진眞'에 초점을 맞춰 전개한다. 그러나 본래 진과 유는 서로 분리되어 있지 않기 때문에 법상종과 법성종도 상통한다고 한다.

앞서 언급했듯이, 징관의 법상종·법성종 교판은 내용적으로 법장의 시교·종교와 연결되며, 어떤 의미에서는 그로부터 발전한 것이다. 그러나 법장은 종교와 시교의 동일성보다 양측 간의 구별을 중시한다. 이에 반해 징관은 법상종과 법성종의 차이뿐만 아니라, 양측의 동일성도 강조한다. 이는 징관의 교판론의 중요한 특징이라고 할 수 있을 것이다.

교판론에 관한 징관과 법장의 차이는 시대적 배경의 차이에 기인한다. 법장은 오교판에서 오교의 구분을 통해 화엄원교의 우위를 확립하기 위해, 오교 간의 우열을 밝히는 데 힘을 쏟았다. 그러므로 시교와 종교의 차이를 강조하는 것은 지극히 당연한 일일 것이다. 징관에 이르러서는 『화엄경』의 지위가 거의 정착되었기 때문에 『화엄경』 자체의 의리義理를 밝히는 데 중점을 두게 된다. 징관은 원교의 의리 분석을 통해 원교의 우월성을 극복하고 원교의 원융성에 의거해 다른 여러 가르침 전부를 원교에 융회시키려 한다. 원교와 다른 네 가지 교의 관계에 대해 징관은 『행원품소』에서 다음과 같이 말한다.

> 앞의 네 가지 교는 원교를 포섭하지 않지만, 원교는 반드시 네 가지 교를 포섭한다. 네 가지 교를 포섭하지만, 원교의 의리로 네 가지 교를 관통한다. 그러므로 십선오계도 원교에 포섭된다.[26]

---

[26] 『行願品疏』卷1(『卍續藏經』1-7-3, p. 244右下), "前之四敎, 不攝於圓, 圓必攝四. 雖攝於四, 圓以貫之, 故十善五戒, 亦圓敎攝."

즉 원교는 십선오계를 포함한 다른 여러 교의 의리를 포섭한다고 한다. 앞서 나온 진유상즉설에서 알 수 있듯이, 징관은 바로 원교의 원융의 입장에 서서 법상종과 법성종의 융섭을 역설하고 있다.

## Ⅳ. 종밀의 법상종·법성종설의 변용

징관의 법상종·법성종설을 계승한 것은 종밀의 교판설이다. 종밀은 『원각경약소圓覺經略疏』권상에서 법성종과 법상종의 구별에 대해 열 가지 조목을 설명하는데, 그 내용은 징관의 권교·실교의 열 가지 조목을 그대로 답습한 것이다.[27]

한편 종밀의 종판설의 특징은 법상종·법성종의 이종판二宗判이 아니라, 교선일치教禪一致의 입장에서 설하는 법상종·파상종破相宗·법성종이라는 삼종판이다. 파상종은 정영사 혜원의 『대승의장大乘義章』에서 사용된 개념이지만,[28] 후대의 유식교학의 규기는 파상종을 『중론』·『백론』 등 삼론종의 설로 간주한다.[29] 종밀은 『선원제전집도서禪源諸詮集都序』에서 파상종을 파상현성교破相顯性教에 배대시켜 공종空宗이라 칭한다. 종밀은 이 삼종 중 법상종과 파상종·법성종의 차이점이나 우열의 문제는 비교적 쉽게 이해할 수 있는 반면, 파상종[공종]과 법성종[성종]의 구별이나 우열은 쉽게 결정되지 않는다고 생각하였다. 그래서 종밀은 다섯 가지 뜻五義으로 나

---

[27] 『圓覺經略疏』卷上(『卍續藏經』1-15-1, p.60左上).

[28] 『大乘義章』卷1(『大正藏』44, p.483a-c).

[29] 『大乘法苑義林章』卷1(『大正藏』45, p.249c)

눠서 공종과 성종의 차이점을 논하고, 법성종이 파상종보다 우월하다는 것을 밝히고 있다. 즉 ①무성본성별無性本性別, ②진지진지별眞智眞知別, ③이제삼제별二諦三諦別, ④삼성공유별三性空有別, ⑤불덕공유별佛德空有別이라는 다섯 가지 뜻이다.[30] 이 중 제1의 '무성본성별'이 가장 중요한 점이다. 파상종이 "일체법은 모두 자성이 없으며 그때가 진여이다.一切法皆無自性, 卽時眞如."라고 한 것에 반해, 법성종은 "자성청정하여 상주하는 진심, 바로 이것이 진실된 도리이다.自性淸淨常住眞心, 方是實理."라고 밝힌다. 종밀은 『원각경대소초圓覺經大疏鈔』에서 이를 더 해석한다.

> 앞[의 파상종에서는] 다만 제법에는 자성이 없음을 깨닫기만 한다면 [이것을] 실리實理라고 부른다. 이 [법성종에서는] 제법의 공空·무성無性을 깨달은 뒤, 자심의 본성을 드러낼 때 비로소 [이것이] 실리가 된다. 마치 하늘의 구름이 흩어지고 달이 나타나며, 거울 속의 티끌이 다 하고 밝음이 나타나는 것과 같다. 다만 구름이 없다고 해서 달이라고 이름을 붙일 수 있는 건 아니다.[31]

이를 보면, 종밀은 파상종의 공성과 법성종의 심성心性을 엄격히 구분하여 심성을 절대적, 최고의 실체로 간주하고 있음을 알 수 있다. 여기서 종밀이 파상종으로 간주되는 삼론종의 공성을 제대로 파악하고 있는지 여부는 차치하고서라도, 그가 법성종에서 심성의 '유'의 일면을 강조하는

---

30 『圓覺經大疏』卷上之一(『卍續藏經』1-14-2, p. 115左下).
31 『圓覺經大疏鈔』卷2之下(『卍續藏經』1-14-3, p. 257左上), "前但了諸法無性, 卽名實理. 此了諸法空無性已, 顯出自心本性, 方爲實理. 如天上雲散月出, 如鏡中垢盡明現. 非但無雲便名月也."

것은 분명하다. 이는 징관이 무상종의 공성을 법성종의 심성의 함의로 보는 관점과는 대조적이다.

## V. 나가는 말

징관은 법상종과 법성종을 구분하고, 법성종의 입장을 실교, 최고의 가르침으로 위치 짓고 있다. 이러한 입장을 기반으로 징관은 진심(여래장)과 망심(팔식)의 성상융회性相融會를 설하고 지엄·법장 이래의 여래장연기설을 계승한다. 이와 동시에 징관의 법성종 이해는 법장의 종교終敎설과 다른 부분도 있다. 그것은 징관이 무상종을 다르게 위치 짓는다는 점, 그리고 법상종과 법성종의 융회를 얘기한다는 점에서 그렇다. 징관은 중관파의 공성空性설을 법성종에 수용하여 법성종과 일의一義로 삼음으로써 여래장의 공성을 재해석하였고, 공여래장空如來藏의 근원성·보편성·수연성을 기반으로 일체법의 존재 근거를 밝힌다. 또한 법성종과 법상종의 융회를 통해 화엄교학과 유식교학 간의 벽을 허물고, 현장·규기 계통의 유식사상을 조직적으로 화엄교학에 도입하여, 염법연기染法緣起, 특히 염染에서 정淨으로의 전의轉依 과정을 보다 치밀하게 해명하기에 이르렀다. 종밀은 징관의 법상종·법성종 교판을 계승하면서 파상종과 법성종의 구별을 중요시하고, 법성종에 있어 심성의 '유有'의 일면을 강조한다.

번역: 송동규

동경대 대학원 인도철학불교학 전공

## 〈참고문헌〉

**단행본**

木村青孝(1977), 『初期中国華厳思想の研究』, 春秋社.

**논문**

織田顕祐(1983), 「智儼の同別二教判」, 『印度学仏教学研究』31(2).

中條道昭(1979), 「智儼の教判について」, 『印度学仏教学研究』27(2).

吉津宜英(1983), 「性相融会について」, 『駒沢大学仏教学部研究紀要』41.

吉津宜英(1997), 「法相宗という宗名の再検討」, 『仏教思想文化史論叢―渡辺隆生教授還暦記念論文集』.

末木文美士(1992), 「日本法相宗の形成」, 『仏教学』32.

# 02

## 징관 화엄사상의 특질
: 징관의 성기사상性起思想[1]

가마타 시게오鎌田茂雄

　　화엄성기설華嚴性起說은 지엄智儼(602-668)·법장法藏(643-712)에 의해 확립되었다. 뒤이어 징관澄觀(738-839)·종밀宗密(780-840)에 의해 천태天台의 성구性具와 대비되면서 화엄華嚴을 특색있게 하는 사상으로 발전된다. 화엄종華嚴宗에서의 성기에 관해서는 이미 다마키 고시로玉城康四郞[2]의 훌륭한 논문이 있어 지엄·법장·징관 등의 성기설이 특징적으로 제시되고 있다. 하지만 나는 성기사상의 성립과 전개를 다마키 선생과는 다른 시각에서 고찰하고자 한다. 성기는 연기에 입각해서 밝혀져야 하는 것이 화엄학에서의 상식이지만, 동시에 이 성기설의 형성 의의는 화엄사상을 중국사상사나 중국불교사상사의 흐름 속에서 규명해야만 비로소 이해될 수 있다고 생각한다. 그러한 사상사적인 관점에서 성기사상의 성립·전개와 징관에서

---

[1] 鎌田茂雄(1965), 『中國華嚴思想史の硏究』 제2부 제6장 제6절 「澄觀の性起思想」, 東京大學出版會, pp. 565-574의 번역이다.
　　역자주: 역자의 미흡한 번역 실력으로 인해 많은 선생님들께 자문을 구하게 되었다. 먼저 바쁘신 와중에도 문장을 바로 잡아주시고, 주석으로 보충 설명을 해주신 동국대학교 불교학술원 한문불전번역학과 김천학 교수님께 감사의 인사를 전하고자 한다. 그리고 귀한 시간을 내어 원고를 검토해주신 동국대학교 불교학술원 자민스님과 동국대학교 미술사학과 진영아 선생님께도 지면을 빌어 감사의 말씀을 드리고 싶다. 또한 편집과정에서 오류를 잡고 윤문을 해주신 여러 선생님들께 감사를 표한다.

[2] 玉城康四郞(1951), pp. 281-309 참조.

의 의의를 구명究明하고자 한다.

화엄성기설의 원류源流를 인도불교에서 찾으면, 『화엄경華嚴經』 「성기품性起品」과 『보성론寶性論』의 '여래성기如來性起, Tathāgata-utpatti-saṃbhava' 사상에서 보인다. 「성기품」에서 『보성론』으로 이어지는 성기사상에 대해서는 다카사키 지키도高崎直道[3]의 논문이 있다. 이러한 인도 여래장경전군如來藏經典群에 흐르는 '여래성기' 개념은 진여眞如·법성法性의 현현顯現이라는 의미가 되었고, 중국불교에서는 이 면이 강조되었다.

지론종地論宗 남도파南道派의 혜원慧遠(523-592)은 '성性'에 대해 풀이했는데, 그 해석이 바로 화엄학에서 '성'을 정의하는 원류가 되었다. 혜원은 『대승의장大乘義章』[4] 권1 「불성의佛性義」에서 '성'의 뜻을 4가지로 두며, 종자인 본의種子因本義·체의體義·불개의不改義·성별의性別義라고 한다. 이 가운데 성기의 '성'을 해석할 때 중요한 것은 '체의'와 '불개의'이다. 체의란 진식심眞識心·법신法身·불성佛性이고, 제법諸法의 자체自體를 말한다. 그리고 불개不改의 뜻이란 인체불개因體不改·과체불개果體不改·인과자체불개因果自體不改·제법의 체실불개體實不改이다. 또한 그의 『대승기신론의소大乘起信論義疏』[5] 권상에서는 "변하지改 않음을 성性이라고 이름하니, 이체理體가 영원하기常 때문이다."라고 한다. 여기서 '이체상고理體常故'의 리理는 도생道生(?-434)의 사상을 논할 때 말한 것과 같은 '이불가변理不可變'의 사상이다. 이리의 절대성絶對性을 인정하는 사고방식은 육조六朝시대를 거쳐 전해졌으며, 혜원이 "리理의 체體가 영원하다理體常故."라고 한 것도 이러한 사상적 흐름 속에

---

3 高崎直道(1960), pp. 277-334 참조.
4 『大乘義章』卷1(『大正藏』44, p. 472a-b).
5 『大乘起信論義疏』卷上(『大正藏』44, p. 176c), "非改名性, 理體常故."

서 비롯되었으리라 생각된다. 이 '불개'의 뜻은 법장 『탐현기探玄記』[6] 권16 가운데 성기의 해석에서 "변하지改 않음을 성性이라 이름하고, 용用을 드러냄을 기起라고 일컫는다."라고 쓰인다. 혜원의 '성'은 진성眞性으로 파악되며, 진성은 여래장성如來藏性이다. 그는 『대승의장』권1 「이제의二諦義」에서 사종四宗을 언급하며, 제4현실종顯實宗을 해석하는 가운데,

> 진眞이란 이른바 여래장성如來藏性·항사불법恒沙佛法이다. 동체同體의 연집緣集이니 여의지도, 벗어나지도, 끊어지지도, 다르지도 않다. 이 <u>진성연기眞性緣起</u>는 생사生死·열반涅槃을 집성集成한다. [생사와 열반도] 진眞이 모인 것이기 때문에 진실眞實 아님이 없다.[7]

라고 말한다. 여기서 '<u>진성연기</u>'라는 말이 사용되고 있다. 그리고 『화엄경華嚴經』·『열반경涅槃經』·『유마경維摩經』·『승만경勝鬘經』 등 여러 경전들에 대해 "만약 그 실實을 논하면, 모두 법계연기法界緣起의 법문法門을 밝힌다. 그 행덕行德을 말하면, 모두 <u>진성연기</u>로 성립된 것所成이다."[8]라고 말하며, <u>진성연기</u>라고 한다. 그렇다면 연기緣起된 제법이 공空·무자성無自性인데, 어째서 성性을 설하고 진성연기를 말하는 것일까? 혜원은 이에 대해 "저 청정법계문淸淨法界門 가운데 일체의 뜻을 갖추고 있다. 제법諸法은 연기緣起해서 서로 모여 성립集成한다. 공空에 입각해 법法을 논하면 법으로서 공空하지 않을 수 없고, <u>성</u>性에 의거해 법을 논하면 법으로서 성性 아님

---

6 『華嚴經探玄記』卷16(『大正藏』35, p. 405a), "不改名性, 顯用稱起."

7 『大乘義章』卷1(『大正藏』44, p. 483a), "眞者所謂如來藏性, 恒沙佛法. 同體緣集, 不離不脫不斷不異. <u>此之眞性緣起</u>, 集成生死涅槃. 眞所集故, 無不眞實."

8 『大乘義章』卷1(『大正藏』44, p. 483b), "若論其實, 皆明法界緣起法門. 語其行德, 皆是<u>眞性緣起</u>所成."

이 없다."라고 말하며, 법의 근거를 성性의 입장에서 파악하였다.

지엄의 성기사상은 이러한 혜원의 해석을 수용하고 전개시켜 성립한 것이다. 다만 그의 성기사상 성립에 대한 해명은 먼저 여래장일심如來藏一心과 연기·성기의 관계에서 고찰해야 한다. 일심一心이나 진심眞心이 성기사상의 근저에 있긴 하지만, 그는 '진심작眞心作'을 어떤 연기의 입장에서 다루고 있는 것일까? 이 물음에 답하기 위해『수현기搜玄記』[9] 권3하의 법계연기를 밝히는 부분 가운데 염법분별연생문染法分別緣生門을 보면, 거기서 연기일심문緣起一心門을 열어 ①진망연집문眞妄緣集門, ②섭본종말문攝本從末門, ③섭말종본문攝末從本門이라고 한다.

이 중 ③섭말종본문은 '진심작'의 입장이므로 정품연기淨品緣起여야만 한다. 그래서 지엄은 어째서 이것을 염문染門에 포함시킨 것인지 의문을 제기하며, 그 답으로 "이 섭말종본은 리理가 정품연생淨品緣生에 있다. 지금 염染을 상대함에 염은 환幻과 같이 드러나기 때문에 염문에 있다."고 밝힌다. 또 그렇다면 일체 정법은 모두 염에 대對해서 망妄을 나타내는데 어째서 섭말종본문만 염연기에 들어가는 것인가를 묻고, 정품연기에 2종류가 있다 답한다. 즉 첫째, [정품연기는] 망법을 드러내기 위한 것이고, 둘째는 "단지 정품연기만을 나타낸다. 즉 현리顯理의 문門이니,「보현품普賢品」·「성기품性起品」등이 이 [둘째의] 정품연기이다."라고 말한다. 즉 '진심작'의 입장을 나타내는 것은 현리문으로서의 정품연기 입장이어야만 한다. 이 현리문으로서의 정품연기는「보현품」·「성기품」의 입장이므로, '진심작'은 성기로 파악될 수밖에 없는 성격을 가진다.「성기품」이 정품연기에 속하기에 그의 성기사상은 '유정唯淨'이 되는 것이다.

---

[9]『大方廣佛華嚴經搜玄分齊通智方軌』卷3下(『大正藏』35, p. 63a-b).

여기서 정문의 연기를 살펴보자. 지엄은 정문이 ①본유本有, ②본유수생本有修生, ③수생修生, ④수생본유修生本有라는 4가지 문으로 이루어진다고 한다. 먼저 그는 본유에 대해 "연기는 본래부터 실체實體가 정情을 여의었으며, 법계현연法界顯然하여 삼세에 움직이지 않는 것"[10]이라고 하며, 「성기품」의 "중생의 마음속에 미진微塵과 같은 경권經卷이 있다. 보리菩提의 큰 나무가 있어 여러 성자衆聖들께서 모두 증득하시니, 사람들이 깨닫는 것에 전후의 차이는 있지만 그 나무는 다름을 구분할 수 없다."를 그 근거로 든다. 이와 같이 진심·여래장일심은 현리문의 정품연기와 통하고, 나아가 성기의 근거가 된다. 즉 『오십요문답五十要問答』[11] 권상에서 "일승은 오직 일심이다. 성기의 구덕具德을 드러내기 때문이다. 「성기품」에서 설하는 것과 같다."라고 한 이유이다.

다음으로 '연기의 궁극인 성기'라고 일컬어지는 성기사상은 어떻게 형성되었을까? 『수현기搜玄記』[12] 권3하에서 인연생因緣生에 2가지 뜻이 있다고 하며, "첫째는 무자성의無自性義이기에 공空하다. 둘째는 인연유력因緣有力이기에 생生하는 과법果法을 얻는다."라고 한다. 여기서 첫 번째 뜻인 연생緣生을 무자성으로 이해하는 바에 주목하고자 한다. 이 연생은 불기不

---

10 역자주: 원문은 『大方廣佛華嚴經搜玄分齊通智方軌』卷3下(『大正藏』35, pp. 62c-63a), "言本有者, 緣起本實, 體離謂情. 法界顯然三世不動故."이다. 이 글은 '본유本有라는 것은 연기緣起는 본래 진실됨이니, [연기의] 체體는 중생의 판단謂情을 떠나있다. 법계法界가 그대로 드러나 있으면서 삼세三世는 움직이지 않기 때문이다.' 정도로 읽을 수 있을 듯하다.

11 『華嚴五十要問答』卷上(『大正藏』45, p. 523a), "又一乘[一教]唯一心. 顯性起具德故. 如性起品說." *역자주: [ ]는 『大正藏』의 글자이다. 『大正藏』에는 '교교'자로 되어 있지만, 여기서는 가마타 시게오(1965)의 해석을 따라 '승승乘'으로 고친다. 한편 사회師會(880-946)의 『화엄일승교의분제장복고기華嚴一乘教義分齊章復古記』에도 '승乘'으로 되어 있다.

12 『大方廣佛華嚴經搜玄分齊通智方軌』卷3下(『大正藏』35, p. 66c), "一無自生義故空. 二因緣有力故生得果法."

起의 기起로 파악되며, 이 입장이 지엄의 만년 저작인 『공목장孔目章』[13] 「성기장性起章」에서 "이 연기의 성性으로 말미암기 때문에 설하여 기起라고 한다. 기起는 곧 불기不起이다. 불기란 성기이다."라고 해석된다. 연기하고 있는 제법은 드러나 있으면서도 본래 불기의 과성果性이다. 연기하는 제법을 파악하여 낱낱이 무자성이고, 기起가 곧 불기라고 하는 것은 본래 불기의 과성에서 말하는 것이어서, 단지 연기하고 있는 '기起'는 성기가 아니다. 제법을 무자성으로 파악하고, 기起로 해서 불기가 있다고 하는 것이 성기의 입장이다.

이어서 지엄의 성기를 고찰하는 데 중요한 것은 실천적인 측면이다. 우선 『수현기』[14] 권4하의 성기 해석을 보면, "성性이란 체體이다. 기起란 심지心地에 현재現在할 뿐"이라고 한다. 성을 체라고 한 것은 혜원의 성에 대한 해석 중 2번째 뜻을 받아들인 것으로 보인다. "성性은 체성體性이다."라고 하는 것에서 체성은 과果의 체성이며, 세속에 나타난 여래出纏如來의 과성果性을 '성性'이라고 한 것이다. "기起란 심지에 현재할 뿐"에서 심지는 중생 각각의 마음을 가리킨다. 세속에 나타난 과불果佛이 중생 각각의 심지, 즉 현실의 신체를 가진 우리 가슴 속에 있는 것을 말하며, 선禪의 언어로 표현하면 육신 위赤肉團上에 결가부좌結伽趺坐하고 있는 것이다. 불기不起로서의 성기는 적극적으로 표현하면 본성의 공덕이 드러나 있는性德顯現 뜻이라 할 수 있다.

여기서 문제가 되는 것은 '심지'라는 표현이다. 이 심지라는 말에 대해서는 돈황본敦煌本 『육조단경六祖壇經』에서 "심지에 의심疑의 잘못非이 없음

---

[13] 『華嚴經內章門等雜孔目章』卷4(『大正藏』45, p.580c), "由是緣起性故, 說為起. 起即不起. 不起者是性起."
[14] 『大方廣佛華嚴經搜玄分齊通智方軌』卷4下(『大正藏』35, p.79b-c), "性者體. 起者現在心地耳."

이 자성계自性戒이다. 심지에 산란함이 없음이 자성정自性定이다. 심지에 어리석음이 없음이 자성혜自性惠이다."¹⁵ ¹⁶라고 하여 계정혜戒定慧와 관련지어 서술한다. 그리고 종밀宗密의 『선원제전집도서禪源諸詮集都序』 권상2에서는 "아주 밝아 어둡지 않고, 아주 뚜렷하여 항상 아니知, 미래가 다하도록 상주불멸常住不滅한 것을 불성佛性이라 이름하고, 또한 여래장如來藏이라 이름하며, 심지心地라고도 이름한다."¹⁷라고 한다. 그리고 '심지' 아래에 세주細註로 "달마가 전한 것이 이 마음이다.達摩所傳是此心也."라고 한다. 이처럼 심지가 선종禪宗을 나타내는 것은 분명하다. 종밀은 『원각경대소초圓覺經大疏鈔』 권1하에서

> 역대古來로 모두 칠조七祖의 선인禪印을 일컬어目 심지법문心地法門이라 하였다.¹⁸

라고 말하며, 하택신회荷澤神會(684-758)의 심인心印을 심지법문이라고 칭한다. 이 '심지법문'이라는 표현은 이통현李通玄(635?-730?)도 사용하는데, 『화엄경합론華嚴經合論』 권1에서

---

15 『南宗頓教最上大乘摩訶般若波羅蜜經六祖惠能大師於韶州大梵寺施法壇經』(『大正藏』48, p. 342b), "心地無疑非自姓戒. 心地無亂是自姓定. 心地無癡自姓是惠."

16 역자주: 가마타 시게오(1965)는 돈황본 『육조단경』을 전거로 제시하고 있다. 다만, 다른 본들은 "심지무비자성계心地無非自性戒, 심지무치자성혜心地無癡自性慧, 심지무란자성정心地無亂自性定"과 같은 문구를 쓰고 있다. 이 표현에 의하면 "심지에 그릇됨이 없음이 자성계이고, 심지에 어리석음이 없음이 자성혜이며, 심지에 산란함이 없음이 자성정이다."가 된다. 본문의 해석은 이것을 참고한다.

17 『禪源諸詮集都序』卷上2(『大正藏』48, p. 404c), "明明不昧, 了了常知, 盡未來際, 常住不滅, 名爲佛性, 亦名如來藏, 亦名心地."

18 『圓覺經大疏釋義鈔』卷1下(『卍續藏經』1輯 14套 3册, p. 223右下), "古來皆目七祖禪印, 爲心地法門."

곧 심지법문을 표한 것으로, 무심無心하고 증득함도 없는 자만이 비로소 오를 수 있다.[19]

등으로 쓰고 있다. 이 '심지'는 본래 『범망경梵網經』 등에 「심지법문품心地法門品」이 있는 것처럼 계戒를 의미하는 단어였지만, 선禪에서는 달마가 전한 일심一心으로 간주된다. 지엄의 저작 가운데 직접적으로 달마선과의 관계를 논증할 자료는 찾을 수 없지만, 지엄 화엄의 배경에도 실천적인 의도는 흐르고 있다. 예를 들어 『오십요문답』 권하의 「46.유식약관의唯識略觀義」를 보면, 그는 유식관唯識觀을 논하면서 좌선坐禪의 방법에 대해 다음과 같이 설명한다.

몸은 결가부좌한다. 왼손은 오른손 위에 두고 그 몸을 바로 단정하게 한다. 눈을 감고 호흡을 조절하며, 혀를 윗잇몸上齶에 붙인다. 마음을 바로 하고 연緣에 집중하되住, 나타나는 경계境相도 자심自心이 만든 것임을 알면, 분별도 따라 쉬어息 그 마음은 곧 집중하게住 [된다].[20] 이하 생략

게다가 『공목장』 권2[21]의 제9 「회향초보별시종차별이사제관의장迴向初普別始終差別理事諸觀義章」에서는 갖가지 관법觀法을 들며 그 가운데 '벽관壁觀'도 언급하고 있다. 벽관이라 하면, 달마가 벽관으로 통한 것이 유명하다. 따라서 지엄과 초기선종初期禪宗 간의 교섭에 대해 상세히 연구할 필요가

---

19 『新華嚴經論』卷1(『大正藏』36, p.723a-b), "乃表心地法門, 無心無證者方能昇也."
20 『華嚴五十要問答』卷下(『大正藏』45, p.532a), "身結加趺坐, 左手置右手上正端其身, 閉目調息以舌約上齶, 正心住緣, 所現境相知自心作, 分別隨息其心卽住."
21 『華嚴經內章門等雜孔目章』卷2(『大正藏』45, p.559a-b).

있을 것이다.

다음으로 중요한 것은 그의 성기사상을 이해할 때, 담천曇遷(542-607)의 사상과의 관련성을 고찰해 보아야 한다는 점이다. 담천에 대해서는 이미 유키 레이몬結城令聞[22]이 「수隋·서경西京 선정도량禪定道場 석담천釋曇遷의 연구: 중국불교 형성의 한 과제로서」라는 논문을 발표한 바 있다. 지엄의 사상형성에 영향을 끼친 담천에 대해서는 이미 『중국화엄사상사의 연구中國華嚴思想史の研究』 제1부 제2장 「지엄 종교의 사상사적 역할智嚴の宗教の思想史的役割」에서 논했기 때문에 여기서는 성기와 관계되는 부분만 다루고자 한다.

담천의 저서인 『망시비론亡是非論』은 지엄의 『공목장』[23] 권4 「성기품명 성기장性起品明性起章」에 수록되어 있다. 지엄이 『망시비론』을 가져온 목적은 "이 또한 성기에 수순하기 때문에 기록하여 그것을 붙인다."라고 하는 것에서 알 수 있다. 이 『망시비론』은 유키 선생도 지적하고 있는 것처럼 『장자莊子』 「제물론齊物論」의 논지와 깊은 관련이 있다. 게다가 그것은 곽상郭象(252?-312)의 『장자주莊子註』에 의거한 장자 정신을 불교의 무자성無自性·공空·연기緣起 안으로 흡수시키고 있다고 한다. 이 『망시비론』 사상은 『장자』를 비롯해 곽상의 『장자주』에 의해 더욱 발전된 중국사상을 불교가 수용한 것이다. 즉 『망시비론』의 사상은 중국불교의 형성이라는 성립사의 시점에서 중요하다. 『장자』 「제물론」의 근본 사상은 자연평등自然平等·만물일체관萬物一體觀이다. "천지天地는 나와 함께 생生하고, 만물萬物은 나와 일체一體이다."라는 사상을 이해하지 못한 사람은 이 일체一體의 이치를

---

22 結城令聞(1960) pp. 708-721 참조.

23 『華嚴經內章門等雜孔目章』卷4(『大正藏』45, pp. 580c-581b).

알지 못하고, 만물을 차별하는 시비是非·진위眞僞를 다투게 된다. 시비와 진위의 차별이 나타나는 것은 전체를 보지 못하고 한 부분에만 집착하기 때문이다. 그 사상의 근본은 시비, 즉 대립을 끊는 것이며 '무심無心'이 되는 것이다. 그러므로 논論에서는

> 장차 [시비에] 얽매이지 않고자 한다면, 무심無心만 한 것이 없다. 무심인데 누가 시비를 말할 수 있겠는가. 시비는 없어질 것이다.[24]

라고 말하고 있다. 이 '무심'과 '성기'는 실천적으로 연결되는 면이 있다. 앞서 말한 '심지'나 '무심'은 모두 선禪적인 표현들이다. 중국사상을 수용하고, 인도불교가 중국불교로 변용되면서 나타난 가장 특징적인 말이다.

이상으로 서술한 것처럼 지엄은 인도불교의 『화엄경』「성기품」사상에 기초하면서, 담천의 『망시비론』과 달마선 등의 영향을 받아 화엄의 성기사상을 형성했다. 성기사상은 연기와 성기라는 교리敎理적 측면만으로는 해명이 충분하지 않고, 거기에 실천적인 뒷받침까지 필요로 한다. 징관의 성기관이 행문行門의 입장에 서 있다고 하지만, 사실 그 원류는 지엄의 성기사상 형성에서 찾을 수 있다. 성기에 관한 종래 화엄학자들의 연구는 이러한 실천적인 측면을 간과하고 있었던 것으로 생각된다.

다음으로 법장은 『탐현기探玄記』[25] 권16에서 「보왕여래성기품寶王如來性起品」을 주석하며, 다음과 같이 성기를 해석하는데,

---

24 『華嚴經內章門等雜孔目章』卷4(『大正藏』45, p.581b), "將欲不累, 莫若無心. 以無心故誰謂爲是非, 是非亡矣."

25 『華嚴經探玄記』卷16(『大正藏』35, pp.405a-406a).

변하지改 않는 것을 성性이라 이름하고, 용用을 드러내는 것을 기起라고 칭한다. 즉 여래의 성기이다. 또 진리를 여如·성性이라 이름하고, 용用을 드러내는 것을 기起·래來라고 이름한다. 즉 여래가 성기가 된다.[26]

라고 한다. 성기법문을 밝히며 ①분상문分相門, ②의지문依持門, ③융섭문融攝門, ④성덕문性德門, ⑤정의문定義門, ⑥염정문染淨門, ⑦인과因果, ⑧통국通局, ⑨분제分齊, ⑩건립建立 이렇게 10가지 문으로 나누어 논한다. ①분상문에서는 혜원의 성性에 대한 해석을 수용하며 '성'의 3가지 뜻을 기술한다. ②의지문에서는 행증리성行證理成, 증원성과證圓成果, 이행원성理行圓成의 3가지 점으로 설명한다. ③융섭문에서는 성기의 과果는 진성眞性의 용用인 점을 밝히며, 혜원의 '진성연기'를 계승한다. ④성덕문에서는 이성理性이 곧 행성行性이기 때문에 기起라는 것은 이성의 기起라고 하며, ③과 ④를 구별한다. ③융섭문에서는 '리理로서 행行을 빼앗는다奪.'고 하지만, 지금 ④는 '리理가 본행本行을 갖춘다.'라는 점에 의거하여 설명한다. ⑤정의문에서는 성기의 정의를 4가지 뜻으로 구분해 논한다. ⑥염정문에서는 성기유정설性起唯淨說을 전개한다. ⑦인과문에서는 초발보리심初發菩提心 이후가 모두 성기에 거두어진다고 한다. ⑧통국문에서는 성기가 불과佛果에 국한되는가 아닌가를 논한다. 개각불성開覺佛性은 유정有情에 국한되지만, 불성과 성기는 의依·정正에 통한다고 한다. ⑨분제문에서는 성기와 무진법계無盡法界에 대해 논한다. ⑩건립문에서는 10가지로 변별한 이유에 대해 말한다.

---

[26] 『華嚴經探玄記』卷16(『大正藏』35, p. 405a), "不改名性, 顯用稱起. 卽如來之性起. 又眞理名如名性, 顯用名起名來. 卽如來爲性起."

이 『탐현기』 권16에서는 성기를 다양한 입장에서 분류하고 논하기 때문에, 분석에 치우쳐 지엄과 같은 실천적인 기백氣魄이 부족한 점이 있다. 형식상의 정합성을 중시하므로 본래의 생명을 잃은 감도 없지 않다. 오히려 『탐현기』[27] 권1에서 "개발하는 까닭이란 중생심衆生心 가운데 여래如來의 장藏, 성기性起의 공덕을 개발해서 모든 보살들로 하여금 이것에 의지해 수학修學하여 무명의 알을 깨고 성덕을 드러나게 하고자 하기 위함이다."라고 하는데, '성기의 공덕'을 개발하는 의도를 분명히 알 수 있다.

그리고 성기와 연집緣集의 관계에 대해서는 『화엄경문답華嚴經問答』[28] 권하에서 "어째서 성기와 수생修生과 인과因果가 다른가. 답한다. 실로 그러하다. 그 연수緣修가 없으면 성기도 없다. 성기가 없으면 연수도 성립되지 않는다. 그렇다면 그 연수는 이 상相을 떠나 체體에 수순하기 때문에 성기가 된다. 성기는 곧 이 수연隨緣 때문에 연수가 된다."라고 하여, 연수를 진성眞性·체體의 입장에서 보면 성기이고, 성기를 상相의 입장에서 보면 연수가 된다는 점을 기술한다.

체體와 상相의 관계에서 성기를 논하는 것으로 『망진환원관妄盡還源觀』[29]이 있다. 『망진환원관』은 "체體에 의지하여 용用을 일으키는 것을 이름하여 성기라고 한다."라고 명언한다. 법장의 사상에서 중점이 된 것은 성기와 연기 간의 관계 구명究明이었다. 후자쿠普寂(1707-1781)는 『오교장연

---

[27] 『華嚴經探玄記』卷1(『大正藏』35, p.108c), "七開發者, 爲欲開發衆生心中, 如來之藏, 性起功德, 令諸菩薩, 依此修學, 破無明觳, 顯性德故."

[28] 『華嚴經問答』卷下(『大正藏』45, p.609c), "云何性起爲修生因果別耶. 答. 實爾. 其無緣修, 即無性起. 無性起, 即不成緣修, 然即其緣修是離相順體故爲性起. 性即是隨緣故爲緣修." *역자주: 원문 가운데 "云何性起爲修生因果別耶"는 "무엇 때문에 성기性起의 인과因果와 수생修生의 인과가 다른가?" 정도의 의미이다.

[29] 『修華嚴奧旨妄盡還源觀』(『大正藏』45, p.639b), "依體起用名爲性起."

비초五教章衍祕鈔』권4에서 법장의 성기와 연기에 대해

> 후자쿠寂는 [다음과 같이] 말한다. 법성연기法性緣起는 곧 칭성연기稱性緣起이니, 연緣이 모여도 생生하지 않고, 연緣이 흩어져도 사라지지 않는다. <u>연기가 곧 성기이고, 성기가 곧 연기이다.</u> 보현普賢이 아는 바를 법계연기法界緣起라 이름하고, 여래께서 아는 것을 과해성기果海性起라고 일컫는다.[30]

라고 말한다. 성性의 입장에서 보면 성기, 상相의 입장에서 보면 연기로, 보현이 아는 바를 법계연기, 여래께서 아는 것을 과해성기라고 한다. 또한 영명 연수永明延壽(904-975)는『종경록宗鏡錄』[31] 권4에서 "지금 화엄성기법문華嚴性起法門에 의하면 진법계라고 한다."고 서술한다.

법장의 성기설은 그 이론적 근거를 혜원과 지엄에게서 받아들이지만, 혜원의 해석학적 경향을 강하게 수용한다. 그리고 이론적인 정합성에 의식을 집중했기 때문에 조직화에는 성공했지만, 지엄과 같은 실천적 의의는 결여한 듯하다. 법장 화엄의 사회적 입장과 그의 종교 경험 차이로 인해 그러한 성기설의 특징이 형성된 듯 보인다.

이어서 징관은「여래출현품如來出現品」을 주석하면서 성기에 대해 논한다. 그는『화엄경소華嚴經疏』권49에서 성性을 설명하며,

---

30 『華嚴五教章衍祕鈔』卷4(『大正藏』73, p. 679b), "寂曰, 法性緣起乃稱性緣起, 緣聚不生, 緣散而不離, <u>緣起卽性起, 性起卽緣起</u>. 普賢所知名法界緣起, 如來所知曰果海性起."

31 『宗鏡錄』卷4(『大正藏』48, p. 436c), "今依華嚴性起法門, 悉為真法界."

성性에 2가지 뜻이 있다. 첫째는 종성種性의 뜻이니, 인因의 일어나는 바이기 때문이다. 둘째는 법성法性의 뜻이니, 진신眞이든 응신應이든 모두 이 [법성으로부터] 생겨나기 때문이다.[32]

라고 한다. 종성의는 "인因의 일어나는 바이다."라고 한다. 징관의 견해는 과상현果上現의 입장에서 법法을 설한 법장과는 차이가 있는데, 인위因位에 근거한 성기취입性起趣入의 입장을 띠기 때문이다. 그는 『연의초』[33] 권79에서 성기를 설명함에 2가지 뜻이 있다고 하며, ①종연무성從緣無性을 성기라고 하고 ②법성수연法性隨緣을 성기라고 한다고 밝힌다. 그리고 이어서 연기가 곧 성기인 점을 설명하고, 연기에 정淨과 염染 2가지가 있다고 한다. 염染으로써 정淨을 뺏으면奪 중생에 속하기 때문에 연기이고, 정淨으로써 염染을 뺏으면奪 제불諸佛에 속하기 때문에 성기라고 말한다.

이러한 징관의 설을 계승하여 성기설을 더욱 명확하게 나타낸 것으로는 종밀의 『화엄경행원품소초華嚴經行願品疏鈔』[34] 권1의 설명이 있다. 그는 일법계심一法界心이 제법諸法을 이루는데 이문二門이 있다고 하며, 성기문과 연기문을 든다. 성기란 법계성法界性의 전체가 일어나 일체 제법이 되는 것이라고 한다. 그리고 종밀은 성기를 논할 때 법성종法性宗과 법상종法相宗을 비교하는 입장에서 말하며, 성기야말로 법성종의 특징이라고 밝힌다. 그래서 먼저 법상종의 진여는 '일향응연불변一向凝然不變'으로 성기

---

[32] 『大方廣佛華嚴經疏』卷49(『大正藏』35, p.872b), "性有二義. 一種性義, 因所起故. 二法性義, 若眞若應, 皆此生故." *역자주: 『종경록』에서 징관의 이 문장을 원용하는데, "진신이든 응신이든 모두 이 성성이기 때문이다."라고 쓴다.

[33] 『大方廣佛華嚴經隨疏演義鈔』卷79(『大正藏』36, p.615a-b).

[34] 『華嚴經行願品疏鈔』卷1(『卍續藏經』1輯 7套 5冊, p.399左上-下).

의 뜻이 없다고 하고, 법성종에서 설하는 것은 '진성眞性이 담연湛然하고 영명靈明하니 전체가 바로 용用이기 때문에, 법이法爾이면서 항상 만법萬法이 된다.'라고 서술한다. 진성이 적연寂然한 것은 만법을 온전히 하는 적연이라고 한다. 그런데 이 진성을 '적연'한 것으로 이해하는 점은 법장에게서 보이지 않는다. 징관의 사상형성 근저根底에 승조僧肇(384-414)와 도생道生 등의 견해가 반영되었다는 것에 대해서는 이미 앞 장章에서 논한 바 있다.[35] 그러한 징관의 사상이 종밀에게도 계승된 셈이다.

징관은 만법을 취할 때, '만법은 적연을 온전히 한 만법'이기 때문에 집착에 의한 잘못된 견해偏計倒見와 같은 것은 아니라고 한다. '전全'의 의미는 '거체전수擧體全收' 등의 '전'일 것이다. 그래서 세간과 출세간의 일체 제법이 모두 성기라고 한다면, 성性 외에 또 다른 법法이 없다고 하고, 제불諸佛과 중생이 교철交徹하며, 정토淨土와 예토穢土가 융통融通하고, 법들은 모두 이것저것 서로 섭수하며, 진진塵塵이 모두 세계를 포함하고, 상즉상입무애相卽相入無礙로서 십현문十玄門을 갖추며, 중중무진重重無盡이 됨은 모두 다 성기로 말미암은 것이라고 말한다. 징관의 성기는 앞 절節에서 언급한 것처럼 진망교철眞妄交徹을 기반으로 하면서 전개되었다고 본다. 이는 사리무애事理無礙적이며, 사事에서 리理로, 또 인因에서 과果로의 취입趣入에 문제를 집중시켰기 때문이라고 생각된다. 법장의 경우는 사사원융事事圓融 세계로서의 과상현果上現 입장에서 성기를 문제시했기 때문에 성기와 연기의 관계를 주제로 삼았다. 그에 반해 징관의 경우는 사리무애事理無礙의 측면에서 심성을 보는 입장이 강조된다. 이처럼 징관의 성기관은

---

[35] 역자주: 여기서 '앞 장'이란 『중국화엄사상사의 연구中國華嚴思想史の硏究』의 '제2부 징관의 종교宗敎 사상사적 고찰', '제2장 화엄사상사에 미친 승조僧肇의 영향'과 '제3장 도생道生의 돈오사상頓悟思想과 화엄사상의 변모'를 지시한다.

선禪의 영향과 함께 당시 사회 종교적인 요구에 대한 하나의 해답으로 형성된 듯 보인다.

번역: 한민수(서담)
대한불교조계종 교육아사리

## 〈참고문헌〉

### 약호
大正藏　大正新脩大藏經
卍續藏經　卍新纂續藏經

### 원전
『南宗頓敎最上大乘摩訶般若波羅蜜經六祖惠能大師於韶州大梵寺施法壇經』
　　　　　(『大正藏』48)
『大方廣佛華嚴經疏』(『大正藏』35)
『大方廣佛華嚴經隨疏演義鈔』(『大正藏』36)
『大方廣佛華嚴經搜玄分齊通智方軌』(『大正藏』35)
『大乘起信論義疏』(『大正藏』44)
『大乘義章』(『大正藏』44)
『禪源諸詮集都序』(『大正藏』48)
『修華嚴奧旨妄盡還源觀』(『大正藏』45)
『新華嚴經論』(『大正藏』36)
『圓覺經大疏釋義鈔』(『卍續藏經』9)
『宗鏡錄』(『大正藏』48)
『華嚴經內章門等雜孔目章』(『大正藏』45)
『華嚴經問答』(『大正藏』45)
『華嚴經探玄記』(『大正藏』35)
『華嚴經行願品疏鈔』(『卍續藏經』5)

『華嚴五教章衍祕鈔』(『大正藏』73)

『華嚴五十要問答』(『大正藏』45)

## 논문

高崎直道(1960),「華厳教学と如来蔵思想」,『華厳思想』, 法蔵館.

玉城康四郎(1951),「華厳の性起に就いて」,『印度哲学と仏教の諸問題: 宇井伯寿博士還暦記念論文集』, 岩波書店.

結城令聞(1960),「隋·西京禅定道場釈曇遷の研究: 中国仏教形成の一課題として」,『東洋思想論集: 福井博士頌寿記念』, 福井博士頌寿記念論文集刊行会.

# 03

## 징관의 화엄교학과 선종
### :사사무애법계事事無礙法界의 성불론成佛論[1]

요시즈 요시히데吉津宜英

오교판五敎判을 대신하여 사법계四法界가 징관澄觀 교학의 중심에 자리 잡고, 의義와 교敎라는 두 개의 근거로 종宗을 한정하였다. 여기에는 선종禪宗을 향한 징관의 날선 대응이 엿보인다. 그러나 본절에서는 화엄의 법문法門인 사사무애법계事事無礙法界의 내용에 대하여 법장法藏의 법계연기설法界緣起說과의 차이를 고찰하고자 한다. 특히『팔십권화엄경八十卷華嚴經』「여래출현품제삼십칠如來出現品第三十七」의 한 문장에 대한 해석을 둘러싸고 성불론成佛論에 한정하여 검토할 것이다.

「여래출현품」은 글자 그대로 불여래佛如來 출현의 의의意義를 설한다. 『육십권화엄경六十卷華嚴經』에서는 「보왕여래성기품寶王如來性起品」으로 되어 있고, 이른바 '성기性起' 사상은 여기에서 유래한다. 그러나『육십권화엄경』을 주석한 지엄智儼과 법장 등에게 성기사상이 있고, 팔십권의「여래출현품」을 주석한 사람들에게 그 사상이 없다고 생각할 수 없다. 결과적으로

---

[1] 吉津宜英(1985),『華嚴禪の思想史的研究』 IV장 3절, 大東出版社, pp. 240-248의 번역이다.

는 오히려 역으로 법장은 연기緣起를 중심으로 하고, 징관의 쪽이 성기 사상을 겉으로 드러내고 있다고 말할 수 있다. 그리고 징관의 성기 사상은 여기에서 다루는 한 문장의 해석 안에서도 넘쳐흐르고 있다.

「여래출현품」은 우선 맨 처음에 여래 출현의 인연因緣을 설하고, 두 번째로 출현한 여래의 신업身業, 세 번째로 어업語業, 네 번째로 의업意業, 다섯 번째로 경계境界, 여섯 번째로 행行, 일곱 번째로 고제苦提, 여덟 번째로 전법륜轉法輪, 아홉 번째로 열반涅槃, 열 번째로 견문친근소종선근見聞親近所種善根[2]을 제시한다. 출현한 여래의 멸후滅後에, 여래를 견문친근함까지를 설한 것은 이 불여래가 보신불報身佛이었고, 재세중在世中에는 물론이고 멸후에도 일체중생一切衆生에게 성불成佛의 인연을 만들어 주겠다는 행원行願에 근거한다. 따라서 여섯 번째에 출현한 여래의 행이 있고, 일곱 번째에 고제가 있는 것도 보신불로서의 행, 각타覺他로서의 행, 자각각타각행원만自覺覺他覺行圓滿의 자세로서의 고제인 것이다.

그런데 그 일곱 번째 고제 중에서 다음과 같은 한 문단이 있다.

불자여, 여래께서 정각을 이룰 때 그 몸 가운데에서 모든 중생이 정각을 이루는 것을 두루 보고, 내지 모든 중생이 열반에 들어감을 두루 보신다. 모두 같은 성품으로 이른바 성품이 없음이니 무슨 성품이 없는가. 이른바 모양의 성품이 없고, 다함의 성품이 없고, 생겨남의 성품도 없고, 사라짐의 성품도 없고, 나라는 성품도 없고, 내가 아님의 성품도 없고,

---

[2] 역자주: 이 말은 『화엄경華嚴經』 卷52 「여래출현품如來出現品」에 등장한다. 즉 여래·응공·정등각을 견문하고, 아주 가까이에서 볼 수 있는 선근을 심은 것을 말한다. 이는 헛됨이 없는 선근이다. 『大方廣佛華嚴經』 卷52 (『大正藏』10, p. 277a), "佛子, 菩薩摩訶薩應云何知於如來, 應, 正等覺見聞親近所種善根, 佛子, 菩薩摩訶薩應知於如來所見聞親近所種善根皆悉不虛, 出生無盡覺慧故, …… 到無功用智地故."

중생이라는 성품도 없고, 중생이 아님의 성품도 없고, 깨달음이라는 성품도 없고, 법계라는 성품도 없고, 허공이라는 성품도 없고, 또한 정각을 이룸이라는 성품도 없는 것이다. 모든 법은 성품이 없다는 것을 알기 때문에, 일체를 아는 지혜를 얻고 큰 자비심으로 끊임없이 중생을 제도하는 것이다.[3]

『육십권화엄경』의 해당 문장도 경문經文에 약간의 출입은 있지만, 취지는 변하지 않는다. 법장은 우선 『화엄경지귀華嚴經旨歸』의 제구第九 '경익經益'의 항목의 제십第十 칭성익稱性益에서 이 한 문장에 해당하는 곳을 인용하여 "중생이 구래불과 같다고 분별하는 것은 무극대비이다."[4]고 해석하고, '구래동불舊來同佛'과 중생 성불의 '구래성舊來性'임을 주장하였다. 더욱이 『탐현기探玄記』에서는 법계연기의 동체상즉同體相卽 이론과 육상원융六相圓融의 도리道理에 의하여, 오교五敎의 제오第五 원교圓敎의 성불론이 '구래성불舊來成佛'임을 나타냈다.[5] 화엄의 전통적인 성불론은 신만성불信滿成佛이지만, 그것은 삼승종교三乘終敎의 십신十信 등의 수행의 단계를 빌려 그것에 맞추어寄同 설명했던 것이므로 화엄의 독자적인 성불론이라고 칭하기 어려운 일면이 있다. 이 '구래성불'은 우선 『화엄경』「성기품」의 한 문장에 근거하였고, 더욱이 법계연기설을 채용했던 것이기 때문에 화엄의

---

3 『大方廣佛華嚴經』卷52(『大正藏』10, p. 275a), "佛子, 如來成正覺時, 於其身中, 普見一切衆生成正覺, 乃至, 普見一切衆生入涅槃, 皆同一性, 所謂無性, 無何等性, 所謂, 無相性, 無盡性, 無生性, 無滅性, 無我性, 無非我性, 無衆生性, 無非衆生性, 無菩提性, 無法界性, 無虛空性, 亦復無有成正覺性, 知一切法, 皆無性故, 得一切智, 大悲相續, 救度衆生."

4 『華嚴經旨歸』(『大正藏』45, 596c), "解云, 辨衆生舊來同佛者, 是無極大悲也."

5 『華嚴經探玄記』卷16(『大正藏』35, 413c), "若圓敎卽一切衆生, 竝悉舊來發心亦竟, 修行亦竟, 成佛亦竟, 更無新成, 具足理事."

독자적인 것이라 말해도 좋다고 생각된다. 징관도 법장을 계승하였고, 이후 자세히 살펴보는 것처럼 '구래성불'을 주장하였으나, 법장의 법계연기설을 배척하고 사사무애법계설의 입장에서 논증했다는 중요한 차이가 있다. 앞에서 예를 든 문장에 대해서 법장은 '명현인과문明現因果門'으로, 징관은 '명인과교철明因果交撤'이라 명명한 것에서도 징관의 엄격한 자세가 드러나 있다.

다음으로 앞에서 예를 든 문장에서 중생의 성불이 이理로서의 성불인지, 사事로서의 성불인지 자문하는 것은 법장과 동일하다.[6] 만약 구체적으로 발심·수행·보리·열반 등의 팔상八相의 모습을 빌어서 성도成道하는 것이라면, 뒤에서 '동일성同一性'과 이理적인 입장을 내세우고 있는 것과 모순되는 것은 아닐까. 만약 이理로서의 성불이라면 구체적인 발심이나 열반 등을 내세울 필요는 없지 않을까라는 등의 물음이다. 그것에 대한 답을 인용해보자.

> 이것은 화엄에서 매우 중요한 원종圓宗의 뜻이다. 여러 종파의 입장과 대비하지 않으면 이해하기 어렵다. 즉 모든 중생은 인천人天의 지위에서 본다면 인아人我와 법아法我의 두 가지가 모두 갖추어져 있다. 소승에서는 오직 오온五蘊이 실법實法일 뿐이다. 대승에서는, 혹은 '단지 마음이 나타난 바일 뿐이다.'고 설하며, 혹은 '환유幻有는 즉 공空하며, 인아와 법아 모두 부정된다.'고 설한다. 혹은 '오직 여래장如來藏만이 항하성덕恒河性德을 구족할 뿐.'이기 때문이고, 중생은 곧 재전在纏의 법신法身이기에 '법신과 중생이 뜻은 하나라고 해도 이름이 다르다.'고 설한다. 이것은 이

---

6 『華嚴經探玄記』卷16(『大正藏』35, 413b), "問, 此中所現衆生成佛, 爲是約事, 爲是約理."

理에 의거한 설명이다. 다시 어떤 사람이 설하여 말하기를, '모양은 본래 저절로 다하고 성품은 본래 저절로 나타나니, 부처에 즉한다 부처에 즉하지 않는다 등으로 설하는 것은 안된다.'고 하였다. 만약 이 종파(원교)에 의하면 예로부터舊來 성불하여 마쳤고, 열반하여 마쳤다.[7]

법장이 '별교중의別敎中義'[8]로 하였던 곳을 징관은 '화엄대절원종지의華嚴大節圓宗之義'로 표현하였다. 이어 순차적으로 인천교人天敎에서 오교五敎의 순으로 각각의 성불론을 제시하고, 마지막으로 원교에서 '구래성불' 혹은 '구래열반'이 설해진다. 여기서 이어서 나오는 다음의 한 문장에 주목하고자 한다.

동체同體에 의거하여 이것이 성불하면 곧 저것이 성불하는 것은 아니다.[9]

이 문장은 법장이 불여래와 중생과의 관계를 동체연기同體緣起로서 파악하여,

저 소현所現은 능현能現과 동일하다. 따라서 중생은 성불하지 않음이 없다.[10]

---

7 『大方廣佛華嚴經疏』卷50(『大正藏』35, 882c), "此是華嚴大節圓宗之義. 不對諸宗難以取解. 然諸衆生, 若於人天位中, 觀之具足人法二我. 小乘唯是五蘊實法, 大乘或說但心所現, 或說幻有卽空, 人法俱遣, 或說唯如來藏具恒沙性德故, 衆生卽在纒法身, 法身衆生義一名異, 猶據理說. 更有說言, 相本自盡, 性本自現, 不可說言卽佛不卽佛. 若依此宗, 舊來成竟亦涅槃竟."
8 『華嚴經探玄記』卷16(『大正藏』35, p.413b), "答, 此是別敎中義, 若不約諸宗分別, 無由得解."
9 『大方廣佛華嚴經疏』卷50(『大正藏』35, 882c), "非約同體, 此成即是彼成."
10 『華嚴經探玄記』卷16(『大正藏』35, 413b), "以彼所現同能現故, 是故衆生無不成佛."

라고 하여 소현인 중생이 능현인 여래와 같다고 하는 해석을 부정한 것이나 다름없다. 법장처럼 여래와 중생을 동체연기로 파악하는 입장에서는 아직 이물二物의 흔적이 남아있어서 철저한 인과의 교철이 이루어지지 않았다고 징관은 생각하였던 것이다.

앞의 문장의 뒷부분에서 "만약 구래성불이라고 말한다면, 지금 성불하지 않은 중생이 존재하는 것은 왜인가. 만약 구래성불이라면, 부처의 교화는 필요하지 않은 것은 아닐까." 하는 두 가지 질문이 나오는 것은 법장과 같다. 다만 징관은 법장의 또 하나의 자문자답, 즉 다음의 한 문단을 삭제하고 있다.

> 묻는다. 이미 모두 성불하였다면 무엇 때문에 또한 발심 등이 있는가?
> 답한다. 만약 성불문成佛門이라면 총체적으로 이루는 것이고, 만약 수행문修行門이라면 총체적으로 수행하는 것이며, 만약 발심문發心門이라면 총체적으로 발심하는 것이다. 만약 이와 같은 '총체적'임을 여의면 곧 공空하여 실체가 없는 것이다. 대연기문大緣起門에 준하여 이것을 생각하라.[11]

'총성불總成佛'의 '총總'에 육상원융의 관점을 넣은 해석은 앞의 동체연기의 도입과 마찬가지로 징관의 비판을 받았다고 보아야 할 것이다. 앞의 "대연기문에 준하라."라는 법장의 문구를 징관은

---

[11] 『華嚴經探玄記』卷16(『大正藏』35, 413b), "問, 旣總成佛, 何故亦有發心等耶. 答, 若成佛門中總成, 若修行門總修行, 若發心門總發心. 若離此等總, 卽空無所有, 准大緣起門思之."

문에 따라서 같지 않고 서로 다름이 있다. 성불문에 의거하면 일체성불한다.[12]

라는 문장으로 바꾸어 내놓는다. 이 문장만으로는 무엇을 말하고 있는지 알 수 없지만, 실은 『연의초演義鈔』에서 이 문장에 대해 상세하게 해석하고, 사사무애법계의 성불론이 전개되고 있다. 『연의초』는 다음과 같이 이 문장의 해석을 시작한다.

> 소疏에는 '수문부동 종종유이隨門不同 種種有異'라고 되어 있는 아래는 셋째, 예시로 결론짓는 부분이다. 즉 나머지 문門을 견주어 결론짓는 것이다. 문에는 비록 여러 가지가 있지만, 요약하여 네 가지로 나눈다. 첫 번째로 성성性에 의거하면 곧 일진법계一眞法界이다. 두 번째로 상相에 의거하면 곧 무진법계無盡法界이다. 세 번째로 성상교철性相交撤에 의거하면 이 두 가지 문이 즉하지도 않고, 떨어지지도 않음을 나타낸다. 네 번째로 성性으로 상相을 융화하니 덕용德用이 겹겹이다.[13]

성불에 대하여 생각할 수 있을 만한 사례를 정리한 것이다. 이 네 가지 문이 각각 이법계·사법계·이사무애법계·사사무애법계에 상응하고 있는 것에 주목하고자 한다. 설명은 첫 번째로 '성性에 의거함', 즉 이법계의 성불론에서 시작하여, 이 일진법계一眞法界의 체體는 부처인가라고 자문하고,

---

12 『大方廣佛華嚴經疏』卷50(『大正藏』35, 882c), "隨門不同種種有異, 約成佛門一切成也."
13 『大方廣佛華嚴經隨疏演義鈔』卷80(『大正藏』36, 627b), "疏, 隨門不同種種有異, 下第三結例, 卽類結餘門. 門雖有多, 且略分四. 一約性, 卽一眞法界. 二約相, 卽無盡事法. 三約性相交徹, 顯此二門不卽不離. 四以性融相, 德用重重."

사구四句로 구별하여 답한다.

> 첫째, 이것은 부처이다. 법성신法性身은 이르지 않는 바가 없기 때문이다.
> 둘째, 부처가 아니다. 능각能覺과 소각所覺이 끊어졌기 때문이며 그 성품이 평등하다.
> 셋째, 부처이기도 하고 또한 부처가 아니기도 하다. 법성신은 자성自性이 없기 때문이다.
> 넷째, 둘 다 아니다. 성품과 성품 없음의 두 가지가 다 끊어져 없어지기 때문이다.[14]

이 네 구절 가운데, 첫 번째 구절만이 성불론 안에 포함될 수 있고, 그 외는 법성계의 이理의 면이 강하게 드러나므로 성불론에 들어갈 수 없다.

다음으로 두 번째 '상相에 의거함'이다. 즉 사법계는 우선 정情과 비정非情의 두 가지로 나뉘고, 그것이 각각 다음과 같이 나누어진다.

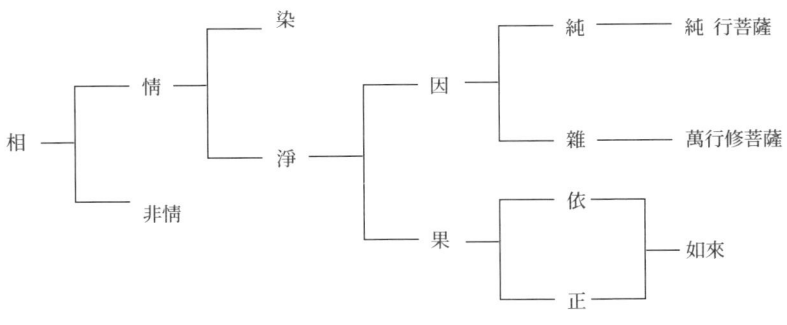

---

[14] 『大方廣佛華嚴經隨疏演義鈔』卷80(『大正藏』36, p.627b-c), "<u>一是佛, 法性身無所不至故</u>. 經云, 性空即是佛故. 二非佛, 絶能所覺, 爲其性平等一眞法界, 非佛非衆生故. <u>三亦佛亦非佛, 以法性身無自性故</u>. 四雙非, 性與無性雙泯絶故. 經云, 無中無有二, 無二亦復無, 三世一切空, 是則諸佛見." 밑줄이 저자 인용 부분. 나머지는 『연의초』 원문임. [역자 원문삽입]

이 상문相門으로 구별할 때는 유정有情의 일부분으로서의 여래만이 성불하는 것으로 되어 있어 성불론으로서는 매우 철저하지 못함을 피할 수 없다.

다음으로 세 번째 '성상교철性相交撤에 의거함'은 이사무애법계에 상응하는데, 거기에서도 사구四句의 분별로 설명된다.

> 첫째, 성성을 가지고 상相을 따르면 두 번째 상문相門과 같다(一以性隨相同第二門).
> 둘째, 상相을 모아서 성性으로 돌아가면 첫 번째 성문性門과 같다(二會相歸性同第一門).
> 셋째, 두 가지 다 존재하면서 걸림이 없다(三雙存無礙).
> 넷째, 서로 빼앗아 둘이 다 없어진다(四互奪雙亡).[15]

이 네 구절 중에 첫 번째와 두 번째는 각각 이법계와 사법계를 이사무애법계에 끌어올려 위치 지은 것이므로, 세 번째 '성상교철'문 특유의 것은 세 번째 구절과 네 번째 구절이다. 세 번째 구절은 다음과 같이 설명된다.

> 셋째, 쌍존무애雙存無礙란 위의 두 가지 문을 다 갖춘 것이다. 이것에 의하면 대비와 지혜가 나란히 운용되고 성품과 모양이 가지런히 달리며, 고요함과 비춤이 쌍으로 움직여 대자재를 이룬다.[16]

---

15 『大方廣佛華嚴經隨疏演義鈔』卷80(『大正藏』36, p. 627c), "一<u>以性隨相同第二門</u>, 二會相歸性同第一門, 三<u>雙存無礙</u>具上二門, 依此則悲智雙運性相齊驅, 寂照雙流成大自在, 四<u>互奪雙亡</u>則性相俱絶, 沒同果海成不成." 밑줄이 저자 인용 부분. 나머지는 『연의초』 원문임. [역자 원문삽입]

16 『大方廣佛華嚴經隨疏演義鈔』卷80(『大正藏』36, 627c), "三雙存無礙, 具上二門, 依此則悲智雙運, 性相齊驅, 寂照雙流, 成大自在."

또한 네 번째 구절은

> 넷째, 호탈쌍망互奪雙亡이란, 즉 성품과 모양이 다 함께 끊어지고, 똑같이 깨달음의 바다에 빠져서, 이루어짐도 없고 이루어지지 아니함도 없다.[17]

라고 되어 있다. 네 번째 구절은 이루어짐도 없고 이루어지지 아니함도 없다고 되어 있기 때문에, 제삼문第三門으로서는 세 번째 구절을 성불론으로 삼는다.

네 번째 '성性으로 상相을 융화함'이라는 사사무애법계는 다음과 같이 설명된다.

> 제4의 성性으로 상相을 융화하는 문이다. 상이 비록 만 가지로 달라도 성에 즉하지 않음이 없다. 성덕性德은 포함하며 온전히 상 속에 있다.[18] 성으로 상을 융화하면 상이 성과 같다. 위의 모든 문으로 하여금 모두가 장애 없게 하며, 인과가 서로 통하여 순수함과 뒤섞임이 서로 융화하며, 일과 일이 서로 참여하되 겹겹으로 끝이 없다.[19]

---

17 『大方廣佛華嚴經隨疏演義鈔』卷80(『大正藏』36, 627c), "四互奪雙亡, 則性相俱絕, 沒同果海, 無成不成."

18 역자주: 본문의 "性德包含, 全在相中"의 '包含'이 의미하는 바는 정확히 알 수 없다. 『大方廣佛華嚴經疏』卷1(『大正藏』35, p.506c), "云何名藏. 答云, 由攝故, 謂攝一切所應知義, 攝卽包含." 여기에서 쓰인 뜻으로 보면, 즉 '성의 덕은 섭장攝藏의 의미가 있으면서, 성은 완전히 상 중에 존재한다.' 정도의 의미로 쓰인 것 같다.

19 『大方廣佛華嚴經隨疏演義鈔』卷80(『大正藏』36, p.627c), "第四以性融相門, 相雖萬差無不卽性, 性德包含全在相中. 以性融相相如於性, 令上諸門皆無障礙. 因果交徹純雜相融, 事事相參重重無盡."

그리고 『화엄경』의 성불론은 이 네 번째 문에 해당함이 다음과 같이 제시된다.

> 지금 『화엄경』은 바로 네 번째의 '성으로 상을 융화함'에 의거하여 하나가 이루어지면 일체 모두가 이루어지는 것이다. 부처의 깨끗한 성품이 중생의 더러움을 융화하고, 부처의 하나의 성품이 중생의 많음을 융화하며, 더러움이 많은 중생으로 하여금 참된 성품에 따르게 한다. 모두가 부처와 같아지고 이미 성불하여 끝난다. 다만 유정뿐만 아니라 온갖 종류를 서로 모아 융화하여 부처가 되며, 체體로서 모두가 이루어지지 아니함이 없다. 그러므로 조공肇公[20]이 이르기를, "만물을 모아서 자기를 이룬 이는 저 성인뿐이리라."고 하였다. 또한 이르기를 "그러므로 성인은 공空하여 그 체성이 한가지요 만물은 나 아님이 없다."고 했다. 부처의 성품으로 만물을 융화하면 성품이 부처와 같아져서 모두가 이루어지고, 만물의 성품으로 부처의 성품에 융화하기 때문에 삼업三業을 만 가지 종류와 같게 한다. 즉 지금 설명한 문이 『화엄경』의 뜻으로 다른 문의 것은 아니다.[21]

이처럼 징관은 부처와 중생, 부처와 비정非情과의 철저한 융합을 설한다. 특히 승조僧肇의 말을 인용하여 비정성불非情成佛을 설하고 있는 것은

---

20 『肇論』「涅槃無名論」(『大正藏』45, 161a), "無名曰, 夫至人空洞無象, 而萬物無非我造, 會萬物以成已者, 其唯聖人乎."

21 『大方廣佛華嚴經隨疏演義鈔』卷80(『大正藏』36, pp. 627c-628a), "今經正約第四以性融相. 一成一切皆成, 謂以佛之淨性融生之染. 以佛一性融生之多, 令多染生隨一眞性. 皆如於佛已成佛竟. 非唯有情, 會萬類相融爲佛, 體無不皆成. 故肇公云, 會萬物而成己者, 其唯聖人乎. 又云, 故至人空洞無像物無非我, 以佛之性融於物性, 同佛皆成, 以物之性融佛之相, 故令三業等於萬類. 卽今經意而非餘門."

주목할 만하다. 사사무애의 성불론은 사사물물事事物物 각각에 존재 장소를 얻게 하면서, 어디까지나 일체를 법계 안에서 융합하여 그치지 않는 것이다. 법장의 법계연기설이 공유空有라던지 유력무력有力無力이라고 하는 상대적인 점에서부터 법계의 절대성을 우러러보기 때문에 그 절대성은 어디까지나 성해과분불가설性海果分不可說로서 머무르는데 반하여, 징관은 사사무애법계라고 하는 절대성에서부터 일체의 것에 상대성을 부여하는, 바로 '성기'의 세계라고 말할 수 있겠다. 법장에게도 성기의 사고방식은 물론 존재하지만, 역시 연기의 입장을 준수한다. 혜원慧苑은 법성융통일원法性融通一元에 의해서 '성'의 입장은 제시할 수 있었으나, 연기를 숨겼기 때문에 '기起'의 입장이 뚜렷하지 않았다. 그러한 혜원을 정면에서 비판한 징관은 법장의 연기설을 계승하여 사사무애법계설을 내세웠고 '성기'를 대성大成시킨 것이다. 징관이 대성시킨 성기 사상이 제자인 종밀宗密에 의해서 '본래성불론本來成佛論'[22]의 근거가 되는 것을 여기에서 부언해 둔다.

한편 『연의초』에서는 사사무애의 '이성융상以性融相'의 성불론이 『화엄경』, 즉 원교圓教의 의意라고 한 후에, 다른 사교四敎와 인천교人天敎에 대하여 앞의 사문四門 및 사구四句와 대비하고 있기 때문에 그것을 정리해서 나타내보자. (다음의 도표)

---

[22] 『圓覺經大疏』卷中之二(『卍續藏經』1-14, p. 154左上下)에 본래성불本來成佛을 논하고 있는데, 거기에 징관의 『화엄소華嚴疏』의 앞의 「인과교철因果交徹」의 한 문장을 인용하였다.

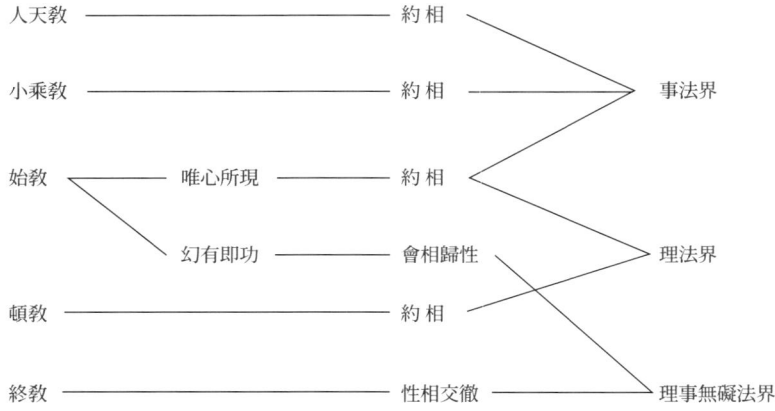

　여기에서도 오교판은 하나의 전통으로는 살아있으나, 내용상으로는 명백하게 사법계설에 의하여 구별되고 있는 것을 알 수 있다.

　이상과 같이 사사무애법계의 『화엄경』의 성불론은 성性을 가지고 상相을 융합하는 '성기'를 내용으로 하는 것임이 분명하게 되었다. 그 성불론은 오교판에서도, 사법계설에서 보아도, 돈교頓敎의 성불론을 훨씬 능가하는 것으로 알려지게 된 것이다. 성불론은 물론이고 다른 일체의 법문에서도 화엄의 법문은 타 종파에 대해서는 물론 선종에 대해서도 매우 뛰어나다고 하는 자신감을 징관은 가지고 있었다. 그러나 그 자신감이 현실까지 변화시킬 수는 없었다. 상당히 편협한 자세를 가진 선종이 바로 '종'에 입각해서 사람들의 신뢰를 얻어 가고 있던 것이다. 여러 선자禪者에게 참배하였던 징관은 선종의 좋은 점을 잘 알고 있었던만큼 그것도 포함하는 '교'의 체계를 지향한 것이었다. 징관 자신은 그것에 성공시켰으나, 현실에서는 '교'의 측에 선 사람들과 '종'의 입장에 있는 사람들과의 단절이 점점 커져만 갔다. 『화엄소華嚴疏』와 『연의초』의 곳곳에서는 선종을 언급하면서 혹은 비판하고, 혹은 융회하고, 혹은 자기의 체계의 안에서 위치 지었던 징관이, 점차 융성해지는 선종을 눈앞에 두고 마지막으로 취한 방법은 선종을 논하는 것이었다. 선종 가운데 전면적으로 파고드는 것은 '교'의 입장에서 서 있는 징관에게는 무리겠지만, 정면에서 선종을 논하는 것은 가능하기도 하고, '교'를 고집하여 선종을 무작정 비판한다거나, 양자의 단절을 마냥 방관하는 것보다는 훌륭하고 적극적인 태도라고 칭할 수 있을 것이다.

번역: 조세인
동국대 불교학술원

〈참고문헌〉

**약호**

大正藏　大正新脩大藏經

卍續藏經　卍新纂續藏經

**원전**

『大方廣佛華嚴經』(『大正藏』10)

『大方廣佛華嚴經疏』(『大正藏』36)

『大方廣佛華嚴經隨疏演義鈔』(『大正藏』36)

『圓覺經大疏』(『卍續藏經』1)

『肇論』(『大正藏』45)

『華嚴經旨歸』(『大正藏』45)

# 04

## 당대 화엄성불론 연구
혜원·징관의 '성性'에 대한 해석[1]

장위신 張宇心

## I. 문제의 소재

불교가 중국에 전래된 후 중국 승려의 해석과 전개를 통해 불교 교리의 여러 분야가 발전했다. 대승불교가 특히 관심을 보이는 성불사상에서 가장 주목할 만한 것은 도생道生이 『열반경』의 영향을 받아 제기한 돈오頓悟설이다. 도생의 돈오는 단계적인 깨달음의 과정을 부정하고, 소승의 점오漸悟설에 반대하는 입장에서 중국 불교의 큰 특징을 선명하게 드러내었다.[2] 사상사의 변천에 입각할 때 도생의 돈오설은 돈오를 중시하고 점오를 경시하는 중돈경점重頓輕漸의 대승불교 성불론 경향의 기틀을 만들었고, 천태의 일념삼천一念三千과 선종의 즉신성불即身成佛과 화엄종의 신만성불信滿成佛·초발심성불初發心成佛 등의 사상도 모두 이러한 질속성불疾速成佛[頓]의 근본 입장을 드러낸다.

---

[1] 본고는 『불교학보』102, 불교문화연구원, 2023, pp. 35-76에 게재한 논문을 수정·보완한 것이다.

[2] 鎌田茂雄(1965), pp. 405-406.

깨달음과 성불의 돈·점의 논쟁 외에, 남북조 시기 『열반경』의 유행도 중생 불성의 유무, 불성이 시유始有인지 본유本有인지 하는 성불론 문제를 야기했다. 이러한 주제는 모두 대승불교 신앙의 기초와 직접적으로 관련된 것이다. 표면적으로는 이러한 논쟁이 도생 등 사상가의 해답과 설명으로 어느 정도 진정되었다고 하더라도 근본적인 해결을 본 것은 아니며, 관련 문제의 검토와 재해석은 수·당 시기의 불교로 이어졌다.

그 중 『화엄경』은 보살행을 제창하는 중요한 대승경전의 하나로, 보현행을 통해 어떻게 '법계에 들어가고', '법계에 수순하고(원인)', '부처의 경지에 들어가는 지(결과)'를 서술하지 않는 곳이 없다. 그리고 수행과 성불에 대해 『화엄경』은 두 가지 방법을 제시한다. 첫째는 항포문行布門, 즉 「십지품」에 의거한 수행차제로, 십신·십행·십회향·십지·불지의 차제에 따라 점차 성불한다. 둘째는 수행차제의 한계를 초월한 원융문圓融門으로, '일즉일체' 등 일다一多 관계의 원융적 해석에서 '입법계' 사상을 발휘하여, 대승의 돈오적 입장에 새로운 이론적 기초를 제공해주었고, 당대 화엄 사상가에게 풍부한 성불론 사상의 기초를 제공했다.

지엄을 비롯한 화엄 사상가들은 여러 각도에서 '일즉일체一即一切'라는 화엄사상만의 성불론 함의를 구축하고 풍부하게 하였다. 일념작불一念作佛설, 십신종심작불十信終心作佛설, 의상의 초발심성불설初發心成佛 등이 모두 이러한 사유와 상응한다. 그러나 여러 성불론들은 남북조 시기 성불론의 일체개성一切皆成설, 돈오설의 기본 입장에서 벗어나지 않는다. 더 중요한 것은 화엄학의 성불론 사상이 시대적 과제에 맞추어 강의된 것일 뿐 아니라, 나아가 화엄학 전체의 구성에서 교리적으로 핵심적인 위치를 차지하고 있다는 점이다.

화엄 성불론에 대한 학계의 관심과 고찰은 대부분 지엄을 기점으로 전개되었다.[3] 요시즈 요시히데吉津宜英에 따르면, 법장의 성불론 사상은 지엄과 의상에서 비롯되었으며, 법계연기法界緣起 사상에 기초하여 신만성불信滿成佛(십신의 종심終心에서 이미 성불한다)과 구래성불舊來成佛을 주장하였고, 혜원慧苑은 법성일원法性一元론을 기초로 '법성관'을 주장하여 수행 차제를 뛰어넘는 돈오설로 기울었고, 징관은 사사무애법계事事無礙法界의 성기性起 사상에 의거하여 구체적인 성불의 차제를 선종의 수증에 대한 해석과 융합시켰다.[4] 요시즈 요시히데는 여러 사상가들의 성불론 입장을 명료하게 제시하여 정리했다는데 의의가 있다. 그러나 최근 몇 년 동안의 선행 연구 결과[5]에 따르면 혜원과 징관 사상의 관계 해명을 위해서는 학

---

[3] 가마타 시게오鎌田茂雄는 지엄의 '일심'에 대한 중시와 '일념성불一念成佛'설을 고찰함으로써 초기 화엄학이 유식사상을 흡수하여 남북조 이래 유행했던 질속성불疾速成佛 주장의 사상적 성격을 새롭게 했다고 지적한 바 있다. 그 후 기무라 기요타카木村清孝는 지엄의 '일승'의 성불론 입장을 제기해 지엄의 '일념성불'과 '무념성불無念成佛'의 주장을 설명하고 지엄의 구체적인 수행실천론에 대해 고찰했다. 요시즈 요시히데吉津宜英는 기무라 기요타카의 연구에 대해 다른 견해를 제시했는데, 지엄의 성불론은 '십지종심작불十地終心作佛'·'질득성불'·'일념성불' 등을 포함하여 매우 풍부하고 다면적인 체계이며, '일념성불'의 주장은 『일승십현문』에만 나오는 것이므로 '일념성불'을 지엄의 대표적인 성불사상으로 규정하기에는 불충분하다고 했다. 나아가 요시즈 요시히데는 의상·법장·혜원·징관 등의 성불론 사상도 다루어 화엄 성불론이 발전한 맥락을 정리하였다. 鎌田茂雄(1965), pp.84-106; 木村清孝(1977), pp.572-608; 吉津宜英(1985), pp.67-78.

[4] 吉津宜英(1985), pp.79-112, 165-171, 240-247.

[5] 다카미네 료슈高峰了州는 일찍이 징관이 『팔십화엄경』에 대한 혜원의 분과分科를 따랐다고 했다. 사카모토 유키오坂本幸男는 혜원의 사상을 체계적으로 연구한 저서 『화엄교학연구』(제1부)에서 혜원에 대한 징관의 비판을 정리하고, 그 합리성과 정당성을 다시 살펴보고, 징관이 혜원에 대해 의도적인 비판을 하면서도 참고적으로 그 학설을 따랐다는 사실을 중점적으로 밝혀냈고, 혜원의 화엄학은 철학적 성격이 강하여 후대의 화엄 사상 발전에 과거의 인식 이상의 깊은 영향을 미쳤다고 본다. 요시즈 요시히데吉津宜英는 혜원 사상의 형성은 선종의 흥기에서 비롯된 측면이 크다고 여러 차례 지적하며, 화엄과 선의 융합이 일찍이 혜원에서 이루어졌음을 암시했다. 기무라 기요타카木村清孝는 법장의 저서 중에서 위작으로 의심되는 『망진환원관妄盡還源觀』에만 '사사무애'의 용례가 있으며, 다른 저작 분석을 통해 알 수 있듯이 법장의 진리관은 '사사무애'로 지칭할 수 없다고 했다. 이시이 코세이石井公成는 혜원이 '사사무애'라는 용례를 가장 먼저 사용한 화엄승이며, '이사무애'와 '사사무애'를 하나의 개념으로 조합한 혁신가라고 명시한다. 나카니시 도시히데中西俊英는 이에 대해 한층 더 논증하였다. 위의 선행연구들은 징관의 '사법계' 사상이 혜원의 사상을 계승되었다는 것을 간접적으로 나타낸다. 高峰了州(1942), pp.263-265; 坂本幸男(1956); 吉津宜英(1985), pp.145-175; 石井公成(1996), pp.3-4; 木村清孝(1977), p.159; 中西俊英(2010), pp.57-72.

계의 기존 인식을 뛰어넘어야 하며, 요시즈 요시히데가 주장한 혜원과 징관 성불론 사상의 관련 역시 여전히 논의의 여지가 많다.

본고는 선행연구를 바탕으로 혜원·징관이 '성性'을 둘러싸고 전개하는 화엄 성불론을 주요 연구대상으로 하며, 이 단계의 화엄 성불론의 사상 발전 맥락을 정리하여 당대唐代 화엄 성불론 변천사의 원형을 한층 더 복원하고자 한다.

## II. 전통 화엄학[6]의 '연생緣生'과 '이실理實'

『화엄경』의 '일즉일체' 사상을 근본 정신으로 한 화엄 사상가들의 성불론은 각자 특징이 있다. 지엄은 일승이 삼승보다 뛰어나다는 입장에서 '일념성불一念成佛' 등의 사상을 제기했다. 남북조 이래 성불론의 핵심 주제와 관련해 보자면, 지엄의 성불론은 여전히 '돈오'(질득성불疾得成佛)설, 일체개성설, 즉 본유와 시유설을 조화시키는 이론의 연장선상에 있다. 정리하면 다음과 같다. ①지엄의『공목장』·『오십요문답』·『화엄일승십현문』에서 논한 '일념성불'과『공목장』에 나오는 '무념성불無念成佛'은 모두 도생에게서 시작된 질속성불 사상 전통을 계승한 것이다.[7] ②『공목장』에서 언급한 '십신종심작불'은『화엄경』에서 주장하는 성불이 계위에 제한받지 않

---

6 본고에서는『육십화엄경』에 의거하여 천명한 화엄학을 전통화엄학이라고 칭한다. 즉 지엄·법장 시기의 화엄학이다.

7 가마타 시게오鎌田茂雄는 지엄의 '일념성불', 나아가 '무념성불' 사상은 도생의 '질속성불疾速成佛', 즉 '돈오' 사상의 기초 위에 인도 유식학의 요소를 혼합한 것으로 지엄 화엄학의 전체 구성에서 기본적인 위치를 차지하고 있다고 한다. 鎌田茂雄(1965), pp. 104-106 참조.

고, 수행차제에서도 '일즉일체'라는 점을 강조한 것으로, 질속성불에 대한 이론적 보완으로도 볼 수 있다. 이런 점에서 법장은 지엄의 주장을 거의 그대로 이어받았다.⁸ ③지엄은 일승의 입장에서 유정중생과 그 생존환경에 있는 모든 무정중생이 다 성불할 수 있다(의정성불依正成佛)고 하는데 이는 분명히 일체개성 사상의 반영이다.

'일체개성'과 '돈오'라는 두 가지 주제와는 달리, 지엄의 화엄학에서 불성의 본유와 시유라는 명제는 이미 더 이상 중생들에게서 불성이 드러나는 방식의 차이만을 의미하는 것이 아니라, 화엄 법계 사상의 기초를 구축하는 차원으로까지 인식되었다. 지엄과 법장의 화엄학에서 성불론에 관한 논의는 모두 '법계연기'를 이론적 기초로 한다. 지엄은 정영사淨影寺 혜원慧遠의 설⁹을 계승하고 발전시켰으며, 『수현기』에서 '법계연기'를 염문染門과 정문淨門으로 나눈다.

> 법계연기에는 여러 가지가 있는데 이제 그 요점을 두 가지로 요약하면, 하나는 범부 염법의 입장에서 연기를 밝히는 것이고, 다른 하나는 보리정분의 입장에서 연기를 밝히는 것이다. 정문에서 다시 네 가지로 나뉘는데, 첫째는 본유, 둘째는 본유수생, 셋째는 수생, 넷째는 수생본유이다.¹⁰

---

8 『華嚴一乘敎義分齊章』(『大正藏』45, p. 505b), "此經又云, 初發心菩薩即是佛故也. 由是緣起妙理始終皆齊, 得始即得終, 窮終方原始, 如上同時具足故得然也. 又云, 在於一地普攝一切諸地功德也, 是故得一即得一切. 又云, 知一即多多即一故也. 十信終心即作佛者, 即其事也."

9 지엄의 법계연기설은 정영사 혜원으로부터 상당 부분 계승되었다. 石井公成(1996), pp. 79-102.

10 『大方廣佛華嚴經搜玄分齊通智方軌』(『大正藏』35, p. 62c), "法界緣起乃有衆多, 今以要門略攝爲二, 一約凡夫染法以辨緣起, 二約菩提淨分以明緣起. 約淨門者要攝爲四, 一本有, 二本有修生, 三名修生, 第四修生本有."

지엄은 보리정분菩提淨分의 연기를 본유本有·본유수생本有修生·수생修生·수생본유修生本有로 나누는데, 이 중 '본유'와 '수생'의 두 용례의 연원은 남북조시기로 거슬러 올라간다.[11] 본유는 진여법성을 본래 스스로 구족하여 남에 의해 깨닫지 않으며, 수생은 수행을 통해 본유불성의 공덕을 개현해낼 수 있다. '본유'와 '수생'은 한 쌍의 개념으로 그 본질은 불성의 본유와 시유 두 설 사이의 당기는 힘인 장력張力으로 볼 수 있다. 지엄은 이를 바탕으로 '본유수생'과 '수생본유'를 이끌어낸다. '본유'와 '본유수생'의 이론적 토대는 '이실理實'[12]에 있다고 하며 『화엄경』의 「성기품」에 대응시키고, '수생'과 '수생본유'는 '연생緣生'을 말한다고 하며 『화엄경』의 「십지품」에 대응시킨다.[13] 이렇게 '연생'과 '이실'을 핵심으로 하는 '법계연기'라는 콘텍스트 상의 성불사상을 구축하였다.[14] 이 네 가지 '정문'의 '연기'적 해석을 통해, 지엄의 특색은 '연생'과 '이실'의 두 가지 성불 도리에 대해 원융회통

---

11 기무라 기요타카木村清孝에 따르면, '본유'의 용례는 양무제가 보량寶亮의 『열반의소涅槃義疏』를 위해 쓴 서문에서 일찍이 보이고, '수생'이라는 단어는 정영사 혜원의 『대승의장』에서 나타난다. 다만 혜원의 저서 중 『대승의장』의 '수생'에 대한 논술은 대표성을 가지지 못하므로 이 문제는 차후에 논의해야 한다고 본다. 木村清孝(1977), p.516.

12 나카니시 도시히데中西俊英의 「성기사상의 형성·전개와 혜원의 『속화엄약소간정기續華嚴略疏刊定記』」라는 글은 혜원이 『화엄경』의 취지를 해석할 때 '이실理實'을 중시한다고 창의적으로 지적하였다. 지론학파인 혜광惠光 때부터 '이실'은 『화엄경』 취지의 중요한 부분으로 여겨져 왔으며, 혜원慧苑의 '이실'에 대한 중시 역시 이사 사상의 성립과 밀접한 관련이 있을 것으로 필자는 본다. 관련 문제는 향후 더 논의되어야 한다.

13 『大方廣佛華嚴經搜玄分齊通智方軌』(『大正藏』35, p.63a), "上來四義於此緣生理實通有. 若對經文, 此十番緣生唯有二門, 一修生, 二修生本有. 余二在性起品."

14 간단히 말해서, '본유'는 '연기' 자체의 구경의 진실을 가리킨다. 예를 들어 중생의 마음속에 '미진경권微塵經卷'과 '보리대수菩提大樹'가 본래 존재한다. '본유수생'은 '본유'의 전제 하에서 '수생'을 말하는데, 즉 제연諸緣의 작용 하에서 생겨난 '새로운 선善'이 보현의 이치에 맞아야 '진지眞智'·'수지修智'라고 부른다. '본유수생'은 '본유'와 성품이 같고 '본유'에 따라 생겨난 '수생'이며, 지엄은 이것이 바로 『화엄경』「성기품」에서 보리심을 성기라고 부르는 원리라고 본다. '수생'은 '본유'와 대립하는데, 예를 들어 『십지경론』의 무분별지는 실천에 의존해야 증득할 수 있다. '수생본유'는 여래장이 세속의 상태에서 중생이 미혹에 처해 깨닫지 못할 때 본유라고 할 수 없고, 수행 후에 '본유'의 이치를 드러내야 한다는 것이다.

했을 뿐만 아니라, 『화엄경』의 교리로 역사상 불성의 시유·본유에 관한 논쟁을 조화시키고, '법계연기'로 염정을 통섭하고, 정법의 수행 성불을 이러한 새로운 연기설에 분리 귀속시키는 데 있다.

법장 역시 이 점[15]을 계승하여 금으로 만든 장엄구의 비유로 정법연기의 본유·수생·본유수생·수생본유 네 가지의 통일성을 보충·해석했다.

> 이 네 가지 개념(본유·수생·본유수생·수생본유)은 각자의 뜻이 있지만 결코 네 가지 다른 사물이 아니다. 예를 들어 금으로 장엄구를 만들면 먼저 금의 무게를 재어 계산하는데, 금의 본질이 곧 '본유'이다. 그 후에 장인이 이를 구체적인 모양의 장엄구로 만들면 '수생'이다. 만약 장엄구의 형태를 금의 본질이 드러나는 것으로 삼으면 '수생의 본유'이다. 만약 금이라는 재료에서부터 장엄구로의 변화가 있지만 그 본질이 모두 금이라는 것을 인식한다면 '본유의 수생'이다.[16]

지엄과 법장 모두 '법계연기'로 『화엄경』에서 불성의 현현 방식과 중생의 성불 도리의 논리를 제시하고 있음을 알 수 있다. '본유수생'과 '수생본유'의 구상과 그 해석은 어느 정도 '이실'과 '연생'의 대립성을 없앴지만, 양자 사이의 논리적인 장력은 이러한 방식으로 완전히 해결되지는 않았다. '이실'은 성불 가능성에서 진여·여래장이 중생 속에서 현현하는 것을 말

---

15 『탐현기探玄記』는 '법계연기'를 설명하면서 '염법연기'와 '정법연기' 외에 '염정합설'을 추가했다.(『大正藏』35, p. 344a-b), "法界緣起略有三義. 一約染法緣起, 二約淨法, 三染淨合說." 징관의 『연의초演義鈔』는 대체로 이 구조를 계승했고 현저한 혁신은 없다. (『大正藏』36, p. 513c), "今且就內略示染淨, 一染緣起, 二淨緣起, 三染淨雙融緣起."

16 『華嚴經探玄記』(『大正藏』35, p. 392a), "此有四義而無四事, 猶如金莊嚴具, 若稱取斤兩, 本有如金. 若嚴具相狀工匠修生. 若由成嚴具方顯金德, 則修生之本有. 若嚴具攬金成無別自體, 則本有之修生."

하고, '연생'은 중생성불의 현실성의 입장에서 믿음(信)·무분별지 등 수행요소의 힘과 역할을 강조한다. 이 두 가지 측면은 정법연기에서 통일됨으로 분리해서 볼 수 없다. 바꿔 말하면, '연생'과 '이실'은 화엄 '성불'의 일체로서의 양면이며 한쪽으로 치우쳐서는 안 된다.

주목할 만한 것은 법장이 금으로 된 장엄구의 비유 외에도 그의 중요한 성불론 관점인 '구래성불'[17]을 논하면서 '이'와 '사'의 해석 패러다임을 자주 사용한다는 것이다. 『화엄경』「성기품」의 중요한 내용[18]에 관하여 법장은 『탐현기』에서 다음과 같이 묻는다.

> 물음 : 이 경문에서 밝힌 '중생성불'은 '사事'의 의미에서 성불인가? 아니면 '이理'의 의미에서 성불인가? 만약 '사'의 의미에서 성불이라면 왜 이후에 중생의 본성은 하나인데, 본래 성품이 없기 때문이다로 해석하는가? 만약 '이'의 의미에서 성불이라면 왜 처음에 또 여래의 몸에서 중생이 발심하고 수행하는 구체적인 성불 과정을 볼 수 있다고 했는가?[19]

---

17 법장의 '구래성불'설에 관해서는 吉津宜英(1985), pp. 88-106.

18 『大方廣佛華嚴經』(『大正藏』9, pp. 626c-627a), "여래는 이와 같이 세 가지의 청정함과 무량함을 완전히 갖춥니다. 불자들이여, 여래 몸속에서 일체 중생이 보리심을 내고 보살행을 닦아 등정각을 성취하는 것을 다 보고, 내지 일체 중생이 열반에 드는 것을 보는 것도 그와 같습니다. 그것은 일체가 그 성품이 없기 때문이요, 상이 없고 다함이 없으며 나거나 멸함이 없기 때문이며, 나아가 내 성품이 아니기 때문이요, 중생이 중생의 성품이 아니기 때문이며, 깨달아도 깨닫는 바가 없기 때문이요, 법계에 제 성품이 없기 때문이요, 허공계에 제 성품이 없기 때문입니다. 이렇게 일체가 성품이 없음을 평등하게 깨닫고는 그 다함이 없는 지혜와 자연의 지혜와 모든 여래의 끝없는 대비로 중생을 제도하는 것입니다." 법장은 이 내용을 매우 중시하며 "이 글은 대단히 중요한 것이니 바라건대 가볍게 하지 말라."고 감탄했다.["다섯째, 불자여, '여래의 몸 가운데' 이하는 인과를 나타내는 문현인과문(文現因果門)을 밝히는 것이다. 이 중에 셋이 있으니, 이른바 표방·해석·매듭지음이다. 첫째 표방 중에서 보리신(菩提身)이 중생과 같기 때문에 중생이 모두 그 가운데에 나타나니, 저 나타나는 대상은 나타나는 주체와 같다. 그러므로 중생이 부처를 이루지 않음이 없다. 이 문장은 대단히 중요하니, 바라건대 가볍게 하지 말라." 『華嚴經探玄記』(『大正藏』35, p. 413b).]

19 『探玄記』卷16 「寶王如來性起品32」(『大正藏』35, p. 413b), "問此中所現眾生成佛爲是約事. 爲是約理. 若是約事何故下釋皆悉一性以無性故等. 若是約理何故標中乃云有發心修行等."

다음으로 법장은 오교五教의 구조로 이 질문에 답했다.[20] 원교에서는 여래신 가운데에서 중생이 성불하는 것을 '이와 사를 구족함'이라고 지적했다. 이것이야말로 질문의 의도에 걸맞은 대답이다.

원교에서는 모든 중생이 오래 전에 이미 발심도 완성하고, 수행도 완성하고, 이미 성불하여 다시 성취할 필요가 없다. 경문에 나타난 바와 같이 이사를 구족한다.[21]

'사事'는 '발심'·'수행'의 전체 발생론적 의미상의 구체적인 성불 과정을 가리키며, '이理'는 종교終教에서 중시하는 여래장·진여의 본체론적 각도에서 중생과 법신佛의 모습이 상즉하여 둘이 아님을 말한다. 즉 화엄 원교의 입장에서 모든 중생은 이미 발심·수행의 과정을 완성해 불성이 이미 드러나고 성불도 이미 완성되었다. 동시에 '이理'와 '사事' 두 가지 의미의 성불을 수용한다. 여기서 법장의 독창적 견해는 '이'와 '사'의 입장으로 중생 성불 문제를 통섭하고, 본유(=이실)와 수생(=연생)의 문제를 '이'와 '사'

---

20 『華嚴經探玄記』(『大正藏』35, p.413b-c), "답 : 이는 별교 중의 뜻이다. 만약 여러 종파의 입장에서 분별하지 않으면 이해를 얻을 수 없다. 왜냐하면 모든 중생은, 만약 인천의 지위에서 본다면 인과 법의 두 가지 아我의 실체實物를 갖추게 될 것이다. 만약 소승의 입장에서 본다면 이 중생은 오직 한 덩어리의 오온일 뿐이니, 실법에는 본래 인이 없는 것이다. 대승 초교의 입장에서는 오직 식이 나타난 바일 뿐이니, 허깨비와 같아서 있음과 비슷하지만 그 모습은 곧 공이어서 인도 없으며 법도 없는 것이다. 종교를 기준으로 하면 모두 여래장연기일 뿐이니, 전체가 곧 진여이며 항하의 모래 수처럼 많은 공덕을 갖추고 있는 것이 곧 중생인 까닭이다. 『부증불감경』에서는 '중생이 곧 법신이며 법신이 곧 중생이니, 중생과 법신은 뜻은 하나인데 이름이 다를 뿐이다.'라고 하였다. 해석해서 말하자면 이 종은 이치를 기준으로 한 것이니, 중생이 곧 부처이다. 돈교를 기준으로 하면 중생의 모습은 본래 다하였으며 이치와 성품은 본래 나타난 것이어서 곧게 스스로 드러내니 다시 기다릴 바가 없기 때문이다. 부처님에 즉하거나 즉하지 않는 등을 가히 설하지 않는 것이 마치 유마거사가 침묵한 뜻과 같다."

21 『華嚴經探玄記』(『大正藏』35, p.413b-c), "若圓教, 即一切衆生, 並悉舊來發心亦竟, 修行亦竟, 成佛亦竟, 更無新成, 具足理事, 如此經文."

의 범주를 핵심으로 하는 화엄학 해석에 포함시켰다는 데 있다.

이 점은 지엄의 일념성불설에 대한 법장의 전개 방식에서도 구현된다. 법장은 『화엄오교장』 '십현十玄'의 '제법상즉자재문諸法相即自在門'에서 '일념성불'을 서술할 때, 마치 지엄의 '일념성불'설에 대해 이·사의 범주로 간행하고 천명하려고 시도하는 것 같다.[22] 그 취지를 논하자면 법장의 관점은 『화엄경』의 교리가 삼승에 상대하는 일승으로서든 돈교·종교에 상대하는 원교로서든, 그 수승성은 '이'성불 근거가 되는 도리(應然)와 '사'수행 과정의 현상(實然)의 두 측면을 구족함으로써 구현된다.

'이사구족' 외에도 법장 사상에는 '이'를 본위로 하는 사상적 경향이 나타나는데, 예를 들어 '보리심'(원래 사事에 속함)에 대해 여래성·본원성을 가진다는 해석[23]을 하는 등이다. 일정한 의미에서 법장은 지엄 사상에서 연생과 이실의 조화를 이·사의 관계에서 출발하여, 보다 추상적이고 철학적인 사상으로 변화시켰다.

---

22 『華嚴一乘教義分齊章』(『大正藏』45, pp. 505c-506a), "問：上言一念即得作佛者, 三乘中已有此義, 與彼何別？ 答：三乘望理, 爲一念即得作佛, 今此一乘, 一念即得具足一切教義, 理事因果等如上一切法門, 及與一切衆生皆悉同時作佛, 後皆新新斷惑, 亦不住學地而成正覺, 具足十佛以顯無盡逆順德故. 及因陀羅微細九世十世等遍通諸位, 謂說十信終心已去, 十解, 十行, 十回向, 十地及佛地等, 同時遍成無有前後, 具足一切耳. 然此一念與百千劫無有異也, 直須思之."

23 張文良(2017), pp. 143-157.

## Ⅲ. 혜원慧苑 화엄 사상에서 보이는 '법성法性'과 '불지佛智'의 성불론적 의의

혜원은 『화엄경』의 중생성불사상을 해석할 때, 법장의 이사구족理事具足의 패러다임을 사용하고, 이사무애理事無礙와 사사무애事事無礙로 전개하여 더욱 풍부하게 성불론을 해석했다. 혜원은 『팔십화엄경』「여래출현품」과 『육십화엄경』「성기품」이 대응하는 부분에 대해 법장의 『탐현기』와 비슷한 질문[24]을 했고, 혜원은 법장의 '이사구족'의 답변에 기반을 두면서 더 나아가 화엄 교법은 '수법성관修法性觀'의 인因으로 하여 이사무애와 사사무애 경계의 과果에 도달하는 것을 중시한다고 여겼다.[25] 또한 혜원은 '비일비이非一非異'[26]라는 반야중관의 전형적 사상으로 부처와 중생의 관계를 설명하고, 전통 화엄학에서 '연생'과 '이실' 두 입장의 모순을 약화시켰으며, 구경의 화엄 경계를 일종의 '법성'에 대한 체득으로 귀결시켰다.

혜원은 법장이 완성하지 못한 『팔십화엄경』의 첫 주석서인 『간정기刊定記』를 완성하고, 이전의 교판에 대해 전면적으로 정리하였다. 그 후 미진이집교迷眞異執教·진일분반교眞一分半教·진일분만교眞一分滿教·진구분만교眞具

---

[24] 『續華嚴經略疏刊定記』(『卍續藏經』3, p.837a), "보리신菩提身이 중생과 같기 때문에 중생이 다 그 속에서 나타난다. 그 나타난 것이 다 같은 능현能現이므로 중생은 성불하지 않음이 없다. 물음 : 이 가운데 나타난 중생의 성불은 사사를 기준으로 한 것인가, 아니면 이理를 기준으로 한 것인가? 만약 사사를 기준으로 한 것이라면 어째서 아래의 해석에 '모두 성품이 없는 것으로서 하나의 성품을 삼기 때문에' 등이라 하고, 만약 이理를 기준으로 한 것이라면 어째서 표식 중에 '普見成正覺等' 등이라 말하는가?"

[25] 『續華嚴經略疏刊定記』(『卍續藏經』3, p.837a), "答 : 此中所現約事理, 所以者何？因修法性觀, 果成事理無礙, 事事無礙德相故, 謂理即事, 事即理及此事彼事相在等時, 皆不壞本相. 自他非一異, 三世相望, 非一非異, 當知悉然. 是故衆心中有一切衆生, 佛所發心乃至涅槃, 即是衆生發心乃至涅槃, 此即自他非一異門, 常是佛, 常不是佛, 思之可見."

[26] 혜원은 '진구분만교眞具分滿教'의 종취를 '비일이종非一異宗'으로 정리하였는데, 종취 사상은 본고의 주제가 아니므로 여기에서는 생략한다.

分滿教로 구성된 사교설을 제기했고, 그 근거[27]로 소전법성所詮法性에 네 가지 은隱·현顯의 차이가 있다고 했다.

은·현으로 법성을 표현할 경우 길장, 혜원, 일부 남조 사상가들의 '여래장'에 대한 해석[28]을 연상시키기 쉽다. 즉 수행론에서 여래장의 '현'은 번뇌가 사라져 자성청정심이 나타나고 중생이 번뇌를 멀리 여의어 해탈을 얻는 것을 의미하며, 여래장의 '은'은 그와 반대로 번뇌가 드러남에 자성청정심이 숨어서 드러나지 않고 중생이 미혹한 상태에 처하는 것을 의미한다. 혜원에게 법성의 은·현이 그것과 매우 유사하며, 혜원의 교판이 의거한 『보성론』에서 여래장을 모르는 네 부류의 중생에 대한 설을 결합하면, 혜원이 말하는 '법성'과 '여래장'이라는 단어는 다르지 않다고 기본적으로 판단할 수 있다. 다만 남조 불교 사상가들이 여래장의 은·현으로 중생의 미혹과 깨달음을 설명하는 것에 비해, 혜원이 법성의 은·현이라고 말한 것은 중생으로 하여금 미혹에서 깨달음으로 전환하게 하는 정도가 다른 가르침을 형용하며, 깨닫는 주체의 '오悟'의 시각에서 수행 경계·궁극의 진리의 '현'의 논리로 방향을 바꾼 것에 상당한다.[29] '법성'은 반야중관 사상의 전형적인 개념으로 '실상'과 같은 의미를 가진다. 혜원의 '법성'에 대한 재활용과 재해석은 지엄·법장 화엄학에서 '연기'라는 용어를 남용해 '법

---

27 『續華嚴經略疏刊定記』(『卍續藏經』3, p. 581a-b), "前中古來立教各據不同, 或依言音, 或約時機, 或就別宗, 或據乘立. 此之多類, 具述如前. 今依所詮法性, 以顯能詮差別, 謂有全隱全顯分隱分顯, 以立四教故. 『寶性論』第四云, 有四種衆生, 不識如來, 如生盲人 : 一者凡夫, 二者聲聞, 三者辟支佛, 四初心菩薩. 今之所存, 依此而立. 初迷眞異執教, 當彼凡夫 ; 二眞一分半敎, 當彼聲聞及辟支佛 ; 三眞一分滿敎, 當彼初心菩薩 ; 四眞具分滿敎, 當彼識如來藏之根器."

28 張文良(2018), 第5期.

29 필자는 혜원의 이 설이 법장 말년 여래장 사상의 특징과 밀접한 관련이 있다고 생각하지만, 본고에서는 언급하지 않겠다.

계'(무위법)를 해석한 부적절함을 혜원이 의식했음을 보여주는 한편, 여래장 사상의 심성론을 중관 사상의 경지에서 재통합·복귀하려는 의도를 보여준다.

'사교'는 혜원 화엄학의 기본 구조이며, 혜원의 근기론과도 밀접한 관련이 있다. 다시 말하면 법성의 은·현의 다른 정도는 각각 다른 근기의 중생을 대치한다. 혜원은 『보성론』에서 네 가지 중생(범부·성문·벽지불·초심보살)의 설을 인용해 중생을 위한 교설과 근기에 관련한 경전의 근거를 마련하였다. 혜원이 인용한 『보성론』의 네 가지 중생은 모두 여래장을 알지 못하며, 오직 진구분만교만이 '소전법성所詮法性'의 '전현全顯'이고 이에 대응하는 중생은 여래장을 아는 근기로, 혜원의 화엄사상에서 '여래장'은 '법성'의 가장 전면적이고 완전한 현현으로 여겨졌음을 짐작할 수 있다.

법성의 전은全隱·분은分隱·분현分顯·전현全顯의 구분에서 알 수 있듯이 혜원의 교판 구조는 중층적이며 포섭적이다. 예를 들어 미진이집교의 외도 외에, 불교의 삼교 중 진구분만교는 대승滿敎으로 생공生空과 법공法空의 뜻을 겸해서 말하고, 또 '구분'으로 진여불변과 진여수연의 뜻을 겸한다. 바꿔 말하면 진구분만교에는 진일분반교와 진일분만교의 사상이 담겨 있다. 그리고 사사무애문과 같은 이치로 이사무애의 의미도 포함된다.[30] 혜원의 이런 안배는 『화엄경』으로 다른 모든 경교를 융섭하기 위한 것이 분명하지만, 혜원 화엄학의 문맥에서 『화엄경』은 단순히 사사무애문을 대표하는 것이 아니라 진구분만교 전체를 대표하는 경우가 더 많

---

30 『續華嚴經略疏刊定記』(『卍續藏經』3, p. 589b-c), "問：華嚴等, 亦說理事無导, 何獨事事無导宗攝？『仁王』『維摩』『涅槃經』等, 亦說事事無导之相, 何不事事無导宗收？答：兼正異故, 又仁王等, 唯依業用說故, 此經具德相等故."

다는 점에 유의해야 한다.[31]

혜원이 서술한 사교는 낮음에서 높음까지 '법성'이 '은'에서부터 '현'에 이르는 과정으로, 근기로 말하면 전혀 '여래장을 모르는' 범부에서부터 '여래장을 아는' 초심보살에 이르는 배열 순서에 부합한다. 그렇다면 중생 근기에서도 이러한 중층이 상융하는 관계가 존재하는가? 특별히 중생의 근기에 대해 논할 때, 혜원은 화엄 교법이 속한 진구분만교를 실교라고 칭하고, '실교'를 일체 중생이 수행하는 궁극이자 종착지로 규정했다. 그는 다음과 같이 말했다.

> 『화엄경』 교법을 통해 여러 근기 중에서 『화엄경』과 직접 상응하는 '정위' 중생을 제외하고, 범우는 이승에 이르지 않는 경우가 없고, 이승은 권교대승에 이르지 않는 경우가 없으며, 권교대승은 최종적으로 '실교대승'에 이르지 않는 경우가 없다. 그러므로 모든 삼승오성三乘五姓 중생은 이 경(『화엄경』)에 의해 대치對治되지 않는 이가 없다. 『화엄경』에서 현위現爲·당위當爲·사생四生·육취六趣·외도천제外道闡提 등 모든 다른 근기의 중생을 총섭할 수 있었던 것은 부처님의 지혜를 갖추지 않은 중생이 없기 때문이다. 「출현품」에서 "불자여! 비유하면 큰 바다의 물이 사천하의 땅과 팔십억 작은 섬의 속으로 흘러서 땅을 파면 다 물을 얻는 것과 같다. 부처의 지혜 바다 물도 그와 같아서 일체 중생의 마음 가운데로 흘러 들어간다."고 하였다. 만

---

31 혜원에게 『화엄경』은 자연히 '법성'이 '전현全顯'하는 교법에 속하며, 이러한 교법(=진구분만교)의 전형적인 대표로서 '법성'이 '분현'하는 '진일분만교眞一分滿敎'와 직접적으로 대비를 이룬다. 이는 아마도 징관이 '법성종'·'법상종'을 구분하는 데 영감을 주었을 것이다. 사카모토 유키오坂本幸男는 일찍이 혜원의 '진일분만교'에 대한 서술과 징관의 '법상종'에 대한 서술이 매우 유사성이 높다고 지적한 바 있다. 坂本幸男 (1956), pp. 281-283.

약 중생이 부처의 경계를 관상하고 알아차리고 선법善法을 수행하면 청정하고 명료한 지혜를 얻을 수 있다. 이런 여래 지혜는 평등하고 둘이 아니다. 이는 여전히 행성行性의 측면에서 말하자면, 만약 법성의 입장이라면 비정중생非情衆生도 『화엄경』이 대치하는 대상이다. 왜 그럴까? 유정이든 비정이든 그 성품性은 일치하며, '상'을 '성'으로 통섭하면 상도 둘이 아니다. 그러므로 유정을 섭수한 이상 이미 비정을 섭수한 것에 해당한다."[32]

범우·이승·권교대승·실교대승은 중생의 각 근기를 가리키며, 각각 '사교'에 대응한다. 혜원의 성불론에서 모든 범우는 선법을 닦고 여래지를 얻어 이승에 들어가며, 모든 이승은 더 나아가 권교대승이 된다. 이런 식으로 실교대승, 즉 『화엄경』이 대치하는 최고의 이근기에 이른다. 법장과 달리 혜원이 여러 교설의 근기를 구분하는 것은 중생에 따라 화엄의 교리를 깨달을 수 있는 정도를 구분하기 위함이 아니라, 모든 중생을 수준이 다른 『화엄경』의 수행자로 보아 '범'에서 '성'으로 이끌기 위한 것임을 알 수 있다. 예를 들어 혜원은 평등하다는 것을 중생이 모두 『화엄경』에 따라 성불할 수 있다는 평등성을 비유하고, 『팔십화엄경』의 비유를 인용해 '불지'가 바닷물처럼 '중생의 마음속으로 흘러들어간다'고 설명한다. 즉 혜원은 '법성'을 통해 중생의 성불론을 해석하고, 중생 성불의 차이성根機과 평등성佛智을 융섭했다.

---

[32] 『續華嚴經略疏刊定記』(『卍續藏經』3, p. 585a), "上來聖教, 除正爲外, 無有凡愚不至二乘, 無有二乘不至權教大乘, 無有權教不至實教. 是故一切三乘五姓, 無非此經之所被者. 此中總攝現爲當四生六趣外道闡提, 一切皆盡, 無一衆生無佛智故. 出現品雲: '佛子! 譬如大海, 其水潛流四天下地及八十億小洲, 有穿鑿者, 無不得水, 佛智慧海亦復如是, 流入一切衆生心中.' 若有衆生, 觀察境界, 修智善法, 則得智慧淸淨明了, 而如來智平等無二, 乃至廣說. 此猶且約行性而說, 若依法性, 非情亦是此經所爲. 所以者何? 情與非情, 其性一故, 攝相歸性, 相亦無二. 是故但被有情, 則爲已被非情也."

혜원이 보기에 법성은 모든 법에 두루 하고, 수행 성불의 의지이기도 하다. 이는 본질적으로 중생과 부처의 거리를 해결하여 성불 자체가 성불 주체로서의 중생과 궁극의 진리 그 자체인 법성·진여·여래장의 상응·계합에 해당하도록 한다. 한편으로 이러한 해석은 주체의식이 현저히 결여되어 있으며, 법성을 중생 수행 과정의 시작과 끝으로 간주하여 성불 가능성·성불의 근거·성불의 경계 등 수행 전체 요소를 망라하여 일종의 고착화되고 경직된 성불의 도리에 빠지게 했다. 그리고 법장의 '보리심'과 같은 개념에 내포된 주체의 능동성을 상당 부분 약화시키거나 소멸시켰다. 또한 성불 주체(=중생)의 문제에서 혜원은 법성의 관점에서 비정非情 중생도 『화엄경』이라는 궁극적인 가르침에 의해 섭수된다고 말했다. 간단히 말해서, 유정중생과 비정중생의 성불 가능성, 유정중생 중에서 근기가 다른 중생의 성불 이론·방법과 수행단계 등이 모두 법성의 절대 진리 속에 완전히 포섭되어 있다. 이렇게 보면 요시즈 요시히데가 '법성일원法性一元'이라고 부르는 성불론도 합리적이고 적절하다.

이러한 일원성 때문에 중생이 수행하고 성불하는 동력인으로써의 불지佛智도 법성에 의지하며, 수행의 과정修生·緣生도 법성이 제법에 두루하다는 해석에 포함된다. 예를 들어 사사무애문에서 덕상德相의 원인因[33]을 설명할 때, 혜원은 보살이 초발심부터 수행의 여러 단계에 이르기까지 법성과 상응하며,[34] 여러 수행의 상相의 차이는 법성의 측면에서 융통·무장애

---

33 혜원, 『간정기』 '현담' 십문 중 7번째인 현의분제顯義分齊는 진구분만교의 사사무애문(혹은 사사무애법계종)에 대한 설명으로, 구체적으로는 체사體事·덕상德相·업용業用의 세 부분으로 나뉜다. 이 중 덕상은 또 인·과의 두 부분으로 나뉜다. 『續華嚴經略疏刊定記』(『卍續藏經』3, pp. 590c-591a).

34 『續華嚴經略疏刊定記』(『卍續藏經』3, p. 591a), "前中謂佛菩薩從初發意, 修諸行時, 一一皆與法性相應. 常觀諸法, 若同類, 若異類, 若同體, 若異體, 若雜染, 若清淨, 相離差別, 其性是一. 所謂無性, 以無性故. 性相無礙, 此相彼相既同一性, 相隨性而融通, 是故此事彼事, 成即在等, 無障㝵也."

할 수 있다고 한다. 이 해석을 통해 이실과 연생의 문제가 기묘하게 풀렸다. 혜원은 법성 또는 이를 실체성의 근본으로 삼지만, 중생의 경우 수동적으로 법성이 중생 속에 내화되는 불지로 구경의 진리에 끊임없이 계합하고 다가가는 성불의 도리를 정립하게 된다.

혜원의 성불론은 법장의 '이가 사에 두루하다理遍在於事'는 사상적 경향에 부응하여 보리심의 본원화·실체화의 뜻을 계속 발휘하지 않는다. 그리고 객관적이고 선천적 본원성·실체성을 가진 법성에 중심을 두며, 무위법의 연기설을 버리고 불지와 법성이 상응하고 계합하는 증오證悟설로 성불의 문제를 해결하려고 했다.

또한 혜원은 법성이 두루한다는 사상에 의거하여 '일체개성'의 주장을 더욱 계승 발전시켰다. 그에 따르면 행성行性의 의미에서 유정중생은 불지에 의해야 '범'에서 '성'으로 들어갈 수 있고, 법성의 의미에서 제법의 '상'은 '성'의 측면에서 분별이 없으므로 유정과 비정은 모두 『화엄경』에 섭수된 중생이 되는 것이다. 이로부터 알 수 있듯이 혜원의 서술에서 여래장·불성 등 주관적인 성불론의 의미를 지닌 개념을 의도적으로 회피하고, 이·법성 등 객관성이 지극히 강한 표현으로 대신한 것 같다. 이는 수행 주체의 역할을 약화시켜 중생 성불을 법성 본체의 현현이 되게 했고, 깨달음悟의 계합 의미를 발심 등 수행의 의미보다 성불론에서 더 결정적인 지위를 갖게 하여 돈오 입장에 부합하는 새로운 형태를 성취했다. 다른 한편으로는 연기를 유위법의 염법의 영역으로 한정하여 무위법의 정법에 새로운 해석을 찾았다.

## IV. 징관의 '이성융상以性融相'의 사상과 그 '체리體理'설

징관은 법장의 법맥을 자처하여 형식적으로는 여전히 오교의 교판론과 법계연기의 사상을 견지하는데, 사실 법장의 본래 주장과 이미 많은 차이가 존재한다. 주목할만한 것은 징관의 사법계에서 이사무애와 사사무애의 사상적 연원이 혜원의 『간정기』에 있을 뿐만 아니라, 그의 성불사상의 '성'과 '상'에 관한 학설도 많은 부분에서 혜원의 법성론에 대한 계승과 전개로 해석된다는 점이다.

징관은 『연의초』에서 성불의 다양한 법문을 설명했다. 성불에는 성·상·성상교철性相交徹·이성융상以性融相의 네 가지 법문[35]이 있을 수 있다고 보며, 『화엄경』은 그 중 최고의 단계인 이성융상문以性融相門이라고 단언한다. 이성융상의 기본 의미는 법성이 삼라만물에 온전히 존재하며,[36] 이러한 성재상중性在相中과 무상불즉성無相不卽性의 이론이 다른 여러가지 성불 법문의 의미를 포괄하고 통달하며, 원인·결과와 순·잡 사이의 차별을 소멸하고, 삼라만물 사이를 긴밀하게 연결시키고 상호작용하게 한다.

징관이 열거한 네 가지 문의 명목과 그 순서를 종합하면 이성융상이 가장 수승한 성불설이다. 이것과 제3문인 성상교철의 차이로 볼 때 전자가 더욱 선명한 성性 본위의 입장을 나타낸다는 것을 알 수 있다. 이 두 가지

---

[35] 『大方廣佛華嚴經隨疏演義鈔』(『大正藏』36, p.627b), "문門에는 여러 가지가 있지만 요약하면 네 가지로 나눈다. 첫째는 성품에서 본 것이니, 곧 하나의 참 법계이다. 둘째는 모양에서 본 것이니, 곧 끝없는 현상의 법이다. 셋째는 성품과 모양이 서로 통한 것이니, 이 두 가지 문은 즉하지도 않고不卽 떨어지지도 않음不離을 나타낸다. 넷째는 성품이 모양에 융화하여 덕의 작용德用이 겹겹이다.'"

[36] 『大方廣佛華嚴經隨疏演義鈔』(『大正藏』36, p.627c), "제4의 성품이 모양에 융화하는 문은, 모양이 비록 만 가지로 다르나 성품에 즉하지 아니함이 없고 성품의 덕은 그지없어서 온전히 모양 속에 있으며, 성품이 모양에 융화하여 모양이 성품과 같아져서 위의 모든 문으로 하여금 모두가 장애가 없게 하며, 원인과 결과가 서로 통하고 순수함과 뒤섞임이 서로 융화하며 일과 일마다 서로 엇갈려서 겹겹이 그지없다."

를 이사무애와 사사무애에 대응한다면, 성상교철은 이사무애와 다름이 없으며, 이성융상은 사사무애에 비해 법성이 모든 상에 두루한다는 내적 논리를 더욱 깊이 드러낸다. 이어서 징관은 이성융상의 이치에 기초한 『화엄경』 교리가 어떤 성불 도리를 가지고 있는지를 아래와 같이 설명한다.

> 이제 경에서는 바로 제4에 의거한다. 성품이 모양에 융화하여 하나가 이루어지면 온갖 것이 이루어지니, 부처의 깨끗한 성품이 중생의 오염과 융화하고, 부처의 한 성품이 다수의 중생에 융화한다. 이로써 많은 오염된 중생이 어느 한 참된 성품을 따라 모두가 이미 성불하게 한다. 이와 같은 성불은 유정뿐만 아니라 온갖 종류를 서로 회통하고 융화하여 부처의 몸이 되면 모두가 이루어지지 아니함이 없다. 그러므로 조공이 이르기를 "만물을 모아서 자신를 이룩한 이는 저 성인뿐이리라."고 했다. 또 이르기를 "그러므로 성인은 공하여 그 구체적 형상이 없으며 만물은 나 아님이 없다."고 했다.[37]

위의 인용문에서 징관은 "하나가 이루어지면 모든 것이 다 이루어진다一成一切皆成."는 성불론의 의미를 부처의 깨끗한 성품이 중생의 더러움에 융화되고, 부처의 '하나一'로 중생의 '많음多'을 융화하여, 중생으로 하여금 깨끗하고, 궁극적이고, 유일한 진성을 수순하게 하는 것이라고 해석한다. 즉 부처의 입장에서 보면 모든 것이 다 부처가 된다는 명제의 성립은 법성이 만상을 융섭하는 것으로 이루어지는 것이다. 동시에 이 융섭의 배후

---

[37] 『大方廣佛華嚴經隨疏演義鈔』(『大正藏』36, pp. 627c-628a), "今經正約第四以性融相, 一成一切皆成. 謂以佛之淨性融生之染, 以佛一性融生之多. 令多染生隨一眞性, 皆如於佛已成佛竟. 非唯有情, 會萬類相融爲佛體, 無不皆成. 故肇公云, 會萬物而成己者, 其唯聖人乎. 又云, 故至人空洞無像物無非我."

에는 세계를 하나로 보는 입장이 있다. 예를 들어 징관이 인용한 승조의 말, "만물을 모아서 자신을 이룩한會萬物而成己……"과 "성인至人……만물은 나 아님이 없다.物無非我"의 경지는 모두 이성융상의 작용이 단순히 만물의 '다름異'을 법성의 '같음同'에 포괄하는 것이 아니라, 법성으로 제법의 '상'을 소멸시키는 수행론적 의미를 가지고 있음을 설명한다. 그리고 이러한 이성융상의 화엄의 궁극적 경계에서 만물은 모두 법성을 갖추어 평등하고 차별이 없으며 이루어지지 않는 것이 없다. 이것은 혜원의 『간정기』에서 "만약 법성에 의지하면 비정 또한 이 경의 대상이다."라는 입장과도 다르지 않다.[38]

특히 징관은 정(유정중생)과 비정(무정중생)의 성불의를 해명하는 것을 중시했다. 징관은 이성융상의 원교의 성불론에서 '하나가 이루어지면 모든 것이 다 이루어진다(유정·무정이 다 성불한다).'가 유정의 본성으로 무정의 상을 융합하는 기초 위에서만 성립할 수 있고,[39] '하나가 이루어지면 모든 것이 다 이루어진다.'는 유정중생을 본위로 하는 경계에서 논하는 것이며, 무정중생이 유정중생과 같이 성불할 수 있는 각성이 있다고

---

[38] 『續華嚴經略疏刊定記』(『卍續藏經』3, p. 585a), "若依法性, 非情亦是此經所爲. 所以者何, 情與非情, 其性一故, 攝相歸性, 相亦無二, 是故但被有情, 則爲已被非情也."

[39] 『大方廣佛華嚴經隨疏演義鈔』(『大正藏』36, p. 62a), "이로 말미암아 어떤 이는 말하기를 무정無情도 성불한다고 한다. 이것은 성품과 모양이 서로 융화한다는 데서 본 것으로 유정의 성품이 무정의 모양에 융화하고 무정의 모양이 성품을 따라 유정의 모양과 융화하면서 같아지기 때문에 무정도 성불한다는 이치를 말한다. 만약 무정이 성불하지 못한다는 이치가 유정의 모양에 융화되면, 모든 부처와 중생도 성불하지 못한다고 말할 수 있게 된다. 성불과 성불하지 않음과 유정과 무정은 두 가지 성품이 없기 때문이요, 법계는 한없기 때문이요, 부처의 체성은 넓고 두루하기 때문이요, 색과 공空은 둘이 없기 때문이요, 법은 결정된 성품이 없기 때문이요, 10신身은 원융하기 때문이요, 연기의 모양으로 연의기 때문이요, 중생계는 그지없기 때문이요, 단상斷常을 멀리 여의기 때문이요, 만법은 비고 원융하기 때문이다. 그러므로 하나가 이루어지면 온갖 것이 이루어진다고 말하는 것이요, 무정도 깨닫는 성품이 있어서 유정과 같이 성불한다는 것은 아니다. 만약 이것이 이룩된다고 허락되면, 능히 수행의 원인으로 무정이 유정을 변화시키고 유정이 무정을 변화시키니, 삿된 소견과 한가지다."

하는 것은 아니라고 한다. 또한 불성 자체에 대해 징관은 성과 상 두 가지 측면으로 나누는데, 즉 불성성佛性性과 불성상佛性相[40]이다. 전자는 제일의공第一義空 즉 모든 법에 두루하는 법성을 의미하며, 후자는 유정중생이어야 가지는 지혜를 의미한다. 그래서 징관은 이성종상以性從相(불성성을 불성상에 종속시킨다)하면 유정중생만이 불성이 있고, 이상종성以相從性(불성상을 불성성에 종속시킨다)의 관점에서라면 무정중생도 [법]성이 있다고 한다. 분명히 징관은 이성융상의 원교 성불론을 통해 혜원의 법성 본위의 일체개성 사상을 계승했지만, 의도적으로 '하나가 이루어지면 모든 것이 다 이루어진다.'의 성립을 유정중생의 경계에 한정했다. 다시 말해 혜원의 법성일원이라는 성불 사상에서 허화되고 약화된 성불 주체성의 문제가 징관에게서 다시 분명해진 것이다.

성불 주체의 시각으로 되돌아가면, 징관의 성불론 해석은 법장의 보리심이나 법계연기로 돌아가지 않고 새로운 해석을 찾는다. 주지하다시피 '이'와 '사'는 사법계四法界설의 중요한 개념으로 징관 화엄학에서 중요한 위치를 차지하고 있다. 징관이 말하는 '이'는 위에서 논의한 이성융상의 '성'과 동의어라고 할 수 있다. 성불론에서 징관은 도생의 사상을 인용하여 나아가 체리體理설을 제기하였다. '체리'는 곧 궁극의 깨달음이라고 여겼다.

---

[40] 『大方廣佛華嚴經隨疏演義鈔』(『大正藏』36, p. 280a), "然涅槃云 : 佛性者名第一義空, 第一義空名爲智慧, 此二不二以爲佛性. 然第一義空是佛性性, 名爲智慧即佛性相. 第一義空不在智慧但名法性, 由智慧故名佛性. 若以性從相, 則唯衆生得有佛性, 有智慧故, 墻壁瓦礫無有智慧, 故無佛性. 若以相從性第一義空無所不在, 則墻壁等皆是第一義空, 云何非性."

도생은 '체리성조體理成照'의 뜻을 확립하고, 이리는 비춤의 발현에 의존하지 않으며 지혜는 반드시 진리를 통해야 비추어볼 수 있으므로, 이는 나고 멸하고 흥하고 쇠함이 없으며 그 홍양과 발현은 사람에게 있다고 본다. 지혜는 비록 사람이 쓰지만 결코 사람 자체에서 나오지 않는다. 따라서 사람은 '비춤'의 능력만 있고, '비춤'의 공덕은 '이'에 있으며, '이'가 없으면 '비춤'도 없다. '이'를 체득해야 성불할 수 있는 것이다.[41]

체리體理는 불지佛智로 이리를 체달하고, 중생에게 두루한 성을 체달하는 것이다. '지'는 사람이 소유하고 사람이 사용하지만(이를 관조함) 그 근원은 '이'에 있지 사람에 있지 않으며, 이것이 '이'의 발용이다. 사람 몸이 '이'를 깨달아야 비로소 성불할 수 있다. 간단히 말해서 징관은 도생의 '돈오설'을 인정하고, '이'와 '지'의 두 가지 측면에서 이러한 관점을 심화하고 강화하는 경향이 있다. 즉 '이'와 '지'가 모두 중생보다 높으며, 중생이 '지'로 불분지리不分之理를 깨닫는 동시에 '지'도 '이'에서 비롯된다고 강조한다. 그래서 이런 의미에서 돈오설은 곧 이지겸석理智兼釋[42]이다.

징관의 해석에서 '지智'로 '이理'를 체달한다는 설은 또한 본유와 수생 두 설에 관한 이론적 장력을 교묘하게 조화시킬 수 있다.

---

41 『大方廣佛華嚴經隨疏演義鈔』(『大正藏』36, p. 187a), "生公立體理成照義, 云理不待照, 而自了智必資理而成照, 故知理無廢興, 弘之由人. 智雖人用, 不在人出矣. 故人有照分, 功由理發, 失理則失照故. 要見此理方成佛耳."
42 『大方廣佛華嚴經隨疏演義鈔』(『大正藏』36, p. 440c), "是故生公依於此理立頓悟義, 明唯佛悟證如窮故, 十地聖賢皆爲信境未全證如. 故雲夫稱頓者明理不可分, 悟語極照以頓明悟, 義不容二不二之悟符不分之理. 理智兼釋謂之頓悟, 即斯意也."

제일의상第一義常은 본래 가지고 있는 본유의 상常이다. 불지는 '이'에 부합하고, 구경 진리를 늘 비추게 한다. 즉 후천적으로 닦고 깨달은 것이 본래 있고 항상 하는 '이'에 부합하게 하는 것이다.[43]

이렇게 보면 지혜로 끊임없이 다가가고 진리에 부합하는 과정修生은 본유의 진리를 점차 드러내는 과정이다. 그러므로 '이'는 항상하고 절대적이며, 나아가 징관은 인간의 지성智性도 본유의 것으로 선천적으로 인간에 존재한다는 것을 명확히 지적한다. 징관은 나아가 도생의 주장을 인용하여 인간의 지성은 본유라고 강조한다.

만약 법상종으로 보면 지智는 후상後常으로 상속성이 있고, 만약 법성종으로 보면 지성이 이理와 부합하고 이와 마찬가지로 항상성이 있다. 도생은 『열반경주소』에서 "진리는 자연히 존재하고, 깨달음도 진리와 현묘하게 계합한다. 양자는 차별이 없는데, 깨달음이 또 어떻게 변하겠는가. 변하지 않는 항상의 체가 담담히 항상 비춘다."라고 하는데, 이 이치 …… 지성은 본유의 것이지, 결코 '비춤'의 발생에 따라 생겨난 것이 아니다.[44]

---

[43] 『大方廣佛華嚴經隨疏演義鈔』(『大正藏』36, p.183c), "第一義常者, 本有常也. 智符於理, 湛然常照者, 即是修成合本有也."

[44] 『大方廣佛華嚴經隨疏演義鈔』(『大正藏』36, p.183c), "若依法相, 後常是相續常, 今依法性宗, 冥符於理. 同理常也. 故生公涅槃疏雲, 『夫眞理自然, 悟亦冥符眞, 則同無差, 悟豈容易, 不易之體, 爲湛然常照』, 即其義也. …… 智性本有非照今有故." 또한 여기에서 인용한 도생의 말은 『대반열반경집해』에서도 볼 수 있는데, 도생은 더 나아가 '시유'가 '아시회지我始會之'라고 주장했다. '비춤'이 후에 있는 것이 아니라고 했다. (『大般涅槃經集解』(『大正藏』37, p.337b), "道生曰: 夫眞理自然, 悟亦冥符, 眞則無差, 悟豈容易?不易之體, 爲湛然常照. 但從迷乖之, 事未在我耳. 苟能涉求, 便反迷歸極, 歸極得本, 而似始起. 始則必終, 常以之昧, 若尋其趣, 乃是我始會之, 非照今有.")

위와 같이 징관은 지와 이가 서로 부합하고 담연상조湛然常照를 실현하는 것이 수성합본유修成合本有라고 여긴다. 징관은 도생을 여러 차례 인용하여 지가 본래 있고, 지금 있지 않은 이치를 천명하는데, 이로부터 이 본위, 즉 성 본위의 경향을 나타낸다. 즉 본유의 성으로 수생의 상을 융합하는데, 이는 혜원의 사상과 같다. 겉으로 보기에 이는 도생 사상에 대한 징관의 추앙이며 이유가 없는 것은 아니지만, 실제로는 혜원이 『팔십화엄경』을 천명하면서 내세운 법성설의 깊은 영향을 받았을 수도 있으며 도생의 이름을 빌려 혜원의 설을 계승했다고 할 수 있다.

## V. 결어

지엄·법장부터 혜원·징관에 이르기까지 다양한 성불론의 형태가 변화 발전하였다. 지엄은 일승의 입장에서 성기의 과정·방식에 대한 서술을 통해 과위를 강조하는 일즉일체의 경계에서 정법연기로 이실과 연생의 두 가지 성불 도리를 원융하게 포섭했다. 법장은 그 기본 입장을 계승한 기초에서 원교의 성불론에 이사구족의 특징을 강조하기 시작했고, 원교의 입장에서 중생이 발심하고 수행하는 과정이 존재하지 않는 것이 아니라 모두 이미 완료되었다고 보고, 이를 통해 이실과 연생을 조화시켜 이·사의 성불론 해석 패러다임의 기반을 조성하였다. 또한 법장은 보리심의 개념을 발휘해 수행론상의 절대적 의미를 갖도록 하고, 수행 본원론 경향을 나타냄과 동시에 간접적으로 수행 주체의 시각을 넓히려고 하였다.

혜원에 이르러서는 성불론이 이미 핵심 교리의 영역으로 자리했다. 혜원은 법성이 두루한다는 사상으로 성불의 원리를 설명하고, 성불의 목적과 과정을 객관적인 근원이 같다고 보고 불지가 법성에 계합한다는 성불 일원론을 천명해 주체적인 시각을 약화시켰으며, 법성이 수행 과정의 각 단계에 두루한다는 것으로 이실과 연생 두 측면의 모순관계를 해소하였다. 징관은 혜원의 법성 사상을 상당 부분 계승하여 이성융상을 제기하고, 하나가 이루어지면 모든 것이 다 이루어진다고 보아, '성'의 차원에서 중생과 부처·삼생에 이르는 수행 단계 간의 평등을 실현할 수 있었다. 혜원과 달리 징관은 비정 중생은 각성이 없기 때문에 비정 성불의 성립에 조건이 있다는 것을 강조하여 '하나가 이루어지면 모든 것이 다 이루어진다.'는 명제를 유정중생의 경계에 한정하고, 혜원 사상에서 약화되고 사라진 성불 주체성의 문제에 주목했다. 이를 바탕으로 징관은 도생의 돈오설과 결합하여 이지체리以智體理의 성불 일원론 사상을 제시하였다.

요약하면, 화엄 성불론 사상은 연기의 상대相待와 초연 절대絶待의 발생론 논리에서 법성을 본체로 하는 존재론 논리로 바뀌고, 일즉일체는 결국 제법 사이에 같은 법성과 같은 이가 존재하기 때문에 융통 무애하고, 화엄의 세계에서 중생 성불은 통시적인 과정이 아니라 이미 완성된 추상적 그림이다. 징관의 이 성불론 사상의 구축은 몇 세대 화엄 사상가들의 사상 성과를 받아들였으며, 그 중 이성융상·이지체리의 기본 구조의 성립과 그 배후의 법성(=理)을 본위로 하는 입장은 의심할 여지 없이 혜원 화엄 사상으로 거슬러 올라갈 수 있다.

본고는 화엄 성불론 사상의 변천을 고찰하고, 혜원·징관의 '성性'에 대한 해석을 골자로 하여 두 성불론 사상 사이의 관련을 탐색했으며, 화엄종 내 교법 전승의 시각으로 법장과 징관 사이의 사상적 차이를 해석하는 데 참고가 될 것이다. 본고를 바탕으로 화엄 성불론은 화엄 심성론心性論과의 관련성 및 다른 종파 성불론과의 비교 등 여전히 더 논의할 여지가 있으며 이에 대해서는 추후 고찰해야 한다.

번역:조소영
중국어 통번역사

## 〈참고문헌〉

**약호**

大正藏　大正新脩大藏經

卍續藏經　卍新纂續藏經

**원전**

『大般涅槃經集解』(『大正藏』37)

『大方廣佛華嚴經』(『大正藏』9)

『大方廣佛華嚴經隨疏演義鈔』(『大正藏』36)

『大方廣佛華嚴經搜玄分齊通智方軌』(『大正藏』35)

『續華嚴經略疏刊定記』,『(卍續藏經』3)

『華嚴經探玄記』(『大正藏』35)

『華嚴一乘敎義分齊章』(『大正藏』45)

**단행본**

高峰了州(1942),『華嚴思想史』, 百華苑.

坂本幸男(1956),『華嚴敎學硏究』, 平樂寺書店.

鎌田茂雄(1965),『中國華嚴思想史硏究』, 東大出版社.

木村淸孝(1977),『初期中國華嚴思想硏究』, 春秋社.

木村淸孝(1992),『中国華嚴思想史』, 平楽寺書店.

吉津宜英(1985),『華嚴禪思想史硏究』, 大東出版社.

石井公成(1996),『華嚴思想硏究』, 春秋社.

張文良(2017), 『东亚佛教视野下的华严思想研究』, 国际文化出版公司.

## 논문

張文良(2017), 『法藏的「菩提心」觀——以<大乘法界無差別論疏>爲中心』(『東亞佛敎視野下的華嚴思想研究』, 國際文化出版公司).

張文良(2018), 『「勝鬘經」與南朝佛教』, 『西南民族大學學報』(人文社會科學版)

中西俊英(2010), 「唐代佛教ける「事」的思惟の變遷——華嚴文獻を中心として」, 『印度哲學佛敎學研究』17.

中西俊英(2020), 「性起思想の形成・展開と慧苑『続華嚴略疏刊定記』」, 東アジア仏教研究会2022年度年次大会.

# 05

# 징관의 기신론관
『화엄경소』에서 『연의초』로의 변화를 중심으로[1]

김지연

## I. 문제의 소재

『대승기신론大乘起信論』(이하『기신론』)은 저술된 이후 현대에 이르기까지 동아시아불교에서 지속적으로 관심을 받는 문헌으로, 그 흥행의 중심에는 법장法藏(643-712)이 있다. 법장은『기신론』의 주석서인『기신론소起信論疏』[2]를 저술했는데, 법장 이후의 많은 불교학자들은 그의 해석을 중심으로『기신론』을 이해했다. 화엄종의 징관澄觀(738-839)도 그중 한 사람으로,『대방광불화엄경수소연의초大方廣佛華嚴經隨疏演義鈔』(이하『연의초』)와 같은 저술에서 '藏和尚起信論疏'[3], '起信論疏', '起信疏', '賢首疏', '賢首起

---

1 본고는『불교학보』102, 불교문화연구원, 2023, pp.9-33에 게재한 논문을 수정·보완한 것이다.
2 대정신수대장경에는 '大乘起信論義記'라는 제명으로 실려있지만, 법장의『기신론』주석서를 인용한 문헌들을 검토한 결과 대부분이 '기신론소'로 기록하였으므로 본래 제명은 '기신론소'라고 판단되어 본고에서는 '기신론소'로 표기하기로 한다.
3 『大方廣佛華嚴經隨疏演義鈔』(『大正藏』36, p.53b-c).

信論疏'⁴라고 하며 법장의『기신론소』를 인용하였다. 이와 더불어 징관은『기신론소』의 주석 대상인『기신론』그 자체도 자신의 저술에서 다수 언급한다. 징관의 사상에서『기신론』의 영향을 찾아볼 수 있는 이유는,「묘각탑기」의 기록에서와 같이⁵ 그가 득도한 후에『기신론』을 포함한 네 가지 경과 아홉 가지 논을 학습한 영향일 것으로 추정된다.

이러한 징관의 사상과『기신론』의 연관성에 주목한 연구가 이미 가마타 시게오鎌田茂雄의『中國華嚴思想史の研究』(1965), 정엄스님의『중국화엄사상 연구』(2023), 장원량張文良의『澄觀華嚴思想の研究』(2006) 등에서 수행되었다. 본고에서는 기존에 연구된 징관의『기신론』이해를 바탕으로 하면서 차별적으로 주제를 조금 더 세분화하여, 시간적 흐름에 따라 나타나는 징관의『기신론』이해의 변화에 주목해보고자 한다. 우선 연구 대상은『대방광불화엄경大方廣佛華嚴經』(이하『화엄경』)에 대한 징관의 해석을 담은『대방광불화엄경소大方廣佛華嚴經疏』(이하『화엄경소』)와『연의초』에 한정하기로 한다. 그의 저작은 30종이 넘기 때문에⁶ 본고에서 모두를 검토하기에는 어려움이 있기 때문이다. 다음으로 연구 방법은 징관의 두 문헌에서『기신론』이 인용된 부분을 찾아 '起信' 등의 제명만 언급된 경우는 제외하고 문장이 인용된 부분만을『화엄경』의 품品과『기신론』의 내용을 기준으로 분류하고 표로 정리한다. 그리고 표를 비교 분석하여『화엄경소』와『연의초』에서『기신론』을 인용한 빈도와 경향을 파악하고,『화엄경』가운데「십지품」을 중심으로『기신론』이 인용된 부분을 고찰하여,『화엄경

---

4 『大方廣佛華嚴經隨疏演義鈔』(『大正藏』36, p. 52c).

5 鎌田茂雄(1965), pp. 157-158.

6 鎌田茂雄(1965), pp. 191-214 참조.

소』이후『연의초』에 이르는 과정에서 나타나는『기신론』에 대한 징관의 인식 변화를 밝히고자 한다.

## Ⅱ.『화엄경소』와『연의초』에서『기신론』인용 경향

### 1.『화엄경』품品에 기준한 분류

징관은『화엄경』에 대한 주석을 담은『화엄경소』와 자신이 저술한『화엄경소』를 다시 해설하는『연의초』에서는 다양한 문헌을 인용한다. 그 가운데에는 징관이 수학시절 배웠다고 알려진『기신론』도 포함되는데,『기신론』은『화엄경소』에서 32회,『연의초』에서 148회 인용되었다. 다만 이 수치는 "如起信等"과 같이 '起信' 또는 '起信論'이라는 제명만 언급된 경우까지 모두 포함한 것이다. 만약 제명만 언급된 경우와『화엄경소』권30에서 "起信云"[7]이라고 하며 인용한 문장이『기신론』이 아닌 원효의『기신론소起信論疏』의 문장인 경우를 제외하고『기신론』의 문장이 인용된 경우로만 제한한다면『기신론』이 인용된 횟수는『화엄경소』에서 14회,『연의초』에서 107회 정도로 아래의【표1】과 같다.

---

7   『大方廣佛華嚴經疏』(『大正藏』35, p.725b), "起信云無遺曰眞. 無立曰如."; 元曉,『起信論疏』(『大正藏』44, p.204a).

【표1】『화엄경』 품별 『기신론』 인용 부분과 횟수

| 『화엄경』 | 『화엄경소』 | | 『연의초』 | |
|---|---|---|---|---|
| | 『大正藏』 | 횟수 | 『大正藏』 | 횟수 |
| 1.<br>世主妙嚴品 | ❶ 卷3 519b7-10<br>[解釋①]<br>❷ 卷3 526b11-13<br>[立義] | 2 | (1) 卷1 8c26-27　　　[解釋①]<br>(2) 卷4 31b4-7　　　[解釋⑨]<br>(3) 卷4 32a9-13　　　[立義]<br>(4) 卷9 62c11-12　　　[解釋⑧]<br>(5) 卷9 65a25-26　　　[解釋②]<br>(6) 卷9 65b6-7　　　[解釋③]<br>(7) 卷9 66b21-24　　　[解釋③]<br>(8) 卷9 67c3-9　　　[解釋①]<br>(9) 卷9 67c11　　　[解釋①]<br>(10) 卷13 94c22-25　　　[立義]<br>(11) 卷17 134b17-20　　[解釋③]<br>(12) 卷17 134b25-26　　[解釋③]<br>(13) 卷18 139c18-20　　[解釋⑦]<br>(14) 卷19 147b7-22　　[修行]<br>(15) 卷19 147b24-29　　[修行]<br>(16) 卷19 147b29-c5　　[修行]<br>(17) 卷20 158a19-21　　[解釋②]<br>(18) 卷20 158b6-7　　　[解釋③] | 18 |
| 3.<br>普賢三昧品 | | | (19) 卷24 185b14-15　　[解釋③]<br>(20) 卷24 185b21-23　　[解釋③]<br>(21) 卷24 185b28-c2　　[解釋①]<br>(22) 卷24 185c4-13　　[解釋①]<br>(23) 卷24 185c22-23　　[解釋⑨]<br>(24) 卷24 185c24-25　　[解釋⑦]<br>(25) 卷24 185c27-28　　[解釋①]<br>(26) 卷24 186a3-6　　　[解釋⑦]<br>(27) 卷24 187a7-8　　　[修行] | 9 |
| 5.<br>華藏世界品 | | | (28) 卷26 199c28-200a4　[解釋⑨] | 1 |
| 6.<br>毘盧遮那品 | | | (29) 卷27 207b28-c4　　[解釋⑦]<br>(30) 卷27 207c5-8　　　[解釋⑦]<br>(31) 卷27 208a28-b1　　[解釋③] | 3 |

| | | | | | |
|---|---|---|---|---|---|
| 9.光明覺品 | | | (32)卷30 225c14-15<br>(33)卷30 229c27-28 | [解釋①]<br>[解釋⑦] | 2 |
| 10.<br>菩薩問明品 | ❸3卷14 601b22-24<br>[序, 立義, 解釋①]<br>❹4卷14 601c28-29<br>[解釋②] | 2 | (34)卷31 233c23-28<br>(35)卷31 234a6-10<br>(36)卷31 234a10-13<br>(37)卷31 234a21-24<br>(38)卷31 235b10-13<br>(39)卷31 235b19-20<br>(40)卷31 240c11-12<br>(41)卷32 246b15-29<br>(42)卷33 253a2-4<br>(43)卷33 253a5<br>(44)卷33 253c10-21<br>(45)卷33 255b20-21<br>(46)卷34 261c10-11 | [立義]<br>[解釋①]<br>[解釋②]<br>[解釋③]<br>[解釋②]<br>[解釋③]<br>[解釋③]<br>[解釋⑥]<br>[修行]<br>[修行]<br>[解釋③]<br>[X]<br>[解釋③] | 13 |
| 12.賢首品 | | | (47)卷35 267b17-c2<br>(48)卷35 270c29-a2<br>(49)卷35 271a4-7<br>(50)卷36 273b14-18<br>(51)卷36 273b18-22 | [解釋⑨]<br>[解釋③]<br>[解釋⑨]<br>[修行]<br>[修行] | 5 |
| 14.須彌頂上偈讚品 | | | (52)卷37 280b3-6<br>(53)卷37 284b18-20<br>(54)卷37 285a24-b12<br>(55)卷37 285b14 | [解釋⑦]<br>[解釋③]<br>[解釋④]<br>[解釋③] | 4 |
| 17.初發心功德品 | | | (56)卷39 303b17-20<br>(57)卷39 303b21-29<br>(58)卷39 303c1-13<br>(59)卷40 309a29-b7 | [解釋⑨]<br>[解釋⑨]<br>[解釋⑨]<br>[解釋⑨] | 4 |
| 18.明法品 | ❺卷20 652a9-10<br>[修行] | 1 | (60)卷41 313c1-6 | [修行] | 1 |

| | | | | | |
|---|---|---|---|---|---|
| 20. 夜摩宮中偈讚品 | | | (61) 卷41 315c4-5 | [解釋⑨] | 8 |
| | | | (62) 卷41 319c14-16 | [解釋①] | |
| | | | (63) 卷42 322a2-3 | [解釋①] | |
| | | | (64) 卷42 322a5-6 | [立義] | |
| | | | (65) 卷42 322a8-9 | [解釋③⑤] | |
| | | | (66) 卷42 322a13-14 | [解釋①] | |
| | | | (67) 卷42 322b22-23 | [解釋②] | |
| | | | (68) 卷42 323c14-16 | [解釋①] | |
| 21. 十行品 | ❻ 卷22 665a13-14 [修行] | 1 | (69) 卷43 333b13-14 | [修行] | 1 |
| 25. 十廻向品 | ❼ 卷30 725c9-12 [立義] ❽ 卷30 726c4-5 [解釋⑦] | 2 | (70) 卷47 363a21-24 | [解釋⑨] | 8 |
| | | | (71) 卷47 370c8-15 | [修行] | |
| | | | (72) 卷51 398a8-13 | [解釋①] | |
| | | | (73) 卷51 398a17-22 | [解釋①] | |
| | | | (74) 卷51 398c13-14 | [立義] | |
| | | | (75) 卷51 398c23-27 | [立義] | |
| | | | (76) 卷51 398c28-399a1 | [解釋①] | |
| | | | (77) 卷51 400b5-11 | [解釋⑦] | |
| 26. 十地品 | ❾ 卷40 806c21-22 [解釋①] ❿ 卷40 814a21-22 [解釋⑥] ⓫ 卷41 817b29-c1 [修行] ⓬ 卷41 820c3-4 [解釋③] ⓭ 卷44 834a15-16 [解釋③] | 5 | (78) 卷53 421a23-29 | [解釋③] | 16 |
| | | | (79) 卷53 421b25-26 | [解釋③] | |
| | | | (80) 卷55 431a25-27 | [解釋①] | |
| | | | (81) 卷57 449b2-6 | [解釋②③] | |
| | | | (82) 卷57 449b25-27 | [X] | |
| | | | (83) 卷58 463c20-22 | [立義] | |
| | | | (84) 卷58 463c23-26 | [立義] | |
| | | | (85) 卷58 464a3 | [立義] | |
| | | | (86) 卷58 464a26-28 | [解釋④] | |
| | | | (87) 卷63 502c10-11 | [解釋①] | |
| | | | (88) 卷68 544c17-25 | [解釋⑥] | |
| | | | (89) 卷69 551c14-17 | [解釋③] | |
| | | | (90) 卷72 574c6-7 | [解釋⑨] | |
| | | | (91) 卷72 574c8-11 | [解釋③] | |
| | | | (92) 卷72 574c12-13 | [解釋③] | |
| | | | (93) 卷72 574c14-16 | [解釋③] | |

| | | | | |
|---|---|---|---|---|
| 27. 十定品 | | (94) 卷73 580a20-21 [解釋⑨]<br>(95) 卷73 581c6-7 [解釋③]<br>(96) 卷73 582c19-583a1 [解釋①]<br>(97) 卷73 583a1-4 [解釋①] | | 4 |
| 29. 十忍品 | | (98) 卷75 596a19-20 [解釋③] | | 1 |
| 37. 如來出現品 | ⓮ 卷50 882b5-8 [解釋⑨] | (99) 卷79 617b6-9 [解釋③]<br>(100) 卷79 617b11-13 [解釋④]<br>(101) 卷79 617b15-18 [解釋③]<br>(102) 卷79 617b20-24 [解釋③]<br>(103) 卷79 619b1-3 [解釋⑦]<br>(104) 卷80 625c17-20 [解釋③]<br>(105) 卷87 626b29-c11 [解釋⑨] | 1 | 7 |
| 39. 入法界品 | | (106) 卷88 684a9-17 [解釋⑦]<br>(107) 卷88 684b17-18 [解釋⑤] | | 2 |
| | | | 14 | 107 |

위의 【표1】은 『화엄경소』와 『연의초』에 인용된 『기신론』 문장을 찾아 『화엄경』의 품을 기준으로 분류하여 각각의 출처를 나타내고(『대정신수대장경[大正藏]』 기준) 인용 횟수를 나타내었다. 『연의초』에서는 '起信', '起信論', 『기신론』의 일부분의 명칭인 '立義分', 혹은 『기신론』이란 정체를 밝히지 않은 채로 '次云', '故云', '論云' 등으로 『기신론』을 인용하였다.

인용 횟수에 근거하여 『화엄경소』와 『연의초』의 『기신론』 인용 정도를 비교해 본다면, 징관은 『연의초』에서 『기신론』을 『화엄경소』보다 약 7.6배 더 많이 인용한 사실을 확인할 수 있다. 물론 『화엄경소』와 『연의초』의 분량이 달라서 그럴 수도 있다. 하지만 『화엄경소』는 총 60권이고 『연의초』는 총 90권으로 두 문헌의 권수는 1.5배밖에 차이가 나지 않는다. 『대정신수대장경』을 기준으로 두 문헌의 분량을 비교한다고 하더라도 『화엄경소』

는 460쪽(503a1-963a3)이고 『연의초』는 700쪽(1a1-701a24)으로 두 문헌의 분량 역시 1.5배밖에 차이나지 않는다. 이처럼 『화엄경소』와 『연의초』의 분량 차이는 약 1.5배이므로, 『화엄경소』와 『연의초』에서 『연의초』의 인용 횟수가 약 7.6배 차이나는 이유가 『연의초』를 저술하면서 증가한 분량이 아님을 알 수 있다. 『화엄경소』에 비해 『연의초』에서 『기신론』의 비중이 증가한 현상은 『화엄경소』 이후 『연의초』를 저술할 때까지 시간이 경과하면서 징관에게 『기신론』의 중요성이 더 커졌기 때문으로 해석할 수 있을 것이다.

이러한 추론을 입증해주는 【표1】을 분석해보면, 『화엄경소』와 『연의초』에서 나타나는 징관의 『기신론』 인용 경향을 확인할 수 있다. 첫 번째는 『화엄경소』에서 『기신론』을 인용한 부분을 『연의초』에서 해석할 때 『기신론』에 대한 언급이 없는 경우이다. 『화엄경소』의 ❷와 ❻에 해당하는데 징관은 『화엄경소』에서의 설명만으로 충분하다고 생각하고 『연의초』에서는 추가로 서술하지 않은 것으로 보인다.

두 번째는 『화엄경소』의 『기신론』 인용에 대해 『연의초』에서 보다 자세한 설명을 더하는 것으로, 위의 【표1】에 나타내지 않았지만 『기신론』의 제명만 제시한 예도 포함된다. 우선 『기신론』을 인용한 『화엄경소』 ❶, ❸, ❹, ❺, ❼, ❽, ❿, ⓬, ⓮는 각각 『연의초』 (1), (34), (38), (68), (74)·(75)·(76), (77), (88), (89), (106)에 해당되는 부분으로, 『연의초』는 『화엄경소』에 인용된 『기신론』 문장에 그 전후의 문장을 추가하여 인용 범위를 확장한다. ❸은 『화엄경소』에서 『기신론』의 「서분」과 「해석분」의 문장을 이어서 인용하였는데, 『연의초』에서는 「해석분」의 문장과 관련하여 내용적으로 연결성을 갖추도록 「입의분」의 문장을 추가하였다. 그리고 인용 횟수를 보더라도 「세주묘엄품」이나 「여래출현품」 등에서처럼 『화엄경소』보다 『연의초』가 3배 이상 많으므로 『연의초』에서는 인용 범위의 확장뿐만 아니라 새롭게 추가한 인용 문장이 있음을 알 수 있다. 다음으로 『화엄경소』에서 『기신론』의 문장을 언급하지 않고 '起信' 혹은 '起信論'으로만 나타낸 부분에 대해 『연의초』에서 그것이 지시하는 부분을 인용하는 경우이다. 【표1】의 『연의초』 (14)·(15)·(16), (28), (47), (50), (59), (69), (82), (107)이 해당하며 각각 『화엄경소』의 권5, 권11, 권16, 권19, 권22, 권33, 권58 부분이다.

세 번째는 『연의초』에서 새롭게 추가한 것으로, 앞에서 언급한 두 번째 『화엄경소』의 『기신론』 인용 부분을 확장한 경우를 제외하고는 대부분 여기에 포함된다. 『화엄경』 품에 기준한다면, 『연의초』에서는 3.보현삼매품, 5.화장세계품, 6.비로자나품, 9.광명각품, 12.현수품, 14.수미정상게찬품, 17.초발심공덕품, 20.야마궁중게찬품, 27.십주품, 29.십인품, 39.입법계품을 해석하면서 새롭게 『기신론』 문장을 인용하였음을 확인할 수 있다. 『화엄경』의 어떤 내용을 설명하면서 『기신론』의 어느 부분을 활용하고 있는지에 대한 구체적인 논의는 Ⅲ장에서 이어가기로 한다.

### 2. 『기신론』의 내용에 따른 분류

위의 【표1】에서 『화엄경소』 항목을 분석해보면, 『화엄경』의 26.십지품(5회), 1.세주묘엄품(2회), 10.보살문명품(2회), 25.십회향품(2회), 18.명법품(1회), 21.십행품(1회), 37.여래출현품(1회)의 순서로 『기신론』 인용 횟수가 높다. 『연의초』에서는 1.세주묘엄품(18회), 26.십지품(16회), 10.보살문명품(13회), 3.보현삼매품(9회), 20.야마궁중게찬품(8회), 25.십회향품(8회), 37.여래출현품(7회) 등의 순서이다. 『화엄경소』는 각 품에 인용된 횟수가 많지 않아 인용된 부분이 각각 다른 것으로 보이지만,『연의초』는 10회 전후로 인용되는 품이 다수 나타나 징관이 선호하는 특정 부분이 중복적으로 인용되었을 가능성이 있을 것으로 예상된다. 그렇다면 징관은『화엄경』을 해설하면서, 또한 자신이 저술한『화엄경소』를 설명하면서,『기신론』의 어느 부분을 주로 활용하였을까. 이에 대한 해답을 찾기 위해『화엄경소』와『연의초』에서 인용된『기신론』문장을『기신론』의 내용에 기준하여 다음【표2】와 같이 정리하였다.

【표2】(『화엄경소』(14회)와 『연의초』(107회))의 인용 횟수는 앞의【표1】(『화엄경소』(16회)와 『연의초』(111회))과 다소 차이가 있다.『화엄경소』❸의 인용문이『기신론』의 「서분」·「입의분」·「해석분」의 문장을 각각 가져온 것이기 때문이다. 그리고『연의초』(45)와 (82)의 문장이『기신론』의 내용 중 어느 부분인지 출처를 확인할 수 없고, (58)·(65)·(81)의 문장은『기신론』의 서로 다른 부분의 문장을 하나로 합친 것에 기인한다.【표2】에서의『기신론』내용 분류는, 우선 이 논을 크게 서분·정종분·유통분으로 분류하였고, 이 가운데 정종분은 다시 「인연분」·「입의분」·「해석분」·「수행신심분」·「권수이익분」의 5분分으로 나누었다. 다음으로『기신론』에서 가장 많은 분량을 차지하는 「해석분」을 현시정의·대치사집·분별발취도상으로 구분한 후 현시정의를, 일심一心이 진여문眞如門과 생멸문生滅門으로 구성되었음을 정의하고 진여문을 설명하는 ①이문총설·진여문, 생멸生滅과 불생불멸不生不滅의 관계를 설명하는 ②심생멸총설, 네 가지 각覺과 수염본각隨染本覺과 성정본각性淨本覺을 서술하는 ③각의, 근본불각根本不覺과 세 가지 미세한 상(業相·轉相·現相)과 여섯 가지 거친 상(智相·相續相·執取相·計名字相·

【표2】『기신론』내용에 따른 징관의 인용 분류

| 『기신론』 | | | | 『화엄경소』 | | 『연의초』 | |
|---|---|---|---|---|---|---|---|
| 서분(序分)[8] | | | | 1 | | 0 | |
| 정종분 正宗分 | 인연분(因緣分)[9] | | | 0 | | 0 | |
| | 입의분(立義分)[10] | | | 3 | | 9 | |
| | 해석분[11] (解釋分) | 현시정의 顯示正義 | 심생멸문 心生滅門 | ① 이문총설(二門總說), 심진여문(心眞如門)[12] | 3 | 9 | 19 | 92 |
| | | | | ②심생멸총설(心生滅總說)[13] | 1 | | 6 | |
| | | | | ③각의(覺義)[14] | 2 | | 32 | |
| | | | | ④불각의(不覺義)[15] | 0 | | 3 | |
| | | | | ⑤생멸인연(生滅因緣)[16] | 0 | | 2 | |
| | | | | ⑥생멸상(生滅相), 염정훈습(染淨熏習)[17] | 1 | | 2 | |
| | | | | ⑦삼대의(三大義)[18] | 1 | | 10 | |
| | | | ⑧대치사집(對治邪執)[19] | | 0 | | 1 | |
| | | | ⑨분별발취도상(分別發趣道相)[20] | | 1 | | 16 | |
| | 수행신심분[21] (修行信心分) | 사신(四信)[22] | | 0 | 3 | 1 | 11 |
| | | 오행(五行)[23] | | 3 | | 10 | |
| | 권수이익분(勸修利益分)[24] | | | 0 | | 0 | |
| 유통분(流通分) | | | | 0 | | 0 | |
| 총계 | | | | 16 | | 111 | |

[8] 『大乘起信論』(『大正藏』32, p.575b12-21).

[9] 『大乘起信論』(『大正藏』32, p.575b22-c18).

[10] 『大乘起信論』(『大正藏』32, pp.575c19-576a1).

[11] 『大乘起信論』(『大正藏』32, pp.576a2-580c5).

[12] 『大乘起信論』(『大正藏』32, p.576a2-b7).

[13] 『大乘起信論』(『大正藏』32, p.576b7-11).

[14] 『大乘起信論』(『大正藏』32, p.576b11-c29).

[15] 『大乘起信論』(『大正藏』32, pp.576c29-577b2).

[16] 『大乘起信論』(『大正藏』32, p.577b3-c25).

起業相·業繫苦相)의 지말불각을 말하는 ④불각의, ⑤생멸인연, 다섯 가지 의意·여섯 가지 염染·네 가지 훈습薰習에 대한 ⑥생멸상·염정훈습, 체대體大·상대相大·용대用大를 설명하는 ⑦삼대의의 일곱 부분으로 세분화하였다.

『화엄경소』에서 인용된 『기신론』 가운데 가장 많이 언급된 부분은 「입의분」, 「해석분」의 ①이문총설·진여문, 「수행신심분」의 오행으로 각각 3회 인용되었다. 이 가운데 『기신론』 「입의분」의 "所言法者 謂衆生心"[25]이 ❷와 ❸에서, 「해석분」의 "依一心法. 有二種門. 云何爲二? 一者心眞如門. 二者心生滅門. 是二種門. 皆各總攝一切法. 此義云何? 以是二門不相離故."[26]가 ❶·❸·❽에서 중복되어 인용된다.

『연의초』에서는 「해석분」의 ①이문총설·진여문(19회), ③각의(32회), ⑦삼대의(10회), ⑨분별발취도상(16회)과 「수행신심분」의 오행(10회), 「입의분」(9회) 부분이 여러 차례 인용되어, 징관이 『연의초』를 해석하면서 특히 『기신론』의 이 다섯 부분의 내용을 많이 활용했음을 확인할 수 있다. 『연의초』에서도 『기신론』 문장의 일부분이 여러 차례 인용된 실례를 찾을 수 있다. 우선 「입의분」에서 "摩訶衍者. 總說有二種. 云何爲二? 一者法, 二者義. 所

---

17 『大乘起信論』(『大正藏』32, pp. 577c26-579a11).
18 『大乘起信論』(『大正藏』32, p. 579a12-c25).
19 『大乘起信論』(『大正藏』32, pp. 579c26-580b14).
20 『大乘起信論』(『大正藏』32, pp. 580b15-581c5).
21 『大乘起信論』(『大正藏』32, pp. 580c6-583c21).
22 『大乘起信論』(『大正藏』32, p. 581c6-14).
23 『大乘起信論』(『大正藏』32, pp. 581c14-583a21).
24 『大乘起信論』(『大正藏』32, p. 583c22).
25 『大乘起信論』(『大正藏』32, p. 575c).
26 『大乘起信論』(『大正藏』32, p. 576a).

言法者. 謂衆生心. 是心則攝一切世間法. 出世間法. 依於此心顯示摩訶衍義. 何以故? 是心眞如相. 即示摩訶衍體故. 是心生滅因緣相. 能示摩訶衍自體相用故."[27] 문장은 이 전체 혹은 일부분이 5번((10), (34), (64), (83), (84)) 인용되었다. 이 부분이 『화엄경소』에서 중복적으로 인용된 구절 "所言法者. 謂衆生心"을 포함하는 영역이라는 점에 근거한다면 징관이 『기신론』에서 '마하연'을 '법'과 '의'로 정의하는 이 부분을 중시했음을 알 수 있다.

다음으로 「해석분」의 ①이문총설·진여문 부분은 거의 모든 문장이 『연의초』에서 2회 이상 인용되었다. 특히 "依一心法. 有二種門. 云何爲二. 一者心眞如門. 二者心生滅門. 是二種門皆各總攝一切法. 此義云何. 以是二門不相離故. 心眞如者. 即是一法界大總相法門體. 所謂心性不生不滅. 一切諸法唯依妄念而有差別. 若離妄念則無一切境界之相. 是故一切法從本已來. 離言說相離名字相離心緣相. 畢竟平等無有變異不可破壞. 唯是一心故名眞如."[28]는 전체 혹은 부분적으로 12회((1), (8), (9), (35), (62), (63), (66), (68), (72), (73), (76), (96)) 인용되었고, 『화엄경』 20.야마궁중게찬품((62), (63), (66), (68))과 25.십회향품((72), (73), (76)) 부분에서 집중적으로 활용되고 있는 점은 흥미롭다. ③각의는 총32회 인용되었는데 '각'을 정의하는 "所言覺義者……以始覺者即同本覺."[29]((12), (20), (31), (46), (81), (89), (92), (101), (107)), 구경각究竟覺을 정의하는 "如菩薩地盡. 滿足方便一念相應. 覺心初起心無初相. 以遠離微細念故. 得見心性. 心即常住名究竟覺."[30]((11), (19), (48), (91), (95), (99), (101)), 시각과 본각

---

27 『大乘起信論』(『大正藏』32, p. 575c).
28 『大乘起信論』(『大正藏』32, p. 576a).
29 『大乘起信論』(『大正藏』32, p. 576b).
30 『大乘起信論』(『大正藏』32, p. 576b).

이 같음을 밝히는 "若得無念者. 則知心相生住異滅. 以無念等故. 而實無有 始覺之異. 以四相俱時而有皆無自立. 本來平等同一覺故."³¹((7), (37), (93)), 바다와 파도의 비유인 "如大海水因風波動. 水相風相不相捨離"³²((18), (39), (40)) 등도 중복적으로 인용되었다. ⑦삼대의에서는 10회 『기신론』 문장이 보이지만 ①과 ③의 경우처럼 특정 문장이 여러 차례 활용되기 보다는 서로 다른 부분이 인용되었다. ⑨분별발취도상도 일부분이 1회 또는 2회 인용되었는데, 특이하게도 해행발심을 설명하는 가운데 법성체法性體 부분만 4회((23), (58), (61), (94)) 사용되어 징관이 『기신론』에서 정의하는 '법성체'에 깊이 공감하고 있었음을 알 수 있다.

이처럼 『화엄경소』와 『연의초』에 인용된 『기신론』 부분을 내용에 기준해 분류하고 많이 활용된 부분과 그 범위 안에서 중복된 부분을 검토하여 징관이 선호한 『기신론』 문장을 확인해보았다. 비교해 본다면 두 문헌에서 공통적으로 「입의분」, 「해석분」의 ①이문총설·진여문, ③각의, 「수행신심분」의 오행의 인용 빈도가 높았다. 한편 「해석분」의 ③각의, ⑦삼대의, ⑨분별발취도상은 『화엄경소』에서 각각 2회, 1회, 1회 인용되었지만 『연의초』에서는 인용 횟수가 32회, 10회, 16회로 10배 이상 증가하여, 징관에게 이 부분에 대한 중요도 등 그 인식이 크게 달라졌음을 알 수 있다.

---

31  『大乘起信論』(『大正藏』32, p. 576c).

32  『大乘起信論』(『大正藏』32, p. 576c).

## Ⅲ. 「십지품」 해석에 나타나는 징관의 『기신론』 인식

『화엄경소』와 『연의초』에 인용된 『기신론』 부분과 그 횟수를 정리한 【표1】과 【표2】를 통해 징관이 두 문헌에서 『기신론』을 인용한 부분과 횟수 및 『기신론』 내용에 기준한 인용 빈도를 검토하였다. 본 장에서는 내용적인 측면에서 접근하여, 징관이 『화엄경』의 어떤 내용을 설명하면서 『기신론』의 어느 부분을 인용하는지를 살펴보고자 한다. 모든 부분을 검토하기에는 지면상의 한계가 있으므로 본고에서는 26.십지품을 중심으로 살펴보고자 한다. 「십지품」은 계위의 최고점을 서술하는 부분으로 고래로 중시되었고, 1.세주묘엄품, 10.보살문명품, 18.명법품, 21.십행품, 25.십회향품, 37.여래출현품과 같이 『화엄경소』와 『연의초』 모두에서 『기신론』을 인용하고, 특히 인용 빈도수가 두 문헌에서 공통으로 높게 나타나기 때문이다.

### 1. 『화엄경소』에서 『기신론』 인용

「십지품」에 인용된 『기신론』을 분석해보면, 우선 『화엄경소』에서는 제6현전지, 제7원행지, 제8부동지, 제10법운지를 설명하는 부분에서 『기신론』이 발견된다. 첫 번째 『화엄경소』의 ❾와 ❿은 제6현전지로, ❾는 『화엄경』의 "삼계에 있는 것은 오직 일심이다."[33], ❿은 "마음으로 삼계가 생긴 것이고 열두 가지 인연도 그러하며 생사도 모두 마음으로 짓는 것에 연유

---

33 『大方廣佛華嚴經』(『大正藏』10, p.194a), "三界所有 唯是一心."

하니 마음이 소멸한다면 생사도 다한다."³⁴라는 문장을 해석하는 부분이다. 그런데 ❾와 ❿은 서로 다른 부분임에도 불구하고 동일하게 현전지의 머물지 않는 도행의 수승함不住道行勝을 밝히는 가운데 일심으로 섭수됨一心所攝을 다룬다. 전자는 설법正說이고 후자는 ❾의 설법에 대해 중송重頌하는 부분이기 때문이다. ❾에서는 '일심'이라고 하는 이유가 성性과 상相이 융합함에 있음을 밝히고 『밀엄경密嚴經』・『승만경勝鬘經』과 함께 『기신론』「해석분」의 일심 이문을 총설하는 부분[解釋①]을 제시한다. 『화엄경소』❾에 대응되는 『연의초』 부분에는 별다른 언급이 없다. ❿에서는 진眞과 망妄의 화합을 말하면서 망이 제거되더라도 진은 없어지지 않음을 말하면서 『기신론』의 "단지 마음의 모양이 없어진 것이지 마음의 본체가 없어진 것이 아니다."³⁵[解釋⑥]를 들어 논증한다. 『기신론』에서 이 문장은 '심체는 결코 멸하지 않는다.'는 사실을 문답을 통해 설명하는 가운데 답의 일부로, 『연의초』(88)에서는 인용 범위를 확장하여 문답의 전체 내용을 가져온다.³⁶

두 번째 『화엄경소』 ⓫은 제7원행지의 과果로 얻은 삼매三昧의 뛰어남 가운데 진여로 견고한 선근善根을 관觀함을 보이는 『화엄경』의 "견고한 뿌리에 잘 머무는 삼매"³⁷를 설명하는 부분이다. 여기에서 징관은 『반야경般

---

**34** 『大方廣佛華嚴經』(『大正藏』10, p. 195b), "了達三界依心有. 十二因緣亦復然. 生死皆由心所作. 心若滅者生死盡."

**35** 『大方廣佛華嚴經疏』(『大正藏』35, p. 814a), "故起信云但心相滅非心體滅"; 『大乘起信論』(『大正藏』32, p. 578a).

**36** 『大方廣佛華嚴經隨疏演義鈔』(『大正藏』36, p. 544c), "論有問云. 若心滅者. 云何相續. 若相續者. 云何說究竟滅. 答曰. 所言滅者. 唯心相滅. 非心體滅. 如風依水而有動相. 若水滅者. 即風相斷絕. 無所依止. 以水不滅. 風相相續. 唯風滅故動即隨滅. 非是水滅. 無明亦爾. 依心體而動. 若心體滅則眾生斷絕. 無所依止. 以體不滅. 心得相續. 唯癡滅故. 心相隨滅. 非心體滅"; 『大乘起信論』(『大正藏』32, p. 578a).

**37** 『大方廣佛華嚴經』(『大正藏』10, p. 197b), "善住堅固根三昧."

若經』과 함께『기신론』의 "진여 삼매가 여러 가지 선정의 근본이다."³⁸를 인용하는데, 이 문장은「수행신심분」의 일부로(修行信心分-五行), 진여로 선근을 관할 수 있을 정도로 수행이 깊음을 보이는 내용과 부합한다. 이『화엄경소』⓫에 대해『연의초』에서는 추가적으로 설명하지 않았다.

세 번째『화엄경소』⓬는 제8부동지에서 무생법인無生法忍의 청정함을 말하는『화엄경』"모든 심과 의와 식으로 분별하는 생각을 떠나, 집착하는 바가 없고, 허공과 같아, 일체 법에 들어가니 허공의 성품과 같다."³⁹를 설명하면서, 다스리는 주체能治에 대해『기신론』으로 총합하여 묶는 부분이다. 여기에 인용된『기신론』문장 "망념을 떠난 모습은 허공계와 같아서 두루하지 않은 곳이 없어 법계가 한 모습이다."⁴⁰[解釋③]는「해석분」에서 본각을 설명하는 부분에 해당한다.『연의초』(89)에서는『화엄경소』에 인용된 이『기신론』문장의 전후로 인용 범위를 확장하여 허공에 들어감이 바로 '본각'임을 밝힌다.⁴¹ 한편『기신론』의 제명만이 언급되어【표1】에는 나타내지 않았지만, 징관은『화엄경소』⓬보다 앞서 위의『화엄경』문장 중 "모든 심과 의와 식으로 분별하는 생각을 떠나"를 해석하면서 "심을 떠남離心"을 제8이숙식의 전상과 현상과 변행심소가 행하지 않는 것이라고 한다.⁴² 그리고 이에 대해『연의초』에서는『기신론』에서 말하는 세 가지 미

---

38 『大方廣佛華嚴經疏』(『大正藏』35, p.817b-c), "起信云真如三昧 爲諸定之本.";『大乘起信論』(『大正藏』32, p.582b).

39 『大方廣佛華嚴經』(『大正藏』10, p.99a), "離一切心意識分別想. 無所取著. 猶如虛空入一切法. 如虛空性."

40 『大方廣佛華嚴經疏』(『大正藏』35, p.820c), "此則入於起信離念相者等虛空界無所不遍. 法界一相故."

41 『大方廣佛華嚴經隨疏演義鈔』(『大正藏』36, p.551c), "論云所言覺者. 謂心體離念. 離念相者. 等虛空界無所不遍. 法界一相. 即是如來平等法身. 依此法身. 說名本覺.";『大乘起信論』(『大正藏』32, p.576b).

42 『大方廣佛華嚴經疏』(『大正藏』35, p.820b), "一離心者. 離報心憶想分別. 謂第八異熟識轉現遍行. 亦不行故."

세한 상인 업상·전상·현상이라고 명확하게 지시한다.⁴³ 다시 말하면 『연의초』와 『화엄경소』의 부동지 부분에 보이는 징관의 서술은 『기신론』을 활용하여, 떠나야 하는 대상인 심·의·식 가운데 심을 업상·전상·현상으로 구체화하고, 이러한 망념을 떠난 결과가 어떠한지를 허공에 비유하여 보여주고 있다.

네 번째 『화엄경소』 ⑬은 다양한 경론에 의거하여 제10법운지의 명칭을 해석하는 부분으로 지혜로 허공을 덮는 것을 법신이라고 한다는 무성無性의 해석⁴⁴과 함께 『기신론』 "법신을 현현하여 지혜가 맑고 깨끗해졌기 때문이다."⁴⁵[解釋③]라는 문장을 제시한다. 『연의초』에서는 『화엄경소』에 언급된 『기신론』 문장에 대한 추가적인 설명은 없다.

### 2. 『연의초』에서 『기신론』 인용

징관은 『화엄경』을 해석한 『화엄경소』를 『연의초』를 통해 다시 주석하는데, 「십지품」의 서분, 제1환희지, 제4염혜지, 제6현전지, 제8부동지, 제9선혜지를 설명하면서 『기신론』 문장을 인용한다. 이 가운데 제6현전지[(88)]와 제8부동지[(89)]의 경우는 『연의초』의 문장이 『화엄경소』 ⑩과 ⑫를 부연한 것이다. 그러므로 『연의초』에만 나타나는 서분, 제1환희지, 제4염혜지 부분을 중심으로 『연의초』에 나타난 징관의 『기신론』 이해를 조명해 보고자 한다.

---

43 『大方廣佛華嚴經隨疏演義鈔』(『大正藏』36, p. 551a), "言轉現遍行者. 轉現二字. 即起信論. 以第八賴耶有其三細. 謂業轉現."

44 『大方廣佛華嚴經疏』(『大正藏』35, p. 834a), "而無性釋以智覆空. 此以法身者智滿則法身圓滿."

45 『大方廣佛華嚴經疏』(『大正藏』35, p. 834a), "起信論云. 顯現法身智純淨故.";『大乘起信論』(『大正藏』32, p. 576c), "顯現法身. 智淳淨故."

첫 번째 서분에 포함되는 『연의초』는 (78), (79), (80), (81), (82)이다. 우선 (78)과 (79)는 『화엄경』에서 가피加 중 입으로 가피함口加을 말하는 가운데 "법신과 지신에 깊이 들어감"⁴⁶을 설명하는 『화엄경소』의 "십지에서 승진해서 화합식을 깨뜨리고 법신을 현현하니 심·의·식으로 얻을 수 있는 경계가 아니고, 오직 진여의 지혜가 의지하는 바가 지신이 되나니 보살이 적조함으로 '깊이 들어간다'고 한다."⁴⁷를 해설하는 부분이다.

(78) 지금 『소』에서는 먼저 『기신론』의 주장으로 해석하였고, 뒤에는 본 논의 주장으로 해석하였다. 지금은 처음이니 곧 본각 가운데 수염본각을 해석한 문장이다. 『기신론』에 말하였다. "다시 본각이 염을 따라 분별하여 두 가지 모양이 생기니 저 본각과 함께 서로 떨어지지 않는다. 무엇이 두 가지인가? 첫째는 지정상이고 둘째는 부사의업상이다. 지정상은 법력의 훈습을 의지하여 실답게 수행하여 방편을 원만히 갖추기 때문에 화합식의 모양을 없애고 상속심의 모양을 없애 법신을 현현하여 지혜가 맑고 깨끗해졌기 때문이다."⁴⁸

(79) 그 다음 아래에 논에서 말하기를 "만일 무명이 소멸하면 상속도 바로 소멸하지만 지성은 없어지지 않는다."고 하였으니 지신이 법성과 완전히 같아 마치 금으로 형상을 만들면 형상이 금을 떠나지 않음과 같음을

---

**46** 『大方廣佛華嚴經』(『大正藏』10, p. 179b), "深入法身智身故."

**47** 『大方廣佛華嚴經疏』(『大正藏』35, pp. 740c-741a), "謂十地勝進破和合識. 顯現法身. 非心意識之所能得. 唯如智所依成於智身. 菩薩照寂. 故云深入."

**48** 『大方廣佛華嚴經隨疏演義鈔』(『大正藏』36, p. 421a), "今疏先以起信意釋. 後用本論. 今初即釋本覺中隨染本覺之文. 論云復次本覺隨染分別. 生二種相. 與彼本覺不相捨離. 云何為二. 一者智淨相. 二者不思議業相. 智淨相者. 謂依法力熏習如實修行. 滿足方便故. 破和合識相. 滅相續心相. 顯現法身. 智純淨故."

분명히 알아야 한다.⁴⁹

(78)은 "십지에서 승진해서"를 해설하면서 인용한, 염법을 따라 분별한 본각의 두 가지 상인 지정상과 부사의업상[解釋③]에 대한 『기신론』의 내용이다.⁵⁰ 징관은 『화엄경소』에서 말한 것이 두 가지 가운데 지정상에 해당한다고 밝힌다. (79)는 "오직 진여의 지혜가 의지하는 바가", 즉 지신체智身體를 설명하는 부분이다. 여기에서 징관은 비록 『기신론』이라고 명확하게 지시하지 않고 '論'이라고만 했지만, (78)에서 인용했던 『기신론』에 이어지는 내용 가운데 무명이 소멸하더라도 지성智性은 소멸하지 않는다는 문장을 가져와⁵¹ 지신이 법성임을 밝히는 근거로 활용한다.

다음으로 (80), (81), (82)는 해탈월보살解脫月菩薩이 설법을 청하고 이에 대해 금강장보살金剛藏菩薩이 설법을 허락하는 장면이다. (80)은 해탈월보살이 법을 청하면서 법문을 듣는 자도 잘못이 없음을 말하며 대중을 찬탄하는 내용에 나오는 『화엄경』의 비유 "벌들이 좋은 꿀을 생각하듯이"⁵²를 교증敎證에 통한다고 설명하는 『화엄경소』⁵³를 주석하는 부분이다. 『연의초』에서는 "그러므로 『기신론』에서 '만일 생각하는 주체와 생각할 대상이 없음을 아는 것을 수순隨順이라고 한다.'고 하였으니 이 념은 교이다.

---

49 『大方廣佛華嚴經隨疏演義鈔』(『大正藏』36, p. 421b), "故次下論云. 若無明滅相續即滅智性不滅. 明知智身全同法性. 如金成像像不離金."

50 『大乘起信論』(『大正藏』32, p. 576c).

51 『大乘起信論』(『大正藏』32, p. 576c).

52 『大方廣佛華嚴經』(『大正藏』10, p. 179c), "如蜂念好蜜."

53 『大方廣佛華嚴經疏』(『大正藏』35, p. 745b).

'만일 생각을 여의면 득입得入이라 한다.'고 하였으니 이 념은 증이다."[54]라고 하며『기신론』의 수순과 득입에 대한 서술[解釋①][55]을 인용한다. 이『기신론』문장은『연의초』에서 제4염혜지(87)를 설명할 때 칠각지를 말하는『화엄경』"또 이 보살이 염각분[염각지]을 닦되 …… 멸함을 의지하여 버리는 데로 돌려 향하느니라."[56]에 대한『화엄경소』의 해석 중 "대승의 칠각지는 모든 법을 념하지 않는 것이고……"[57]를 주석하면서 인용한『기신론』문장[58]과 같다.

(81)과 (82)는 금강장보살이 설법을 허락하는 내용 중 언급되는 열반의 세 가지 공덕 가운데 법신의 공덕을 보이는『화엄경소』"저 본식인 여래장성과 진여법신을 의지하여 의지할 바로 삼았다."[59]와 관계되어 있다. (81)은『연의초』에서『화엄경소』의 '본식'을 설명하는 것으로 징관은 생멸문에서는 법신을 여래장성 즉 본각이라고 설명하면서『기신론』의 각의 정의[解釋③] 단락을 인용하여 설명한다.

(81)『기신론』에서 "말하는 바 각의 의미는 마음의 본체가 망념을 여읜 것을 말한다. 망념을 떠난 모습은 허공계와 같아 두루하지 않은 곳이 없어 법계가 한 모습이다. 즉 이것이 여래의 평등법신이다. 이 법신에 의지

---

54 『大方廣佛華嚴經隨疏演義鈔』(『大正藏』36, p. 431a), "故起信云. 若知無有能念所念. 是名隨順. 此念教也. 若離於念. 名為得入. 此念證也."

55 『大乘起信論』(『大正藏』32, p. 576a).

56 『大方廣佛華嚴經』(『大正藏』10, p. 190a), "復次此菩薩. 修行念覺分. …… 依止滅. 迴向於捨."

57 『大方廣佛華嚴經疏』(『大正藏』35, p. 793a), "大乘七覺. 不念諸法故. ……."

58 『大方廣佛華嚴經隨疏演義鈔』(『大正藏』36, p. 502c), "故起信云. 若知離念. 無有能念所念. 是名隨順. 若離於念. 名為得入."

59 『大方廣佛華嚴經疏』(『大正藏』35, p. 753a), "依彼本識如來藏性眞如法身. 以為所依."

하여 본각이라 설한다. 진망화합을 아뢰야[식이]라고 한다."고 말한다.⁶⁰

(81)에서는 인용할 때 본래의 문장을 그대로 옮기지 않고 서로 다른 부분에서 필요한 부분을 가지고 와서 결합하여 하나로 만드는 징관의 서술 특징을 확인할 수 있다. 위의 『연의초』에서 "진망화합을 아뢰야[식이]라고 한다."는 『기신론』에서 각의 의미를 설명하는 부분에 앞서 심생멸을 정의하는 문장이므로 (81)은 ③각의와 ②심생멸총설의 문장이 순서와 상관없이 하나의 단락처럼 제시된 것이다.⁶¹

(82)는 위의 『화엄경소』에 언급된 '전의하는 주체와 대상의 항상함'에 대해 다시 문답의 형식으로 풀어가는 과정에서 『기신론』에 의거하여 답하는 부분을 『연의초』에서 상세히 설명한 것이다. 『화엄경소』에서는 단순히 '기신'이라는 제명만을 언급하면서 시각과 본각이 같음을 서술하는데, 징관은 『연의초』에서 그것이 지시한 '기신'에 해당하는 문장이 바로 "본각은 법신이고, 시각은 보신임을 이른다. 이미 시각과 본각이 같아서 다시 시각과 본각이 다름 없음을 구경각이라 한다."⁶²임을 제시하고 법성종의 입장이라고 밝힌다.

그런데 (82)에서 또 다른 징관의 서술 특징을 발견할 수 있다. 징관이 『기신론』 문장이라고 밝힌 (82)와 동일한 문장은 『기신론』에서 확인되지

---

60 『大方廣佛華嚴經隨疏演義鈔』(『大正藏』36, p.449b), "故起信論云. 所言覺義者. 謂心體離念. 離念相者. 等虛空界. 無所不遍. 法界一相. 卽是如來平等法身. 依此法身說名本覺. 然真妄和合名阿賴耶."

61 『大乘起信論』(『大正藏』32, p.576b), "所言覺義者. 謂心體離念. 離念相者. 等虛空界無所不遍. 法界一相卽是如來平等法身. 依此法身說名本覺.", (p.576b), "所謂不生不滅與生滅和合. 非一非異. 名為阿梨耶識."

62 『大方廣佛華嚴經隨疏演義鈔』(『大正藏』36, p.449b), "謂本覺是法身. 始覺是報身. 既云始覺同本覺. 無復始本之異名究竟覺."

않는다. 아마도 징관은 시각과 본각의 동일성을 밝히고 구경각을 정의하는 부분[63]을 자신의 방식대로 서술한 것으로 보이는데, 여기에서 징관이 『기신론』 문장으로 인용한 "始覺同本覺. 無復始本之異名究竟覺."은 『연의초』의 다른 부분에서도 여러 차례 나타난다는 점도 특이하다.

두 번째 제1환희지에 해당하는 (83), (84), (85), (86) 모두는 제1지의 수승함을 드러내는 비행과 자행悲慈의 범주이다. 앞의 세 가지는 『화엄경』에서 여의어야 할 즐거움을 설하는 "모든 부처님의 바른 법이 이렇게 깊고 이렇게 고요하고……"[64]를 설명하는 『화엄경소』 가운데 "①논에서 '법과 의가 안정되기 때문이다'라고 함은, ②일심의 체는 적정하므로 법이 안정하다고 말하고, ③두 문도 적정하여 바로 의가 안정한다고 한다."[65]라는 구절에 대한 『연의초』의 주석이다.

『[화엄경]소』에서 ②"일심의 체는 적정하므로" 등은 바로 『기신론』의 뜻이다. 그 논의 「입의분」에서 (83)"마하연이란 총설하면 두 가지가 있다. 첫째는 법이고 둘째는 의이다."[66]라고 하기 때문이다. 지금 ①"논에서 '법과 의가 안정되기 때문이다.'[는], 그 논에서 법을 해석하여 (84)"말하는 바 법은 중생심을 이른다. 이 [중생]심이 바로 일체의 세간법과 출세간법을 포섭하며, 이 [중생]심에 의지하여 마하연의 뜻을 나타낸다. 왜 그러한가. 이 [중생]심의 진여상이 바로 마하연의 체를 나타내 보이기 때문이

---

63 『大乘起信論』(『大正藏』32, p. 576b).
64 『大方廣佛華嚴經』(『大正藏』10, p. 182b), "諸佛正法. 如是甚深. 如是寂靜. ……"
65 『大方廣佛華嚴經疏』(『大正藏』35, p. 766b), "論云法義定故. 謂一心體寂故云法定. 二門亦寂即是義定."
66 『大乘起信論』(『大正藏』32, p. 575c).

고, 이 [중생]심의 생멸인연상이 마하연의 자체상용을 보일 수 있기 때문이다."⁶⁷라고 한다.⁶⁸

『연의초』에서 징관은 ②이하 부분을 해설한다고 말하지만 그 안에 ①의 문장이 들어있어 다소 혼동된다. 하지만 인용은 순차적으로 (83)은 ①을, (84)는 ②를, (85)는 ③을 설명하는 『기신론』 문장으로, 세 부분은 모두 『기신론』 「입의분」 영역이다. 징관은 '법과 의'를 모두 언급한 ①에 대해서는 마하연을 법과 의로 총설하는 (83)을, '일심'과 '법'을 말하는 ②에 대해서 법의 정의를 제시한 (84)를, '두 문二門'과 '의'를 서술하는 ③에 대해서 의를 삼대로 정의하는 (85)⁶⁹를 대응시켜 인용한다.

## IV. 향후의 과제

본고는 징관의 저술 가운데 『화엄경소』와 『연의초』에 초점을 맞추어, 두 문헌에 나타나는 『기신론』 인용 경향을 통해 징관의 기신론관을 고찰하고자 하였다. 그래서 우선적으로 『화엄경소』와 『연의초』에서 『기신론』

---

67 『大乘起信論』(『大正藏』32, p. 575c).
68 『大方廣佛華嚴經隨疏演義鈔』(『大正藏』36, p. 463c), "疏謂一心體寂等者. 即起信論意. 彼論立義分云. 摩訶衍者. 總說有二種. 一者法. 二者義故. 今論云法義定故. 彼論釋法云. 所言法者. 謂衆生心. 是心即攝一切世間出世間法. 依於此心顯示摩訶衍義. 何以故. 是心眞如相. 即示摩訶衍體故. 是心生滅因緣相. 能示摩訶衍自體相用故."
69 『大方廣佛華嚴經隨疏演義鈔』(『大正藏』36, p. 464a), "所言義者. 即體大相大用大." 이 문장은 『기신론』과 완전 일치하지 않는데 『大乘起信論』(『大正藏』32, p. 575c), "所言義者. 則有三種. 云何爲三. 一者體大. 謂一切法眞如平等不增減故. 二者相大. 謂如來藏具足無量性功德故. 三者用大. 能生一切世間出世間善因果故."를 징관이 정리하여 인용한 것으로 보인다.

문장을 인용한 부분을 검색하였는데, 전자에서는 14회, 후자에서는 107회 정도 확인되었다.『화엄경소』와『연의초』의 인용 횟수는 약 7.6배 차이가 나는데, 두 문헌의 분량이 1.5배 정도밖에 차이가 나지 않는다는 사실에 의한다면,『연의초』를 저술할 당시 징관에게서『기신론』의 중요도는『화엄경소』보다 커졌을 가능성을 추론해볼 수 있다.

이러한 징관의 서술에 나타난『기신론』활용도의 변화가『연의초』에서『화엄경』과『화엄경소』의 어떤 부분을 설명하기 위함인지를 자세하게 살펴보고자【표1】과 같이『화엄경소』와『연의초』에서『기신론』이 인용된 부분을『화엄경』의 품을 기준으로 분류하고 비교하였다. 그 결과 두 문헌을 합하여 총 18품에서『기신론』문장이 보이고, 이 가운데『화엄경소』에는 없고『연의초』에만 나타나는 경우는 3.보현삼매품, 5.화장세계품, 6.비로자나품, 9.광명각품, 12.현수품, 14.수미정상게찬품, 17.초발심공덕품, 20.야마궁중게찬품, 27.십주품, 29.십인품, 39.입법계품 부분이다. 그리고『화엄경소』에서는 26.십지품이 5회,『연의초』에서는 1.세주묘엄품이 18회로 가장 많이『기신론』을 언급하였다.

징관이『연의초』에서『기신론』을 인용하는 형식을 살펴보면 세 가지로 분류할 수 있다. 첫째,『화엄경소』에서『기신론』문장을 언급하지만『연의초』에서 추가적인 설명을 하지 않는다. 둘째,「십행품」에서와 같이『화엄경소』에서『기신론』이 인용된 부분을『연의초』에서 다시 해설하면서 그『기신론』문장의 전후로 인용 범위를 확장한다. 더불어 위의 표에는 나타내지 않았지만,『화엄경소』에서 "기신"이나 "기신론"처럼 제명만 언급한 부분이 어떤 문장을 지시하는지를『연의초』에서 분명하게 드러낸다. 셋째,「보현삼매품」처럼『화엄경소』에서『기신론』을 다루지 않았지만『연의초』에서는『기신론』문장을 가지고『화엄경』을 풀이한다.

다음으로 징관이『기신론』의 어느 부분을 중시하였는지 그 인용 경향을 파악하기 위해【표2】와 같이『기신론』의 내용에 기준하여 분류하고 분석하였다. 그 결과『화엄경소』에서는「해석분」의 ①이문총설·심진여문과「수행신심분」의 오행 부분이 각각 3회,『연의초』에서는「해석분」③각의 부분이 32회로 가장 많이 활용되었다. 이 가운데 징관이 특정 부분을 여러 차례 인용하는 경향도 포착되었는데「입의분」,「해석분」의 ①이문총설·심진여문, ③각의,「수행신심분」의 오행이 그에 해당한다. 한편「해석분」의 ③각의, ⑦삼대의, ⑨분별발취도상의 경우,『화엄경소』에 비해『연의초』에서는 10배 이상 인용 횟수가 증가하여 이 부분에 대한 징관의 선호도가 변화했음도 확인하였다.

마지막으로 징관이『화엄경소』와『연의초』에서『기신론』을 100회 이상 인용한 것이『화엄경』의 어떤 내용을 설명하기 위함인지를 파악해보고자 26.십지품을 중심으로 고찰하였다.『화엄경소』에서는 제6현전지, 제7원행지, 제8부동지, 제10법운지를,『연의초』에서는 서분, 제1환희지, 제4염혜지, 제6현전지, 제8부동지, 제9선혜지를 해설하면서『기신론』을 인용하였다. 이 부분을 검토하는 과정에서 징관의 서술의 특징을 발견할 수 있었는데, 하나는『기신론』을 인용할 때 본래의 문장을 그대로 가져오기도 하지만 서로 다른 부분에서 필요한 문장을 가져와 하나의 문장처럼 인용하기도 한다는 것이다. 또 다른 하나는『기신론』의 내용을 요약하여 자신만의 표현으로 기술하는 경우로, 징관이『기신론』의 설이라고 말하지만 실제로『기신론』에서는 동일한 문장이 발견되지 않는다. 징관이 인용한『기신론』의 내용적인 측면을 보면, 비록 십지품에서『기신론』을 인용하는 지

地가 각각 다르고 언급되는 『기신론』 문장도 서로 다르지만 주로 최고의 경지나 그 상태와 관련이 있다. 『기신론』에서 일심, 진여, 법신을 설명하는 부분을 인용하고 있는 것을 통해 확인할 수 있다.

　본고에서 징관의 『화엄경소』와 『연의초』에서 『기신론』 인용을 검토하고 그 결과를 분류하여 비교 분석한 것은 징관의 기신론관을 전체적으로 그리기 위해 기반을 다지는 중요한 작업이라고 생각한다. 인용된 부분을 검토하여 분류하는 이 작업은 징관이 『화엄경소』에서 『연의초』로 이르는 과정에서 『기신론』을 더 많이 인용하고 더 다양한 품에서 활용하고 있음을 확인시켜 주었다. 이를 통해 징관에게 『기신론』의 중요성이 커졌을 가능성도 추론해 볼 수 있었다. 그리고 좀 더 구체적으로 징관이 『기신론』을 『화엄경소』와 『연의초』의 어떤 내용에서 인용한 것인지 맥락을 파악하여 『기신론』에 대한 징관이 인식이 어떻게 변화하였는지를 파악해보고자 하였다. 하지만 본고에서는 지면 관계상 『기신론』이 인용된 모든 부분을 검토하지 못하고 「십지품」 일부분만을 밝혀 징관의 기신론관을 전체적으로 이해하기에는 불충분한 부분이 있었다. 그러므로 본고에서 다루지 못한 「십지품」 외의 다른 품에서 인용된 『기신론』의 내용과 그에 대한 징관의 이해는 다음 연구를 기약하기로 한다. 그리고 이 두 문헌에는 원효의 『기신론소』와 법장의 『기신론소』도 인용되었는데, 이 부분들을 찾아 징관에게 미친 원효와 법장의 영향을 파악하는 것도 향후 연구 과제로 남겨두며 본고를 마무리하고자 한다.

## 〈참고문헌〉

### 약호
大正藏　大正新脩大藏經

### 원전
『起信論疏』(『大正藏』44)
『大方廣佛華嚴經』(『大正藏』10)
『大方廣佛華嚴經疏』(『大正藏』35)
『大方廣佛華嚴經隨疏演義鈔』(『大正藏』36)
『大乘起信論』(『大正藏』32)
『大乘起信論義記』(『大正藏』44)

### 단행본
계환스님(2005), 『대승불교의 세계』, 운주사.
정엄스님(2023), 『중국화엄사상 연구』, 조계종출판사.
澄觀(2003), 『華嚴經淸凉疏』, 瑞峰盤山 譯註, 동국역경원.
張文良(2006), 『澄觀 華嚴思想の研究』, 山喜房佛書林.
鎌田茂雄(1965), 『中國華嚴思想史の硏究』, 東京大學出版會.
竹村牧男(1985), 『大乘起信論讀釋』, 山喜房佛書林.

### 논문
徐海基[淨嚴](1998), 「淸凉国師澄観の伝記と学系」, 『韓国仏教学SEMINAR』7, 韓国留学生印度学仏教学研究会.

# PART 02

# 동아시아 불교에 미친 징관의 불교사상

# 01

# 동아시아의 징관 화엄 계승과 그 역사적 전개
송대와 조선후기 화엄교학을 중심으로[1]

김용태

## I. 서론: 동아시아 화엄교학의 한국적 전개

화엄교학은 『화엄경華嚴經』을 소의경전으로 하는 교학이며 가장 수승한 일승一乘 사상으로서 중국 당대唐代에 법장法藏과 징관澄觀에 의해 이론 체계가 확립되었다.[2] 신라 화엄종의 개조인 의상義湘은 중국 화엄종 2조 지엄智儼에게 수학하였고 귀국 후에도 동문인 법장과 학문적 교류를 지속하였다. 그는 『화엄일승법계도華嚴一乘法界圖』를 남겼는데 '성기性起'사상과 실천적 성격이 강한 교학 체계를 정립한 것이 사상적 특징이며 교단

---

1 본고는 『불교학보』61, 불교문화연구원, 2012, pp. 267-296에 게재한 논문을 수정·보완한 것이다.
2 木村清孝(1977)의 서문에서는 화엄사상을 『화엄경』에 근거하여 형성된 사상 일반이라고 정의하여 기존에 혼동된 채 사용된 화엄교학이나 『화엄경』 사상과 구분하였다. 또 木村清孝(1992) 1장에서도 화엄교학은 동아시아 화엄종 승려에 의해 제시된 체계적 사상이며 『화엄경』에 직접 설해져 있는 사상은 『화엄경』 사상이라고 정의하였다.

운영에서도 평등과 실천을 중시하였다.³ 의상의 사상은 '의상계義湘系'에 의해 계승되었는데 이들의 교학적 경향은 지엄 사상을 기준으로 법장 교학을 이해하였다고 평가된다.⁴ 한편 신라의 원효元曉 또한 생애 마지막 저술로 독자적 사교판론四教判論을 제시한 『화엄경소華嚴經疏』를 남겼는데 사교판 중 최고 단계인 일승만교一乘滿教에 『화엄경』을 배당하여 자신의 일승一心사상을 화엄일승으로 완성하는 모습을 보인다.⁵

고려 초의 균여均如는 『일승법계도원통기一乘法界圖圓通記』를 남겼는데 그는 법장의 설을 특히 중시하였고 화엄의 별교일승別教一乘의 절대성과 돈원일승頓圓一乘을 내세워 가장 수승한 사상으로 화엄을 자리매김하였다.⁶ 이어 고려 천태종天台宗을 창립한 대각국사大覺國師 의천義天은 화엄종 승려로서 송宋에 건너가 북송대 화엄학의 중흥을 도모한 진수 정원晉水淨源에게 수학하였고 천태종과도 교섭하였으며 고려와 송 등 동아시아 불교 전적의 유통에 크게 이바지하였다.⁷ 정원은 『화엄경』과 징관의 『화엄경소』를 주석하여 합본한 『화엄경대소주경華嚴經大疏注經』을 간행하였고 『화엄과초록華嚴科鈔錄』을 펴냈는데 징관과 종밀宗密의 교학을 토대로 하였고 의천 또한 이전 시기의 법장교학 중시 경향과는 달리 정원을 통해 징관 화엄의 영향을 받았다.

의천 단계에서 중시된 중국 화엄종 4조 징관은 3조 법장에 의해 이론적 체계가 세워진 화엄교학을 집대성하였는데, 『화엄경』에 대한 주석서인

---

3　김상현(1991); 전해주(1993); 김두진(1995); 정병삼(1998) 참조.

4　'의상계'의 교학은 김상현(1991)과 佐藤厚(1998)에서 상세히 규명하였다.

5　남동신(1995); 남동신(1999).

6　균여에 대한 연구로는 김두진(1983); 최연식(1999); 김천학(2006) 등이 있다.

7　최병헌(1991); 최병헌(2003); 신규탁(2007) 참조.

『화엄경소』20권과 상세한 재주석인『화엄경수소연의초華嚴經隨疏演義鈔』(연의초) 40권,『화엄경』「입법계품入法界品」에 해당하는 40권본『정원화엄경貞元華嚴經』에 대한 주소註疏를 남겨 이후 화엄 이해의 지남을 제시하였다. 의천은 고려에 전해지던 징관의『화엄경소』와『연의초』등을 송의 정원에게 전하였고 뒤에 정원의 주석본『화엄경대소주경』을 받았는데,[8] 당시 고려에는 징관의『화엄경소』20권과『연의초』40권,『과문科文』7권 등이 유통되고 있었다.[9] 한편 징관이 화엄교학을 토대로 한 교선敎禪 융통을 주장하였다면 중국 화엄종 5조로 추앙되는 종밀은 하택종荷澤宗 계열의 선종과 화엄, 원각圓覺 등 교학의 병행을 주창한 선교일치 및 겸수론자로서 이후 불교사상의 방향성을 결정지었다.

북송대에 천태종이 부활하였고 진수 정원 이후 화엄종도 재건되었는데 남송대에 화엄 전적의 입장入藏을 계기로 항주杭州 혜인원慧因院을 중심으로 화엄교학에 대한 재해석과 계승이 이루어졌다. 당시 화엄교단 내에서는 법장 교학과 징관 교학의 우위, 별교別敎와 동교同敎의 해석 문제 등이 주요한 논쟁거리였다.[10] 한편 송대에는 선종이 주류가 되면서 그에 대응해 교종에서는 일심一心과 원각을 강조하는『대승기신론大乘起信論』,『능엄경楞嚴經』과『원각경圓覺經』등이 중시되었는데 그 이해와 해석에 있어 종밀 교학의 영향이 압도적으로 컸다.

---

8 징관의『화엄경소』는 787년 무렵 성립되었고 799년 40권『화엄경』에 대한 주석인『정원소貞元疏』10권의 성립 후 신라에 전래된 것으로 추정된다. 불전국역연구원(1998) 참조.

9 義天,『新編諸宗敎藏總錄』1(『大正藏』55, p.1166).『소초』의 권수는 이후 판본에 따라 변화되었는데 현재 『대정신수대장경』에는『화엄경』80권,『화엄경소』60권,『연의초』90권 본이 수록되어 있고『대일본속장경大日本續藏經』에 이 책들의 합본 80권과『현담玄談』9권이 들어있다.

10 김용태(2003a); 김용태(2003b) 참조.

고려의 보조 지눌普照知訥은 말년에 송의 대혜 종고大慧宗杲가 주창한 간화선看話禪을 최고의 수행방안으로 받아들였지만 기본적으로는 종밀의 영향을 받아 정혜겸수定慧兼修를 주창하였고 교학 중에서는 특히 화엄을 중시하였다. 그는 당의 이통현李通玄이 제시한 실천적 화엄 이해에서 큰 계발을 받았는데 그렇다고 징관 화엄과 종밀 교학의 틀을 벗어던진 것은 아니었다. 한국불교사에서 선종 승려의 화엄 중시 전통은 지눌에서 시작되었는데, 그는 선교겸수의 방향을 근간으로 하여 부처와 중생의 근원적 일치를 설명하기 위해 이통현의 화엄학 이론 체계를 차용하였고 나아가 간화선을 수용하여 자신의 삼문三門 체계를 정립하였다. 지눌 이후 선과 화엄의 공조와 융합은 한국불교의 중요한 전통으로 자리잡았고 조선시대에도 화엄은 교학 중 최고의 단계로 여겨졌으며 징관 화엄을 중심으로 한 강학과 사기私記 찬술이 조선후기에 성행하였다.

## II. 송대의 화엄교학 이해와 징관澄觀 계승

### 1. 송대 화엄교학의 전개와 논쟁

송대 화엄교학에 대한 연구는 일찍이 일본의 다카미네 료슈高峰了州와 도키와 다이조常盤大定에 의해 본격화되었다. 먼저 다카미네 료슈는 '2수水 4가家'[11]를 중심으로 요遼와 고려의 동향까지 시야에 넣고 송대 화엄을

---

[11] '2수'는 북송의 장수 자선과 진수 정원의 법호 중 수水에서 유래한 명칭이고 '4가'는 법장의 『오교장』에 대해 주석서를 남긴 송대의 4대가 도정道亭, 관복觀復, 사회師會, 희적希迪을 가리킨다. 중국의 문헌에는 '2수 4가'라는 개념이 확인되지 않으며 이들 전적이 전래된 가마쿠라시대 이후 일본에서 만들어진 조어로 보인다.

개관하였다.[12] 도키와 다이조는 일본 고산사高山寺에 소장된 송대의 화엄 장소를 분석·정리하여 문헌학적 성과를 냈는데, 그에 의해 화엄 전적이 고려를 통해 송에 전해진 사실과 항주 혜인원의 원증 의화圓證義和에 의해 1145년 화엄 전적이 대장경에 입장入藏되었음이 밝혀졌다.[13] 이후 가마타 시게오鎌田茂雄는 송대 화엄을 간략히 개괄하면서 종밀 이후의 화엄학 계보를 추적하여 당말에서 오대五代로 이어지는 화엄 연구의 동향에 대해 소개하였다.[14] 노도미 죠텐納富常天은 일본 가나자와 문고金澤文庫에 소장된 가마쿠라鎌倉시대 담예湛睿(1271-1346)의 필사본을 중심으로 송대의 주석서를 검토하였고 담예가 징관의 영향을 받은 요의 도정道亭과 남송대 관복觀復의 저술을 중시했음을 밝혔다.[15]

또한 기무라 기요타카木村淸孝는 요의 선연鮮演이 남긴 징관『연의초』에 대한 주석서『결택기決擇記』를 분석하여, 선연이 징관과 종밀의 영향을 받았으며 화엄을 중심으로 천태와 선종에 대해 포용적 입장을 가졌음을 고찰하였다.[16] 선연의『결택기』는 관복의『회해기會解記』에도 다수 인용되어 있는데 두 주석서는 화엄 이외의 교학과 선종에 대해 포용적 입장을 취하였다는 점에서 공통점을 가진다. 한편 치쿠사 마사아키竺沙雅章는 새로 발견된 요의 불교 전적, 특히 요본『연의초』를 분석하여 요와 고려, 송, 일본

---

12  高峰了州(1942), pp. 317-346.

13  常盤大定(1943), pp. 303-315; pp. 321-394.

14  鎌田茂雄(1965), pp. 594-618. 당시는 두순杜順(557-640)의『법계관문法界觀門』에 대한 주석이 성행하였고 법장의『망진환원관妄盡還源觀』등 화엄의 관법觀法이 각광을 받던 시대였다. 이는 鎌田茂雄(1997), pp. 83-101 참조.

15  納富常天(1978).

16  木村淸孝(1980), pp. 311-318.

사이의 화엄전적 전파와 유통 문제를 다루었다. 그 결과 요의 『연의초』가 고려를 통해 송과 일본에 전해졌고 그것이 이후 대장경의 저본이 되었음을 밝혔다.[17] 요시다 다케시吉田剛는 송대 화엄교단의 부흥과 '동교同敎' 논쟁에 주목하여 '2수 4가'를 중심으로 한 송대 화엄학의 전개 과정을 폭넓게 고찰하였다.[18]

송대 화엄교학의 전개 양상과 경향에 대해 간략히 정리하면 다음과 같다. 먼저 송의 화엄종은 북송의 진수 정원(1011-1088)에 의해 재흥의 발판이 마련되었고 고려의 대각국사 의천(1055-1101)이 화엄 전적을 전해줌에 따라 화엄학이 재차 성행하였다. 선종이 주류가 된 북송대에는 교종 가운데 천태종이 일정한 세력을 확보하였고 강남 지방에는 『기신론』, 『능엄경』, 『원각경』 등이 유행하였다. 항주의 교학자들은 대개 천태종 산외파山外派에 속했는데, 장수 자선長水子璿(965-1038)도 산외파 홍민洪敏의 학맥을 이었다. 자선은 특히 『능엄경』과 『기신론』을 중시하였고 종밀 교학의 사상적 영향을 크게 받았다. 자선의 제자인 정원도 화엄은 물론 『원각경』, 『기신론』 등에 해박하였으며 징관과 종밀의 화엄교학에 기반을 두었다. 법장의 『오교장五敎章』에 대한 중국 최초의 주석서인 『오교장의원소五敎章義苑疏』를 지은 도정道亭(1023-1100)도 징관과 종밀에 그 학문적 연원을 두는 한편 천태교학의 영향을 받았다.

남송대에 들어 1145년 화엄전적의 대장경 입장을 계기로 혜인원을 중

---

**17** 竺沙雅章(2000), pp. 58-167; pp. 271-360.

**18** 요시다 다케시吉田剛는 동교 문제에 대해 「笑菴觀復の四義同敎說」과 「可堂師會の一義同敎說」을 발표하였고 제교諸敎와의 관계나 조통·설祖統說에 대해서는 「趙宋華嚴敎學の展開-法華經解釋の展開を中心として-」, 「中國華嚴の祖統說について」, 「北宋における華嚴興隆の經緯-華嚴敎學史における長水子璿の位置づけ」, 「晉水淨源と宋代華嚴」, 「長水子璿における宗密敎學の收容と展開」에서 천착하는 등 송대 화엄에 대한 구체적이면서도 폭넓은 성과를 냈다.

심으로 한 화엄종의 세력 확대가 이루어졌다. 전적의 간행과 함께 화엄교학에 대한 이해도 심화되었는데 이 시기에 특히 교판敎判에 대한 논란과 '별교'와 '동교'를 둘러싼 논쟁이 펼쳐진 점에 주목할 필요가 있다. 이는 화엄 원교圓敎의 절대적 우위를 강조하는 입장, 그리고 원교로서의 통합 및 포섭 측면을 중시하는 시각차에서 비롯되었다. 또한 당시의 시대상황에서 화엄종과 천태종, 『기신론』의 상호관계와 각각의 위상 설정을 둘러싼 문제이기도 했다. 이와 관련하여 옥봉 사회玉峯師會(1102-1166)를 비롯한 혜인원 주류 계통은 지엄·법장의 화엄교학을 계승하였고 『오교장』에 대한 다수의 주석서 찬술을 통해 화엄의 우월성을 천명하였다.

반면 소암 관복笑菴觀復(~1141-1152~)은 징관과 종밀의 영향을 받으면서 여타 교학에 대해 포용적 입장을 가지는 등 사회 계통과는 다른 사상적 경향성을 노정하였다.[19] 징관 화엄의 충실한 계승자였던 관복은 화엄교학의 이론체계를 정립한 법장을 화엄의 조사로서 인정했지만 양자의 주장에 차이가 있을 때는 철저히 징관 편에 섰다. 더욱이 법장 교학에 이론적 토대를 두고 있던 당시의 화엄학자들에 대해서는 강한 비판의식을 표출하였다. 관복의 『회해기會解記』에는 징관과 종밀을 '오조吾祖'로 표현하고 그 계통을 '오종吾宗'이라 명시하는 등 같은 '현수종賢首宗' 즉 화엄종이었음에도 지엄·법장 교학을 계승한 혜인원 주류 계열과는 사상적 경향이나 노선을 달리했던 것이다.

관복은 법장교학에 기초한 사회 등으로부터 특히 동교 개념을 두고 비판을 받았는데, 사회는 관복이 종예宗預의 『이간기易簡記』에 의거하여 삼

---

[19] 관복의 『오교장』 주석서 『절신기折薪記』와 그 밖의 저작은 현존하지 않으며 사회 등이 동교 해석 문제를 둘러싸고 비판한 내용과 인용문 등을 통해 법장 화엄에 대한 관복의 입장을 추측해 볼 수 있다.

승을 시교始敎·종교終敎·돈교頓敎의 3교가 아니라 시교에만 한정한 점을 집중 공격하였다. 관복은 종교·돈교·원교가 모두 일승이라는 징관의 〈후3교 일승설後三敎一乘說〉을 지지하였고, 사회는 화엄원교만이 일승이라는 법장의 설을 취한 것이었다. 『이간기』에 나오는 동교설은 '법계본말융회동法界本末融會同', '삼일화합동三一和合同', '동돈동실동同頓同實同'의 세 가지인데 이 중 '삼일화합동'과 '동돈동실동'은 징관의 동교일승 해석을 차용한 것이었다.[20] 또 관복의 '구삼일동具三一同', '민이동泯二同', '의류상사동義類相似同', '전수제교동全收諸敎同'의 〈4의 동교론四義同敎論〉 중에서 '의류상사동'은 앞의 '동돈동실동'을 근거로 하였다. 이처럼 관복은 종교와 돈교까지도 일승으로 보는 징관의 후3교 일승설을 근거로 하여 원교의 포용적 측면을 강조하는 〈동교일승론同敎一乘論〉을 주장한 것이다. 즉 천태나 기신, 원각을 동교일승인 종교, 돈교로 비정하고 화엄원교로서 이들을 융합하려 한 것이다. 당시는 의화에 의해 지엄이나 법장의 저술이 새로 간행되고 대장경에 입장됨에 따라 화엄교학의 우월성 및 정통성에 대한 인식이 고양되던 시기였다. 따라서 지엄과 법장 교학을 토대로 하여 화엄별교일승의 절대성을 강조한 사회 등은 동시대 화엄학의 주류로 부상하였다. 반면 징관과 종밀 교학의 제교융합적 특성을 계승한 관복의 사상은 송대의 회통적 교학 경향에 부합하는 것이었다고 평가할 수 있다.

동교의 측면을 중시한 관복은 천태교학에도 큰 관심을 가졌고 화엄교학 형성에 미친 천태교학의 사상적 영향을 인정하였다. 하지만 그 또한 천태를 화엄보다 우월하게 보는 경향에 대해서는 강하게 비판했는데, 특

---

20 『注同敎問答』(『卍續藏經』103, p. 437a). 한편 희적의 『주화엄동교일승책註華嚴同敎一乘策』(『卍續藏經』103, p. 431d)에는 '융회동融會同', '화합동和合同', '의상동義相同'으로 되어 있다.

히 북송대의 산외파 천태학자 종의從義(1042-1091)가 징관을 비판한 내용에 대해 조목조목 반박하였다. 종의는 화엄의 근본이 법화일승法華一乘의 '원돈지관圓頓止觀'에 있음에도 징관이 화엄의 '돈돈頓頓'을 별도로 내세워 화엄이 별교를 겸한다고 하였고 법화를 '점원=점돈漸圓=漸頓'으로 격하시켰다고 비판한 바 있다. 이에 대해 관복은 종의의 주장을 네 가지로 정리하여 반론을 펼치면서 징관은 다만 천태 지의天台智顗(538-597)의 본의인 '돈돈'을 밝혔을 뿐이라고 변호하였다. 또 『법화경』과 『화엄경』이 일체종지一切種智나 법계法界 등에서 차별이 없다고 한 지의의 설을 근거로 하여 종의가 화엄의 법계를 '말末'로 폄하한 것을 반박하였다. 나아가 법화는 실교實敎일 뿐이지만 화엄은 권실權實을 겸한다고 해석하여 원교로서 화엄의 수승함을 강조하였다.[21]

관복은 또 『기신론』의 교학적 의의를 인정하였지만 『기신론』을 화엄과 동일한 원교로 격상시킨 북송대 이후의 교학 경향에 대해서는 비판하였다. 그는 『기신론』을 실교로 규정한 징관의 주장이나 『기신론』의 생멸문生滅門을 종교, 진여문生滅門을 돈교로 본 종밀의 설에 기초하여 『기신론』은 동교일 뿐이며 원교 고유의 영역인 별교로서의 측면은 없다고 보았다. 즉 화엄은 동교 안에 반드시 별교의 뜻을 가지며 동교와 별교를 겸비하므로 『기신론』보다 우위에 있다는 입장이었다. 이는 『원각경』에 대한 평가에서도 마찬가지였는데, 관복은 『원각경』도 동교일 뿐 별교의 측면은 없다고 보아 화엄보다 낮게 자리매김하였다. 또 화엄 교관에서는 『원각경』 등을 돈교로 규정하였으며 이것이 바로 종밀의 본의였다고 주장하였다.[22] 이러

---

[21] 김용태(2003a) 참조.

[22] 김용태(2003a) 참조.

한 관복의 입장은 『원각경』이나 『기신론』을 원교로 이해하거나 교판의 주요 기준으로 삼았던 북송대의 교학 경향에 대한 비판이었고 화엄교학이 재차 성행하게 된 남송대의 시대 상황을 반영한 것이었다.

### 2. 『회해기會解記』와 관복觀復의 화엄 이해

관복의 생애와 활동에 대한 상세한 자료는 남아있지 않지만, 사회가 근거지로 삼았던 혜인원 인근 지역에서 주석하다가 징강澄江 근처로 옮긴 후 오래 머물렀던 것으로 보인다. 현존하는 그의 저작으로는 『회해기』 10권 외에 『유교경론기遺教經論記』 3권(『卍續藏經』86), 『원각초판의오圓覺鈔辦疑誤』 2권(『卍續藏經』15)이 있고 『유교경론기과遺教經論記科』와 『금강기외별해金剛記外別解』는 일본 고산사에 단편만 남아있다. 전해지지는 않지만 관복이 지은 저술로는 『오교장절신기五教章折薪記』, 『동교차당同教差當』, 『동교백비同教百非』, 『주동교책注同教策』, 『속주동교책續注同教策』이 있으며 『원각비요圓覺備要』, 『회의會意』, 『수증편攻蒸編』, 『승교문답乘教問答』도 서명만 알려져 있다. 이들 서책을 인용한 문헌의 성립순서와 인용서명을 통해 추정해 보면 대략 『절신기』, 『회해기』, 『차당』·『동교백비』, 『주동교책』 『속주동교책』의 순으로 성립된 것으로 보인다. 관복의 저술은 동교 문제 등의 화엄관계 저작이 다수를 점하고 있고 그 외의 저술들도 종밀과 정원이 주석했던 경전이 주된 대상이다.

또한 관복은 각종 전기나 문헌을 비교, 검토하고 그 오류와 문제점을 지적하는 등 불교사가나 문헌학자의 면모를 보이는데, 『회해기』에서도 『고승전高僧傳』, 『속고승전續高僧傳』, 『송고승전宋高僧傳』과 각종 화엄관련 전기, 여행문 등을 다양하게 활용하고 있다. 그는 주로 징관의 『소』와 『연의초』

를 기준으로『송고승전』과 각종 화엄관련 기록들의 신빙성에 의문을 제기하고 있다. 관복은 당시 유통되고 있던 전적을 대부분 입수한 것으로 보이는데, 특히 고려에서 들어와 1142년에 다시 간행된 법장의『화엄경지귀華嚴經旨歸』가 인용되고 있어 주목된다.[23] 또『회해기』에는 배휴裵休가 쓴 징관의 전기「묘각탑기妙覺塔記」가 수록되어 있는데 이는 원대元代의『회현기』에 기재된「묘각탑기」의 원형으로서 자료적 가치가 매우 크다.[24]

관복의 주저『화엄경대소현문수소연의초회해기華嚴經大疏玄文隨疏演義鈔會解記』(『회해기』) 10권은 징관의『화엄경소』자주自註인『연의초』의 서론 및 총론에 해당하는「현담玄談」부분에 대한 주석서이다.『회해기』는「현담」의 제8「전역감통傳譯感通」까지를 다루었고 60권본『소』의 권2, 90권본『연의초』의 권16까지를 주석한 것이다.[25]『회해기』는 대정장大正藏 및 속장續藏에는 수록되어 있지 않고, 일본 가나자와문고金澤文庫에 가마쿠라 시대 담예가 남긴 필사본 10권(단, 제10권 말미는 결락)이 남아 있다.[26] 또 그 모본으로 간주되는 교토京都 고산사본高山寺本은 제4·5·6·8·9권의 5권만 현존한다.[27] 가나자와문고본의 제2·9권말, 고산사본 제6·8권말의 간기

---

[23] 『會解記』(卷8, pp. 209-210)에는「십현문十玄門」에 대한 법장의『화엄경지귀』와『탐현기』의 상이점이 서술되어 있다.『화엄경지귀』가 1142년에 간행된 사실에서『회해기』가 그 이후에 저술되었음을 알 수 있다.

[24] 『회현기』에 있는「묘각탑기」의 내용은『회해기』와 거의 일치할 뿐만 아니라『송고승전宋高僧傳』에 대한 비판에서도 공통점을 찾을 수 있다.『會玄記』卷1(『卍續藏經』12, p. 5a) 참조.

[25] 특히『소』의「서」부분과「현담」의 제2「장교소섭藏敎所攝」에 대한 해석이 중심이다. 한편「현담」의 제9「총석명제總釋命題」와 제10「별해문의別解文義」도『회해기』권10에서 다루어졌을 것이지만 권10의 뒷부분이 결락되어 전해지지 않는다.

[26] 『金澤文庫研究紀要』5(1968)에 노도미 죠텐納富常天이 교주校註한 전문全文이 영인되어 실려 있다. 주기註記에는 인용된『연의초』의 해당 개소 및 주요 인용서명을 소개하였고, 고산사본과의 상이점도 대조해 놓았다.

[27] 常盤大定(1943), p. 347에는 고산사본이 권5·6·8·9의 4권만이 남은 잔본이라고 하였지만『金澤文庫研究紀要』5에서는 고산사본에 권4의 일부가 있다는 사실이 밝혀져 있다.

刊記에 의해『회해기』가 1227-1231년 사이에 간행되었음을 알 수 있다.『회해기』에는 적어도 네 종류의『연의초』판본이 이용되고 있는데, 그중 가장 중시된 판본은「혜인본慧因本」과「상부본祥符本」이며 어느 쪽이 더 신빙성이 있는지에 대해서는 관복 자신도 판정할 수 없었던 것 같다. 다만『회해기』를 통해「혜인본」과「상부본」이 다른 계통의 것이며 도필道弼의『집현기集玄記』가「혜인본」에 근거하였다는 사실만은 분명히 알 수 있다.[28]『회해기』의 찬술시기에 대해서는 앞서 1155년 설이 제기되었지만, 그 근거가 되는 '소흥 을해 십월 제紹興乙亥十月題' 간기의 신빙성에 대한 의문이 해소되지 않고 있다. 더욱이『회해기』를 언급한 관복의『원각경판의오圓覺經辨疑誤』의 서문이 1146년에 쓰이고 있어 1142년에서 1146년 사이에『회해기』가 성립된 것으로 보인다.[29]

징관 화엄교학의 결정체인『연의초』에 대한 후대의 주석서로는 요의 도종道宗(재위 1055-1101) 때에 활동한 도필의『집현기』, 선연鮮演(?-1118)의『결택기決擇記』, 사적思積의『현경기玄鏡記』가 있으며 송의 경우는 관복의『회해

---

[28]「혜인본慧因本」은 요에서 고려에 전해진 후 다시 송에 전래된『연의초』판본이다.「상부본」은 중국에 전해져 내려온 판본의 하나로 생각된다. 1008-1016년에 간행되고 1155년에 다시 개간된 징관의『화엄경강요華嚴經綱要』3권은 원래「상부본」이 있었던 상부사祥符寺에 소장되어 온 것이다.

[29] 常盤大定(1943), p.347에서는『회해기』의 말미에 '소흥 을해 십월 제紹興乙亥十月題'라고 쓰여 있다고 하여 1155년 찬술로 보고 있다. 그러나 가나자와문고본을 저본으로 하고 고산사본을 대교본으로 한『金澤文庫研究紀要』5의 교정을 보면 가나자와문고본 권10의 끝이나 고산사본의 마지막 권9의 말미부분에는 그러한 기술이 없다. 吉田剛(1997), p.28에서도『고산사경장전적문서목록高山寺經藏典籍文書目錄』의 지어識語에 그러한 기술이 없고 1146년『판의오辨疑誤』의 서문에 의해『회해기』가 1146년 이전에 쓰인 사실을 알 수 있기 때문에 1155년 설에는 의문의 여지가 있다고 보았다. 그런데 도키와 다이조常盤大定의「紹興乙亥十月題」에 대한 기술을 요시다 다케시吉田剛는 고산사본 말미의 지어로 이해하고 있는데 문맥으로 볼 때 가나자와문고본을 말한 것으로 보인다. 같은 문장에서 고산사본에는 현존하지 않는 권2의 지어를 함께 언급하고 있는 점에서도 이를 알 수 있다. 한편 관복 저술의 전후 관계를 고려해 볼 때도 1155년설은 타당성이 없고,『회해기』에서 인용되고 있는『화엄경지귀華嚴經旨歸』가 간행된 1142년 이후에서 1146년 이전으로 보아야 한다.

기』가 최초이자 현존하는 유일한 『연의초』 주석서이다. 고려를 통해 송에 전해진 것으로 추정되는 요의 『집현기』와 『결택기』는 법장의 『탐현기』와 『오교장』을 제외하면 『회해기』에서 가장 많이 인용되는 문헌이다. 하지만 『회해기』가 『결택기』 등의 내용을 비판 없이 그대로 수용한 것은 아니다. 예를 들어 『결택기』에서 삼관三觀, 삼제三諦 등 천태학의 개념을 사용하여 「오구五句」를 「십의十義」로 해석한 것에 대해, 이는 종교·돈교의 의미로서 화엄 원종圓宗에 배당함은 잘못이며 화엄의 종지를 잃은 것이라는 비판도 보인다.[30] 요에 비해 화엄일승의 절대적 우위가 강조된 남송대였던만큼 천태 등과의 관계에서 한층 차별적인 의식을 가진 것이다. 한편 『회해기』는 이후 원元, 그리고 일본에서 『연의초』를 이해하고 주석할 때 중요한 지침서가 되었다. 원의 보서普瑞가 쓴 『회현기會玄記』에도 『회해기』가 몇 군데 인용되고 있는 것이 보이며,[31] 가마쿠라 시대의 담예가 쓴 『연의초찬석演義鈔纂釋』에는 『회해기』가 가장 큰 빈도로 인용되고 있다. 담예는 『오교장찬석』에서도 관복의 『오교장』 주석서인 『절신기折薪記』를 가장 많이 인용하는 등 관복의 사상을 매우 중시하였다.[32]

『회해기』의 내용을 구체적으로 분석하여 관복의 교학 이해 경향에 대해 살펴본다. 먼저 교판론敎判論의 경우 관복은 징관의 설을 대체로 수

---

30 이 「10의十義」의 해석은 선연의 교학적 입장이 집약된 중요한 부분이다. 木村淸孝(1980)에서는 이 10의의 내용을 분석하여 선연의 사상에 천태교학이 영향을 미쳤음을 밝혔다. 「6의六義」는 순일다무애順一多無碍, 순법계연기順法界緣起, 순의분제중사과順義分齊中四科, 순제중소증법順題中所證法, 순인문과해順因門果海, 순선해후행順先解後行이며 『연의초』의 약삼대석約三大釋, 약본말석約本末釋, 명법계류별明法界類別, 총창입의總彰立義의 4의와 합쳐 10의가 된다(『會解記』卷1, pp.6-7).

31 한 예로 『회현기』 권2(『卍續藏經』12, p.8a)에는 동교일승의 문제에 대해 『회해기』를 인용하고 있다. 「묘각탑기」의 인용문도 『회해기』와 거의 일치한다.

32 『연의초찬석』과 『오교장찬석』에서의 인용 수는 納富常天(1978), pp.6-7에서 언급하고 있다.

용하고 있다. 징관과 종밀은 기본적으로 법장의 5교판론에 근거하여 시대변화에 따라 조금씩 변형된 교판을 세웠는데, 징관의 「5교 10종」 인식에 대해 관복은 광통 혜광光統慧光(468-537) 등 이전의 여러 교설을 참고하여 법장의 교판을 종합적으로 이해한 것으로 평가한다. 즉 징관의 5교 10종 교판은 교敎와 경經의 관계를 일대일로 대응시키지 않는 포괄적 방식으로 하나의 교敎와 종宗에 많은 교와 경이 포함되고 결국 모든 교와 경이 화엄교판에 포섭된다고 하여 이것이 '오종교판吾宗敎判의 정의正義'임을 강조하였다. 관복은 당시 법장 교학에 기초한 화엄학자들이 하나의 경이나 부部를 시교·종교 등 하나의 교에 국한하고, 교와 종을 단지 하나의 경이나 교에 한정시킨 것을 두고 이는 화엄 교판의 취지가 아니라고 강하게 비판하였다. 나아가 그는 '오조吾祖 징관澄觀'에 근거한다고 하면서 화엄 교판을 「이문二門」으로 대별하였는데, 교에 의해 경론을 아우르는 광의의 교판, 그리고 경론과 교가 서로 포섭하여 의미의 상대성에 의해 구분되는 협의의 교판을 내세웠다. 전자는 『화엄경』이 원교에 속하고 원교가 이를 아우르는 '직판直判'이고, 후자는 화엄 원교가 다른 4교를 반드시 포섭하지만 4교는 원교를 포섭하지 않는다는 '호판互判'으로서 각각 별교와 동교의 측면으로 해석하고 있다.

 관복은 법장과 대비되는 징관 교판의 특징에 대해 다음과 같이 정리하였다. 첫째, 『해심밀경解深密經』의 제3시 '삼성삼무자성三性三無自性'의 중도교中道敎를 종교終敎에 배당한 법장의 『오교장』과는 달리 같은 법장의 『탐현기』에 근거하여 이를 삼승으로 규정하고 제2시 '일체법무자성一切法無自性'의 종교[반야般若]와 합쳐 시교始敎로 판정한 점이다. 관복은 삼성중도三性中道를 나타낸다는 점에서는 유식의 제3시가 법화와 동일하며 종교의 의미에 통하지만, 제2·3시 모두 이승의 성불 불가능성을 인정하는 삼승의 가르침이므로 함께 시교가 된다고 설명하였다.[33] 둘째, 법장이 5교의 시始·종終·돈頓 3교를 삼승으로 본 것에 비해 징관은 종·돈·원圓 3교를 일승으로 판정한 점이다. 징관은 공空에는 시교와 돈교의 2교가 있다고 보았고 관복도 성공性空[진공眞空]을 시·종·돈에 함께 배당하였다.[34] 관복은 성공과 묘유가 교철하면 원교로서 동교의 의미이며 또 성공이 묘유에 융합하면 법성이 융통하는 별교에 해당한다고 보았다. 즉 공을 시교와 돈교 두 가지로 본 것은 화엄 원교의 별교와 동교의 양 측면을 설명하기 위한 것이며, 법장이 5교 중 시·종·돈의 3교를 삼승으로 보고 원교만 일승으로 규정한 것과 달리 징관이 종·돈·원의 후3교를 일승이라 본 것도 같은 맥락에서 이해할 수 있다.

한편 관복은 동교 논의와 관련하여 징관과 종밀의 설을 종합한 「4의 동교설」을 주장하였다. 제1 '구삼일동具三一同'은 삼승과 일승이 화합하여 양자가 다르지 않다는 동교의 입장이다.[35] 제2 '민이동泯二同'은 종교와 돈교 모두 이승이 부재한다는 측면에서 동교라는 의미이다. 징관은 시교를 삼승교라는 의미로 '존삼存三', 종교·돈교를 '민이泯二'로 분류하여 각각 동교삼승同教三乘과 동교일승同教一乘이라고 규정한 바 있다. 관복은 징관에 이

---

33 다만 심心의 성性·상相을 나타내는 경우 유식唯識은 '동교분제同教分齊'로서 종終·돈頓을 포함한다. 특히 성性·상相 2문의 '교철교철交徹'은 종교終教로 파악된다(『會解記』 卷9, p. 229).

34 성공性空이 시교·종교·돈교에 통한다고 본 『연의초』 내용(『大正藏』36, p. 105b)에 대해 관복은 성공이 '인연생법무성因緣生法無性'이기 때문에 시교, '인연무별자체因緣無別自體'이기 때문에 종교, '인연자성본공因緣自性本空'이기 때문에 돈교頓教라고 해석한다(『會解記』卷9, p. 249).

35 희적의 『주동교책주동교책注同教策』(『卍續藏經』103, p. 431c)에는 「삼일화합동三一和合同」, 「동민이승동同泯二乘同」, 「의류상사동義類相似同」, 「동성일교동同成一教同」으로 되어 있고 『주동교문답注同教問答』(『卍續藏經』103, p. 437a)에서는 관복의 동교설을 인용하면서 '구삼일구三一'로 칭하고 있다. 삼승과 일승이 화합하여 다르지 않다는 뜻으로 '구삼일동具三一同'을 쓴 것이다.

어 '민이'의 동교에 『법화경』을 넣었는데 이는 법장이 종교인 『법화경』을 삼승으로 간주한 것과 달리 천태를 종·돈의 2교에 비정하여 동교일승으로 파악한 것이다. 제3 '의류상사동義類相似同'은 원교와 종·돈의 2교가 서로 의미상 유사하기 때문에 동교라는 것이다. 관복은 원교가 종·돈의 2교를 포섭한다고 보았고 이는 원교가 돈교와 같고 실교實敎와 같다는 징관의 '동돈동실同頓同實'설을 근거로 한 것이다. 제4 '전수제교동全收諸敎同'은 원교가 앞의 4교를 모두 섭수한다는 뜻으로 원교의 동교적 측면을 부각시킨 개념이다. 여기서 '전수全收'는 종밀이 『행원품소초行願品疏鈔』에서 별교일승은 성기문性起門으로 여타 교와 현격히 다르며 동교일승은 연기문緣起門으로 제교를 모두 포섭한다고 본 것에 근거하고 있다. 특히 관복은 '동돈동실'을 징관이 새로 규정한 일승의 깊은 뜻이라고 하면서, 넓은 의미에서 동교는 다른 교를 모두 섭수하는 '제승동諸乘同'이고 깊은 의미에서의 동교는 종교와 돈교 2교를 동교일승으로 포섭하는 '동돈동실'의 '일승동一乘同'이라고 설명한다.

한편 송대에는 화엄종이 재흥하면서 조통설祖統說이 새로 정립되었는데 관복도 독자적 화엄조통설을 주장하였다. 화엄의 계보는 종밀이 『주법계관문註法界觀門』에서 최초로 언급하였지만 본격적 조통설은 북송의 진수 정원에 의해 제기되었다. 즉 정원은 두순杜順에서 종밀까지의 「5조설」 앞에 마명馬鳴과 용수龍樹를 추가한 「7조설」을 주장하였다. 한편 동시기에 고려 의천은 정원의 「7조설」에 지론학파地論學派의 조사 천친天親[세친世親]·불타佛陀·광통 혜광光統慧光을 넣고 기존에 있던 종밀을 뺀 「9조설」을 주장하였다. 이는 화엄교학의 성립과 발전에 영향을 미친 지론교학과 『기신론』의 중요성을 고려한 조통 인식이었다. 관복은 정원의 「7조설」에 대해

이는 5교판을 기준으로 한 것이며 '교종敎宗'은 법장에서 시작되지만 '법의 法義'는 『기신론』에서 나왔고 관법觀法의 영향도 있기 때문에 『기신론』의 저자 마명을 시조로 세운 것이라고 보았다.[36] 그렇지만 한편으로는 법장이 『기신론』의 '오중생기五重生起'에 의거해 5교판을 세운 것이 아니며 두순도 『기신론』이 아닌 『법계관문法界觀門』에 의해 조사로 추존되었음을 들어 비판적 인식을 내비쳤다. 또 당시 용수의 저작이라고 전해지던 『석마하연론釋摩訶衍論』과 법장의 『대승기신론의기大乘起信論義記』가 내용이 서로 다르다는 점을 들어 법장이 용수를 계승했다는 것도 부적절하다고 보았다.

대신 관복은 화엄의 조통설은 종밀의 '추조지설推祖之說'처럼 법계관에 의거해야 한다고 하여 종밀의 「3조설」에 의거해 관심觀心을 기준으로 한 5조설, 그리고 그에 용수와 천친(세친)을 덧붙인 독자적인 「7조설」을 제창하였다. 용수가 들어가는 이유는 그로부터 '불사의교不思議敎'가 시작되었고 본 징관이 용수의 설에 의거해 화엄의 종지를 세웠으며 법장 등도 용수에 근거해 제종과 다른 화엄의 별교일승別敎一乘을 건립할 수 있었다고 설명한다. 천친에 대해서는 지엄이 '6상六相'에서 일승의一乘義를 발견하였는데 천친이 『십지경十地經』의 6상의 뜻을 해석하였기 때문이라고 보았다. 이처럼 관복의 7조설은 『기신론』의 마명을 배제하고 『십지경』 및 지론학과 관계된 천친을 넣었다는 점에서 특징이 있으며 의천의 9조설에서 영향을 받았을 가능성을 배제할 수 없다.[37]

---

[36] 정원이 『기신론』을 중시하여 마명을 넣었음은 담예의 『기신론의기교리초起信論義記敎理抄』 권8에서도 확인된다. 즉 정원이 마명을 입교의 초조로 삼고 『기신론』을 5교판의 기준으로 하였다고 기록하고 있다(『日佛全』28, p.125a).

[37] 김용태(2003b) 참조.

## Ⅲ. 조선후기 화엄교학 성행의 배경과 양상

### 1. 징관『화엄소초華嚴疏抄』간행의 의미

조선후기 불교의 방향성을 제시한 청허 휴정淸虛休靜(1520-1604)은 간화선 우위의 선교겸수禪敎兼修를 지향하면서 불설佛說 3구句의 1구 3처전심三處傳心, 2구 화엄방편華嚴方便, 3구 일대소설一代所說을 인용하였는데,[38] 이는 방편상의 문제였고 선에 비해 화엄을 중시하는 모습은 보이지 않는다. 하지만 조선전기 교종 승과 시험의 과목이었던『화엄경』의 위상은 조선후기에도 지속되어 17세기 초에 정비된 승려 이력과정履歷課程의 최고 단계인 대교과大敎科에 배정되었다. 휴정의 적전제자 사명 유정四溟惟政(1544-1610)은 「화엄경발華嚴經跋」을 썼고 그 후손 허곡 나백虛谷懶白은 화엄 일승華嚴一乘의 법문을 설하여 후학을 양성하였다.[39] 또 휴정의 말년 제자 편양 언기鞭羊彦機(1581-1644)는 휴정과 유정을 징관, 종밀, 연수에 견주어 높이 평했는데 이들은 중국 화엄종의 조사 내지 선교겸수를 주창한 학승이었다.[40]

편양 언기는『화엄경』을 직접 간행하였고 또『화엄경』,『원각경』등의 주소註疏가 기준이 없고 산만하며 판본에 결락이 많아 온전하지 못함을 평소 아쉽게 여기면서 제자 풍담 의심楓潭義諶(1592-1665)에게 교정을 부촉하였다.[41] 의심은 스승의 뜻을 이어 화엄 등의 오류를 바로잡아 살피고 종지

---

[38] 『心法要抄』, 「佛說三句」(『韓佛全』7, p. 652).

[39] 『四溟堂大師集』권6, 「華嚴經跋」(『韓佛全』8, p. 62). 영월 청학詠月淸學의『영월당대사집詠月堂大師集』에도 「중간화엄경찬소重刊華嚴經讚疏」(『韓佛全』8, pp. 229-230)가 있다.

[40] 『鞭羊堂集』권2, 「蓬萊山雲水庵鍾峰影堂記」(『韓佛全』8, pp. 253-254).

[41] 「普賢寺楓潭大師碑銘」(『韓國高僧碑文總集』, pp. 218-219).

를 드러내 밝혔는데 실제 『화엄경』에 대한 음석音釋은 그의 제자이자 화엄종사華嚴宗師로 칭해진 월저 도안月渚道安(1638-1715)에 의해 이루어졌다.[42] 청허 휴정의 동문이었던 부휴 선수浮休善修(1543-1615) 계통인 부휴계에서도 일찍이 화엄교학에 대한 관심이 높아서, 고한 희언孤閑熙彦은 선수에게 직접 법성원융法性圓融의 뜻을 들었고,[43] 선수의 적전 벽암 각성碧巖覺性(1575-1660)은 봉림대군鳳林大君(효종)과 '화엄종요華嚴宗要'를 문답하기도 하였다.

그러나 17세기 중반까지 『화엄경』에 대한 본격적인 주석서가 나오지 않았고 강학講學을 통해 화엄교학이 전수되기는 했지만 그 이해 수준을 알 수 있는 구체적 자료는 남아있지 않다. 그런데 18세기 이후 화엄 강학이 각지에서 성행하면서 주석서인 사기私記의 저술도 급증하여 가히 '화엄의 중흥'이라고 할 만한 상황이 도래하였다. 이러한 변화는 아주 우연한 사건에서 비롯되었는데, 1681년 전라도 임자도荏子島에 사람은 없고 수많은 불서만 실린 중국 상선商船이 표착한 것이 계기가 되었다. 당시 상태가 좋은 책들은 서울로 옮겨져 남한산성의 개원사開元寺에 보관되었고 숙종이 승지承旨 임상원任相元에게 『유마경維摩經』에 대해 묻는 등 불서의 표착은 큰 화제가 되었다.[44] 이때 부휴계의 백암 성총栢庵性聰(1631-1700)이 배에 실려 온 서책의 상당수를 입수하여 1695년까지 전라도 징광사澄光寺와 쌍계사雙溪寺에서 190권 5천 판을 대대적으로 간행, 유포하였다.[45]

---

42 「普賢寺月渚堂碑銘」(『韓國高僧碑文總集』, pp. 314-315). 징관의 『화엄소초』가 백암 성총栢庵性聰에 의해 간행, 유통된 이후의 일로 보인다.

43 「法住寺孤閑大師碑銘」(『韓國高僧碑文總集』, p. 132).

44 高橋亨(1929), pp. 690-692에서 수관거사水觀居士 이충익李忠翊의 「유마경서維摩經序」와 동평위東平尉 신익성申翊聖의 「한거만록閑居漫錄」 내용 재인용.

45 「松廣寺栢庵大禪師碑銘」(『韓國高僧碑文總集』, pp. 298-302)의 「陰記」; 『天鏡集』 卷中, 「重刻金剛經疏記序」(『韓佛全』 9, pp. 619-620).

백암 성총은 그 간행 경위에 대해, 배에 실려 온 불서의 태반이 조가朝家에 유입되었고 능가사楞伽寺, 소요사逍遙寺, 선운사禪雲寺 등 여러 사찰에서 책을 구해 보관하고 있었는데 자신이 400여권을 얻었음을 밝혔다.[46] 이 책들이 누구에 의해 어떤 경로로 조선에 오게 되었는지는 알려져 있지 않았다.[47] 다만 '청淸의 태학사太學士 명주실각라明珠室覺羅가 1679년 중국 천불사千佛寺에서 대장경을 인각했는데 1681년에 불서가 도래한 것은 그의 법시法施의 여력餘力'이라는 글에서[48] 직전에 간인된 대장경 일부가 유입된 것으로 추정한 사실을 알 수 있다. 시기상 가장 근접한 대장경 판본은 1589년부터 시작하여 1677년에 완성된 경산장徑山藏(가흥장嘉興藏)이다.[49]

실제 조선에 전래된 불서에는 명明의 평림平林 섭기윤葉棋胤이 교정, 간행한 징관의 『화엄경소』와 『연의초』 합본이 포함되어 있는데, 1625년에 쓰인 「화엄경소초이합범례華嚴經疏鈔釐合凡例」에는 명 가정嘉靖 연간(1522-1566)에 『화엄경소』와 『연의초』를 80권 『화엄경』에 합본하고 『화엄현담華嚴玄談』 9권을 별도로 간행하였다고 한다. 또 그 판본이 소경사昭慶寺에 보관되었는데 섭기윤이 이를 저본으로 삼아 대장경을 비교 검토, 교정한 후 판각하였다고 기록하고 있다.[50] 이 중 『현담』 9권은 명의 동선사東禪寺 명득明得이 교정하여 1558년에서 1563년 사이에 판각하였고 섭기윤이 이를 8권으

---

46 『栢庵集』권하, 「與九峰普賢寺僧」(『韓佛全』8, p.474).

47 앞의 「중각금강경소기서」(『韓佛全』9, pp.619-620).

48 『眞心直說』, 「刊修心訣眞心直說跋」(『韓佛全』4, p.723).

49 中華電子佛典協會(CBETA)의 「歷代漢文大藏經槪述」(李圓淨, 民國37년, 『南行』第六期, 上海 南行學社) 참조.

50 연담 유일蓮潭有一이 쓴 「大敎私記序」(『華嚴經淸凉疏鈔十地品三家本私記-遺忘記』, pp.3-5)에서 「華嚴經疏鈔釐合凡例」 재인용.

로 줄여서 경·소·초 합본 80책으로 간행한 것이었다.[51] 이 평림본平林本은 명의 가흥장 11·12책에 수록되어 있어 결국 이 가흥장본이 조선에 들어 왔음을 알 수 있다.[52] 이에 대해 당시 표류해 온 중국 배는 일본으로 가던 상선이며 그 안의 불서는 일본 황벽판일체경黃檗版一切經(철안판鐵眼版) 판각을 위해 보내진 가흥장 및 가흥속장 계열의 경서임이 최근 규명되었다.[53]

백암 성총이 간행한 불서는 『대명법수大明法數』, 『정토보서淨土寶書』, 『금강기金剛記』, 『기신론기起信論記』, 『사대사소록四大師所錄』, 『인천안목人天眼目』 등 다양한 종류인데 그중 가장 큰 의미를 갖는 것은 평림본 『화엄경회편소초華嚴經會編疏鈔』 80권의 유통이었다. 성총은 『소초』의 간행에 즈음하여 1692년 대화엄회大華嚴會를 성황리에 개최하였고,[54] 불서 간행에서 그가 가장 심혈을 기울인 것도 바로 『화엄소초』였다. 성총은 표착해 온 『소초』 등을 1682년 불갑사佛甲寺에서 보고 1689년 징광사에서 각판을 시작하였다.[55] 처음에 『소초』는 80권 완질이 아니었고 반 이상만 온전한 상태였는데 보현사普賢寺에 있던 1갑匣 8권을 가지고 부족한 것을 보충하였고 산재된 책들을 모아서 간행하였다.[56] 그럼에도 결락이 있는 부분은 송광사의 호월湖月이 명의 영락남장永樂南藏에서 별도로 입수한 『연의초』를 참고하여 80

---

51 『華嚴疏鈔玄談』권1, 刊記; 葉棋胤, 「疏鈔後序」(1627). 일자日字에서 관자官字까지 본문은 총 70책이며 「별행소보현행원품별행疏普賢行願品」(인자人字)과 「범례凡例」(황자皇字), 「경소초음석經疏鈔音釋」을 더해 80책이 되었다. 조선후기 화엄 사기私記도 이에 준하여 자호자號로 권수卷數를 표시하였는데 『현담玄談』은 천天에서 황黃까지 4자 8권이었다.

52 『卍續藏經』 8-11책에도 소경사판昭慶寺板 계열의 『화엄소초華嚴疏鈔』가 수록되었다.

53 이종수(2008).

54 「松廣寺栢庵堂性聰大禪師碑銘」과 最訥의 「陰記」(『韓國高僧碑文總集』, p. 299).

55 석실 명안石室明眼이 쓴 「新刻華嚴疏鈔後跋」(奉恩寺板 『華嚴經』 卷80(78冊 官字號)).

56 『栢庵集』권하, 「與九峰普賢寺僧」(『韓佛全』8, p. 474).

자호字號 중 누락된 제7 홍자호洪字號를 추가하였고 1700년에 이르러 『소초』의 합본 80자호가 완성되었다.[57] 『소초』의 유전 경로와 성총의 간행 경위에 대해 18세기 후반 연담 유일蓮潭有一(1720-1799)은 다음과 같이 서술하였다.[58]

『화엄경』 80권과 『청량(징관)소』 20권, 『연의초』 40권이 각각 별도로 유통되다가 송의 진수 정원이 소를 경에 합쳐 120권으로 펴냈고 명의 가정 연간에 누군가 초를 소 밑에 기록하고 경에 합쳤다. 이에 경·소·초 3부를 1부로 합쳐 판각하고 무림武林 소경사昭慶寺에 두었는데 내용이 번쇄하여 천계天啓(1621-1627) 초에 평림平林 섭기윤葉棋胤이 이를 저본으로 중편했으니 『현담玄談』 8권은 천자문千字文의 천天에서 황黃까지 4자, 『정경正經』 80권은 일日에서 관官까지 70자로 70권이 되었으며 『별행행원품別行行願品』 1권은 인자권人字卷, 『이합범례釐合凡例』 1권은 황자권皇字卷이니 모두 합치면 80자 80권이 된다. 우리 동방에 청량의 『소초』가 이미 유전되었지만 언제부터인가 『초』는 인멸되어 전하지 않고 정원이 편찬한 『소화엄疏華嚴』만이 있어서 근고近古의 화엄강사가 이를 지남으로 삼았다. 지난 신유년(1681)에 중국에서 불경을 유통시켜 사고팔다가 상선이 풍랑에 표류하였고 이를 연해의 여러 사찰에서 거두었는데 조계曹溪의 백암栢庵(성총)이 섭거사葉居士의 『화엄경(소초)』 합본 80권을 얻어 징광사澄光寺에서 판각하여 제방諸方에 유포시킨 이후로 동방의 학자가 『연의초』의 무애법문無碍法門과 명상식수名相識數를 알 수 있었다.

---

57 불전국역연구원(1998), p. 241의 「華嚴經疏鈔第七合錄後跋」. 홍자호는 범어사梵魚寺에서 따로 판각하여 원래 판본이 있던 징광사로 옮겨졌다.

58 앞의 「대교사기서」, pp. 3-5

징관의 『화엄소초』는 통일신라시대에 전해진 후 고려시대까지도 큰 영향을 미친 책이었다. 하지만 이 글에서 17세기 무렵에는 『연의초』가 거의 유통되지 않았음을 알 수 있다. 조선 초에도 『화엄경소』 판목을 구하기 어렵다는 기록이 있지만,[59] 『연의초』는 당시 거의 찾아보기 힘든 상황이었던 것이다.[60] 『연의초』는 징관이 자신의 『화엄경소』 내용을 더욱 상세하게 풀어서 해설한 책으로 징관 화엄의 집성작이면서 후대의 화엄교학 이해에 일종의 지침서 역할을 하였다. 따라서 이를 대대적으로 간행, 유통시킨 일은 화엄 강학과 주석이 촉발되는 중요한 계기가 되었다. 또한 성총이 간행한 것은 송에서 명대까지의 『소초』 주석과 교정 성과를 반영한 최신판이었고, 더욱이 원元의 보서普瑞가 『현담』에 대해 풀어쓴 방대한 주석서 『회현기會玄記』가 함께 들어와 간행된 점도 큰 의미를 지닌다.

백암 성총의 『소초』 간행은 이후 화엄교학 성행의 일대 전기가 되었다. 후대에 "100년이 지나지 않아 온 나라의 법보法寶를 인열印閱하는 자들이 옛것을 버리고 성총의 새 판본을 따랐다."[61]고 평가할 정도로 그 영향력은 매우 컸다. 성총은 부휴계 후손 묵암 최눌黙庵最訥(1717-1790)에 의해 "상고上古의 진풍眞風을 행하고 화장華藏의 불사佛事를 넓혔으며 지난 성인聖

---

[59] 『譯註 華嚴經懸談』1 (1998), p. 235에서 15세기 전반 강석덕姜碩德의 「華嚴經跋文」 재인용. 하지만 김시습金時習의 「화엄석제華嚴釋題」에 징관의 『화엄경소』와 『정원화엄경소貞元華嚴經疏』가 인용되어 있고 1564년 귀진사歸進寺에서 간각한 『화엄소초』 일부가 전해지고 있으며 해인사海印寺에도 북송대 진수 정원이 교정, 합본한 『녹소주경록소주경疏注經』 판목이 있는 점(『東方學志』11, 「海印寺刊樓板目錄」의 no. 59 『華嚴經疏』) 등에서 소초疏鈔가 널리 유통되지는 않았지만 전해지고 있었음은 분명하다.

[60] 백암 성총栢庵性聰이 쓴 「海東新刻淸凉華嚴疏鈔後序」 (앞의 『역주 화엄경현담』1, p. 240에서 재인용); 앞의 「신각화엄소초후발」; 「대교사기서」. 성총은 징관의 소초가 화엄의 철리哲理를 밝힌 것인데 특히 『연의초』가 일실되어 안타까움이 컸다고 하였고 제자인 명안도 고려의 의천이 신라·고려에서 유행하던 소초를 진수 정원에게 보낸 일도 있지만 성총 당시에는 『연의초』를 구할 수 없었다고 토로하였다.

[61] 앞의 「송광사백암당성총대선사비명」의 「陰記」 (『韓國高僧碑文總集』, p. 299).

人을 계승하였다. 화엄의 도는 단단하여 떨어지지 않고 백암의 공은 커서 오래 남는다."고 칭송되었고 『화엄소초』 간행과 유통의 공적은 징관과 섭기윤의 업적에 비견되었다.[62] 1766년에 지어진 「송광사백암비」에도 성총의 법명 앞에 '해동중흥불일海東中興佛日 홍양화엄弘揚華嚴'이라고 하여 『소초』를 유통시켜 화엄학을 크게 일으킨 공업이 강조되었다. 일찍이 징관은 『소초』에서 '화엄경제華嚴經題의 의취義趣'를 일심一心에 귀섭시켰고 교와 선의 나눔을 편중된 것으로 경계하였는데,[63] 일심을 매개로 화엄과 선을 연결한 징관의 화엄교학이 선교겸수를 지향한 조선후기에 재차 각광받게 된 점은 주목할만하다.

## 2. 화엄교학 성행의 양상과 사기私記

부휴계 백암 성총의 『소초』 간행 이후 18세기는 화엄이 교학의 중심이 된 '화엄의 시대'였다. 다카하시 도루高橋亨는 『이조불교李朝佛敎』에서 "부휴계 벽암파가 교학을 전수하였고 벽암 각성의 제자 모운 진언慕雲震言(1622-1703) 이후에는 화엄종사華嚴宗師가 배출되어 그 법계를 통해 '화엄의 법유法乳'가 전해졌다."고 하여 부휴계의 교학적 경향을 화엄과 연관시켜 특기한 바 있다.[64] 『화엄경칠처구회품목지도華嚴經七處九會品目之圖』를 저술한 모운 진언은 만년에 특히 화엄을 중시하여 팔공산八公山에서 화엄법회를 열었고 "그 법의 교화가 호남湖南과 호서湖西 지역에 퍼지고 교화가 삼남三

---

62 『黙庵集』卷後, 「勸善疏三栢庵碑石勸疏」(『韓佛全』10, pp. 18-19).
63 『演義鈔』卷16(『大正藏』, p. 123b).
64 高橋亨(1929), pp. 758-760.

南에 넘쳤다."는 평가를 받았는데,[65] 그의 만년은 같은 부휴계의 백암 성총에 의해 소초가 간행된 직후였다. 모운 진언의 손제자 회암 정혜晦庵定慧(1685-1741) 또한 『화엄경소은과華嚴經疏隱科』를 지었고 중국 화엄종 5조 종밀의 후신으로 추앙되면서 '화엄종 회암장로'로 불렸다.[66] 부휴계 묵암 최눌의 「불조종파도佛祖宗派圖」에서도 법맥의 적전 계보와는 별도로 회암 정혜 등의 교학 법계를 강조하였는데 이를 통해 '화엄의 법유'가 전해진 것이다.

부휴계의 화엄 중시 경향은 성총의 『소초』 간행 이후 더욱 심화되었다. 성총의 전법제자 무용 수연無用秀演(1651-1719)은 1688년 송광사로 성총을 찾아가 『화엄소초』를 전해 받고 그 정수를 얻었으며 청허계清虛系 소요파逍遙派의 침굉 현변枕肱懸辯에게도 "원돈법圓頓法이 모두 너에게 있다."는 인정을 받았다.[67] 성총에게 화엄 원융의 뜻을 직접 전해 받았다는 석실 명안石室明眼 또한 「화엄법계품華嚴法界品」을 판각하였고 그의 「4교행위도四教行位圖」에는 소승小乘·통교通教·별교別教·원교圓教의 4교 중 화엄 대승원교가 최고 단계에 배정되어 있다.[68] 18세기 후반에 활동한 부휴계 적전 묵암 최눌도 화엄의 대의를 총괄하여 「품목品目」을 만들고 「화엄과도華嚴科圖」를 그렸으며 4교의 행상行相을 채록하여 『제경회요諸經會要』를 저술하였다. 묵암 최눌은 화엄교학에 정통하였고 화엄대회를 열어 후대에 대화엄

---

[65] 忽滑谷快天(1930), pp. 416-417.
[66] 『天鏡集』, 「次呈晦庵和尚」; 「刊都序法集科解序」(『韓佛全』9, p. 611, pp. 620-621).
[67] 『無用堂遺稿』, 「無用堂大禪師行狀」(『韓佛全』9, pp. 365-366).
[68] 高橋亨(1929), pp. 710-713; 『百愚隨筆』, 「四教行位圖」(『韓佛全』9, pp. 162-174). 여기서 4교는 천태교학의 장교藏教, 통교通教, 별교別教, 원교圓教의 '화법화법化法' 4교에 의거한 것이다.

종주大華嚴宗主로 현창되었다.⁶⁹ 김정희金正喜가 쓴 「비명」에도 '화엄종'으로 기재되었고, '5종五宗의 선의 가풍과 (화엄) 7조七祖의 교의 강령, 임제臨濟 3구三句의 일로향상一路向上과 일승一乘의 공가중空假中'을 배대하여 "선과 교를 함께 전했다."는 평을 얻었다.⁷⁰ 최눌의 제자 환해 법린幻海法璘도 양종兩宗을 융합한 화엄대종사華嚴大宗師로 추숭되었고,⁷¹ 그 문손 침명 한성 枕溟翰惺도 교학에 정통하여 이들 계보는 '묵암과 침명의 교장부리敎場部理' 라고 하여 최눌의 동문 '벽담과 우담의 선구투현禪句透玄'과 대비되는 교학 계통으로 후대에 인식되었다.⁷²

화엄교학은 청허계에서도 매우 중시되었는데 특히 주류 문파 편양파 鞭羊派에서 17세기 후반 이후 다수의 교학 종장이 배출되었다. 이들의 강학 및 교학의 중심에는 화엄이 있었는데 묵암 최눌의 「불조종파도」에 소개된 '편양 언기—풍담 의심—월저 도안에서 호암 체정虎巖體淨'에 이르는 편양파 주류 계보는 모두 교학의 대가였고 특히 화엄 강학으로 유명하였다. 편양 언기의 유훈인 『화엄경』 음석 작업을 완수한 월저 도안(1633-1715)의 비문에는 "화엄 원교圓敎는 끝없이 넓고 경계가 없는데 도안이 『화엄경소연의초華嚴經疏演義鈔』와 『회현기會玄記』에 의거해 한글로 장과 구절을 나누고 정각최상승문正覺最上乘門을 열어 대화엄종주가 되었다."고 평하고 있다.⁷³ 즉 성총에 의해 『소초』와 현담 주석서 『회현기』가 간행된 직후 도안

---

69 『茶松文稿』卷2, 「黙庵禪師立石祭文」(『韓佛全』12, p.757).

70 『茶松文稿』卷1, 「宗師契案序」(『韓佛全』12, pp.690-691).

71 「松廣寺幻海堂法璘大禪師碑銘」(『韓國高僧碑文總集』, pp.642-644); 『茶松文稿』권2, 「幻海和尙立石祭文」(『韓佛全』12, p.747).

72 『茶松文稿』卷1, 「浩鵬堂學契序」(『韓佛全』12, p.690).

73 「普賢寺月渚堂碑銘」(『韓國高僧碑文總集』, pp.314-315).

이『화엄경』해석을 완료하여 선사의 유훈을 지킬 수 있었던 것이다. 도안은 스승 의심에 대해 "동방의 크게 깨달은 스승으로서 편양을 종宗으로 하여 서산西山(휴정)의 법을 이었고 교학을 연찬하였는데 뜻을 둔 것은 오직 원돈상승圓頓上乘이었다."고 평가하였다.[74] 월저 도안은 묘향산에서 화엄대의華嚴大義를 강구하고 원교의 진수를 강설하였는데 늘 화엄법계華嚴法界에 뜻을 두었고 또 '비로장해毘盧藏海에 유영遊泳'하고자 동지 승속 천여 명을 모아 원돈시종교圓頓始終敎 천백여 권을 간인하기도 하였다.[75]

이처럼 편양파는 17세기 후반부터 화엄교학을 중시하면서 그것을 매개로 학파로서 성장하고 세력을 키울 수 있었다. 도안은 묘향산妙香山에 주석하였지만 해남 대둔사大芚寺의 화엄강회華嚴講會에 참여하여 법석을 넘겨받았고 이에 "남방의 총림은 평소 자신을 불교의 기북驥北이라고 과신하는 풍조가 있었는데 곳곳에서 도안의 가르침을 청하러 서쪽으로 왔다."고 평가되었다.[76] 이후 편양파 주류는 남방으로 진출하여 강학 전수와 활발한 교화활동을 펼치게 된다. 도안의 동문 상봉 정원霜峰淨源도 스승 의심의 가풍을 이어『화엄경』과문科文 4과 중 일실된 3과를 궁구하여 누락된 부분을 교정하고『화엄일과華嚴逸科』를 지었는데, 성총이 간행한『소초』의 내용과 비교하여 큰 차이가 없었을 정도로 정확히 요체를 파악했다고 한다.[77] 그는 또 해동화엄의 조사로서 원효와 의상을 들면서 이들을 형제로 표현하였고 화엄에서는 법장의 현수종중賢首宗中, 선은 조계문하曹

---

[74]『月渚堂大師集』卷下,「印華嚴經法華經跋」(『韓佛全』9, pp. 119-120).

[75] 앞의「印華嚴經法華經跋」.

[76] 앞의「普賢寺月渚堂碑銘」.

[77]「鳳巖寺霜峯淨源大師碑銘」(『韓國高僧碑文總集』, pp. 282-283).

溪門下가 큰 공헌을 했다고 하여,[78] 선과 함께 화엄의 역사전통에 대한 계승의식을 가졌다.

18세기에는 대규모 화엄대회가 열리는 등 화엄교학이 크게 성행하였는데, 월저 도안의 동문 월담 설제月潭雪霽의 전법제자 환성 지안喚惺志安(1664-1729)은 선교의 대장大匠으로서 남북에 교화를 두루 펼쳤다. 지안은 당대 화엄의 일인자로 평가받던 모운 진언의 직지사直指寺 화엄법회에서 인정받고 법석을 물려받았는데 그의 강설 내용은 성총이 간행한 『화엄소초』에 모두 부합하였다고 한다. 환성 지안은 1725년(영조 1) 금산사金山寺에서 1,400여명이 운집한 화엄대법회를 주관하기도 하였다. 한편 도안의 수제자였던 설암 추붕雪巖秋鵬(1651-1706)은 대둔사의 강회를 주관하였고 그가 남긴 『화엄강회록華嚴講會錄』이 대둔사에 전해지다가 『대둔사지大芚寺志』에 일부 수록되었다. 18세기 전반에 활동한 주요 교학자로는 지안의 문도인 호암 체정, 함월 해원涵月海源,[79] 설암 추붕의 제자인 상월 새봉霜月璽篈을 들 수 있다. '지안志安 이후 제일인자'로 명성을 떨친 새봉은 '강명진해講明眞解 심천지증心踐智證'을 법문으로 삼았고 1734년과 1754년에 선암사仙巖寺에서 대규모 화엄 강회를 열었는데 1,200여 명이 참석하는 성황을 이루었다.[80]

18세기 중후반에는 화엄 관련 사기로 유명한 설파 상언雪坡尙彦(1701-

---

78  忽滑谷快天(1930), p.442에서 「공작산수타사사적孔雀山水墮寺事蹟」 재인용.

79  호암 체정 문하에서는 설파 상언과 연담 유일이 배출되어 편양파 화엄교학의 본류가 되었고 함월 해원涵月海源은 스승 환성 지안喚性志安의 행장을 쓰고 책을 간행하는 등 계승의식을 표출하였다.

80  忽滑谷快天(1930), pp.456-457에 의하면 상월 새봉의 화엄강회에 참가한 회중會衆의 명단을 기록한 『해주록海珠錄』 1권이 선암사에 소장되어 있다고 한다. 『해주록』은 『朝鮮佛教叢報』15(三十本山聯合事務所, 1919)에 수록되어 있는데, 「서문」은 편양파 연담 유일과 부휴계 묵암 최눌이 썼으며 새봉의 제자 용담 조관龍潭慥冠을 비롯한 1,200여 명의 명단이 기재되어 있다.

1769), 연담 유일蓮潭有一(1720-1799), 인악 의첨仁嶽義沾(1746-1796)이 나와 화엄 교학의 수준이 절정에 달하였다. 먼저 설파 상언은 호암 체정의 전강傳講으로 전법제자가 되었고 부휴계의 교학 종장인 회암 정혜의 가르침도 받았다. 상언은 『화엄경』을 무려 25회나 강설하면서 징관 『화엄경소』의 은회隱晦한 곳을 해인사 대장경본과 일일이 대조하여 살피고 『소』와 『연의초』의 '인증연오처引證衍誤處'를 정정하여 『구현기鉤玄記』 1권과 『화엄은과華嚴隱科』를 저술하였다. 그는 또 화엄 「십지품十地品」에 대한 사기도 남겼는데 그 발문에 의하면,[81] "『화엄경』은 근기에 따른 수기隨機의 설이 아니며 칭성稱性의 극설極說로서 실로 여러 경전 중의 최승근본最勝根本이다. 「십지품」은 더욱 깊이가 있는데 이 사기를 쓴 설파 장로는 지금의 화엄종주로서 해인사의 여러 경론에서 『소초』의 인용처를 찾아 근원을 밝히고 의심의 그물을 풀어주었으니 가르침의 바다의 지남指南이다."라고 높이 평가되었다. 1770년(영조 46) 낙안 징광사에 화재가 나서 성총이 간행한 『화엄소초』 판목이 불타자 상언은 1775년에 이를 중간하고 영각사靈覺寺에 경판각을 세워 보관하였다. 당대의 화엄 대종장이던 그의 위상은 후대에도 높은 평가를 받았는데, 정조대의 남인南人 영수 채제공蔡濟恭이 쓴 비문에도 '화엄의 충신忠臣'이라는 표현이 나오며 19세기 설두 봉기雪竇奉琪의 행장行狀에서도 "화엄 교간校刊 연의초演義鈔를 세과細科하여 업적이 남달리 크므로 화엄 보살로 칭해졌다."고 하여 상언의 공적을 찬탄하였다.[82]

설파 상언에게 수학한 후 30여 년간 '화엄주강석華嚴主講席'을 이끌던 연

---

[81] 「雜貨腐十地經私記後跋」(『華嚴淸凉疏鈔十地品三家本私記-雜華記·雜貨腐』, 2002, p.445). 이 글은 설파 상언에게 수학한 승려가 쓴 것으로 보인다.

[82] 「禪雲寺雪坡大師碑銘」(1796) (『韓國高僧碑文總集』, pp.518-519); 李能和(1918), pp.604-605의 「靈龜山雪寶大師行狀」.

담 유일은 상언에 대해 '화엄의 무너진 강령을 정비하여 십현十玄의 법문을 폈으니 이는 청량 징관淸凉澄觀이 다시 온 것'이라고 하면서 그의 『소초』 주석이야말로 당시 '조선 화엄과華嚴科의 금과옥조金科玉條'라고 평하였다.[83] 징관과 함께 종밀, 지눌을 중시했던[84] 유일은 화엄의 「현담」, 「십지품」 등에 대한 사기를 남겼는데 유일 계통 필사본 사기는 『유망기遺忘記』라는 명칭으로 전해진다.[85] 한편 영남의 인악 의첨도 설파 상언이 당대 화엄의 대종장이라 하여 그 회하에서 수학했는데 유일과 마찬가지로 상언의 『화엄은과』에 준거하여 『화엄소초』에 대한 사기를 썼다.[86] 이후 화엄에 대한 이해는 유일과 의첨의 사기에 준거하였고 이들의 사기는 19세기 이후 각각 호남과 영남에서 중시되면서 강원 교육을 통해 계승되었다.[87]

---

[83] 『林下錄』卷4, 「雪坡和尙傳」(『韓佛全』10, p. 271).

[84] 『林下錄』卷3, 「萬淵寺兩國師影子重修記」(『韓佛全』10, p. 259)는 지눌과 제자 혜심慧諶에 관한 글이며 권3, 「重刊華嚴經序」, 「題自述序要二記後」에도 징관, 종밀과 함께 지눌이 언급되고 있다.

[85] 동국대 소장 필사본 『華嚴遺忘記』(동국대 D213.415 화63.5)는 「현담玄談」은 물론 「십지품十地品」까지 포함되어 있으며 서두에 필사자 침월枕月의 이름이 나온다. 각 권 말미에는 1835년이나 1836년, '조계보조난야曹溪普照蘭若 침명사주 회중枕溟師主會中'이 기재되어 있고 또 '구례 태안사求泰安寺 침명사주枕溟師主'라고 적혀있다(『華嚴淸凉疏鈔懸談記-遺忘記(天字卷-荒字卷)』, 2004)의 「刊行序」)). 침명 한성枕溟翰醒은 부휴계 묵암 최눌의 문손으로서 유일의 사기가 계파를 막론하고 호남 일대에서 강학 교재로 이용되었음을 알 수 있다. 한편 담양 용화사龍華寺에 『유망기』, 『연로기蓮潭記』, 『현담기懸談記』가 전해져 왔는데 모두 유일 계통의 화엄사기이지만 내용은 각각 다르다. 또 봉선사奉先寺 월운月雲 소장본 『발병鉢柄』도 표지는 '유망기'이지만 계통이 다른 것으로 보인다. 사기류는 필사본이며 여러 곳에 전해지고 있어 구체적 내용과 계통을 파악하기 쉽지 않은데, 그 영인影印과 판독이야말로 조선후기 교학에 대한 이해를 심화시키는 필수 전제이다.

[86] 설파 상언의 화엄 사기는 잡화부雜貨腐, 유일 계통의 사기는 유망기遺忘記, 의첨에서 비롯된 것은 잡화기雜貨記로 칭해진다. 상언의 『화엄은과』가 섭기윤본 『소초』를 기준으로 한 것이어서 이후의 사기는 모두 천자문千字文 자호字號 순으로 편철되어 있다(앞의 「십지품삼가본사기-유망기」의 「일러두기」).

[87] 金映遂(1939), p. 164에서는 두 사람의 사기가 호남과 영남의 강학에서 각각 전승되었는데 『화엄경』은 연담기蓮潭記가 상세하고 사교과는 인악기仁嶽記가 좋다는 평가를 인용하였다. 또 이들은 선의 『염송拈頌』에 대해 주석하지 않았기에 백파 긍선이 『염송拈頌記』를 지었다고 한다. 權相老(1917), p. 228에서는 이들에 대해 "법당法幢이 대치對峙하고 강종講鐘이 상화상화하니 교문敎門이 울흥蔚興하다."는 평가를 하고 있다.

유일은 당시의 화엄 강석과 교학 전통에 대해 다음과 같이 평하면서 자신이 쓴 사기에 대한 자부심을 드러냈다.[88]

> 이전의 우리 동방의 교가敎家는 『연의초』를 보지 못하여 성상性相의 법문法門에 막혔는데 지금은 크게 달라졌다. 이전의 강사들은 상세히 연구하지 못하였지만 설파雪坡(상언) 대사에 이르러 회암晦庵(정혜) 화상에게 수학한 후 탈석脫席의 명성을 떨쳤고 강좌에 올라 오직 『화엄경』을 널리 펴서 15번이나 강하니 지금의 강사들은 모두 그를 종宗으로 삼고 나 또한 그에게 전적으로 의지하였다. 사기私記는 중국에서 이미 만들어졌는데 현담에 대한 보서普瑞의 『회현기會玄記』가 함께 전래되었다. 지금 오문吾門에 이르러 감히 사기를 내어 과석科釋하고 고증하여 보충 설명과 첨삭을 하였다. 설파와 다른 점이 많은 것은 참월한 짓이지만 징관도 법장에 의지하면서도 개역한 것이 많았고 선진先進의 미발처未發處를 드러내는 것은 후학의 마땅히 해야 할 일이다. 대경大經은 현미玄微하고 소초疏鈔는 호한浩澣하여 강의할 때마다 이해처가 다른데 나이 60이 넘어 사기를 냈으니 젊을 때 쓴 것보다는 나을 것이다. 지금의 사기를 정두正頭로 삼기를 바란다.

조선후기 화엄 성행의 양상은 연담 유일이 주석한 대둔사의 강학전통에서 그 일면을 엿볼 수 있다. 편양파가 주축이 되어 소요파와 함께 일군 18세기 대둔사의 강학은 12대 종사宗師의 체계화와 종원宗院의 표명으로 귀결되는데, 12대 종사와 강사의 성립에서 가장 중요한 기준이 된 것은 바로 화엄강학의 전수였다. 대둔사에는 18세기 초부터 "항시 화엄의 축軸이 걸려있

---

[88] 앞의 「대교사기서」.

고 원교圓敎가 대대로 흥하였다."고 전하며,[89] 19세기 초에 나온 『대둔사지』에는 "편양과 소요의 후손들이 화엄대회를 서로 전수하여 8로八路의 치림緇林이 귀의하고 종宗으로 삼았다."고 하여 화엄강회의 계승을 통해 종원宗院의 위상을 가지게 되었다고 자부하였다.[90] 대둔사의 강학은 유명한 교학 종장들을 강사로 초빙하여 전통을 축적하였고 이들이 종사나 강사의 계보를 이었는데,[91] 12대 종사의 구성은 전법 계보 뿐 아니라 화엄 강회의 계승이 중요한 척도가 되었다. '화엄 강학'의 전승에 초점을 맞춘 이러한 전통의 성립은 화엄교학의 성행이라는 시대상을 반영한 것으로 임제법통臨濟法統의 정통성과 화엄종풍의 시대성이 결합된 상징적 조형이라고 할 수 있다.

## IV. 맺음말

본고에서는 중국 화엄교학의 집성자인 징관의 사상이 후대 동아시아 세계에서 어떻게 유통되고 계승되었는지를 중국 송대와 조선후기 화엄교학의 경향성에 초점을 맞추어 고찰해 보았다. 이는 화엄을 우위에 두면서도 천태, 유식 등 제교학과 선을 포섭하고 나아가 유교, 도교와 같은 중국적 사유와 불교를 회통하려 했던 징관의 사상적 경향에 부합하면서 그것이 잘 발현된 시기가 송대와 조선후기이기 때문이다.

---

[89] 『希菴先生集』, 「海南大芚寺事蹟碑」(『韓國文集叢刊』182, p. 437).

[90] 한국학문헌연구소(1983), pp. 23-24.

[91] 대둔사는 각 건물寮마다 방장실方丈室을 별도로 두어 강사를 머물게 하였고 항상 '지경수과持經修課'하는 교학승이 머물렀다. 또 이름난 종장宗匠이 있으면 초빙하여 학인들을 가르치게 하였다(『大芚寺志』, 「講會錄序」, pp. 55-56).

먼저 서론에서는 동아시아 화엄교학의 한국적 전개과정을 간략히 개관하였고 이어 송대 화엄교학의 특징을 법장과 징관 화엄의 계승과 양자의 대비구도로 이해하였다. 징관의 『연의초』에 대해 주석한 관복의 『회해기』는 징관과 종밀을 계승하여 제교諸敎 융합적인 화엄 동교일승의 측면을 강조하였는데 이는 송대의 회통적 교학경향과 부합하는 것이었다. 반면 화엄 별교일승의 절대적 우위를 강조한 사회 계통은 법장의 충실한 계승자로서 송대 화엄종의 정통주의적 입장을 대변한 것이었다.

한국의 경우 고려전기까지는 지엄과 법장, 그리고 의상 화엄을 중심으로 하여 화엄교학이 전개되었지만, 의천 이후에는 징관 화엄의 영향력이 커졌다. 이어 지눌 단계에서는 이통현의 실천적 화엄론을 매개로 한 선교 겸수를 추구하였다. 조선전기에는 불교의 쇠퇴와 함께 교학도 침체하였지만 조선후기인 17세기에 들어서 선, 교, 염불의 삼문 수행체계가 정립되었고 선교겸수의 지향 속에서 간화선과 화엄이 양립하는 구조가 이력과정 등에 반영되었다. 특히 17세기 말 중국 가흥장에 입장된 징관의 『화엄소초』와 원대의 현담 주석서 『회현기』가 유입되고 대대적으로 간행되면서 화엄에 대한 강학이 성행하고 주석서 저술이 본격화되어 18세기에는 '화엄의 시대'라고 할 만한 교학 중시의 경향이 현저히 나타났다.

현재 조선후기 화엄 사기에 대한 연구가 미진하여 그 구체적 내용 분석은 거의 이루어져 있지 않지만, 징관 화엄이 선교겸수를 추구한 조선후기 불교계에 큰 영향을 미쳤고 화엄이 조사선과 동급의 위상으로 격상된 것만은 사실이다. 또한 성리학의 시대에 화엄을 통한 이기심성理氣心性 이해와 유불儒佛의 사상적 접점 모색이 어떻게 전개되었는지도 중요한 사상사적 과제로서, 이에 대한 본격적 고찰이 필요하다.

〈참고문헌〉

**약호**

大正藏　大正新脩大藏經

卍續藏經　卍新纂續藏經

日佛全　日本佛敎全書

韓佛全　韓國佛敎全書

**원전**

『大芚寺志』(韓國學文獻硏究所, 亞細亞文化社, 1983)

『朝鮮佛敎通史』(李能和, 新文館, 1918)

「海印寺刊樓板目錄」(『東方學志』11, 1970)

『譯註 華嚴經懸談』1 (佛典國譯硏究院, 中央僧伽大出版部, 1998)

『韓國高僧碑文總集-朝鮮朝·近現代』(伽山佛敎文化硏究院, 2000)

『韓國文集叢刊』

『華嚴淸凉疏鈔十地品三家本私記-遺忘記』(奉先寺 楞嚴學林, 曹溪宗敎育院, 2002)

『華嚴淸凉疏鈔十地品三家本私記- 雜華記·雜貨腐』(奉先寺 楞嚴學林, 曹溪宗敎育院, 2002)

『華嚴淸凉疏鈔懸談記-遺忘記(天字卷-荒字卷)』(奉先寺 楞嚴學林, 동국역경원, 2004)

『華嚴遺忘記』(東國大 D213.415 화63.5)

『會玄記』(『卍續藏經』12)

## 단행본

權相老(1917), 『朝鮮佛敎略史』, 新文館.

金杜珍(1983), 『均如華嚴思想研究-性相融會思想』, 一潮閣.

金杜珍(1995), 『의상-그의 생애와 화엄사상』, 민음사.

金相鉉(1991), 『新羅華嚴思想史研究』, 民族社.

金映遂(1939), 『朝鮮佛敎史藁』, 民俗院.(2002, 『朝鮮佛敎史』로 影刊).

김용태(2010), 『조선후기 불교사 연구: 임제법통과 교학전통』, 신구문화사.

金天鶴(2006), 『균여 화엄사상연구-根機論을 중심으로』, 은정불교문화진흥원.

南東信(1999), 『원효』, 새누리.

全海住(1993), 『義湘華嚴思想史研究』, 民族社.

정병삼(1998), 『의상화엄사상연구』, 서울대출판부.

高橋亨(1929), 『李朝佛敎』, 寶文館.

高峰了州(1942), 『華嚴思想史』, 百華苑.

鎌田茂雄(1965), 『中國華嚴思想史の研究』, 東京大學出版會.

木村淸孝(1977), 『初期中國華嚴思想の研究』, 春秋社.

木村淸孝(1992), 『中國華嚴思想史』, 平樂寺書店.

常盤大定(1943), 『支那佛敎の研究』第三, 春秋社.

竺沙雅章(2000), 『宋元佛敎文化史研究』, 汲古書院.

忽滑谷快天(1930), 『朝鮮禪敎史』, 春秋社.

## 논문

金龍泰(2003a), 「笑菴觀復の華嚴思想研究-<華嚴經大疏玄文隨疏演義鈔會解記>を中心として」『韓國佛敎學SEMINA』9, 韓國留學生印度學佛敎學硏究會.

金龍泰(2003b), 「笑菴觀復の華嚴思想と祖統說」『印度學佛敎學硏究』102(51-2), 印度學佛敎學會.

南東信(1995), 『元曉의 大衆敎化와 思想體系』, 서울대 國史學科 박사학위논문.

辛奎卓(2007), 「古代 韓中佛敎交流의 一考察- 高麗의 義天과 浙江의 淨源」『東洋哲學』27, 한국동양철학회.

이종수(2008), 「숙종 7년 중국선박의 표착과 백암성총의 불서간행」『불교학연구』21, 불교학연구회.

崔柄憲(1991), 「大覺國師 義天의 渡宋活動과 高麗·宋의 佛敎交流 : 晋水淨源·慧因寺와의 관계를 중심으로」, 『震檀學報』71·72, 震檀學會.

崔柄憲(2003), 「대각국사의천의 불교사적 위치」『천태학연구』4, 원각불교사상연구소.

崔鈆植(1999), 『均如華嚴思想硏究-敎判論을 중심으로』, 서울대 國史學科 박사학위논문.

鎌田茂雄(1997), 「宗密以後の華嚴宗」, 『鎌田茂雄博士古稀記念華嚴學論集』, 大藏出版.

吉田剛(1997), 「笑菴觀復の著作について」, 『駒澤硏究會年報』30, 駒澤大學.

納富常天(1978), 「宋朝華嚴と湛睿(一·二)-華嚴·戒律を中心として」, 『金澤文庫硏究』24-1·2·4, 金澤文庫.

木村淸孝(1980), 「鮮演の思想史的位置」, 『佛敎の歷史と文化』, 同朋出版.

佐藤厚(1998), 『新羅高麗華嚴敎學の硏究』, 東洋大學 印度哲學科 博士學位論文.

# 02

# 명대불교에서의 징관[1]

장원량張文良

## I. 들어가는 말

　명대明代 불교에서 화엄종의 큰 특징은 많은 화엄종 사람이 자은종慈恩宗을 겸학한다는 것이다. 『현수종승賢首宗乘』의 기록에 따르면, 명대 화엄종의 전승은 적어도 두 가지가 있는데, 즉 송대宋代 화엄승 사회師會(1202-1266)의 5전제자五傳弟子인 남산 진췌南山眞萃에서 고원 명욱高原明昱(1527-1616)에 이르는 계통과, 남산 진췌에서 설랑 홍은雪浪洪恩(1545-1608)·감산 덕청憨山德清(1546-1623)으로 이어지는 계통이 있다.[2] 그러나 이러한 기록은 전대의 종파 전승에 대한 후대의 서술로, 『현수종승』의 저자 서회 료덕西懷了惪(1650-1717) 개인의 인물과 사상에 대한 위치 설정과 평가를 드러낸 것이다. 따라서 그의 주관적 색채가 강하게 나타나고 있으며 역사의 진실

---

1　본고는 『불교학보』102, 불교문화연구원, 2023, pp. 213-251에 게재한 논문을 수정·보완한 것이다.
2　張愛萍(2014).

을 어느 정도 반영하는지는 의문이다.

예를 들어 명·청 화엄종의 전승체계에서 고원 명욱은 위와 아래를 이어주는 중요한 인물로, 고원 명욱에서 전승된 계통은 청대 북방 화엄종의 중요한 한 갈래가 되었다. 그러나 고원 명욱은 학문적으로 주로 유식학으로 유명했고, 화엄학으로는 뛰어나지 않았다. 그가 얼마나 화엄학을 선양하려는 자각이 있었는지도 의문이다.[3] 따라서 명대의 화엄 전승은 사실 『화엄종승』에 서술된 것처럼 결코 그렇게 명료하지 않다. 이 전승계통에 나오는 대다수의 사람들은 실제로 달리 공부한 것이 있으며, 다만 화엄을 겸할 뿐으로 설랑 홍은·운서 주굉雲棲袾宏(1535-1615)·감산 덕청 등이 그렇다. 이 계보에 등장하지 않는 명말의 고승 자백 진가紫柏眞可·우익 지욱藕益智旭 등도 마찬가지이다.

명대 불교에서 법장法藏·징관澄觀·종밀宗密·이통현李通玄 등 당대唐代 화엄 조사 대덕들이 주목받는 가운데, 상대적으로 화엄 제4조로 추앙받는 징관이 가장 높은 관심을 받았다. 화엄을 겸한 이 사상가들은 대부분 징관을 추앙하고, 징관의 『화엄경소華嚴經疏』와 『연의초演義鈔』를 연구하여 화엄의 세계에 발을 들여놓았으며, 징관의 사상을 비판적으로 흡수함으로써 자신의 사상 체계를 구축하였다. 그러나 명대 사상가들은 화엄 조사의 사상을 금과옥조로 여기고 무조건 신봉한 것이 아니라, 선택하고 비판한다는 점에 주목해야 한다. 이통현이 비판받았을 뿐 아니라 화엄 3조 법장과 4조 징관까지 질의와 비판을 받는 등 송대에 확립된 화엄종의 조사 계보가 이미 권위성을 갖지 잃었다고 할 수 있다. 아래에서 감산 덕청과 우익 지욱을 중심으로 화엄종 조사가 명대 불교에서 어떻게 재인식되

---

3  楊維中(2017).

고 재평가되었는지 고찰하여 명대 불교사상의 특징을 한 측면에서 파악하고자 한다.

## II. 무극 수우無極守愚와 명대 화엄학의 전승

『화엄종승』의 기록을 모두 믿을 수 있는 역사로 볼 수는 없지만, 달암 광통達庵廣通-노암 보태魯庵普泰-무극 수우-설랑 홍은·감산 덕청의 화엄 전승 관계는 사실이다.

『화엄종승』의 기록에 따르면, 무극대사 즉 무극 수우(1500-1584)는 화엄종 제25대 계승자로 이름은 오근悟勤, 자는 무극, 호는 수우이다. 산양山陽(강소江蘇 회안淮安) 출신으로, 19세에 출가하고 후에 경성에 가서 용화사龍華寺 달암 광통에게 『법화경』을 배우고, 노암 보태에게 『화엄소초』를 배우고, 보은 녕공普恩寧公에게 『성유식론』·『대승기신론』 등을 배웠다. 일찍이 봉대암鳳臺庵에서 『원각경』을 강의하고, 보은사報恩寺에서 『화엄현담』을 강의하고, 홍제사弘濟寺에서 『화엄소초』를 강의했다. 감산 덕청의 『설랑법사은공중흥법도전雪浪法師恩公中興法道傳』에서 감산 덕청은 설랑 홍은과 함께 보은사에서 무극 수우의 『화엄현담』 강의를 듣던 광경을 상세히 떠올린다. "선대사[무극 수우]가 본사에서 『화엄현담』을 강의했다. 나는 즉시 계를 받고 강의를 들었다. 마음이 풀리고, 일찍이 닦은 것만 같았다. 당시 공은 나를 중요시 여겼다. 즉 법을 형제로 삼아 거스르지 않았다."[4] 설랑

---

4 『雪浪法師恩公中興法道傳』(『卍續藏經』73, p.677), "先大師於本寺演『華嚴玄談』, 予即從授戒聽講, 心意開解, 如夙習焉. 時公器予, 即以法爲兄弟莫逆也."

홍은과 감산 덕청 모두 무극 수우 아래에서 『화엄현담』을 들었고 화엄사상, 특히 징관의 화엄사상에 기울었음을 알 수 있다. 감산 덕청의 회고에 의하면 "선사는 홍법 이래 『대소』를 세 번 강의하고, 『현담』을 일곱 번 강의했다."[5] 무극 수우는 일생 동안 징관의 『화엄경소』와 『화엄현담』을 선양했다고 할 수 있다. 명말 불교계에서 징관의 영향력이 큰 것은 무극 수우의 공이 크다고 할 수 있다.

설랑 홍은은 『능엄과판楞嚴科判』과 시문집 『설랑집』을 남겼는데, 당시 동남지역의 사대부들과 시·사詞를 많이 주고받으며 당시 사회에서 높은 명성을 얻었다. 화엄학과 관련한 전문적인 저서가 남아 있지 않아, 그의 화엄에 대한 조예가 어떤지는 확증하기 어렵다. 그러나 설랑 홍은에 대해 감산 덕청은 "공은 화엄법계 원융무애의 뜻을 모두 얻어, 성해를 헤엄치며, 당시에 독보적이라고 일컬어졌다."[6]고 평가한 적이 있다. 설랑 홍은을 높이 평가했다고 할 수 있다.

설랑 홍은은 시·사·문장 등 세속의 학문에 힘썼는데, 불법은 세속법을 떠나지 않는다는 그의 이념과 뗄 수 없다. 그는 "사람들은 만 권의 책을 읽지 않으면 두보의 시를 모른다고 하는데, 나는 만 권의 책을 읽지 않으면 불법을 모른다고 한다."고 했다. 이런 이념은 징관에게서 온 것이라고 한다. "항상 『화엄대소』를 읽고, 오지성인五地聖人에 이르렀는데, 세속 제가의 학문을 널리 통달하여 속세에 관계하고 중생을 이롭게 한다. 공이 이에 힘쓰니 어찌 뜻이 없겠는가?"[7] 이 점에 관해 당시 문단의 지도자 전겸

---

5 『雪浪法師恩公中興法道傳』(『卍續藏經』73, p.678).

6 『卍續藏經』127, p.640.

7 『雪浪法師恩公中興法道傳』(『卍續藏經』73, p.678).

익錢謙益도 "설랑 홍은은 의학義學을 마음에 두었으며 극사極師의 『화엄대소』 강의를 듣고, 오지성인은 후득지 중에서 세속의 생각을 일으키고, 세간의 기예를 배우며, 속세와 관련하고 중생을 이롭게 하였다."[8]고 평가했다. 설랑 홍은은 무극이 징관의 『화엄경소』를 강의하는 것을 들을 때, 징관이 '오지성인'을 추앙한다는 것을 알고, 세속의 글에 공을 들여 민중을 교화하고, 특히 지식인을 섭수하는 방편 수단으로 삼았다.

징관이 '오지성인'을 본받아 세간의 기예를 널리 배운다는 설은 징관의 『화엄경소』에서 나온 것이 아니라, 『송고승전』의 '징관전'에서 나온다.

> 징관이 자신에게 말하기를 "오지 경계에 이른 성인은 몸소 진여를 증득하여 부처의 경지에 들어가고, 후득지 중에서 세속의 생각을 일으켜 세간의 기예를 배운다. 나는 겨우 학지學地인데 어찌 배우는 마음을 잊을 수 있겠는가?" 그리하여 경전자사經傳子史·소학과 창아蒼雅·천축실담天竺悉曇·제부이집諸部異執·사위四圍·오명五明·비주의궤祕咒儀軌를 열심히 공부했다. 또한 편송篇頌·필어筆語·서종書蹤에 이르기까지 열심히 공부했다. 징관이 다재다능한 것은 하늘로부터 타고난 것 외에도 후천적인 노력에서 온 것이다.[9]

일반적으로 징관의 일대기에 관해 가장 믿을만한 기록은 『묘각탑기妙覺塔記』로, 이는 징관이 입적한 후 얼마 되지 않아 배휴裴休(791-864)가 칙명

---

8  錢謙益(2008), p. 704.
9  『宋高僧傳』卷5(『大正藏』50, p. 737), "觀自謂己曰: 五地聖人, 身證眞如, 棲心佛境, 於後得智中, 起世俗念, 學世間技藝. 況吾學地, 能忘是心? 遂翻習經傳子史, 小學蒼雅, 天竺悉曇, 諸部異執, 四圍, 秘咒儀軌, 至於篇頌筆語書蹤, 一皆博綜. 多能之性, 自天縱之."

을 받아 저술하였기 때문이다. 그리고 『송고승전』 '징관전'의 기록은 '착오가 많다'고 여겨진다. 당본唐本 『묘각탑기』는 이미 존재하지 않지만, 송대 관복觀復의 『회해기會解記』·원대 보서普瑞의 『회현기會玄記』 등이 모두 『묘각탑기』를 인용한다. 그 인용된 내용에는 '오지성인'이라는 말이 없다. 『송고승전』 '징관전'의 내용은 대체로 후대에 증보된 것으로 볼 수 있다. 그러나 징관은 불학에 대한 조예 외에도, 주역·유교·도교·산스크리트어·논리학 등에 통달한 지식이 풍부하고 다방면에 소양이 있는 불교학자이다. 따라서 '오지성인'이라는 설은 나중에 증보되었다 하더라도 전혀 근거 없는 날조가 아니다. 다만 『송고승전』의 저술을 거치며 징관의 이미지에 약간의 변화가 생겼다. 설랑 홍은은 이런 변이된 이미지에 의거해 자신의 삶을 계획하고 시문으로 홍법하는 길을 걷는다.

감산 덕청은 징관과의 인연에 관하여, 자신이 저술한 『연보』에서 다음과 같이 말한다.

강의를 듣는 과정에서 감산대사가 '십현문'의 '해인삼라상주처'를 들었을 때 문득 법계원융무진의 뜻을 깨달았다. 감산대사는 마음 깊은 곳에서 청량(징관)의 인품을 사모하여 스스로 자신의 자를 '징인澄印'이라 하였다. 또 무극수우에게 가르침을 청하니 무극 수우가 물었다. "그대는 이 법문에 들어가는 걸 발원하는가?" 무극대사는 감산의 뜻을 알고나서 오대산은 겨울에 단단한 얼음이 쌓이고 여름에는 여전히 눈이 날리며 일찍이 무더위가 없었기 때문에 청량산이라 불린다고 말해주었다. 이때부터 길을 걷든 고요히 앉든 오대산의 전경이 자주 눈앞에 펼쳐졌다. 감산

은 이리하여 오대산에 가서 살기로 결정했다.[10]

위의 서술에서 알 수 있듯이, 무극대사는 감산 덕청이 화엄세계로 진입하는 길잡이이자 감산 덕청이 징관의 화엄사상을 접하는 계몽자임을 알 수 있다. 감산대사는 무극대사를 통해 『화엄현담』을 접하고 크게 깨우침을 받았으며 '법계원융'의 진리를 깨닫고, 스스로 자호를 '징인'이라 지었는데, 즉 징관의 인가를 받기 바란다는 것이다. 또한 『화엄현담』을 통해 감산은 북쪽의 오대산을 알게 되고, 오대산에 상주하기를 발원했다. 감산이 후에 오대산에서 수행하고 8년간 홍법을 한 계기가 징관에 대한 흠모에서 비롯되었음을 알 수 있다. 『설랑법사은공중홍법도전』에서 감산 덕청은 자신이 북쪽 오대산으로 가려고 할 때 설랑 홍은에게 의견을 물었으나 설랑 홍은은 오대산이 춥고 기후가 상주하기에 부적합하다는 이유로 만류했다고 기록했다. 그만큼 징관을 대하는 태도에서 감산 덕청은 설랑 홍은보다 더 신심이 있다는 것을 알 수 있다.

명대 불교사에서 감산 덕청이 징관과 꿈속에서 감응한 이야기는 유명한 미담이다. 『연보』의 기록에 따르면, 감산대사가 오대산에서 여러 번 좋은 꿈을 꾸었는데, 그 중 하나가 징관과 관련이 있다.

나는 오대산에 살면서부터 『화엄경』을 사경할 때 여러 번 좋은 꿈을 꾸었다. 처음 꿈은, 어느 밤에 금강굴에 들어갔는데 석문 옆에 대반야사가 있었다. 반야사에 들어가서 보니 사찰 규모가 웅대하고, 전각과 누각이

---

10 『憨山老人年譜』'四十二年, 四十三年條.'(『大正藏補編』14, p. 465上), "隨聽講, 至十玄門, 海印森羅常住處, 恍然了悟法界圓融無盡之旨. 切慕清涼之爲人, 因自命其字曰澄印. 請證大師, 曰: "汝誌入此法門耶?", 因示清涼山有冬積堅冰, 夏仍飛雪, 曾無炎暑, 故號清涼之語. 自此行住, 氷雪之境, 居然在目, 矢誌願住其中."

장엄하기 그지없었다. 정전正殿에 큰 침대만 하나 있는데, 징관대사가 침대에 누워있고, 묘봉妙峰스님이 왼쪽에 서서 모시는 것이 보였다. 나는 빠른 걸음으로 들어가 절하고 침대 오른쪽에 섰다. 징관대사가 법계원융의 관경觀境에 처음 들어가는 것에 대해 법문하는 걸 들었다. 즉 불찰과 불찰이 서로 들어오고, 주와 반으로 서로 어울리며, 만물이 왕래하고 변화하지만 그 본질은 변화하지 않는다. 징관이 경계를 말하는 것에 따라 눈앞에 같은 경계가 나타났고, 나 자신도 심신이 서로 어울리고 섭입함을 알았다. 이런 광경이 보이는 것이 끝나자 묘봉스님이 "이것은 무슨 경계입니까?"하고 물었다. 징관대사가 웃으며 "경계가 없는 경계다."라고 말했다. 꿈에서 깨니 주체와 객체가 함께 어우러지고 양자 사이에 더 이상 어떠한 장애도 없음을 스스로 느꼈다.[11]

징관이 꿈속에서 감산대사를 위해 설한 '법계원융관'은 감산대사의 화엄관법에 대한 독특한 이해를 반영한다. 화엄종의 가장 유명한 관법 저서는 저명한 법장의 『화엄법계관문』(이하 『법계관문』)으로, 그 내용은 진공관·이사무애관·주변함용관으로 나뉘는데, 여기에는 법계원융관이 없다. 그러나 감산대사가 꿈속에서 체험한 불찰호입佛刹互入·주반교참主伴交參·심경융철心境融徹은 『법계관문』의 주변함용관과 매우 흡사하다. 가장 중요한 것은 감산대사가 꿈에서 깨어난 뒤 진정으로 '마음의 경계가 융철하

---

11 『憨山老人年譜』'六年戊寅條'(『大藏經補編』14, pp. 491下-492上), "予自住山, 至書經, 屢有嘉夢. 初, 一夕夢入金剛窟, 石門旁大般若寺. 及入, 則見廣大如空, 殿宇樓閣, 莊嚴無比. 正殿中, 唯大床座, 見淸涼大師倚臥床上, 妙師侍立於左, 予急趨入禮拜, 立右, 聞大師開示初入法界圓融觀境, 謂佛刹互入, 主伴交參, 往來不動之相. 隨說其境, 即現睹於目前, 自知身心交參涉入. 示畢, 妙師問曰: '此何境界?'大師笑曰: '無境界境界.'及覺後, 自見心境融徹, 無復疑礙."

고, 더 이상 의심이나 걸림이 없는' 경지에 이르렀다는 것이다. 감산대사는 꿈을 통해 불가사의한 경계를 얻었고, 징관과 감응한 미담을 남겼다.

감산 덕청은 1582년 오대산과 경성을 떠나 산동 노산崂山으로 가서 은거했다. 그가 오대산과 경성을 떠난 데는 복잡한 정치적 배경이 있었고, 감산 덕청이 노산에서 은거를 선택한 것은 징관의 『청량소』에서 깨우침을 얻은 것이다. 징관은 『화엄경소』 권47에서 제보살의 상주처를 설명하며 보현보살이 거주하는 나라연굴那羅延窟이 청주青州·등주登州(현재의 산동山東)의 뇌산牢山 산동山東 노산崂山에 있다고 언급한다.[12] 감산 덕청은 징관의 말에 따라 보현보살이 응화하는 땅에 왔다. 1619년(만력 47) 가을, 이미 74세의 고령인 감산대사는 여산 혜원廬山慧遠을 추모하고 빗장을 걸어 잠그고 염불했다. 이와 함께 『화엄경강요』를 편집하기 시작했다. 그 연기에 관하여 감산 덕청은 『자술연보』에서 다음과 같이 말한다.

> 화엄종이 실전될 것을 늘 걱정한다. 징관의 『화엄경소』와 『연의초』에 대해 사람들은 그 편폭이 너무 방대하고 이해하기 어려워서 감히 읽지 못하고, 이통현의 『화엄경합론』만 읽는다. 그러나 징관은 화엄종의 조사이므로, 징관의 저술을 공부하지 않으면 화엄종의 전승은 단절된다. 나의 바람은 『화엄경소』의 글을 명확히 밝혀서 그 강요를 드러내어 독자가 이해하기 쉽게 하는 것이다. 그래서 이 책의 제목을 『화엄경강요』라

---

12 『華嚴經疏』卷47(『大正藏』35, p. 860c), "那羅延者, 此云堅牢. 昔云, 即青州界有東牢山, 現有古佛聖跡, 此應是也. 然牢山乃是登州, 亦青州分野, 其山靈跡亦多. 然今之到此山, 在蔚州東, 靈跡顯著, 不減清涼, 時稱普賢所居, 往往有覩. 彼亦有五臺, 南臺有窟, 難究其底, 時稱那羅延窟."

한다.[13]

감산대사가 『화엄경강요』를 편찬하려한 이유는 화엄종이 당시 부진했던 것을 차마 보지 못했고, 특히 징관의 화엄학 저서가 유행하지 못한 것을 탄식하여, 나이가 많고 몸이 허약하였음에도 불구하고 『화엄경소』를 다시 편집하여 더 많은 사람들이 징관의 사상을 이해할 수 있도록 하기 위해서였다. 감산 덕청의 일생은 파란만장했고, 학문도 선·천태·정토·계율 등에 걸쳐 있었지만, 그 학문의 시작과 끝은 모두 징관의 화엄사상이었음을 알 수 있다.

## III. 징관의 '물불천物不遷' 해석과 진징鎭澄·감산憨山의 논쟁

『화엄경』「보살명난품」에 문수보살과 현수보살의 대화가 있다. 문수보살이 물었다. "불자여! 심성은 하나인데 왜 갖가지 과보를 냅니까?"[14] 현수보살은 연기성공緣起性空의 입장에서 이에 대해 설명했다. 즉 우리가 보는 여러 가지 차별법은 모두 인연의 화합으로 이루어진 것이며, 모두 자성이 없고, 각각의 요소들 사이에 서로 알지 못한다(본질적인 관련이 없다). 현수보살은 물의 흐름·등불·바람·땅 등을 예로 들며 여러 법 사이에 서로 알지 못하는 것을 설명하기도 한다.

---

13 『몽유집夢遊集』의 '答吳觀我太史' 가운데에 『화엄경강요華嚴經綱要』를 편집해서 쓴 연기에 대해서 더욱 상세한 설명이 있다. (『續藏經』73, p. 594下), "每念華嚴一宗將失傳. 清涼『疏』『鈔』, 皆懼其繁廣, 心智不及, 故世多置之, 但宗『合論』. 因思清涼乃此方撰述之祖, 苟棄之, 則失其宗矣. 誌欲但明『疏』文, 提挈大旨, 使觀者易了, 題曰『綱要』."

14 『大正藏』9, p. 427c.

징관은 『화엄경소』에서 『화엄경』의 이 경문이 허망법의 연기의 이치를 설명한다고 보고 그 속에 세 측면의 함의가 있다고 한다. 첫째로 각 법은 모두 체용이 없으므로 서로 알지 못하고, 둘째로 각 법은 서로 관련이 없고 체성이 없으므로 비로소 연기가 있고, 셋째로 망법은 모두 체성이 없으므로 무성無性의 진리가 드러난다. '흐르는 물'의 비유에 관해 징관은 10가지 측면에서 설명하는데, 표면적으로 물이 흐르는 것을 볼 수 있지만 실제로는 모두 가상이며, '앞의 흐름'과 '뒤의 흐름' 사이에 실질적인 연결이 없다不相知. 이어서 징관은 승조의 『물불천론物不遷論』을 인용해 다음과 같이 말한다.

조공(승조)이 말한 "강물이 경쟁하듯 물을 쏟아붓지만 흐르지 않는다."가 곧 그 뜻이다. 위의 문장에서 전후는 이중적 의미가 있다. 첫째, 생멸 전후로, 시간 서열에서 앞의 것이 사라지고 뒤의 것이 생겨나며, 앞의 것이 뒤의 것을 이끌어내고 뒤의 것이 앞의 것을 대체한다. 둘째, 피차전후로, 공간 서열에서 여기 있는 것이 저기 있는 것을 대체하는데, 뒷물결이 앞물결을 대체하는 것과 같다. 소승불교에서도 같은 시공에서 생이 있고 멸도 있으며, 생멸은 어떤 사물이 이곳에서 저곳으로 전이되는 것을 의미하지 않는다고 말하지만, 소승불교는 무성연기無性緣起의 이치를 모른다.[15]

---

15 『華嚴經疏』卷14(『大正藏』35, p.603a-b), "肇公云: '江河競註而不流' 即其義也. 然上云前後者, 通於二義: 一生滅前後, 謂前滅後生, 互相引排; 二此彼前後, 即前波後波. 小乘亦說, 當處生滅, 無容從此轉至余方, 而不知無性緣起之義耳."

『물불천론』은 이 세상이 도대체 움직이는動 세상인지 고요한靜 세상인지를 논할 때 다음과 같이 말한다.

"[중생은] 생사가 교대로 바뀌고, [대지는] 한서가 번갈아 변천하며, 사물은 흐름과 움직임이 있다고 하는 것은 사람들의 일상적인 감정이다. 그러나 나는 그렇지 않다고 말한다. 어째서인가? 『방광반야경』에서 말하기를, 법은 오고 감이 없으며 움직이고 구르는 것이 없고, 움직이지 않는다는 것을 연구할 때 어찌 움직임을 제거해서 고요함을 구하겠는가? 반드시 모든 움직임에서 고요함을 구해야 한다. 모든 움직임에서 고요함을 구해야 하기에 움직이나 늘 고요하다. 움직임을 제거해서 고요함을 구하지 않기에 고요하더라도 움직임을 떠나지 않는다. 그러한즉 움직임과 고요함은 처음부터 달랐던 적이 없으나 미혹된 사람들은 다르다고 주장한다. 이런 연유로 진리의 말씀이 이기려고 따지는 말에 막히고 진리의 길이 다름을 좋아하는 사람들에게 굴복하였다. 따라서 고요함과 움직임 이 둘이 아닌 지극한 경지는 말로 표현하기 쉽지 않다."[16]

이 세상의 움직임과 고요를 어떻게 판단할지는 어떤 입장에 서 있는지를 살펴보는 것이다. 세속적 입장에서 보면 이 세상은 끊임없이 움직이는 세상이고 만물은 변화하고 있다. 그러나 진리의 입장에서 보면, 이 세상은 움직이는 가운데 고요함이 있고 움직임과 고요함이 하나이다. 승조僧肇는 반야지혜를 얻으면 이 세상에 대한 우리의 인식이 현상 측면에 대한 인식에 국한되지 않고, 변증법적 사유로 세상의 움직임과 고요함, 변화와

---

[16] 『肇論』卷1(『大正藏』45, p. 151a).

불변을 대할 수 있음을 강조했다.

승조의 견해에 의하면 세상의 움직임과 고요함의 문제는 주체의 경계와 입장에 의해 결정된다. 즉 범부중생은 세상의 변화와 흐름이 끊이지 않는 것만 보지만, 반야지혜를 증득한 자는 '움직임'에서 '고요함'을 발견할 수 있기 때문에 '강물이 경쟁하듯 물을 쏟아붓지만 흐르지 않는다'라는 인식이 있다. 징관은 승조의 결론에 동의하지만, 주체의 경계와 입장이 아니라 '강물이 다투어 흐른다'라는 현상이 어떻게 발생했는지에 대한 논의에 초점을 둔다. 결론은 '무성연기'이다. 즉 모든 법은 본질적인 규정성이 없고 모두 실체가 없기 때문에 모든 법은 '서로 끌어당긴다'고 할 수 있으며, 우리가 보는 파도에 앞물결과 뒷물결이 있는 것처럼 연속적인 변동체로 보인다. 그러나 실제로 이는 우리의 감각적 측면의 착각일 뿐, 앞물결과 뒷물결 사이에는 본질적인 관련이 없다.

『화엄경소』에서 징관은 '옛날이 지금에 이르지 않고', '지금은 옛날에 이르지 않는다'는 설이 소승불교에도 존재했었다고 언급한다. 『구사론』「업품」에서 언급한 정량부正量部의 설이 이와 유사하다고 징관은 『연의초』에서 구체적으로 지적한다. 그렇다면 징관은 승조의 『물불천론』의 입장이 소승불교에 속한다고 비판하는 것일까? 이 점에 관하여 징관은 다음과 같이 설명한다.

조공(승조)의 『조론』의 글은 두 가지 뜻을 내포하는데, 문자의 표면적인 뜻은 대부분 앞의 뜻과 같다. 그래서 범부 중생이 오래 전부터 이 이치를 알지 못하고, 비록 진리를 마주해도 진리를 알 수 없다고 한다. 옛 물건이 지금에 이르지 않는다는 걸 아는데, 지금 물건은 미래에 갈 수 있다고 한다. 옛 물건이 지금에 이르지 않는데 지금 물건이 어찌 미래에 가는가? 왜 이렇게 말하는가? 옛 물건을 옛날에서 구한다면 옛날에는 일찍이 없지 않았거니와, 옛날 물건을 지금 구한다면 지금은 일찍이 있지 않기 때문이다. 지금 있지 않다면 물건이 오지 않았음을 밝히는 것이요. 옛날에는 일찍이 없지 않았다면 본래 물건은 가지 않았음을 알 것이다. 더 나아가 지금의 물건을 구하면 지금의 물건도 미래로 가지 않는다. 이 것은 옛 물건은 옛날에만 존재하고 지금에서 옛날로 돌아가지 않으며, 지금의 물건은 지금에만 존재하고 옛날의 물건이 지금에 이르지 않는다는 것을 의미한다. 그러므로 공자가 말하기를 "회야, 팔이 새로 교차하는 것을 보는 순간조차도 옛것이 아니니라."고 했다. 여기에서 알 수 있듯이, 물건이 서로 왕래하지 않음이 분명하다. 가고 오는 미미한 조짐조차 없거늘, 또 무슨 물건이 움직일 수 있겠는가? 즉, 그러면 회오리바람 등을 말한다. 아래 글에서 또 말하기를, "만약 옛날이 지금에 이르지 않고, 지금은 또 옛날에 이르지 않고, 사물 각각의 성품이 한 시대에 머무르면, 어느 물건이 있어 오고 갈 수 있는가?"

해석하여 말하기를, 조공의 뜻을 보면, 사물이 각각 자성에 머무르는 것을 '불천不遷'이라고 보면, 이런 설은 소승불교에서 말하는 "이곳에서 다른 곳으로 전이하는 것을 허용하지 않는다."와 같다. 『조론』은 아래에서 말하기를, "그러므로 진眞은 불천不遷의 다른 이름이며 사물을 이끔에는 유동이 있다."고 설한다. 승조는 '불천'이 진제眞諦의 뜻이라고 여겼으나 '불천'이 곧 성공性空이라고 직접 말하지 않았음을 알 수 있다. 왜냐하면 만약 "사물 각각의 성품이 머무른다."를 곧 성공라고 하면, 성공은 옮길 사물이 없다는 것을 의미하므로 이는 논리 모순을 가져온다. 따라서 승

조는 '부진공不眞空'으로 진제의 성공性空을 설명하고, '불천'을 속제俗諦의 뜻으로 보았다.[17]

    징관의 관점에서 승조의 『물불천론』에서 말하는 '불천'은 두 가지 의미가 있다. 하나는 표층적인 의미, 즉 모든 사물은 성품을 가지고 있어서 시간·공간상의 이동 변화가 없다는 것이다. 이런 설은 확실히 소승불교의 설과 통한다. 그러나 『물불천론』에는 또 다른 의미가 있는데, 즉 '진제'를 불천으로 여겨서 '물불천'이 아니라 '이불천理不遷'이라는 것이다. '물불천'은 다만 현상 측면의 '불천'일 뿐이며, '이불천'만이 본질적인 측면의 '불천'이다. 승조의 '물불천'은 속제로 말한 것일 뿐이며, 진제로 말하면 '불천'은 '이불천'을 가리키는데, 즉 『부진공론不眞空論』이 나타내는 성공性空의 이치이다.

    명대 불교에서, 오대산에서 오랫동안 활동한 진징鎭澄(1547-1617)은 일찍이 『물불천정량론物不遷正量論』을 저술하여, 승조의 『물불천론』에 대해 질의하고 비판하였다. 진징의 핵심 관점은 승조가 '성공'이 아닌 '성주性住'로 '물불천'을 이해한 것이 '성언량'에도 어긋나며, 불법의 '연기성공'의 교리에도 맞지 않는다는 것이다. 즉 승조가 말한 '옛날 물건은 옛날에 머무르고 지금에 이르지 않으며, 지금 물건은 지금에 머무르고 옛날로 가지 않는다.', '각자 자기 자리에 머무르고, 서로 왕래하지 않는다.'는 말은 '성주'의

---

[17] 『演義鈔』卷31(『大正藏』36, p. 239b-c), "然肇公『論』則含二意, 顯文所明, 多同前義, 故云, 傷夫人情之惑久矣, 目對眞而莫覺. 既知往物而不來, 而謂今物而可往. 往物既不來, 今物何所往? 何則? 求向物於向, 於向未嘗無 ; 責向物於今, 於今未嘗有. 於今未嘗有, 以明物不來; 於向未嘗無, 故知物不去. 覆而求今, 今亦不往. 是謂昔物自在昔, 不從今以至昔; 今物自在今, 不從昔以至今. 故仲尼曰, 回也, 見新交臂非故. 如此則物不相往來明矣! 既無往返之微朕, 有何物而可動乎? 即云湛然則旋嵐等. 下文又云, 若古不至今, 今亦不至古, 事各性住於一世, 有何物而可去來? 釋曰, 觀肇公意, 既以物各性住而爲不遷, 則濫小乘, 無容從此轉至余方. 下『論』云, 故談眞有不遷之稱, 導物有流動之說. 此則以眞諦爲不遷, 而不顯眞諦之相. 若但用於物各性住爲眞諦相, 寧非性空無可遷也. 不眞空義, 方顯性空義, 約俗諦爲不遷耳."

입장에서 '물불천'을 이해하는 것이며, 진정한 '물불천'은 모든 법이 본질적으로 불생불멸하다는 것을 의미한다. 즉 '성공'으로 '물불천'을 설명한다.

진징은 승조의 『물불천론』에 대한 징관의 평가에도 주목했다. "징관은 처음 승조의 『물불천[론]』을 읽고 오랫동안 이해하지 못했다. 『잡화초雜華鈔』를 읽으니, 징관국사는 '이곳에서 다른 곳으로 옮기지 않는다.'는 설을 소승과 같다고 여겼다. 그 『논』을 다시 연구하여 승조의 불천설과 비슷하지만 다르다."는 것을 알 수 있다. 진징은 승조의 『물불천론』의 설에 의문을 품고 있다가 징관이 『연의초』에서 『물불천론』을 평가한 것을 읽고서야 『물불천론』에 대한 자신의 견해를 확고히 굳혔음을 알 수 있다. 즉 승조의 불천설은 확실히 문제가 있고 소승불교의 불천설에 속한다는 것이다.

『몽유집夢遊集』권13에는 감산 덕청이 오대산 진징[18]에게 보낸 편지가 수록되어 있는데, 그 내용은 『물불천론』에 대한 징관의 이해와 평가를 어떻게 이해하느냐에 관한 것이다. 진징은 많은 예를 들어 만물이 끊임없이 이동하고 흐르며, 진리만 이동하지 않는다고 설명한다. 즉 '사물은 움직이지만 진리는 움직이지 않는다'고 한다. 승조의 물불천설은 소승불교의 설과 다르지 않고, 자신의 견해가 『물불천론』에 대한 징관의 평가와 일치한다고 여긴다. 감산대사는 『조론』, 특히 그 중의 『물불천론』에 대해 연구하

---

18 진징鎭澄, 속성은 이씨, 자는 월천月川, 별호는 공인空印, 금대완평상욕金臺宛平桑峪(현재의 북경시에 속함) 사람. 감산 덕청憨山德淸의 『칙사청량산죽림사공인징법사탑명勅賜淸涼山竹林寺空印澄法師塔銘』등의 자료 기록에 근거하면 15세에 출가하고 18세에 구족계를 받았다. 일강례一江澧·서봉심西峰深·수암중守庵中 등 고승을 따라 화엄·유식·금강 등을 공부했고, 또 소산小山 소암笑巖을 따라 선학을 연구했다. 감산 덕청과 진징은 경성에서 서로 알게 되며, 1582년 오대산에 가서 무차대회無遮大會에 참가하고, 그 후 감산 덕청의 건의에 따라 오대산 사자굴에 머물며 홍법하고 정토수행도량을 건립한다. 명판明版 『청량산지淸涼山誌』를 저술했다. 『憨山老人夢遊集』卷27(『續藏經』73, pp. 657c-658a).

고 체득하였다.[19] 감산 덕청은 진징의 견해가 징관에 대한 오해라고 본다.

징관의 『화엄경소』에서의 설은 두 가지 뜻이 있다. 얕은 의미에서 보면 소승의 설과 가까운 것 같지만, 깊은 의미에서 보면 대승의 입장에 속한다. 대승의 입장에서 보면 생은 곧 불생이고, 멸은 곧 불멸이며, 변화는 곧 불변이다. 징관의 의도를 헤아리면, 그는 후세 사람들이 이 『조론』의 글을 읽고 이를 소승의 생멸천류生滅遷流의 설로 이해할까봐 특별히 제기하여 분석했다. 그 목적은 모두가 『조론』의 뜻을 깊이 이해하고, 불변의 이치를 몸소 깨닫도록 하는 데 있다. 그러나 『연의초』는 소승의 설만 인용하고, 대승의 설을 온전하게 인용하지 않았다. 그러나 맺음말 부분의 "이것은 속제에 결부하면 불천이다."라는 말은 실제로 속제와 진제를 서로 비교하는 의도를 나타내지만 문자상으로 명확하게 표현하지 않았을 뿐이다.[20]

즉 감산대사가 보기에 징관이 승조의 『물불천론』을 대하는 입장은 두

---

**19** 『감산노인연보자서실록소憨山老人年譜自敘實錄疏』[福善記錄, 福徵述疏]의 기록에 의하면, 당시의 진陳씨 산음태수山陰太守가 『조론중오집해肇論中吳集解』를 각인하려고 하면서 감산대사에게 교정을 부탁했다. 감산대사는 처음에 그 중의 '회오리바람이 몰아쳐 산을 무너뜨리지만 항상 고요하고, 강물이 경쟁하듯 물을 쏟아붓지만 흐르지 않는다.(旋嵐偃嶽而長靜, 江河競註而不流.)'의 뜻을 알지 못했다. 그러나 후에 범지梵誌의 이야기를 읽고 문득 크게 깨달았다. 범지는 어려서 출가해 흰 머리로 돌아왔는데, 이웃 사람이 그를 보고 말했다. "옛사람이 아직 있는가?" 범지가 대답했다. "나는 옛사람과 비슷하나 옛사람이 아닙니다." 감산 대사는 이로부터 제법이 본래 오고 감이 없다는 것을 깨닫고 게송을 지었다. "나고 죽음과 밤낮의 바뀜이여. 물은 흐르고 꽃은 지는구나. 오늘에야 비로소 알았네. 콧구멍이 밑으로 나 있음을.(死生晝夜, 水流花謝, 今日乃知, 鼻孔向下.)"(『大正藏補編』14, 479上).

**20** 『憨山老人夢遊集』卷13(『續藏經』73, p.549a-b), "然淸涼『疏』中自有二意, 且云顯文似同小乘云云, 其實意在大乘. 生即不生, 滅即不滅, 遷即不遷. 原淸涼意, 正恐後人見此『論』文, 便墮小乘生滅遷流之見, 故特揭此, 表而出之. 欲令人人深識『論』旨, 玄悟不遷之妙耳. 然『鈔』文但擧小乘, 一意辨之, 未竟大乘之說. 但結文『此約俗諦爲不遷耳』一語, 義則長短相形, 但文稍晦耳."

가지가 있다. 첫째, 『물불천론』의 "강물이 다투어 물을 쏟아붓지만 흐르지 않는다."와 소승불교에서 말하는 '당처생멸當處生滅'의 설은 유사한 점이 있다는 것을 확인한다. 둘째, 징관은 승조의 '물불천론'이 소승불교의 생멸관이라고 보지 않고, 반대로 징관은 승조가 '물불천' 외에도 '진제'의 불천을 말했다고 본다. 그 참뜻은 바로 대승불교의 '진불천眞不遷', 즉 성공性空의 입장에서 이해하는 '불천'에 있다. 징관이 소승불교의 설을 든 것은 중생이 대승불교의 '불천'의 취지를 이해하지 못해 소승불교의 생멸천류의 견해에 빠질 것을 우려했기 때문이다. 다만 징관의 서술은 모호하고 불명확한 점이 있으며, 특히 승조가 성공의 의미에서 불천의 설을 말한 것에 대해 상세히 설명하지 않아 오해를 불러일으키기 쉽다. 진징의 잘못은 『화엄경소』와 『연의초』에서의 징관의 설을 제대로 이해하지 못하고, 징관이 승조의 『물불천론』에 대해 비판하는 입장으로 보고, 징관이 승조를 인정하는 부분은 보지 못했다는 것이다. 이는 징관에 대한 잘못된 이해일 뿐만 아니라 승조의 『물불천론』에 대한 잘못된 이해이기도 하다. 만약 『물불천론』에 대한 징관의 평가를 하나의 공안으로 본다면 진징은 징관의 진의도, 『물불천론』의 진의도 꿰뚫어 보지 못했고, 감산 덕청은 그 현기玄機를 정확히 파악했다.

## IV. 명대 불교의 법장·징관·이통현에 대한 재평가

위에서 언급한 바와 같이, 감산 덕청이 만년에 징관의 『화엄경소』를 줄여 『화엄경강요』를 중편한 이유는 『화엄경소』가 너무 커서 삭제가 필요한 것 외에 중요한 고려 사항이 또 있었다. 그것은 이통현의 『화엄경합론』의 유행에 대항하는 것이다. 『몽유집夢遊集』의 '답오관아태사答吳觀我太史'에서 감산 덕청은 이에 대해 다음과 같이 설명한다.

> 징관은 중국 화엄사상사에서 중요한 위치를 차지하며, 그의 『화엄경소』는 내용이 상세하고 이치가 자세하여 『화엄경』 주석서의 모범이다. 그러나 『연의초』는 너무 완벽을 추구해 지나치게 번거로워 공부하는 사람들이 감히 읽지 못하게 했고, 사대부는 대부분 『[화엄경]합론』의 간결 명쾌함을 좋아했다. 대다수의 사람들이 징관의 저작을 좋아하지 않아서 화엄종의 교리 연구는 막다른 길로 나아갔다. 이통현의 『화엄경합론』은 비록 간결하지만 『화엄경』의 대의를 보여줄 뿐 『화엄경』의 교리를 상세히 분석하는 면에서 징관의 저작에 미치지 못한다.[21]

여기에 언급된 '합론', 즉 『화엄경합론』은 당대 이통현의 『신화엄경론』을 바탕으로 편집된 저서이다. 이통현은 일찍이 역경을 연구하다가, 후에 신역 『팔십화엄경』을 만나 불전을 연구하기 시작했다. 『신화엄경론』 40권, 『결의론決疑論』 4권 등을 저술했다. 당 대중연간大中年間(847-859)에 개원사開元寺 지녕誌寧은 이통현의 『신화엄경론』을 『화엄경』(80권본) 경문 아래로 합쳐 『화엄경합론』으로 정리하였다. 이 책은 경과 논을 한 권으로 합친 것으로, 이통현이 경과 논을 따로 분류한 것보다 더 가독성이 있기 때문에 불교계에서 영향력이 크다. 오대五代 말, 북송 초에 항주 보은사報恩寺의

---

21 『憨山老人夢遊集』(『續藏經』73, p. 594c), "清涼爲此方著作之祖, 其『疏』精詳, 眞萬世宏規. 但『鈔』文以求全之過, 不無太繁, 故使學者望洋而退, 士大夫獨喜『合論』明爽, 率皆仇視, 而義學亦將絶響矣. 嘗謂『論』固直捷, 唯發明大旨, 至於精詳文義, 或未及的指說者之意也."

대사 보은 영안報恩永安(911-974)[22]이 오월왕吳越王 전숙錢俶(재위 948-978)의 지시로『화엄경합론』의 단행본을 판각 제작했다. 1095-1096년 사이에 또 복주福州 동선사東禪寺에서 '합론십삼함合論十三函'[23]이 판각되었다. 그 후 복주 개원사에서 판각한 '합론십삼함'이『복주장福州藏』에 수록됐다. 송대 계환戒環의『대방광불화엄경요해』1권은 이통현의 학설에 의거하고 징관의 학설을 보조해 지은 것이다. 이 책은 방대하기 때문에 이지李贄의『화엄경합론간요華嚴經合論簡要』4권·방택方澤의『화엄경합론찬요華嚴經合論纂要』3권 등 이 책의 절요본이 명대에도 나왔다. 절요본의 등장으로 이통현은 사대부에서 환영받았다.

이통현의『화엄경』해석은 경으로 경을 풀이하는 전통적인 방식이 아니라, 중국 전통의 역학 이론을 결합해『화엄경』의 경문을 해석한다. 예를 들어 선재동자가 문수보살의 가르침에 따라 남쪽으로 가서 선지식을 찾는데, 여기에서 '남쪽'의 의미에 대해 이통현은 "남쪽은 명明이고, 허虛이다. 남쪽은 이離이고, 이離 가운데 허虛하다."라고 하여[24] 경문의 '남'을 '이괘離卦'와 연결짓는다. 이런 방식이 지엄·법장·징관의 주석 스타일과 달라 송대에 확립된 화엄종의 조사 계보에서 이통현은 제외됐다. 감산 덕청도 같은 이유로 징관이『화엄경』을 가장 잘 해석했고, 이통현의 해석은 의

---

22 영안永安의 생애는『송고승전』에 보인다. 그는 온주溫州 영가永嘉 출신으로, 천성연간天成年間(926-930)에 항주에 가서 천태 덕소天臺德韶(891-972)의 법석에 참석했다. 그 후에 보은사報恩寺 주지가 되었고, 이 기간에『화엄경합론』판각 사업을 주관했다.『宋高僧傳』卷28(『大正藏』50, p. 887a).

23 이 '십삼함'의 내용은『화엄경합론』을 중심으로 하며, 동시에 이통현의 저작『약석신화엄경수행차제결의론略釋新華嚴經修行次第決疑論』(『決疑論』)·종밀의『주화엄법계관문註華嚴法界觀門』一卷·법장이 저술하고 승천承遷이 주해한『대방광불화엄경금사자장大方廣佛華嚴經金師子章』一卷·호유·정호胡貞의 저술『화엄경감응전華嚴經感應傳』一卷·반야가 번역한『보현행원품普賢行願品』一卷·마지마지馬支가 저술한『이장자사적李長者事跡』을 포함한다. 池麗梅(2022), pp. 313-325 참고.

24『新華嚴經論』卷1(『大正藏』36, p. 726b).

도적으로 아직 부족하다고 여겼을 것이다. 바로 이런 이유로 감산 덕청은 사람들이 『화엄경합론』에만 의지해 화엄 사상을 이해하는 것을 원치 않아 『화엄경강요』를 편찬하여 징관의 설을 알렸다.

그러나 감산 덕청과 동시대의 고승이자 도반인 자백 진가紫柏眞可(1543-1603)는 징관보다 이통현을 더 숭배했다. 자백 진가는 평생 사찰(雲居寺)을 부흥시키고, 대장경(『가흥장(嘉興藏)』) 판각을 도와 불교계에서 큰 영향력이 있었다. 자백 진가는 평생 이통현을 마음에 새겨 잊지 않았다. 젊은 시절에 자신의 미래 인생 계획에 의문을 품은 그는 불교 연구를 할 것인지, 홍법이생의 사업을 할 것인지에 대해 곤혹스러워했다. 그래서 이통현의 존상 앞에서 향을 피우고 기도하여 제비를 뽑아 결정하였다. 1592년 봄, 자백 진가는 제자들을 데리고 이통현이 책을 저술하고 학설을 세운 방산方山을 찾아 이통현의 유적을 참배하였다. 징관의 『화엄경소』와 이통현의 『신화엄경론』에 대하여 자백 진가는 다음과 같이 말한 적이 있다. "나는 조백棗柏의 『논』을 읽었으며 징관의 『[화엄경]소』를 알고 있었는데, 비록 정교하고 깊지만 이통현李方山이 곧장 종지를 드러냄에는 미치지 못했다. 그러나 천기가 깊은 자는 찾을 수 없는 것을 화두로 삼아 끊임없이 연구하다가 홀연히 들어온다."[25] 여기서 조백이란 이통현을 의미하는데, 이통현이 방산에서 책을 쓰고 학설을 세울 때 매일 대추 열 알과 측백나무 잎으로 만든 떡 하나만 먹었다고 해서 '조백거사'라고 불렸다. 자백 진가가 징관과 이통현을 비교한 것을 보면, 진가는 징관의 『화엄경소』의 의미가 정교하고 깊지만, 이통현의 『신화엄경론』이 구도가 거대하고 구속이 없다고 본다.

---

25 『紫柏尊者全集』 卷7(『卍續藏經』73, p. 208a).

송대 화엄종의 조사 계보가 확립된 이래, 이통현은 공식적으로 인정된 정통 계보에서 제외됐다. 그러나 이통현의 저서가 대장경에 들어가 있다는 사실과 자백 진가가 그의 사상을 추앙하는 것으로 볼 때, 불교계 내에서 화엄종의 전승 계보는 이통현의 사람들이 화엄사상을 받아들이는 데 방해가 되지 않았으며, 중국 전통사상과 깊이 결합된 일종의 화엄사상 유형으로서 불교계와 지식계에서 여전히 생명력과 영향력이 있었다.

화엄사상에 독창적 견해가 있는 또 다른 한 사람은 유명한 고승인 우익 지욱蕅益智旭(1599-1655)이다. 지욱은 명의상 천태종의 전승에 속하지만, 성상융합·선교융합을 사상적 특징으로 하며, 실천에서는 정토법문을 견지한다. 우익 지욱이 말한 성상융합은 주로 '성종'인 화엄종과 '상종'인 유식종의 융합을 가리킨다. 그는 성상융합의 입장에서 화엄종의 역대 조사들에 대해 다음과 같이 평가했다.

현수 법장 국사는 측천무후가 그의 제자가 되어 명성이 자자하였다. 그러나 진역『화엄경소』는 내용이 미비했고, 법장의 소도 허술하여 후세에 널리 전해지지 않았다. 전해지는『기신론소』는 내용이 얕고 체계를 이루지 못하고 마명대사『기신론』의 뜻을 반영하지 못해 읽을 가치가 없다. 방산 이통현은『신화엄경론』을 저술하였는데『화엄경』의 요강을 얻었다. 청량 징관 국사는 또『화엄경소』『연의초』를 저술하였는데, 전체 구조나 내용 세부 사항에서 완벽하고『잡화경』의 정수를 파악했다고 할 수 있다. 후대의 불교도들은 유독 이통현만 좋아하는데 아마도 마음이 거칠고 침착하지 못해서 의리를 깊이 연구할 수 없기 때문일 것이다. 징관은 이론적으로 법장을 계승하지만 그 경지는 이미 그를 초월했다. 종밀은 사상적으로 신회의 영향을 받아 지견知見을 근본으로 여기고, 이론적으로 자기주장을 할 수 없기 때문에 징관의 진리를 드러낼 수 없다.[26]

여기서 우익 지욱은 화엄종의 3조 법장·4조 징관·5조 종밀, 화엄종 조사 계보에 없는 이통현의 화엄사상에 대해 개괄하고 평가한다. 화엄종의 영향력 있는 4명의 사상가 중에서, 징관의 『화엄경소』와 『연의초』만이 『화엄경』의 심오한 이치를 탐구하고, 나머지 3명은 사상적으로 문제가 있다고 우익 지욱은 여겼다. 여기서 주목할 만한 것은 법장에 대한 평가이다. 법장은 중국 화엄종 사상의 집대성자로 여겨진다. 법장은 무측천이 칙명으로 봉한 '현수국사'라는 칭호를 받았기 때문에, 송대 지반誌磐은 『불조통기佛祖統紀』 '제종입교지諸宗立教誌'에서 화엄종을 '현수종'이라 불렀다. 그러나 법장의 『화엄경』 주석서인 『탐현기』가 『육십권화엄경』에 대한 주석서이고, 『육십권 화엄경』이 내용상 미비하기 때문에 『탐현기』도 허술하다고 우익 지욱은 여겼다. 『대승기신론』의 주석서인 법장의 『대승기신론의기』는 지리멸렬하여, 『대승기신론』의 저자 마명대사의 의도에 부합하지 않는다고 평가했다.

그렇다면 우익 지욱이 징관을 칭찬하고 법장을 비판하는 이유는 어디에 있을까? 이는 지욱이 『대승기신론열망소大乘起信論裂網疏』에서 법장의 교관설을 비판한 대목을 언급해야 한다. 법장은 『대승기신론의기』에서 『대승기신론』을 '여래장연기종'에 위치시키고, 여기서 표현된 '여래장연기

---

[26] 『儒釋宗傳竊議』(『嘉興藏』36, p. 347下), "賢首法藏國師, 得武後爲其門徒, 聲名藉甚, 疏晉譯『華嚴經』, 經既未備, 疏亦草略, 故不復傳. 所傳『起信論疏』, 淺陋支離, 甚失馬鳴大師宗旨, 殊不足觀. 方山李長者有『新華嚴經論』, 頗得大綱. 清涼觀國師, 復出『疏』『鈔』, 綱目並擧, 可謂登『雜華』之堂矣. 後世緇素, 往往獨喜方山, 大抵是心粗氣浮故耳. 不知清涼, 雖遙嗣賢首, 實青出於藍也. 圭峰則是荷澤知見宗徒, 支離矛盾, 安能光顯清涼之道."

설'이 '성종'에 속하며, 법상유식설의 '상종相宗'보다 가치적으로 높다고 보았다. 그런데 우익 지욱은 법장의 설에 동의하지 않았다. 우익 지욱은 『대승기신론열망소』에서 '일심이문'을 설명할 때, 진여와 팔식은 같지도 않고 다르지도 않은 관계라고 보았다. 『성유식론』 등에 나타난 '상종'은 양자 간의 동일하지 않음을 강조하여 진여불생멸과 팔식생멸이 대비된다. 반면에 『대승기신론』에 나타난 '성종'은 양자 간의 다르지 않음을 강조하며, 생멸의 팔식과 불생멸의 진여가 화합하고 함께 연기법을 이룬다. 해석 방법이 다르기 때문에 표면적으로 '성종'과 '상종'으로 그 표현이 다르지만, 이는 그들의 시각과 해석 방법이 다르다는 것을 의미할 뿐, 그들이 지칭하는 것은 동일한 연기법이다.[27]

'성종'과 '상종'의 싸움은 제법을 어떻게 인식하는가의 본질적인 문제와 관련된다. 제법을 마음이 만든 것으로 볼 것인가, 아니면 여래장연기[=진여연기]로 볼 것인가라는 문제는 중국 불교의 여러 종파와 관련되며, 당송 이후의 중국 불교 발전을 관통한다. 이 문제에 대한 다양한 해답은 여러 종파의 이론 기초와 수행 방향에 깊은 영향을 준다. 전체적으로 보면, 화엄종으로 대표되는 '성종'이 중국 불교학의 주류를 차지하고, 유식종으로 대표되는 '상종'은 상대적으로 약세이다. 바로 그렇기 때문에 법장은 화엄종 이론의 집대성자로 중국 불교사상가들의 추앙을 받아왔다. 그러나 우익 지욱에게서 '성종'과 '상종'의 벽이 허물어지고, '성종'은 더 이상 이론적 우위를 누리지 못하게 되면서, 법장의 권위에 대한 의문과 비판이 수반되었다.

---

27 『大乘起信論裂網疏』卷1(『大正藏』44, p. 422c).

## V. 결론

이상의 고찰을 통해 명대 불교사에서 이름이 없었던 무극 수우가 위로는 노암 보태를 이어받고, 아래로는 설랑 홍은·감산 덕청에게 이어주어, 명말의 화엄학 부흥운동에서 중요한 역할을 했음을 알 수 있다. 설랑 홍은·감산 덕청과 같은 시대는 아니지만, 징관의 사상은 두 사람의 인생 계획과 사상 형성에 중대한 영향을 미쳤다. 『조론』을 둘러싼 감산 덕청과 오대산 진징의 논쟁은 『조론』에 대한 징관의 해석을 어떻게 평가하느냐와 직접적인 관련이 있다. 징관은 당대의 사상가이지만 명대의 화엄사상 전개에 있어서 피할 수 없는 존재이다.

명대 불교에서 징관의 위치를 정하려면, 명대 불교에서 이통현·법장을 포함한 화엄 사상가들의 위상과 영향을 비교해야 한다. 이통현의 화엄학이 다시 중시된 것도 명대 화엄종의 중요한 동향이다. 이통현의 화엄학은 독특한 특색을 가지고 있기 때문에, 법장 등 '정통' 화엄학의 입장에서 보면 이통현은 의심할 여지 없이 '이단'의 색채를 띠고 있다. 그래서 송대에 확립된 이른바 중국 화엄종 조사 계보는 이통현을 화엄학 전승 체계에서 제외하였다. 그러나 관점을 바꿔 화엄학의 중국화 입장에서 보면, 이통현은 중국 전통사상과 결합해 화엄사상을 재해석하여 화엄학의 중국화에 탁월한 기여를 했다. 명말 불교계, 특히 자백 진가는 이통현을 추앙했기 때문에, 이통현 『화엄경합론』의 유행이 징관의 『화엄경소』와 『연의초』를 능가하기도 했다. 이 현상은 중국 불교계가 기존의 '정통'과 '이단'의 울타리를 깨고, 중국 화엄종의 사상 전승을 재조명하기 시작했음을 보여준다.

화엄종 3조 법장·5조 종밀에 대한 우익 지욱의 비판은 전통 화엄학을 해체하고 재구성하는 이중적 의미를 가진다. 우익 지욱은 성상원융의 입장에서, 법장과 종밀이 유독 성종만을 추앙했기 때문에 그 화엄학이 얕고 불완전해 법으로 삼을 수 없다고 보았다. 이런 평가는 송대 이래 법장 등의 화엄 조사에 대한 불교계의 단순한 숭배를 깨고 법장 등을 조사의 신단神壇에서 추락시켰다고 할 수 있다. 우익지욱이 그렇게 할 수 있었던 것은 자신의 학문적 추구와 가치 입장 외에도, 명대 불교의 융합적 특질과 관련이 많다. 명말에 불교의 종파성이 약화되면서 불교 사상가들은 뚜렷한 종파 속성이 없었다. 따라서 명말 사상가들은 기존의 종파적 입장에 얽매이지 않고, 자신의 학식과 신앙을 바탕으로 역사적 인물을 평가하고 사상을 선택할 수 있었다. 이러한 전통 학설에 대한 비판적 고찰은 사실 전통에 대한 일종의 재구성이기도 하다. 즉 종합 불교의 입장에서 화엄학 전승의 역사를 다시 정리하고, 화엄학 발전의 진실한 논리를 재구축하는 것이다.

번역: 조소영
중국어 통번역사

## 〈참고문헌〉

**약호**

大正藏　大正新脩大藏經

卍續藏經　卍新纂續藏經

嘉興藏　嘉興大藏經


**원전**

『憨山老人夢遊集』(『卍續藏經』73)

『憨山老人年譜』(『大正藏補編』14)

『憨山老人年譜自敍實錄疏』(『大正藏補編』14)

『大方廣佛華嚴經』(『大正藏』9)

『大方廣佛華嚴經疏』(『大正藏』35)

『大方廣佛華嚴經隨疏演義鈔』(『大正藏』36)

『大乘起信論裂網疏』(『大正藏』44)

『夢遊集』(『卍續藏經』73)

『雪浪法師恩公中興法道傳』(『卍續藏經』73)

『宋高僧傳』(『大正藏』50)

『新華嚴經論』(『大正藏』36)

『儒釋宗傳竊議』(『嘉興藏』36)

『紫柏尊者全集』(『卍續藏經』73)

『肇論』(『大正藏』45)

## 단행본

木村清孝著, 李惠英译(2011),『中國華嚴思想史』(第二版), 东大图书公司.

方立天(2012),『法藏与〈金师子章〉』,《方立天文集》第三卷, 中国人民大学出版.

杨政河(1982),『華嚴経教與哲学研究』, 慧炬出版社.

王颂(2008),『宋代华严思想研究』, 宗教文化出版社.

王颂(2016),『〈华严法界观门〉校注研究』, 宗教文化出版社.

魏道儒(2008),『中国华严宗通史』, 凤凰出版社.

张文良(2017),『东亚佛教视野下的华严思想研究』, 国际文化出版公司.

錢謙益(2008),『列朝詩集小傳』, 上海古籍出版社.

## 논문

楊維中(2017),「明代唯識學, 華嚴宗大師高原明昱行歷及其貢獻考述」,『世界宗教研究』.

張愛萍(2014),「『華嚴宗乘』的作者及其學術價值」,『世界宗教研究』.

池麗梅(2022),『李通玄著作群之入藏始末與海外流傳——以福州版「合論十三函」爲中心』,『古典文獻研究』(第二十五輯上).

# 03

# 일본 화엄의 논의論義에 보이는 징관의 영향
### 천태교학과의 관계에 주목하여[1]

노로 세이 野呂靖

## I. 머리말

1614년(慶長 19) 7월, 에도 막부의 초대 장군 도쿠가와 이에야스德川家康(1543-1616)는 슴푸성駿府城(현재 시즈오카 현 시즈오카 시)에서 불교교리에 관한 문답에 귀를 기울이고 있었다. 이에야스의 면전에서 실시되었던 논의, 즉 '어전논의御前論義'이다. 이 논의는 1613년(慶長 18)부터 간헐적으로 개최되었는데, 천태·진언·법상 등 각 종파의 승려가 입회하여 이에야스가 친히 높은 관심을 가지고 청강하였던 법회였다.[2] 1614년 7월 22일의 법회에서는 화엄교리에 관한 다음과 같은 문답이 실시되었다.

---

1   본고는 『불교학보』102, 불교문화연구원, 2023, pp. 129-173에 게재한 논문을 수정·보완한 것이다.
2   어전논의를 통해 본 이에야스의 불교신앙에 대해서는 曽根原理(1996), pp. 203-231 참조.

[게이초 19년(1614) 7월] 22일, 화엄종의 논의論義. 제목은 '부처께서 이 세상에 나타나신 목적에 관한 의문'이다. 『법화경』에는 "다만 일대사인연[을 설하기] 위해서 [부처께서] 이 세상에 출현하셨다."고 한다. 더욱이 화엄종에서는 이승二乘의 사람들은 깨달을 수 없다고 말한다. 또한 삼법륜이라 하면 근본법륜·지말법륜·섭말귀본법륜攝末歸本法輪이다. 근본[법륜]은 『화엄경』 『법화경』 모두가 동일한 최고의 가르침醍醐이라 하지만, 『법화경』은 결국 근본인 『화엄경』으로 돌아가는 법문이다. 이것(『화엄경』)은 매우 심오한 가르침이기 때문에 이승은 깨달을 수 없다. 또한 삼법륜이라 할 때에도 근본은 『화엄경』이다. 아함·방등·반야의 가르침 등은 지말이 된다. 지말을 거두어 단일한 원교로 돌아가게 하는 것이 『법화경』[의 역할]이다. 그러나 그 돌아갈 곳의 근본이란 『화엄경』이기 때문에 부처께서 이 세상에 나타나신 본의 또한 『화엄경』을 설하기 위해서였다고 말해야 한다. 강사는 [동대사] 청량원·총지원·대희원의 승려였다.[3]

이에 의하면 『법화경』에 설해진 '출세본회出世本懷(이 세상에 석존께서 나타나신 목적)'는 『화엄경』을 설하기 위한 것이며, 『법화경』을 포함한 모든 교설은 최종적으로 화엄일승으로 돌아가게 하기 위한 가르침이라는 것이 강하게

---

3 『駿府記』 『史籍雜纂』 2, "廿二日, 華嚴宗論議, 題佛出世本懷, 難云 法華云 唯以一大事因緣故出現於世とあり, 其上華嚴にては二乘はさとらす, 又三法輪とは, 根本法輪, 枝末法輪, 攝末歸本法輪也. 根本は華嚴法華同一醍醐といへとも, 法華本懷も遂に根本の華嚴に歸入す, 法門甚深なる故, 二乘は不悟, 又三法輪の時も, 根本は華嚴也, 阿含方等般若なとは枝末也, 枝末を收めて一圓乘に歸入するは法花也, 然共其歸入する本は華嚴にあれは出世の本懷も華嚴にあるへし, 講師淸涼院, 惣持院, 大喜院師君云々."(國書刊行會, 265上). 또한 『준부기駿府記』에 의하면 어전논의에서 실시되었던 화엄논제는 모두 4제목이 된다.
① 게이초慶長 19년 6월 3일 「十方國土一佛歟亦多佛歟」
② 동년 동월 6일 「三界唯一心, 心外無別法, 心佛及衆生, 是三無差別にして不可有不同」
③ 동년 7월 22일 「佛出世本懷」
④ 동년 9월 10일 「因明聲論論勝論之問答」

주장되고 있다. 즉 여기에서 동대사의 학승들은 『법화경』에 대비시켜 『화엄경』의 초월성을 강조하고 있는 것이다.

어전논의를 실질적으로 운영하고 있던 것은 이에야스의 측근이었던 천태종 승려 남광방南光坊 덴카이天海(1536-1643)였다. 그렇기 때문에 각 종파가 담당하는 논제에는 천태교리와 관련된 내용이 의도적으로 선택되었다.[4] 그렇다 해도 동대사 승려들이 장군의 어전에서 천태교학에 비판적이라고도 할 수 있는 내용을 주장한 이유는 분명하지 않다.

그런데 여기에서 주목해야 할 것은 이러한 동대사 승려들의 논의가 결코 급조된 것이 아니라 가마쿠라鎌倉시대 교넨凝然(1240-1321)과 그 제자 등 중세 화엄종으로 거슬러 올라가는 전통적인 문답이었다는 점이다. 더욱이 후술하겠지만, 이것은 '청량대사 징관澄觀(738-839)의 교학을 어떻게 이해할 것인가'라는 논의 가운데에서 탄생한 것이었다.

14세기 동대사 계단원戒壇院의 장로였으며 교넨의 제자였던 조요盛譽(1273-1362)가 편찬한 『화엄수경華嚴手鏡』은 동대사에서 실시되었던 화엄논의 30제가 수록된 논의서論義書이다. 흥미로운 점은 본서의 30제 중 다섯 가지[久遠同不, 本懷華嚴, 佛慧根本, 別位通局, 華嚴海空]가 징관의 교학에 관한 논의로, 모두 천태교학에 대해 비판적인 내용을 담고 있다는 것이다. 이 중 '구원동불久遠同不'은 어전논의의 내용과 연관되어 있어, 중세부터 근세까지의 화엄종에서 징관교학과 『법화경』의 관련성이 큰 관심의 대상이었다는 것을 알 수 있는 것이다.

본고에서는 동대사에 현존하는 『화엄수경』 및 논의 사본을 분석하여 중세부터 근세에 걸쳐 화엄종에서 『법화경』과 천태교학의 위치를 살펴봄

---

4  ラポー・ガエタン (2020), pp. 513-545 참조.

으로써 징관교학이 일본불교에 미친 영향을 고찰하고자 한다.

## II. 일본의 징관 교학 수용사

### 1. 헤이안平安 초기의 진언종·천태종에 의한 수용

먼저 일본에서 징관교학의 수용과 변천에 대해 개관하고자 한다. 잘 알려진 것처럼 일본에 징관의 저술을 최초 소개한 것은 구카이空海(774-835)이다. 구카이는 장안長安에서 직접 징관과 대면했을 가능성이 높고,[5] 또 당唐에서 일본으로 가지고 돌아온 경소經疏의 목록인『어청래목록御請來目錄』(806)에는 실차난타實叉難陀 역『화엄경심다라니華嚴經心陀羅尼』등의 화엄 관계 의궤류 및『화엄십회華嚴十會』1권,『대방광불화엄경품회도大方廣佛華嚴經品會圖』1권 등과 함께 "華嚴經疏一部三十卷 澄觀法師撰"이 기록되어 있다.[6] 원래『화엄경소』에는『대일경』의『대일경소』를 포함한 여러 밀교전적이 인용되어 있는 등 밀교적 요소를 많이 담고 있었다.[7] 구카이의 저술 중『화엄경소』를 직접 인용한 것은 보이지 않지만, 구카이에게 징관은 밀교와 친화성이 높은 교학을 전개했던 사상가로 인식되었다고 생각할 수 있다.

구카이로부터『화엄경소』를 빌려 갔던 것이 사이초最澄(766-822)이다. 사

---

5 加藤精一(1995), pp.99-100.

6 『御請來目錄』(『底本弘法大師全集』1, p.27). 당 목록에 기재된 화엄관계 문헌은 이하의 9점이다.『華嚴經入法界頓証毘盧遮那字輪瑜伽儀軌』一卷,『新譯華嚴經』一部四十卷,『華嚴經心陀羅尼』一卷,『華嚴經疏』一部三十卷,『華嚴十會』一卷,『大方廣佛華嚴經品會名圖』一卷,『華嚴會請賢聖文』一卷,『金師子章并緣起六相』一卷,『杜順禪師會諸宗別見頌』一卷.

7 遠藤純一郎(2004), pp.117-143 참조.

이초가 입수한 것은 전반 10권뿐이었지만[8], 입수한 직후에 해당하는 813년(고닌弘仁 1) 찬술 『의빙천태집依憑天台集』에서 곧바로 언급하였다. 사이초는 징관이 『화엄경소』에서 천태대사 지의智顗(538-597)와 남악 혜사慧思(515-577)의 교학을 "이치가 원만하다."고 하며, 법장의 오교판을 "천태와 크게 같다."라고 한 것을 높이 평가하여 천태교학에 의문이 있는 자는 징관의 경소를 읽어야 한다고까지 말한다.[9] 분명 징관의 교학에 천태교학의 영향이 짙다는 것이 인정되지만, 후술하는 것처럼 징관의 『법화경』 이해가 반드시 천태종에 유리한 것만은 아니다. 그러나 사이초에게 징관은 천태교학을 근거로 하여 화엄교학을 형성하였던 사상가로서 호의적으로 받아들여졌다.[10]

일본 천태종에서는 사이초 입적 후에도 엔닌圓仁(794-864)이나 엔친圓珍(814-891) 등과 같은 사이초 문하의 입당승들에 의해 징관의 문헌이 지속적으로 소개되었다.[11] 이와 같이 헤이안 시대 초기에는 진언·천태의 양 종에서 징관의 경소를 열심히 읽게 되었다.

한편 이 시대의 동대사에서는 징관 수용의 흔적을 확인할 수 없다. 나라 시대 후기 주료壽靈의 『오교장지사五敎章指事』는 물론이고 헤이안 초기 이후에 찬술된 '사기私記' 등의 문헌에도 전혀 언급되지 않는다. 또한 9세기 경 성립된 것으로 추정되는 『화엄종소립오교십종대의략초華嚴宗所立五敎十宗大意略抄』에는 화엄종 조사의 이름을 열거하여 인도·중국·신라·일본

---

8  『傳敎大師全集』5, 「澄觀新華嚴經疏上帙十卷 唐本」, p. 450.

9  『傳敎大師全集』3, pp. 363-364.

10  사이초의 징관 수용에 대해서는 吉津宜英(1987); 吉津宜英(1996); 英亮(2022) 참조.

11  『智證大師請來目錄』(『大正藏』55, p. 1107a), "澄觀和尚獻相公書一本上二本合卷,"; 圓仁, 『入唐新求聖敎目錄』(『大正藏』55, p. 1083b), "普賢行願品疏一卷 沙門澄觀述,", "華嚴經疏二十卷 澄觀法師作."

으로 이어지는 일종의 화엄종 계보를 기록하고 있는데,[12] 중국 부분에 두순·지엄·법장만 있을 뿐 징관은 이름조차 들고 있지 않다.

그 이유는 명확하지 않지만, 10세기 전반에 편찬된 엔초圓超의 『화엄종장소병인명록華嚴宗章疏并因明錄』(914년 성립)에 『화엄경소』 외에도 "華嚴法界觀玄鏡一卷澄觀述", "華嚴普賢行願品疏一卷澄觀述"(『大正藏』 55, 1134a) 등이 있는 것처럼 문헌 자체는 계승되고 있었음에도 실제로는 교학적으로 활용되지 않았던 상태였다.

## 2. 헤이안 시대 후기의 징관 수용

이러한 상황에 변화가 생긴 것은 12세기이다. 고려 의천義天(1055-1101)에 의해 교장이 간행되었고, 그것이 일본에 전래되자 인화사仁和寺 화엄원華嚴院의 게이가景雅(1103-1189) 등과 같이 진언종 승려이면서도 화엄을 겸학했던 학승들에 의해 널리 수용되었다. 교장에 수록되었던 징관의 문헌은 15점에 달하며,[13] 징관의 영향을 받은 종밀宗密(780-841)이나 송宋대·요遼대 화엄 장소章疏도 적지 않다. 실제로 현재 일본에 전하는 교장 장소 8점 중 2점이 『화엄경소』와 『연의초演義鈔』이며, 그 외에는 각원覺苑 등의 요遼대 화엄 문헌이다. 이와 같이 일본에서 교장 수용의 경향성은 화엄문헌, 특히 징관에 초점이 맞추어져 있었다.

---

[12] 『華嚴宗所立五教十宗大意略抄』(『大正藏』 72, p. 200b), "華嚴宗祖師 普賢菩薩 文殊菩薩 馬鳴菩薩 龍樹菩薩 堅惠菩薩 覺賢菩薩 日照菩薩 杜順菩薩 智嚴菩薩 法藏菩薩 元曉菩薩 大賢菩薩 表員菩薩 見登菩薩 良辨菩薩 實忠菩薩 世不喜菩薩 總道菩薩 道雄菩薩."

[13] ①疏二十卷或開爲四十卷, ②科七卷, ③隨疏演義鈔四十卷或開爲六十卷, ④徑山寫本八十卷澄觀述, ⑤貞元疏十卷澄觀述, ⑥法界玄鏡一卷澄觀述, ⑦三聖圓融觀一卷, ⑧五蘊觀一卷, ⑨十二因緣觀一卷, ⑩了義一卷食肉有罪無罪附, ⑪心要一卷, ⑫略策一卷澄觀述, ⑬綱要三卷澄觀述, ⑭行願品別行疏一卷, ⑮發菩提心戒本一卷澄觀述, 『新編諸宗教藏總錄』(『大正藏』 55, p. 1166a).

그런데 이 시기 진언종에서는 징관의 교학이나 각원 등과 같이 징관의 영향을 받은 화엄교학에 대해 엄밀한 비판이 반복되었다. 예를 들어 신쇼信證(1086-1142)나 짓판實範(?-1144) 등의 진언승들은 징관의 교학은 화엄일승과 진언일승을 동일시함으로써 "현교와 밀교의 관계성을 어지럽혔다."고 지적한다.[14] 이러한 비판은 말할 것도 없이 구카이의 화엄 이해까지 거슬러 올라간다. 구카이는 화엄에 대해서 인분因分만으로 과분果分을 설하지 않았지만, 진언밀교야말로 대일여래의 과분을 있는 그대로 밝히는 가르침이라 하여 화엄과 밀교의 관계를 엄격하게 구분한다. 앞에서 언급하였듯이 징관의 교학에는 밀교적 요소가 다분한데, 오히려 그렇기 때문에 진언종으로서는 그의 교학을 받아들이기 어려웠던 것이다.[15]

그런데 그러한 와중에 동대사의 화엄종에서도 점차적으로 징관의 장소가 읽히게 되었다. 12세기 초의 동대사 승려 쇼센聖詮이 편찬한 『화엄오교장심의초華嚴五教章深意抄』는 『화엄오교장』에 관한 동대사의 논의를 기록한 글인데, 거기에는 적게나마 징관이 인용되어 있다. 즉 『화엄경』을 보고 듣는 것으로 아미타불의 극락정토에 왕생 가능한가 아닌가'라는 문답에서, 징관 『행원품소行願品疏』 권10[16]을 근거로 하여 '아미타불은 여러 부처의 본사本師이기 때문에 모든 행行에 의해 극락정토에 왕생 가능하

---

14 『大毘盧遮那經住心鈔』券6 (『日佛全』42, p. 286a), "第四顯密濫否者, 何濫何不濫. 答. 余師之所立皆有濫義. 高祖之宗義, 獨無濫過. 問. 其濫義云何. 答. 就之有二途. 一者外道, 二者佛法. 付佛法又有二類. 一以顯教濫眞言, 二學眞言濫顯教矣.……問. 云何學眞言濫顯教. 答. 付之有二類一. 一有令金剛一乘等顯一乘. 異域淸涼, 覺苑, 令華嚴一乘等眞言一乘. 本朝傳敎慈覺令法華一乘等眞言一乘. 二有不悟高祖深義謗眞言正義. 如智證, 安然等也."

15 野呂靖(2023), pp. 271-278.

16 『華嚴經行願品疏』券10(『卍續藏經』, p. 198a), "不生華藏而生極樂, 略有四意. 一有緣故. 二欲使衆生歸憑情一故. 三不離華藏故. 四卽本師故."

다.'라는 결론이 도출된다.[17] 흥미로운 것은 아미타불이 여러 부처의 본사라는 해석이 "진언의 가르침에도 또한 이러한 뜻이 있다."고 보충되어 있다는 점이다.[18] 동대사에서도 징관교학은 밀교와 한 세트로 수용되었던 것이다.

### 3. 가마쿠라 시대 동대사에서의 징관 수용

12세기 가마쿠라 시대에 들어가게 되면 징관은 화엄종의 승려들에 의해 본격적으로 연구된다. 교토京都 다카오高雄의 고산사高山寺를 거점으로 화엄종을 부흥시켰던 묘에明惠(1173-1232)는 20대부터 『탐현기』와 『오교장』과 함께 『연의초』의 서사와 설법을 빈번하게 행하였다.[19] 또 제자들에게 『화엄경소』·『연의초』·『행원품소』의 세 책을 반드시 '처음부터 마지막까지' 읽도록 권장하고 스스로 강의하였다.[20] 묘에가 입적한 뒤 고산사의 학장이 된 제자 기카이喜海(1178-1251)도 이 방침을 계승하여 『화엄경소』를 강의하였다.[21] 묘에 문하에서는 법장과 함께 징관이 화엄학의 기초 소양으로 여겨졌던 것이다.

고산사에 출입하며 논의·담의를 청강하였던 동대사 존승원의 주지 소쇼宗性(1202-1278)는 분에이文永·겐지建治 연간(1264-1278)에 존승원에서 행해

---

17 『華嚴五教章深意抄』(『大正藏』73, p.68c), "中解釋云, 不生花藏而生極樂. 略有四意. …… 爰知三世十方諸佛. 皆以阿彌陀爲本師也. 已有如此之機緣."

18 『華嚴五教章深意抄』(『大正藏』73, p.68c), "眞言教中, 又有此心也."

19 『明惠上人行狀(仮名行狀)』上(明惠上人資料1, p.42);『明惠上人行狀(漢文行狀)』中(明惠上人資料1, p.109).

20 『僧成弁 (高弁)書狀』, 山城神護寺文書,『鎌倉遺文』3, p.253, "一宗大疏之內探玄記廿卷·大疏卅卷〈新經疏〉·演義抄四十卷·刊定記卅卷·貞元疏十卷〈已上百三十卷之內〉, これを一遍此義林房等によませ候はんと結構して候か."

21 田中久夫(1982), p.612 참조.

졌던 '탐현기 30강'의 내용을 기록한 『화엄종향훈초華嚴宗香薰鈔』를 저술했다. 그는 『화엄종향훈초』에서 법장과 징관의 교설이 모순되는 점을 반복적으로 다루며 "청량대사와 향상대사의 해석이 다른 것이 많다."(『大正藏』 72, p.138a)고 지적한다. 하지만 최종적으로는 "스승인 법장과 제자인 징관이 정한 판단에 차이는 없다."(『大正藏』72, p.100c)고 회통한다.

이와 같이 가마쿠라 시대 동대사의 논의는 헤이안 시대 동대사의 화엄 문헌과 크게 다르다는 것을 알 수 있다. 8세기 초반에 일본에 들어온 징관의 문헌은 오랫동안 동대사의 화엄종에서 다루어지지 않다가 12세기가 되어 처음으로 정식적인 논의의 장에서 거론되었던 것이다. 그리고 그에 따라 '법장과 크게 다른 징관의 교학을 어떻게 이해할 것인가'가 큰 과제로 부상하였다.

그 후 소쇼로부터 화엄을 수학한 가마쿠라 중기의 동대사 계단원 교넨凝然(1240-1321)에 의해 법장과 징관의 교학을 회통하고자 하는 경향이 완성된다. 가마타 시게오鎌田茂雄가 '법장·징관 노선'이라는 용어로 제시한 것처럼[22] 교넨 문하의 단에이湛睿(1271-1347)가 『연의초찬석演義鈔纂釋』(『大正藏』卷57 수록)을 저술하는 등 남북조南北朝·무로마치室町 시대의 동대사 계단원에서는 이것이 교학의 규범적인 틀이 되었다.

이처럼 가마쿠라 시대 이후의 화엄종에서 징관을 갑자기 수용하는 듯한 모양새가 된 배경에는 전술한 고려 의천이나 요遼대 화엄의 영향에 더해, 송宋대 화엄의 영향이 결정적이었다고 생각된다. 묘에 및 그의 제자들은 고산사에서 『오교장』을 강의하거나 도정道亭『의원소義苑疏』나 사회師會

---

22 鎌田茂雄(1995), p.547.

『복고기復古記』 등의 『오교장』 주석서를 크게 참조하였는데,[23] 그것은 이미 다분히 징관의 영향을 받은 것이었다.[24]

이상과 같이 일본 고대부터 중세에 걸쳐 징관을 다룬 것은 다만 화엄종에 한정되었던 것이 아니었다. 징관은 일본의 진언종과 천태종에도 큰 영향을 주었으며 일본 화엄종은 그러한 진언·천태 및 중국·한반도라는 대외적인 사상교류의 영향 아래 점차 징관을 정통으로 여기는 인식이 조성되었던 것이다.

## Ⅲ. 조요盛譽『화엄수경』에 나타난 남북조시대의 징관 관련 논의論義

### 1. 『화엄수경』과 천태 관련 논의

14세기 남북조시대, 동대사 계단원의 교학은 어떠했을까. 계단원의 제6대 장로였던 조요는 이 시대 계단원을 대표했던 승려로, 교넨의 고제였던 젠니禪爾로부터 화엄을 배웠고 진언밀교에도 조예가 깊었다.[25] 조요가 1339년(曆應 2)에 지은 『화엄수경』 2권은 계단원에서 실시되었던 '대사강大師講(현수대사 법장과 관련된 강회)'의 논의 내용을 서른 가지 제목으로 수록한 문헌으로, 당시 동대사 화엄의 경향을 파악할 수 있는 자료이다.[26]

---

23 野呂靖(2018), p.125 참조.
24 陳永裕(1989), pp.287-297 참조.
25 조요의 교학과 『화엄수경』에 대해서는 野呂靖(2021) 참조.
26 『華嚴手鏡』(『日佛全』13 수록).

①華嚴教主, ②同教海印, ③性海說不, ④廻心同教, ⑤二乘入不, ⑥同別淺深, ⑦三生別教, ⑧三生隔不, ⑨現身成佛, ⑩龍女同別, ⑪正覺因果, ⑫不說變易, ⑬恒說普聞, ⑭華嚴初時, ⑮分身有無, ⑯久遠同不, ⑰本懷華嚴, ⑱佛惠根本, ⑲別位通局, ⑳華嚴海空, ㉑同時說不, ㉓世体有無, ㉔染淨性起, ㉕普光明智, ㉖心佛衆生, ㉗貪瞋卽道, ㉘非情成佛, ㉙直聞恒說, ㉚一斷悉成

이에 의하면 성불론에 관한 논제가 3분의 1을 차지함을 알 수 있다. 특히 ⑦, ⑧, ⑨, ⑩, ⑪의 다섯 논제는 화엄의 삼생성불에 관한 테마이다. 성불이나 단혹과 같이, 화엄종에서는 수행과 깨달음의 관계에 크게 주목하였던 것이다. 성불론에 대한 관심은 이미 가마쿠라 시대의 동대사 화엄에서부터 보이는 특징으로, 이념적인 교학 해석뿐 아니라 화엄의 수행자로서 주체적인 수행성불에 중점을 두고 있다.[27] 이러한 경향은 본서에서도 분명하게 확인할 수 있을 것이다.

그런데 또 한 가지 특징은 『법화경』 및 천태교학에 관한 논제[⑯구원동불久遠同不, ⑰본회화엄本懷華嚴, ⑱불혜근본佛惠根本, ⑲별립통국別位通局, ⑳화엄해공華嚴海空]가 총 다섯 개 수록되어 본서 전체에서는 큰 비중을 차지하고 있다는 점이다. 이하 각 논제의 개요를 제시하겠다.[28]

---

[27] 野呂靖(2009a), pp.41-61; 野呂靖(2020), pp.693-699 등을 참조.
[28] 각 논제의 개요에 대해서는 野呂靖(2021) 참조. 본고는 이 논문에 기초하여 재서술되었다.

## 【⑯ 구원동불】

이 논제는 『화엄경』의 교주인 석존에게도 『법화경』에 설해진 구원성불의 뜻이 있는지를 묻는 것이다. 이에 대한 답은 『화엄경』에도 구원성불이 설해져 있다고 한다. 이에 입각하여, 만약 설해지지 않는다고 보는 경우, 『화엄경』에 성불 후 불가사의겁을 지났다는 경문이 있어 모순이 일어난다. 또 반대로 설해져 있다고 하는 경우, 중국의 여러 논사들 모두가 『화엄경』에 구원성불이 설해졌다고 하지 않기 때문에 상위가 생긴다고 지적한다.

이에 대한 추가적인 답은, 『화엄경』에는 본문과 적문의 두 문이 있어 본문의 입장에서 보면 본래성불이기 때문에 새로운 성불과 오래전의 성불을 논하지 않는다. 한편 적문의 입장에서는 구원성불과 시성정각始成正覺의 두 가지 관점이 가능하며, 징관 등 중국의 논사들도 이 뜻을 설하고 있다고 회답한다. 나아가 구원성불은 어디까지나 적문의 관점이기에 원교의 입장은 아니라고 부언한다. (『日佛全』13, pp.470上-471上)

## 【⑰ 본회화엄】

이 논제도 ⑯과 마찬가지로 『화엄경』에도 『법화경』과 같은 뜻이 설해지는지를 묻는 것이다. 『화엄경』의 내용을, 즉 여래께서 세상에 출현하신 목적(출세본회)으로 이해해도 좋은가라는 질문이다.

이에 대해 먼저 답에서는 출세의 본회로 봐도 좋다고 대답한다. 그 답에 대해서 여래가 40여년 사이에 설법을 행하고 마지막으로 출세의 본회인 『법화경』을 설한 것은 여래 일대 가운데 '가장 깊은 경지'이다. 그러므로 중국의 논사들은 한결같이 『법화경』을 출세본회의 경전으로 보고 있다. 그러나 『화엄경』은 성도 최초의 설법이지만, 아직 출세의 본회를 설하지 않았다. 그 때문에 담연湛然(711-782)도 화엄은 출세의 본회가 아니라고 했다는 반론이 제기된다.

이 반론에 대해서 답에서는 화엄원교는 여래과지如來果智의 대용大用, 중생본유의 성덕性德에 의한 것이라고 서술한 다음, 징관의 해석을 바탕으로 불지佛智를 설한 것이 그 자체로 일대사의 인연이며, 여래출세의 본회이기 때문에 『화엄경』이야말로 여래출세의 본회라고 결론짓는다.(『日佛全』13, pp.471上-472下)

## 【⑱ 불혜근본】

이 논제는 징관 『연의초』에서 "『법화경』을 들음으로써 부처의 지혜에 들어간다."고 한 점에 대해, '부처의 지혜'는 『화엄경』을 가리키는 것으로 볼 수 있는가라는 질문이다. 이에 대해 먼저 『화엄경』을 가리킨다고 대답한다. 그러나 징관의 문장은 "법화의 불혜佛惠를 얻다."로 읽어야 하기에 『화엄경』을 가리키지 않는다는 반론이 제기된다.

그에 대한 답은 화엄의 가르침은 점교를 여는 근본의 가르침이며, 또한 지말의 가르침을 포섭하여 근본으로 돌아갈 때에는 모든 가르침이 화엄이라는 근본 가르침으로 돌아간다. 그러므로 징관의 문장도 『화엄경』을 가리킨다고 해석할 수 있으니, 다른 종파의 논사들이 『법화경』을 가리킨다고 해석하는 것에 얽매일 필요는 없다고 지적한다.(『日佛全』13, pp.472下-473下)

**【⑲ 별위통국】**

　이 논제에서는 『화엄경』이 삼현십지의 계위를 설하고 있기 때문에 천태종에서는 『화엄경』을 '별원겸함교別圓兼含教'(천태교판의 별교와 원교를 겸비한 가르침)로 위치시키는데, 징관이 이 해석을 인정하는지 여부를 묻고 있다. 우선 답에서는 징관이 이러한 해석을 인정하지 않는다고 하는데, 이에 대해서 분명히 『화엄경』에는 6위차별의 행상行相과 일즉일체원융의 종지가 설해지고 있기 때문에 천태교판, 즉 화법사교에서 별교와 원교를 겸비하고 있다고 볼 수 있다고 반박한다. 또한 『화엄경』에는 이승의 성불이 설해지지 않기 때문에 이것도 천태교판에서 별교의 뜻에 해당할 수 있다고 지적한다.

　이에 대한 답에서 『화엄경』 각 품의 내용은 모두 '원융한 큰 뜻'이며 '무애한 깊은 취지'가 설해진다고 반박한다. 여기에 나타난 항포문行布門과 원융문圓融門의 관계에 대해서도 항포는 원융의 항포이며, 원융은 항포의 원융이기에 양자는 서로를 포섭한다. 그러므로 계위의 전후가 설해진다 해서 이것을 천태교판의 별교로 보아서는 안 된다고 강하게 부정한다.(『日佛全』 13, pp.473下-475上)

**【⑳ 화엄해공】**

　이 논제는 『무량의경』에서 설한 '화엄해공'이라는 말이 『화엄경』을 가리키는 것으로 볼 수 있는지를 묻는 질문이다. 이에 대한 답에서는 『화엄경』이 아니라고 부정한다. 이어서 천태에서는 방등시方等時·반야시般若時 다음에 이 말을 듣기 때문에 『화엄경』을 가리키는 것으로 생각할 수 없음을 『탐현기』를 인용해 반박한다. 한편으로는 지의가 『법화현의』에서 화엄이 설해진 시절을 길게 파악하는 관점을 소개하고, 이 뜻을 가리키는 것일 수 있다고 지적한다. 그러나 이에 대해서『탐현기』의 해석과 합치되지 않는다고 말한 후, 천태의 입장에서 논해진 것이라고 일축한다.(『日佛全』13, pp.475上-476下)

## 2. 논의 '구원동불久遠同不'의 검토

이상으로 다섯 논제의 개요를 소개하였다. 이 다섯 논제에 공통점은 징관의『화엄경소』와『연의초』에서 다룬『법화경』의 논의를 기반으로 하여 문답이 구성되고 있다는 것이다. 지면 관계상 전부 거론할 수는 없기 때문에 ⑯구원동불, ⑰본회화엄, ⑱불혜근본의 세 논제를 검토하겠다.

먼저 '구원동불'을 살펴보자. 여기에서『화엄경』에 '구원성불'이 설해지는지를 묻는 질문에 대해『화엄경』에도 본문·적문의 두 문이 설해지며, 그 중 적문에서 구원성불이 설해지지만 그것은 어디까지나 적문의 입장이며, 옛날도 아니고 지금도 아닌 본래성불을 설한 본문에는 미치지 못한다고 대답한다.

**질문.『화엄경』의 경문에서 교주 석존의 구원성도久遠成道라는 뜻을 설하고 있는가.**

대답. 설한다. [이 대답에는] 두 가지[의 의문이 있다]. 만약 설하지 않는다고 하면,『화엄경』에는 "혹은 석가가 불도를 성취하여, 이미 불가사의 겁을 지났다고 본다."라 한다. 경문에서 교주 석존의 구원성도라는 뜻이 설해지고 있다는데 이론이 없다고 볼 수 있다. 만약 이에 의거해 [설해지고 있다고 한다면] 중국 논사들의『화엄경』에서 교주의 구원성도의 취지를 설하지 않았다고 해석한다고 할 수 있다. 어떻게 해석해야 하는가?

대답. 『화엄경』의 의도에 본문·적문의 두 문이 있다. 만약 본문에 대해 논하면 '옛날도 아니고 지금도 아닌' 부처는 본래 성도해 있다고 말해야 한다. 신구[의 성불]을 정해서는 안되기 때문이다.

만약 적문에 대해 말하면 구원성도와 시성정각의 두 가지 측면이 설해진다. 이에 따라 청량대사는 "『화엄경』의 근본은 곧 '옛날도 아니고 지금도 아니'다. 만약 적문의 입장이라면 '능금능구能今能久'이다."라고 해석한다. 이 해석에 의해 [본문·적문의 두 입장이 있다는 것은] 분명하다. 다만 타종의 논사가 『화엄경』의 뜻을 해석하여 구원성도의 취지를 설하지 않았다고 하는 것은 큰 잘못이다. 이미 [『화엄경』에] "이미 불가사의한 겁을 지났다."고 하였다. 어째서 한결같이 '시성始成의 여래'라고 하는 것인가. 이에 의해 청량대사는 "혹은 천태 논사의 잘못된 해석을 막고, 『화엄경』이 오래전 성불하였다는 것을 설하였다고 판단한다."고 하였다. 그렇다 하더라도 구원성도는 또한 적문에서 논의된 것이기 때문에 원교의 입장은 아니다.[29]

---

[29] 『華嚴手鏡』(『日佛全』13, pp. 470上~471上), "問. 華嚴經文, 可說敎主釋尊久遠成道之旨耶. 答. 可說也. 兩方. 若云不說者, 華嚴經云, 或見釋迦成佛道, 已經不可思議劫云々. 經文無諍說敎主釋尊久遠成道之旨見. 若依之爾者, 震旦人師, 華嚴經中, 不說敎主久遠成道之旨見如何. 答. 華嚴經意, 可有本迹二門. 若就本門談之, 可云非古非今佛, 本來成道, 不可定新古故也. 若就迹門云之, 可說久遠成道始成正覺之二邊也. 是以淸涼大師釋云, 今經之本, 則非古非今. 若就迹門則能今能久文. 解釋分明也. 但他宗人師, 華嚴經意, 不說久遠成道之旨者甚其謬也. 旣說已經不可思議劫. 何爲一向始成之如來哉. 依之淸涼大師, 或遮天台師之謬釋也. 或判卽是此經說久成處云々. 雖然, 久遠成道尙迹門之所談故, 非圓敎規模者也."

여기에서 밝혔듯이, 이 논의에서 『법화경』 최대의 특징인 구원실성久遠實成의 성불30은 이미 『화엄경』에도 설해졌으며, 게다가 그것은 화엄의 입장에서는 아직 적문에 지나지 않은 것으로서 『화엄경』의 우위성이 강조되고 있다.

이 논의가 징관 『연의초』 권90에 설해진 "『화엄경』의 본문은 오래전[의 성불]도 아니고 지금[의 성불]도 아니다. 적문의 입장에서는 지금[의 성불]과 오래전[의 성불]이 다름이 있다."31에 기초하고 있다는 것은 분명하다. 징관은 [아마도 담연을 가리키는] '학자'가 『화엄경』이 『법화경』에 미치지 못하는 점으로서 ①이승성불을 설하지 않은 것(천태교판 중 별교에 해당) ②수량구성壽量久成을 설하지 않은 것 두 가지를 든 것을 강하게 비판하고, 화엄은 '일성일체성'을 설함과 동시에 성불의 시절에 얽매이지 않는 '비고비금'의 성불이 설해지고 있다고 주장한다.32 따라서 『화엄수경』의 내용은 거의 이 논의를 답습한 것이라 할 수 있다.

다만 『연의초』에서는 『법화경』의 구원성불이 『화엄경』에서도 설해졌다는, 말하자면 두 경전의 공통성에 초점을 두고 있는 반면, 『화엄수경』에서는 구원성도라는 사상 그 자체가 화엄원교에는 아득히 미치지 못한 것으로서 강하게 부정되고 있다. 즉 여기에서는 법화에 대한 화엄의 우위성이 강조되는 구도가 된 것이다.

이것은 일본화엄에서 구원성도를 논한 가장 이른 사례인 단에이의 『연의초찬석』에서도 마찬가지이다. 본서에는 『법화경』의 구원실성은 종교

---

30 『法華經』(『大正藏』9, p.42b), "然我實成佛已來久遠若斯. 但以方便敎化衆生. 令入佛道作如是說."
31 『大方廣佛華嚴經隨疏演義鈔』(『大正藏』36, p.699b).
32 『大方廣佛華嚴經隨疏演義鈔』(『大正藏』36, p.699b), "謂彼學者多云. 華嚴雖則玄妙. 而有二事不如法華一兼別義. 是故不說聲聞作佛. 二說如來始成正覺. 不說本師壽量久成."

의 교설이며『연의초』에 본문·적문이 제시되었다고 해도 그것은 "모두 종교·돈교의 구분으로 화엄원경의 언어나 종지와는 전혀 다르다."고 부정한다.[33] 그러한 다음, 설령『화엄경』에 본문·적문이 설해지고 있다고 해도 그것은 동교의 부분이지 별교의 원용한 입장과는 다르다는 것을 주장한다.[34] 단에이는『오교장찬석』에서도 마찬가지로 송대 희적希迪의『오교장집성기』에 의거하여『법화경』에 설해진 본문·적문은 종교삼승의 영역이라고 단정하고 있다.[35]

그런데『법화경』의 본문·적문의 틀을 화엄교학에서 활용한 초기 예로서 단에이의 스승이었던 교넨의 이해가 주목된다. 교넨의『삼국불법전통연기』는 인도부터 일본에 전래된 불법의 역사를 정리한 책으로, 그는 서문의 서두에서 여러 종파의 역사를 말하기에 앞서 본문·적문의 틀을 사용하고 있다. 노사나불에 의해 중생의 생각을 초월한 법문을 본문으로 하고, 그것이 적문으로서 여러 나라에 '전통傳通'되었다는 이해를 보이고 있는 것이다.[36]

이러한 교넨의 역사관은 분명 징관이 제시한 화엄의 입장에서 본 본

---

**33**『演義鈔纂釋』(『大正藏』57, p.132b).

**34**『演義鈔纂釋』(『大正藏』57, p.132b-c), "既取妙經所說久遠實成之正覺. 屬終教攝. 今抄意以非古非今爲拂迹顯實. 即判云尚通頓實. 明知. 能今能久之迹門. 非古非今之本門. 皆是終頓二教之分齊. 全非圓經之言旨. 縱雖今經盛說此等義門. 而是同教分齊也. 若依別教正意. 則以念劫. 圓融爲不共之玄旨也."

**35**『五教章纂釋』卷下(『日佛全』13, p.690上-下), "難云, 今此文者, 法華一乘之實義, 何爲三乘終教之所立乎. 何況攝化章(『五教章』)引彼品常在靈山等之文, 即染歸淨, 是同教一乘云々. 所居既同教一乘也. 能居佛, 豈三乘終教乎. 答. 一義云, 當章意, 殊爲破他宗執石爲實之謬釋也. 集成云, 故法華者, 觀此義判, 始爲三乘報身, 他宗盛轉已. 是一宗至要. 執石爲寶. 加之奈何, 況顚國鈔[『演義鈔』]曰, 經云或見釋迦成佛道已經不可思議劫, 所以疏中牒此言者, 遮天台師之謬釋也. …… 釋曰, 文各二意, 如応思之, 已上. 案此記[『集成記』]意, 妙經以久成爲本, 以始成爲迹者, 正是三乘終經分齊也. 然天台謬執爲不共深妙, 今爲破是謬釋故, 章主如是引釋也, 爲言."

**36**『三國佛法傳通緣起』卷上(『日佛全』101, p.97上), "夫毘盧遮那釋迦世尊者, 本則非古非今離待對於思議之門. 迹則能今能久開救攝於機感之路."

문·적문의 이해를 계승한 것으로 추정된다. 근본의 가르침인 화엄에서 흘러나온 가르침으로서 여러 종파의 교학을 위치시키고 있는 것이다. 즉 『법화경』의 독자성을 나타내는 본문·적문의 구조를 화엄의 입장에서 재해석하고, 『화엄경』을 축으로 삼아 모든 불교를 통합하는 것에 초점을 맞추고 있음을 알 수 있다.[37] 『화엄수경』의 논의論義는 그러한 계단원의 사상적 경향성을 답습하고 있는 것이었다고 생각된다.[38]

### 3. 논의論義 '본회화엄本懷華嚴'의 검토

다음으로 논의 '본회화엄', '불혜근본佛惠根本'의 두 논제를 검토한다. 양자는 다른 논제이지만 내용이 서로 관련되어 있기 때문이다. 먼저 '본회화엄'에서는 『법화경』「방편품方便品」에 "여래께서 일대사인연一大事因緣을 설하기 위해 세상에 출현하셨다."[39]고 하는 소위 출세본회出世本懷의 교설에 대해, 오히려 『화엄경』을 설한 것이야말로 여래출세의 본의라고 주장하고 있다.

흥미로운 것은 여기에서도 징관의 『화엄경소』와 『연의초』에 기반하여[40] 여래출세의 본회란 본래 '중생이 본성적으로 가지고 있는 부처의 지혜'를 밝히는 것이며 그 부처의 지혜는 '화엄 부처의 지혜'이다. 그러므로 여래출

---

[37] 이러한 단에이·죠요 등의 이해 배경에는 남송대 이후 화엄학의 영향이 있었을 것으로 생각되지만, 영향 관계에 대해서는 이후의 과제로 남긴다. 송대 화엄의 『법화경』 해석에 대해서는 吉田剛(1996), pp. 215-225 참조.

[38] 동대사 도서관 소장 『종론의초宗論義抄』 사본(121-357)에는 무로마치 시대와 에도 시대 구원성불에 관한 논의가 정리되어 있다. 그 분석은 이후의 과제로 남긴다.

[39] 『法華經』(『大正藏』9, p. 7a), "唯以一大事因緣故出現於世."

[40] 『大方廣佛華嚴經疏』(『大正藏』35, p. 503c), "故下經, 云非以一緣非以一事. 如來出現而得成就. 出現本爲大華嚴故."; 『大方廣佛華嚴經隨疏演義鈔』(『大正藏』36, p. 19a), "有伏難云, 非一緣等, 乃明出現之緣. 今將證說. 豈爲愜当. 故今通云, 出現本爲一大事因緣. 一大事因緣. 即華嚴佛智. 明知出現之緣. 即華嚴緣也."

세란 『화엄경』 「성기품性起品」의 '여래출현'이야말로 중생의 마음에 부처의 지혜佛智를 현현시키는 것이므로 이것을 '일대사인연'이라 한다고 말한다. 여기에서는 법화일승을 설한 것이야말로 출세본회라는 『법화경』의 특징이 환골탈태하여 『화엄경』의 특징으로 자리매김하고 있는 것이다. 일본화엄에서 이 징관의 설이 언급된 이른 시기의 사례는 역시 단에이의 『연의초찬석』을 들 수 있다.

> 질문. 이 해석(『연의초』)은 화엄이 여래출세의 본회임을 드러내는 것인가?
> 대답. 여기에는 여러 이해가 있다. 하나의 뜻을 말하면, 비판하는 입장에서는 아래의 경전(『법화경』)을 인용하면서, 이것은 여래께서 세상에 출현하신 인연을 밝히고 있는 것이지 결코 여래께서 화엄을 설하는 인연을 가리키는 것이 아니다. 지금 어째서 이 전거를 인용하여 [『화엄경』을 설한] 인연이라고 하는 것인가라고 말한다.
> 지금, 회통시켜 말하면, 이 경전(『법화경』)의 문장은 여래께서 출현한 인연을 밝히는 것이라고는 하지만, 여래출세의 본회는 다만 화엄이라는 일대사인연을 설하기 위한 것이다. 그러므로 본회라는 관점에서 보면 여래출현의 인연은 화엄을 설한 인연이라는 것이라고 말한다.[41]

이에 의하면 『법화경』에서 '여래출현의 인연'에 대해 설하고 있지만 그것이 『화엄경』을 설하는 인연이라고는 쓰여져 있지 않다는 비판疑難에 대

---

41 『演義鈔纂釋』(『大正藏』57, p.115b), "問. 此釋者爲顯華嚴是如來出世之本懷義. 將又如何 答. 此有異義. 可分別之. 一義云. 先伏難意云. 今引下經. 是明如來出現世之緣. 全非如來說華嚴之緣. 今何引此證說經之緣乎. 今會通意云. 實雖此經文明出現緣. 而如來出世之本懷唯爲說華嚴一大事因緣. 故望其本懷時. 以出現緣全取爲說華嚴之緣. 爲言."

해, 『법화경』에는 분명 '여래출현의 인연'을 설하지만 출세의 본회는 화엄이라는 일대사인연을 설하기 위함이다. 그러므로 '인연'이 아닌 '본회'라는 관점에서 보면 출현의 인연이란 『법화경』이 아니라 『화엄경』의 인연이라고 회통하고 있다. 즉 여기에서는 『법화경』의 역할을 일부 인정하면서도 『화엄경』이 출세본회로 자리매김하고 있음을 알 수 있다.

이와 같이 단에이·죠요 등에 의해 논해진 출세본회라는 테마는 이후 에도시대에까지 많은 법회에서 다루어졌다. 동대사 도서관 소장 『출세본회』 사본(121-608)은 에도시대 초기 동대사 청량원에서 이루어진 논의의 단책을 모은 것인데, 모두가 『화엄경』이야말로 출세본회의 경전이라는 것을 높이 주장하고 있다.[42] 서두에 소개한 도쿠가와 이에야스의 어전회의에 나타난 출세본의의 논의는 중세 후기부터 근세에 걸쳐 지어졌던 계단원의 논의에 근거한다고 할 수 있을 것이다.[43]

### 4. 논의 '불혜근본佛惠根本'의 검토

그런데 '본회화엄'에서는 경전에 '불혜佛惠'가 설해지는지의 여부가 출세본회의 근거가 되는데, 여기에 깊이 관계된 것이 논의 '불혜근본'이다. 이 논의는 『법화경』 「안락행품」의 "내가 지금 또한 이 경전을 들어 불혜에 들어가게 하는 것이다.我今亦令得聞是經, 入於佛慧."[44]라는 문구에 대해 이 '불혜'는 화엄의 가르침을 가리킨다고 주장하는 것으로, 역시 『법화경』에서 화

---

[42] 『出世本懷』(講師祐賢·問者亮深, 東大寺圖書館藏121-608), "問, 以華嚴圓經爲如來出世本懷可云乎. 答, 可爲本懷也."

[43] 동대사 청량원에서 서사된 논의論義 중 다수는 계단원의 논의 내용을 계승하고 있다. 이 점에 대해서는 野呂靖(2009b), pp. 1-39 참조. 이를 통해서도 어전논의의 내용이 계단원의 논의를 계승한 것임을 알 수 있다.

[44] 『法華經』(『大正藏』9, p. 40b).

엄의 내용을 읽어내려 하는 것이다.

말할 것도 없이 본래 이 '불혜'는 법화를 가리킨다. 그러나 징관은 『법화경』「서품」에 "일승을 분별하여 삼승을 설한다."라고 하는데, 이 '일승'이란 화엄이라고 규정한 후, '불혜'도 '화엄의 불혜'에 들어가는 것이라 말한다.[45] 즉 『화엄경』은 어디까지나 근본이며 거기에서 유출된 가르침도 최종적으로는 근본인 화엄으로 귀착된다는 것이다. 여기에서도 『법화경』의 용어를 사용하면서 그것을 화엄의 특징으로 자리매김하는 이해를 확인할 수 있다.

이와 같이 화엄의 근본성을 강조하면서 『법화경』의 '불혜'를 자리매김하는 태도는 이미 교넨에게서 분명하게 볼 수 있다. 교넨은 『오교장통로기』에서 법화의 본의는 '섭말귀본'이지만, 그 '본'이란 화엄이라 말한다. 그러나 천태종은 이것을 이해하지 못하여 법화의 본의를 충분히 이해하지 못하는 것이다. 법화의 본의는 모든 경전을 거두어 화엄별교에 들어가게 하기 위함이니, '불혜'도 화엄을 가리키는 것으로 볼 수 있다고 지적한다.[46] 즉 『법화경』은 중생을 『화엄경』으로 인도하는 것에 그 본질이 있다는 것이다.

잘 알려진 것처럼 교넨은 『법화경』에도 동교·별교의 양면이 갖추어져 있

---

**45** 『大方廣佛華嚴經隨疏演義鈔』(『大正藏』36, p.20b), "爲華嚴未有未之可攝. 以法華攝末歸本歸華嚴故. 故爲本也. 斯則法華亦指此經以爲本矣者. 結成本義. 若自立爲本. 恐義未明. 法華指此爲本. 本義方顯. 始見我身入於佛慧, 即華嚴. 亦令得聞法華入於佛慧. 豈非指初爲本. 又法華第一云. 於一佛乘分別說三. 亦是從本流末. 即指華嚴爲一乘. 分別說昔之三. 三即鹿野四諦等. 若也. 不指華嚴爲本. 鹿野之前. 以何爲一乘耶."

**46** 『五教章通路記』(『大正藏』72, p.308b-c), "法花之一. 通同別義. 今取別教義邊爲證. 法花本意. 攝末歸本. 言其本者. 歸花嚴本. 所入寶所. 即花嚴故. 若據天台教相下. 彈他宗義. 彼宗雖是崇重法花. 未談別教所立教旨. 唯當終教. 未顯所入. 未言入彼花嚴一. 故奪而言之. 似不能得法花本意. 法花要攝群經. 入花嚴別教. 故彼涌出品. 得聞是經. 入於佛意. 文分明故."

다고 말하는데[47] 이것은 일본화엄의 전통적인 해석에 따른다.[48] 하지만 교넨은 천태교학이 그러한『법화경』의 별교 부분을 논하지 않고 다만 종교終敎의 수준에 머무르고 있다고 하며 통렬하게 비판한다.[49]

이러한 교넨의 이해는 대단히 화엄 중심적인 인상을 주는 것이지만, 꼭 그렇지만도 않다.『법화경』이 화엄별교로 이끄는 가르침이라면, 거꾸로『법화경』없이는 그 경지에 도달할 수 없다. 즉 교넨은『화엄경』과『법화경』을 상호 보완적인 관계로 파악한다.[50] 화엄을 근본의 이념으로 위치시킨 동대사 계단원의 운영자로서,『법화경』에서 별교의 요소를 처음으로 밝힌 것이 화엄교학이라고 말한 것은 교넨이 가지고 있었던 자부심이었다고 생각된다. 이렇게 보면『화엄수경』의 논의論義 또한 이와 같은 교넨의 이해를 계승하면서 법화와 화엄의 미묘한 관계성을 법회의 논의 가운데에서 자리매김하려는 시도였다고 할 수 있다.

## IV. 결론

이상으로 일본화엄에서의 징관교학 수용에 대해 검토하였다. 아래에 그 요점을 정리한다. 첫째, 일본에서 징관교학은 최초 헤이안 초·중기의 진언종과 천태종에 수용되었으며, 동대사 화엄문헌에 영향을 끼친 것은

---

47 『五敎章通路記』(『大正藏』72, p. 308b), "法花之一. 通同別義."
48 헤이안·가마쿠라 시대 화엄종의『법화경』관에 대해서는 金天鶴(2015) 참조.
49 주47 참조.
50 애초에 징관 또한 같은 경향을 가지고 있었다. 징관이『화엄경』과『법화경』의 차이가 아닌 교섭에 주목했다는 것에 대해서는 張文良(2016), pp. 31-50 참조.

헤이안 후기 이후였다. 사이초가 천태교학을 긍정하는 조사祖師로서 징관을 수용하였던 반면, 구카이나 그 후의 진언종에서 징관교학은 현교와 밀교의 관계를 어지럽게 한다는 이유로 비판되었다. 헤이안 초·중기 화엄종이 징관교학에 침묵을 고수하였던 배경에는 이러한 여러 종파에서 내린 평가의 복잡함이 영향을 주었을 것이라 생각된다. 그 침묵을 깨는 데에는 중국이나 한반도로부터 새로운 충격, 즉 교장이나 송대불교의 유입이 필요했다.

둘째, 가마쿠라 시대에 들어와 고산사와 동대사 존승원·계단원 등에서 지어진 많은 화엄문헌들은 징관을 적극적으로 수용하였다. 14세기 동대사 계단원에서 제작된 조요의 『화엄수경』에는 징관과 관련있는 5항목의 논의가 수록되었는데, 그 모두는 천태와 화엄의 관계에 관한 것이었다. 여기에서 이 시기의 화엄종에서 징관 수용의 특징이 분명하게 보인다. 그것은 타종파의 교학과의 관계를 위치짓는 역할이었다. 조요와 관련된 계단원의 논의論義에는 진언종의 법신설법설法身說法說과 화엄의 과분이해果分理解(因分可說·果分不可說)를 융합시키는 새로운 교리도 확인되는데[51] 그러한 진언과 화엄을 잇는 역할을 담당했던 것도 징관의 교학이었다.[52]

본래 징관의 교학은 법장과 달리 화엄을 축으로 천태·선·밀교 등 다양한 사상을 종합적으로 위치시키는 성격을 지니고 있었다. 가마쿠라 시대 이후 일본불교는 여러 종파가 대립·비판하는 것이 아니라 현교·밀교, 그리고 선종과 정토교를 포함한 다양한 '종宗'이 각각의 교학을 계승하면서도

---

51　野呂靖(2021).

52　野呂靖(2022).

하나의 '불법佛法'으로서 병존하는 경향이 있었다.[53] 그러한 가운데, 화엄종의 입장에서 타종파의 관계를 자리매김하기 위해 필요한 교학이야말로 징관교학이었다고 생각된다.

물론 징관의 영향은 이것뿐만이 아니다. 본고에서는 검토하지 못했지만, 가마쿠라 초기 묘에나 소쇼가 관여했던 논의·담의에는 법장과 징관의 같고 다름에 대한 상세한 해석이 전개된다. 또한 『화엄수경』에 수록된 구원성불 등의 논의는 그 후 무로마치와 에도 시대에 걸쳐 지속적으로 전개되었다. 이러한 문제를 해결하기 위해서는 동대사나 칭명사稱名寺에 소장된 사본류의 검토가 불가결하다. 나아가 일본에서의 징관 교학의 수용양상을 이해하기 위해서는 송대 화엄의 영향에 대해서도 검토해야 할 것이다. 향후 과제로 남겨둔다.

번역: 이상민<br>고려대학교 민족문화연구원 연구교수

---

[53] 大塚紀弘(2016) 등을 참조.

## 〈참고문헌〉

**약호**

大正藏　大正新脩大藏經

卍續藏經　卍新纂續藏經

日佛全　日本佛敎全書

**원전**

『大毘盧遮那經住心鈔』(『日佛全』42)

『大方廣佛華嚴經疏』(『大正藏』35)

『大方廣佛華嚴經隨疏演義鈔』(『大正藏』36)

『明惠上人行狀(仮名行狀)』上 (明惠上人資料)

『法華經』(『大正藏』9)

『三國佛法傳通緣起』(『日佛全』101)

『僧成弁 (高弁)書狀』(山城神護寺文書,『鎌倉遺文』3)

『新編諸宗教藏總錄』(『大正藏』55)

『御請來目錄』(『底本弘法大師全集』1)

『五敎章纂釋』(『日佛全』13)

『五敎章通路記』(『大正藏』72)

『入唐新求聖敎目錄』(『大正藏』55)

『傳敎大師全集』

『駿府記』(『史籍雜纂』2 (國書刊行會)

『智證大師請來目錄』(『大正藏』55)

『出世本懷』(講師祐賢·問者亮深, 東大寺圖書館藏121-608)

『華嚴經行願品疏』(『卍續藏經』)

『華嚴手鏡』(『日佛全』13)

『華嚴演義鈔纂釋』(『大正藏』57)

『華嚴五教章深意抄』(『大正藏』73)

『華嚴宗所立五教十宗大意略抄』(『大正藏』72)


**단행본**

吉津宜英(1989), 『華嚴一乘思想の硏究』, 大東出版社.

金天鶴(2015), 『平安期華嚴思想の硏究─東アジア華嚴思想の視座より─』, 山喜房佛書林.

張文良(2006), 『澄觀華嚴思想の硏究 心の問題を中心に』, 山喜房佛書林.

曽根原理(1996), 『德川家康神格化への道 中世天台思想の展開』, 吉川弘文館.

大塚紀弘(2016), 『中世禪律佛教論』, 山川出版社.


**논문**

加藤精一(1995), 「空海と澄觀 真言と華嚴との関係」, 『印度學佛教學研究』44·1.

結城令聞(1999), 「華嚴·天台両乘の教學的交渉 法華·華嚴両經に対する両家よりの相互対弁」, 『華嚴思想』結城令聞著作選集2, 春秋社.

鎌田茂雄(1995), 「中國華嚴學の特質よりみた法界義鏡の特質」, 『鎌倉旧佛教』日本思想体系, 岩波書店.

高田悠(2022), 「久米田寺における華嚴教學の形成」, 『印度學佛教學研究』70(2).

吉田剛(1996), 「趙宋華嚴教學の展開 法華經解釈の展開を中心として」, 『駒澤大學佛教學部論集』27.

吉津宜英(1987),「華嚴教學への最澄の対応について」,『華嚴學研究』創刊号.

吉津宜英(1996),「華嚴教學と『法華經』」,『勝呂信靜博士古稀記念論文集』, 山喜房佛書林.

野呂靖(2009a),「順高編『五教章類集記』における明惠・喜海の成佛義解釈」,『佛敎學研究』65.

野呂靖(2009b),「室町期華嚴宗における淨土義解釈―東大寺所藏「安養報化〈淨實私示〉」論義草翻刻―」,『淨土眞宗總合研究』4.

野呂靖(2018),「明惠における宋代佛教の受容」,『印度學佛教學研究』66-2.

野呂靖(2020),「義林房喜海の成佛義―高山寺藏『三生成道料簡』を中心に―」,『印度學佛教學研究』68-2.

野呂靖(2021),「東大寺戒壇院における華嚴談義の形成―盛譽『華嚴手鏡』の成立とその周邊」, 律宗戒學院 編『唐招提寺第二十八世凝然大德御忌記念 凝然教學の形成と展開』, 法藏館.

野呂靖(2022),「盛譽『夢中戲』にみる南北朝期の華嚴學」,『印度學佛教學研究』70(2).

野呂靖(2023),「明惠の成佛義解釈とその周邊―義天版章疏の影響關係を中心に―」(野呂靖・張文良・金天鶴編,『東アジア佛教思想史の構築 凝然・明惠と華嚴思想』), 法藏館.

英亮(2022),「最澄における清涼澄觀の位置」,『東海佛教』66.

遠藤純一郎(2004),「澄觀と密敎―『大方広佛華嚴經疏』に見られる密敎的要素」,『智豊合同教學大会紀要』53.

張文良(2016),「中國華嚴宗における『法華經』―華嚴宗の判敎說を中心として―」,

『東アジア佛教研究』14.

陳永裕(1989),「「華嚴十重唯識」の注釈に見られる凝然教學の特色」,『駒澤大學佛教學部論集』20.

ラポー・ガエタン(2020),「江戸時代前期における御前論義の諸相」, 楠淳證・野呂靖・亀山隆彦編,『日本佛教と論義』, 法藏館.

田中久夫(1982),「義林房喜海の生涯」,『鎌倉佛教雑考』, 思文閣出版.

# 04

# 징관과 종밀의 일심 해석과 일본적 수용[1]

다카다 시즈카 高田悠

## I. 머리말

최근 정치경제·문화사·역사학·불교학·국문학 등 학제적으로 법회 전체를 파악하는 '법회학'이 제창되어, 중세 동대사東大寺에서도 『동대사 연중행사』를 통해 법요 형식(독경·강설·회과悔過·수법修法·논의論義·설계說戒), 공양품의 배분(태승太僧·청승請僧), 주최자(공가公家·사가寺家·원가院家·결중結衆) 등 다양한 분류가 이루어져 다각도로 검토되어 왔다.[2] 불교학의 입장에서는 논의·담의談義 연구가 진행되어 동대사 계단원戒壇院·센슈泉州 구미전사久米田寺 율승과 동대사 존승원尊勝院 학승의 교류 속에서 화엄교학이 전개되었음이 밝혀졌다.[3]

---

1  본고는 『불교학보』102, 불교문화연구원, 2023, pp. 77-128에 게재한 논문을 수정·보완한 것이다.
2  永村眞(2001), p. 60.
3  野呂靖(2021), p. 364; 野呂靖(2022), p. 166; 高田悠(2022), p. 171.

본고에서는 화엄교학에서 중요한 용어인 일심·유심과 같은 심식에 관련된 개념을 징관이나 종밀의 해석을 거쳐, 중세 일본 화엄에서 어떻게 수용했는지 검토해보고자 한다. 즉 고산사 묘에明惠나 계단원 교넨凝然이나 조요盛譽 등의 견해를 개관한다. 그리고 동대사 존승원 학승이 논의·담의 가운데서 어떻게 교학을 연구했는지를 학문교류의 일면을 볼 수 있는 동대사 도서관 소장의 논의서論義書인 『구분유식具分唯識』[자료번호:121/488]을 통해 그 과정을 검토하고자 한다.

## II. 징관·종밀의 일심 이해

여심게如心偈는 현대의 화엄종의 본산인 동대사에서 현수회賢首會나 로벤기良弁忌와 같은 조사 기일법회에서도 독송될 정도로 중요한 것이다. 『화엄경』「승야마천궁보살설게품」에서 여래림보살이 읊은 "마음과 같이 부처도 그러하며, 부처와 같이 중생도 그러하다. 마음과 부처 그리고 중생 이 셋은 차별이 없다.(如心佛亦爾, 如佛衆生然, 心佛及衆生, 是三無差別.)"가 여심게이다. 법장의 『화엄오교장』에서는 종교위終敎位에서 생멸·불생멸의 양면을 설하는 아뢰야식에 해당하는 것으로 보고 있으며, 『탐현기』에서는 심·불·중생이 능조能造·소조所造의 관계 또는 본말의 관계로 설명되어 있다. 징관·종밀은 일심을 중시한 인물로 알려져 있으며, 여심게와 『십지품』의 삼계유심게의 주석에서 상세하게 일심·유심을 해석하고 있다. 이미 많은 연구가 축적되어 있으므로, 선행연구들을 참조하면서 징관·종밀이 어떻게 일심을 파악하고 있었는지 확인하고자 한다. 우선 징관은 『화엄경소』

의 「의리분제」에서 별교일승의 무애를 드러내는 단락 및 『연의초演義鈔』의 복주復註 부분에서,

> 세번째로 의리성사문依理成事門, 즉 사상事相에는 별체別體가 없고 반드시 이체理體에 인하여 성립한다. 그것은 물을 취하여 파도를 성립시키는 것과 같다. 이 안에 두 가지가 있다. 첫번째로 구분유식具分唯識의 변현變現에 대해서 밝힌다. 각림보살覺林菩薩의 게송에서 이르길, 마음은 솜씨 좋은 화가와 같이 능히 여러 세간을 그려낸다. 오음五陰이 모두 생기고, 모든 것이 만들어진다. 이는 유심唯心의 뜻을 밝히고 있는 것이다. 어찌 유심을 구분具分이라고 이해할 수 있는가. 다음 게송에서 말하길, 심心과 같이 불佛도 마찬가지이다. 불과 같이 중생도 마찬가지이다. 마땅히 알라. 불과 심은 체성體性이 무진無盡이다. 이미 불에 즉卽하는 심이기에 오직 망심뿐이라는 것이 아니다.[4]

라고 의리성사문依理成事門을 세운다. 여기에서는 바닷물에서 파도가 이는 것과 같이 사상事相은 이체理體에 의거하여 성립하므로, 이체인 심心이 연緣에 따라 오온 등의 사상을 만드는 것이라고 설명한다. 여기에 '구분유식'으로서 여심게를 들고 있다. 『연의초』에서는 다음과 같이 말한다.

> 위의 두 가지 뜻을 회통한다. 앞에서 진심眞心을 떠나서 별체別體가 없다고 한 것에 의하기 때문에 처음에 구분유식이 성립된다. 앞의 무성無性

---

4 『華嚴經疏』(『大正藏』35, p. 514c), "三依理成事門. 謂事無別體要因理成. 如攬水成波故. 於中有二. 一明具分唯識變故. 覺林菩薩偈云. 心如工畫師能畫諸世間. 五陰悉從生. 無法而不造. 此明唯心義也. 何以得知是具分耶. 次頌云. 如心佛亦爾. 如佛衆生然. 廣知佛與心. 體性皆無盡. 旣是卽佛之心. 明非獨妄心而已."

의 위에 이理가 성립하기에, 진여수연의眞如隨緣義가 성립된다. 지금 처음에서 구분유식이라 한 것은 불생멸·생멸의 화합으로 비일비이非一非異임을 아리야식阿梨耶識이라고 말하고, 구분具分이라 한다. 이는 생멸·불생멸이 있는 것에 의한다. 불생멸이란 여래장을 말한다. 앞의 유심의 진망眞妄의 별別을 회통하는 가운데 진심을 회통하고 있다. 만약 전혀 진심에 의하지 않는다면, 사상事相은 이체理體에 의거하지 않기 때문에 그저 생멸의 입장에서 구분具分이라고는 말하지 않을 것이다.[5]

진심을 떠나서 별체가 없으므로 불생불멸·비일비이한 화합심이고, 구분유식이라 하며 아리야식이라고 한다. 이러한 해석은 『대승기신론』(이하 『기신론』)의 심진여문·심생멸문을 바탕으로 한다. 이 '구분유식'이라는 말은 정법사 혜원의 『간정기』 「교기소인敎起所因」에서 처음 보이며, 여래림보살의 게송이 구분유식을 가리키는 것으로 파악하면서 법장이 구분의를 종교에 배당시키는 반면, 혜원의 사교관에서는 최고 지위의 진구분만교眞具分滿敎로 위치 시킨다.[6]

또한 징관은 『대방광불화엄경보현행원품별행소』(이하 『행원품소』)에서 아래와 같이 말한다.

그 법계란 계가 아니고 계가 아닌 것도 아니다. 법도 아니고 법이 아닌 것도 아니다. 명상名相이 없는 가운데 억지로 명상을 세운다. 이를 무장

---

5 『演義鈔』(『大正藏』36, p.73c), "會上二義, 由前離眞心無別體故, 成初具分唯識. 由前無性理成故, 成眞如隨緣義. 今初言具分者, 以不生滅與生滅和合, 非一非異, 名阿黎耶識, 卽是具分. 以具有生滅不生滅故. 不生滅卽如來藏. 卽會前唯心眞妄別中, 通眞心也. 若不全依眞心, 事不依理, 故唯約生滅, 便非具分."

6 吉津宜英(1989), p.366.

애법계라고 한다. 적적한 경지에서 심오하게 모든 것을 포함하며 만유를 총해總該한다. 이것이 일심이다. 몸은 유무의 양극을 끊고, 상은 생멸이 아니다. 종시終始를 묻는 일이 없다. 어찌 중변中邊을 볼 수 있겠는가.[7]

법계에 대해서 계도 아니고 계가 아닌 것도 아닌, 법도 아니고 법이 아닌 것도 아닌 명칭과 모습이 없는 절대적 경지를 무장애법계라고 한다. 이 무장애법계는 법계가 연기한 무자성인 적적한 경지로, 만유를 총괄적으로 갖추는 것을 일심이라고 파악한다. 그리고 무장애법계의 양상에 대해 사종법계로 해석한다. 이러한 징관의 일심해석을 거쳐 종밀의 『행원품소초』에서 법계에 대해 서술하는 단락에서 '진계眞界'를 다음과 같이 해석한다.

> 진계란 진여법계를 말한다. 법계에 종류는 많지만 정리해 나타내면 오직 일진법계뿐이다. 즉 제불과 중생의 본원은 청정심이다. 이 때문에 아래에서 종지를 세워 말한다. 즉 일진법계를 총괄하면 일념이다. 또 『기신론』에서 말한다. 법이란 중생심을 말한다. 이 마음은 일체세간·출세간을 포섭하는 것이다. 또한 『상현록詳玄錄』에서 말한다. 이 경의 제회에서 증득하는 바는 다르다. 열면 만가지 차이가 있지만, 합치면 일성一性이다. 펼치면 널리 법계를 관장하고, 거두면 일심에 포섭되는 것이다.[8]

---

[7] 『行願品疏』(『卍續藏經』5, p. 62a), "其法界, 非界非不界. 非法非不法. 無名相中强爲立名. 是曰無障导法界. 寂寥虛曠, 冲深包博. 總該萬有. 即是一心. 體絶有無. 相非生滅. 莫尋終始. 豈見中邊."

[8] 『行願品疏鈔』(『卍續藏經』5, p. 222c), "眞界者即眞如法界. 法界類雖多種統而示之. 但唯一眞法界, 即諸佛·衆生本源清淨心也. 故下立宗云, 統唯一眞法界即是一心. 又起信云, 所言法者謂衆生心. 是心即攝一切世·出世間法. 又詳玄錄云, 此經諸會所證不同, 開則萬差. 合則一性. 舒則彌綸法界, 卷則攝在一心."

진여법계에 대한 서술로, 즉 법계가 종류가 많아도 『기신론』・『상현록』을 인용하여 총괄하면 단지 일진법계뿐이며, 이것은 제불과 중생의 본원인 청정심이라고 한다. 결국 일진법계는 즉 일심이라고 한다. 이어서

> 지금 일심을 떠나지 않고, 모든 법계연기를 밝힌다. 일심이란 중생의 본심이다. 만법과 근본이 된다. 나아가 이 법계의 체는 일심이라고 한다. 마땅히 그렇게 이해해야 할 것이다. 자심(중생의 본심)이 그대로 성불의 근본이라는 등과 위의 여러 문장에 의거해서 그 의리에 대해서 밝힌다. 분명히 알 수 있을 것이다. 권교는 8식으로써 마음이라고 하고, 다만 오직 유위의 생멸로써 얻지 못함을 체로 삼는다. 지금 일법계심에 대해 밝히자면 『기신론』에 준거하여 그 일심을 진여문과 생멸문의 두 문으로 나눈다. 이것은 마음이 그대로 일진법계임을 밝힌 것이다. 따라서 이것은 전체적으로 체성임을 나타내고 있다.[9]

라고 하여, 일심을 여의지 않은 채 법계연기에 대해 밝힌다고 한다. 일심이란 앞서 말한 바와 같이 중생의 본심이며 만법의 근본이 된다. 법계의 본체가 그대로 일심이라고 밝힌다. 즉 자심이 그대로 성불의 본체라고 한다. 이 일법계심一法界心도 『기신론』의 진여문・생멸문에 준거하고 있다. 이러한 징관・종밀의 일심 해석을 거쳐 일본 화엄이 어떻게 수용해 나갔는지 다음 장에서 고찰하고자 한다.

---

9  『行願品疏鈔』(『卍續藏經』5, 222c), "今則不離一心, 全明法界緣起. 言一心者即是衆生本心, 與萬法爲根本, 乃至云而此法界體是一心. 應知. 自心則成佛本等. 准上諸文斯義明矣. 明知. 權教以八識爲心, 一向有爲生滅不得爲體. 今明一法界心, 准起信論, 於此一心方開眞如生滅二門. 此明心即一眞法界. 故此総標爲體性也."

## Ⅲ. 일본 화엄에서의 일심·유심의 수용

### 1. 일본 화엄의 일심·유심 해석

일본 화엄에서 현존하는 가장 오래된 법장『오교장五敎章』주석서인 동대사 승려 주료壽靈(?-?) 찬『화엄오교장지사華嚴五敎章指事』에서는 "이사무애문이란 종교 가운데 불생불멸과 생멸이 화합함을 자세히 설명하였다. 사리무애는 아뢰야식이기 때문이다."[10]라 하여 법장의 교설을 충실히 계승하였다. 주료가『오교장지사』를 저술한 시대에 일본에는 징관의『화엄경소』·『연의초』등이 전래되지 않았다.『오교장지사』나 헤이안 시대의 신엔親圓 찬『화엄종성의초華嚴種性義抄』에는 징관의 저작에 대한 언급이 없어 나라·헤이안 시대의 일본 화엄에서는 일심·유심을 활발히 논의하지 않았던 것으로 보인다.

가마쿠라 시대에 들어서면 고산사 묘에는 1198년(建久 9)에『화엄유심관행식華嚴唯心觀行式』을 저술하고, 여심게를 마음에 지녀 스물한 번 또는 백팔 번 일상적으로 염송하였다.[11] 그리고 1201년(建仁 元年)에 여인·친척의 거듭된 청에 응하여 지은『화엄유심의』에서

"마음과 같이 부처도 또한 마찬가지이다."라는 것은, 위의 게송에서 일심이 범부를 만드는 것을 설하고 있다. 이 때문에 범부를 열거하여 부처에 견준 것이다. 마음이 범부를 만들어내듯 부처를 만드는 것도 마찬가지

---

10 『五敎章指事』(『大正藏』72, p.256c), "言三理事無礙門等者, 終敎中具說不生不滅與生滅和合. 事理無礙阿賴識故."

11 「阿留邊幾夜宇和」「高山寺藏規式寫」『高山寺古文書』(高山寺資料叢書4), p.287.

다. 이 안에 마음이란 일체 중생의 마음이다. 이 마음은 총 8가지가 있다. 하나는 안식, 둘은 이식, 셋은 비식, 넷은 설식, 다섯은 신식, 여섯은 의식, 일곱은 말나식, 여덟은 아뢰야식이다. 앞의 칠식은 생멸을 반복한다. 이것은 유위법이다. 여덟 번째 아뢰야식은 생멸·불생멸의 두 측면이 있다. 유위·무위의 두 법이 화합되어 있다. 불생멸이란 여래장 자성청정심이다. 생멸은 진여가 근본무명에 의해 훈습된 것이다. 이 마음은 십중유식 가운데 제7 이사구융식이고, 종교에 해당한다. …… 그렇다면 이 일심에 생멸·불생멸의 두 뜻을 갖춘 것을 구분유식이라고 한다. 이는 대승종교의 의미이다. 시교에서는 단지 생멸의 팔식을 설하기 때문에 일분유식이라고 한다.[12]

라고 하여, 일심이 범부를 만들고 부처까지도 만드는 것을 지적하며 이 일심이 일체중생심을 지칭한다고 한다. 그리고 생멸·불생멸의 두 뜻을 갖춘 일심을 '구분유식'이라 하며 종교위終敎位에 위치시킨다. 또한 법장은 『탐현기』에서 각림보살의 게송 가운데 앞의 여섯 송을 "마음이 범부를 짓는 것을 밝힌다."고 하고, 『기신론』의 심진여문·심생멸문을 배당한다. 뒤의 네 송을 "마음이 성인을 일으킴을 밝힌다."고 하여 부처를 일으키는 마음所依과 불·중생能依의 삼무차별을 나타낸다고 한다. 화엄종에서는 마음의 본원작용을 강조하고, 마음은 능조자, 부처와 중생은 소조이며, 진심의

---

12 『華嚴唯心義』(『日佛全』13, p. 42上), "如心佛亦爾ト云ヘ, 言ヲ上ノ頌ニ一心ヲ凡夫ヲ造ル事ヲ說ク. 是故ニ凡夫ヲ擧テ, 佛ニ類スル也. 言ヲ心ノ凡夫ヲ造ルガ如ク, 佛ノ造ル事亦爾ル也. 此ノ中ノ心ト云ハ, 言フ一切衆生ノ心也, 此心總シテ八種アリ. 一眼識, 二耳識, 三鼻識, 四舌識, 五身識, 六意識, 七末那識, 八阿賴耶識也. 前ノ七識ハ, 一向ニ生滅ス. 是ヒ有爲ノ法也. 第八ノ賴耶識ハ, 生滅不生滅ノ二分アリ. 有爲無爲ノ二法和合ス. 不生滅ト云ハ, 如來藏自性清淨心也. ……此四重皆是大乘實敎ノ所說也. 生滅不生滅二分和合スト云フ第七重ノ唯識ノ義也. ……然則此心ニ此生滅不生滅ノ二義ヲ具スルヲ具分唯識ト名ク. 是ヽ大乘終敎ニノ義也. 若始敎ニハ, 唯生滅ノ八識ヲ說ク故ニ, 一分唯識ト名ク."

기능 중 하나는 능히 제법을 만든다고 하여 '성기'라는 의식을 강하게 지니고 있다고 지적된다.[13] 이처럼 법장『탐현기』에는 심이 중생을 만드는 동시에 부처도 만든다고 설해진다. 즉 법장은 일심을 중심으로 하면서도 거기에서 전환되는 진여의 작용을 설하고, '법계연기', '성기'를 중시하였다. 이에 따라 이들 사상이 화엄 교학의 중심 사상으로 평가되고 있다.

한편 묘에는 심을 주체로 하고 관법을 통해 중생심을 관찰하여, 중생과 부처의 일체화를 시도한다. 이는 화엄과 밀교의 상호 연관에 의해 범부와 부처의 일체화를 꾀한다는 자세[14]와 같은 생각으로, 징관·종밀이 나타내는 "일심이 만유를 포섭한다."는 주장에 따른 것이다. 중국 화엄에서는 여심게가 설하는 일심을 팔식에 배당하지 않고, 유위무위화합심으로 파악하지 않는다. 따라서 중생의 심에 대해 보다 쉽게 파악하고자 한 묘에의 독자성이 엿보인다. 법장은 일심에 대해서 불변·수연의 두 측면으로부터 체계를 만들지만 묘에에게는 일심을 유위무위화합심으로 파악하는 자세는 없다. 이러한 점으로부터 유심관을 통해서 일심을 파악하는 묘에의 독자성을 볼 수 있다.

이러한 일심을 관행으로 해석한 것이 교넨이다. 교넨은 십중유식관을 중시하여 마음에 통해 만가지 대상을 빠짐없이 관찰하였다. 십중유식은 법장이 세운 것이지만 관행으로는 위치 짓지 않았고, 징관에 이르러 행법으로 확립되었다. 법장과 징관은 십중유식을 파악하는 방법이나 항목이 다르다. 응연은『법계의경法界義鏡』의「관행상모觀行相貌」에서 다음과 같이 설한다.

---

13  楊小平(2023), p. 258.

14  野呂靖(2023), p. 21.

묻는다. 유식관행은 그 상이 어떠한 것인가. 답한다. 유식의 법문은 화엄 제4회에서 나온다. 각림보살의 게송에 찬탄하며 말한다. 널리 삼무차별의 유식의 도리를 설한다. 제6회에 삼계유심을 설한다. 선지식단知識段에서 유식의 뜻을 설한다. 경의 시작부터 끝까지 교설이 산재하며 많이 설해진다. 제6지 가운데 삼계유심은 여러 논서에서 모두 인용하여 유식의 도리를 밝히고 있다. 즉 『이십유식론』 『성유식론』이다. 현수대사는 이것에 의해서 구체적으로 십중유식을 세웠다. 일체 제법은 모두 심이 지은 바이며, 삼라만상은 모두 이로부터 유출된다고 한다. 그러므로 모든 법은 모두 자심에 포섭된다. 마음은 능히 부처를 만들고, 마음은 능히 법을 만들고, 마음은 잘못 유전되며, 마음은 바르게 번뇌를 멸한다. 본래 진심이며 항상 공덕을 갖춘다. 일체의 업용이 모두 불가사의한 것이다.[15]

응연이 설하는 일심은 모든 법이 일심의 소작이며, 삼라만상이 일심에서 유출되는 것이고, 자심이 포섭하는 것이며, 심이 부처가 되어 법을 닦는 것이다. 이후 교넨은 십중유식의 설명을 하고 있는데 이 설들은 법장의 설에 의거하고 있다. 즉 일심을 유식으로 파악하는 것으로, 그 '만듦'에 대해 10가지 견해로 분류한다. 마음에 의해 여러 교설을 통합하려는 교판론적 고찰이 보인다고도 해석된다.[16] 또한 『법계의경』 「교흥의치教興意致」

---

[15] 『法界義鏡』(『日佛全』13, p. 284上), "問, 唯識觀行. 其相是何. 答, 唯識法門. 源出華嚴第四會中. 覺林菩薩偈讚. 廣說三無差別唯識道理. 第六會說三界唯心. 知識段中說唯識義. 一經始終散說極多. 第六地中, 三界唯心諸論皆引. 明唯識理. 即二十唯識, 成唯識論等. 賢首大師因此廣立十重唯識. 一切諸法皆心所作, 森羅萬像從此流出. 是故諸法皆自心攝. 心能作佛, 心能修法, 心謬流轉, 心正惑滅. 本來眞心常恒具德. 一心業用不可思議."

[16] 藤丸要(2021), p. 348.

에서는

> 묻는다. 무엇을 대화엄의 법이라 하는가. 답한다. 법계법문이야말로 화엄의 법이다. 묻는다. 왜 부처는 이 화엄의 법을 말하고 설파했는가. 답한다. 큰 인연이 있기 때문이다. 일진법계는 불가사의하고 적정한 경지로, 심오하게 전체를 포섭하는 것이다. 전체 만유를 거두어 일심이 된다. 그 체는 유무를 초월하고, 상은 생멸을 떠나 있다. 이들 두 극단을 초월·원리遠離하면서도 유무·생멸을 포함하는 것이다.[17]

라고 하여 법계법문이 여래의 대인연으로 설파된 것이며, 대화엄의 법이 일진법계임을 밝힌다. 그리고 만유를 모두 포섭하는 것은 일심이라고 하며, 먼저 이 법문을 나타내어 여러 중생을 수습修習·오입悟入시키겠다고 한다. 여기서 말하는 일심·일진법계는 징관·종밀이 설한 것으로, 유일절대唯一絶對를 의미하고 있다. 즉 만유의 근원으로서의 절대심·진여를 말하는 것이라고 지적된다.[18]

지엄·법장에서 '법계연기'라는 작용이나 진여의 기능 전체에 대한 고찰이 이루어진 것과 비교하면, 교넨도 일심에 무게를 두고 법장이 제시했던 십중유식을 관행으로서의 십중유식관으로 재해석하여, 법상유식적 입장에서 여래장연기적 입장, 나아가 화엄의 법계연기적 입장으로 승화시켜

---

17 『法界義鏡』(『日佛全』13, p. 269下), "問, 何者名爲大華嚴法. 答, 法界法門是華嚴法. 問, 何故如來演說此法. 答, 有大因緣故佛說之. 良以一眞法界, 不可思議, 寂寥虛曠, 沖深包博. 總該萬有, 即是一心. 體絶有無, 相非生滅, 莫尋其始. 寧見中邊."

18 北畠典生(1990), p. 106.

일심을 파악하고 있다고 여겨진다.[19]

이와 같이 일심에 중심을 둔 여심게의 해석은, 계단원 죠요盛譽의 『화엄수경華嚴手鏡』「심불중생」에서 『화엄경』에서의 심·불·중생의 차별 여부가 문제가 되고 있다. 이에 대해서 이 삼자가 무차별이라고 대답한다. 그렇다면 부처와 심체는 다함이 없지만 중생과는 분리된 존재이니, 삼무차별을 설할 수 없는 것이 아니냐고 의문을 제기한다. 그것에 대해서 다음과 같이 답한다.

답한다. 무릇 심불중생이 삼무차별이라는 법문은 원경圓經의 대강으로, 일승의 심지深旨이다. 대체로 어렵지만 생각해 보면, 망정妄情에게는 헤매기 쉬운 것이다. 그러나 『화엄경』의 글에 의거하고 조사의 판단에 맡기자면 일심의 총체 속에 중생과 부처를 차별하고 있기 때문이다. 『경』의 위의 글에서 마음은 능숙한 화가처럼 여러 가지 오음을 그리고, 일체 세상 속에서 모든 것은 마음이 만들어 내는 것이라고 말한다.

이 총체인 일심으로 중생과 부처와 만경이 서로 융통할 때, 중생과 부처는 함께 일진법계의 체를 갖추고 있다. 더욱이 관협寬狹의 차이가 있는 것이 아니다. 이에 따라 경문에는 심과 부처와 중생에 차별이 없다고 설한다. 『탐현기』는 이를 해석하여 말한다. 연기는 서로 융통하여 무애이다. 하나 안에 모든 것이 담긴다. 나머지 성性과 동일하기 때문이다. 따라서 무차별적이라 하는 것이다.[20]

---

19 藤丸要(2021), p. 352.
20 『華嚴手鏡』, "答, 凡佛心衆生三無差別之法門者, 圓經大綱, 一乘深旨也. 凡慮離測, 妄情易迷. 然而依圓經現文, 任祖師定判, 於一心總體中, 分生佛差別故. 經上文說, 心如工畫師, 畫種種五蘊, 一切世間中無法而不造文. 以此總體一心, 融生佛萬境之時, 生佛俱具一心法界之體. 更無有寬狹之異. 是以經文, 說心佛及衆生, 是三無差別文. 探玄記釋此云, 緣起融通無礙, 隨一全收, 餘性不異故. 云無差別也文."

삼무차별의 법문은 화엄원경의 대강이요 심오한 종지이므로, 범정으로는 이해하기 어렵다고 회답한다. 그리고 총체인 일심에 의해 중생이나 부처와 같은 갖가지 대상을 융통할 때, 중생도 부처도 일심법계의 체를 갖추고 있다. 중생과 부처는 차이가 있으면서도 동일성임을 보여주기 때문에 차별이 있는 것이 아니라고 한다. 『탐현기』의 해석에서는 연기가 융통무애이고 수일전수隨一全收이므로 본성은 다르지 않기 때문에 삼자의 무차별이 이루어진다고 한다.

『화엄수경』의 「심불중생」에서는 일심법계를 체로 하여 중생도 부처도 만든다는 심을 주체로 하는 입장에서 삼무차별의 평등성을 설하는 것이 아니다. 이런 점에서 묘에나 교넨과 같은 가마쿠라 시대 화엄사의 교설을 계승하고 있음을 알 수 있다.

죠요의 『화엄수경』은 '초심시학지동법初心始學之同法'을 위해 저술되었으며, 계단원에서 실시된 담의談義의 기록을 재구성한 것으로, 찬술 직후부터 여러 차례에 걸쳐 반복되어 필사되었다. 에도기에 이르면 동대사·고산사·대각사大覺寺 외에 정토종·정토진종淨土眞宗 사찰에도 전해지게 되었다는 점이 지적되고 있다.[21] 이로써 일심을 중심으로 한 일본 화엄이 널리 알려지게 된 것으로 추측된다.

### 2. 여심게의 독송

요시즈吉津는 지엄이 여심게에 특별한 관심을 가졌던 것은 아니며, 언뜻 보기에 특별히 중요해 보이지 않는 여심게가 왜 일본에서 주목받는지

---

21  野呂靖(2021).

에 대해 의문시하고 있다.[22] 징관은 여래림보살의 게송 중 제10구 "若人欲求知, 三世一切佛, 應當如是觀, 心造諸如來.(『大正藏』9, p.465c)"에 대해 "한 게송의 공능이 지옥을 타파한다."라고 평가하고, 법장의『화엄경전기』와 동일한 이야기를 인용한다.[23] 억측이지만 징관 이후 이 '파지옥게' 이야기에서 신앙을 얻었을지도 모르겠다. 그렇다면 일본 화엄에서 여심게 독송이 이루어지기 시작한 것은 언제쯤이며, 또 왜 여심게가 현대까지 이어져 독송되고 있을까. 앞서 언급한 주료의『오교장지사』에서는 여심게 독송에 대해 별다른 언급이 없으며, 헤이안시대에는 경문 해석은 이루어지지만 매일매일의 근행의 대상은 아니었다. 주목할 만한 것은 묘에의 여심게 독송과 강의이다.

묘에는『화엄유심관행식』을 1198년(建久 9)에 저술하고, 여심게를 일상적으로 암송하였다.[24] 그리고 오랜 세월동안 재가신자들의 강한 요청이 있었기에 1201년(建仁 元年)의『화엄유심의』에서 여심게의 대강을 저술하였다.[25] 또 1253년(建長 5)에 문도 고신高信(?-?)이 지은『고산사연기』에 의하면, 1219년(承久 元年) 이래, 고산사 금당에서 밤의 근행으로써 유심관행식이 행해지고 있었다.[26] 이처럼 묘에 주변에서는 여심게 독송이 일상적으로 근수되었

---

22 吉津宜英(1989), p.360.

23 『華嚴經疏』(『大正藏』35, 524b). 당 684년(文明 元年) 명간明幹이라는 왕은 생전에 계행도 없고 선행을 근수하지도 못하고 죽고 말았다. 지옥에 가서 그 문 앞에서 지장보살로부터 이 일게를 배워, 염라대왕에게 생전의 공덕이 무엇인지 질문을 받았을 때, 이 일게를 독송하여 그 지옥고에서 벗어날 수 있었다. 나아가 그 게송을 외친 목소리가 닿은 곳에서는 고통을 받던 사람들이 모두 해탈할 수 있었다.

24 「阿留邊幾夜宇和」「高山寺藏規式寫」『高山寺古文書』(高山寺資料叢書 4, p.287).

25 『華嚴唯心義』(『日佛全』13,「華嚴小部集」, p.41 上).

26 『高山寺緣起』(群書類從·釋家部卷788, p.370下), "承久元年十一月十一日始修之. 願主督三位局. 朝. 理趣三昧并金剛界禮懺文. 夕. 華嚴唯心觀行式. 上人作."

음을 알 수 있다.

동대사에서의 여심게 독송을 살펴보면, 현수회·로벤회와 같은 조사회에서의 독송이 행해졌다. '동대사계단원연중행사'는 무로마치시대 15세기 후반 계단원에서의 연중행사 일람이다. 행사를 통람할 수 있는 자료가 전무한 가운데 이 책은 중세 계단원의 불사법요佛事法要 실태를 보여주는 드문 기록이다.[27] 여심게는 일상적으로 독송되는 것으로 추측되지만 연중행사로는 4가지 사례를 들 수 있다.[28]

이들 행사의 상세한 해명에 대해서는 향후의 검토 과제이지만, 12월 향상공香象供이나 정월 행법에서 '두순어방杜順御訪'과 같은 중국 화엄조사와 관련된 행사 때 여심게를 독송했다고 생각된다. 즉 9세기 이후 히에이잔比叡山과 남도南都에 연력사延曆寺의 사이초最澄 기일(6월회), 홍복사興福寺의 자은회慈恩會 등 조사의 기일법회가 잇따라 창시되면서 동대사에서도 간진기鑑眞忌, 짓츄기實忠忌가 행해졌다고 한다. 10세기에 들어서면 천태승을 중심으로 당시 유교의례를 적극 도입하여 예찬문禮讚文이라는 새로운

---

27 橫內裕人(2008), p. 313.

28 「八月」「一, 懺法嚴淨事」
懺法已後勤行ハ, 花嚴時如心偈七反, 光明眞言廿一反, 法花時自我偈尺迦宝号百反也. 皆一騰出之. 兩度同廻向伽陀一可有之. [橫內裕人(2008), p. 329].
「九月」「九月十日」
赤松性高禪尼講問〈花嚴〉可有之. 嚴淨方可告之. 掃拭無之. 二ヶ法用役時前可差之. ⋯⋯ 禮盤前机如意經釋並花嚴經等可置之. 勤行, 如心偈七反, 光明眞言廿一反, 直日方可告之. [橫內裕人(2008), p. 332].
적송성고선니赤松性高禪尼는 계단원의 유력단월이었던 것으로 추측되고, 그의 역수逆修를 위해 담의談義를 행했던 법회가 이러한 강문講問으로 변화해 갔다고 여겨진다.
「十二月」「十二月十五日」の香象供
香象供大伴ハ如南山供, 但導師ノ祈句ノ位ニ嚴淨立テ, 祭文ノ作相アリ. 茶湯ハ祭文ノ終ニ供之, 勤行ハ如心偈七反, 祖師宝号百反, 作相以前ニ可告之. [橫內裕人(2008), p. 339].
「正月」「正月一日」
又第三夜結願已後ハ悉取置テ, 本尊等倉方へ可返, 又朔日ニハ東壇行法以後, 杜順御訪可有之, 如心偈七反, 祖師寶號百反, 導師可出之. [橫內裕人(2008), p. 343].

기일의례문화를 만들어 냈다고 한다. 이에 따라 10-12세기 일본에서는 새로운 조사기 의례나 강회의 창시가 활발하였다.[29] 또한 북송대 진수 정원晋水淨源(1011-1088)은 종밀의 『원각경도량수증의圓覺經道場修證儀』에서 의례와 관련된 부분만 간략화하여 『원각경도량약본수증의』를 작성하였다고 하며, 송대에서는 당말보다 더 많은 예참의궤가 저술되어 실천되었다.[30]

고산사계 승려들에 의해 『원각경』이 수용된 후, 묘에나 그 문하의 승려들에 의해 일심 해석의 필요성이 대두되고 『화엄유심의』나 『유심의단책唯心義短冊』과 같은 주석서가 작성되었다. 동대사에서도 서서히 『원각경』이 수용되기 시작하여 다음 절에서 보듯이 논의論義에 의해서 일심 해석이 활발해져 갔다. 그 결과 조사의례의 기일법회가 창시됨에 따라 여심게 독송이 법회에 편입되기에 이르렀다고 생각된다.

### 3. 논의·담의의 개요

일본 화엄에서의 일심·유심 해석의 수용을 거쳐 가마쿠라부터 남북조시대에 걸쳐 논의·담의에서도 일심에 관련된 논의가 이루어지게 되었다. 동대사에서는 존승원·동남원과 같은 원가院家에 소속된 귀족 자제의 승려貴種僧로 여겨지는 학승들이 일상적인 수학을 쌓아 절 안팎의 법회에서 일을 맡고, 학승들의 등용문인 남경삼회南京三會: 宮中御齋會, 興福寺維摩會, 藥師寺最勝會의 논의에 참여하여 승계를 승진시켜 나갔다.

또 계단원 등을 거점으로 하여 계율을 수학·실천하는 집단인 율승은

---

[29] 佐藤道子(1978), p. 28; 堀池春峰(1980), p. 216; 西谷功(2020), p. 37.
[30] 吉田剛(2003), p. 171.

동대사 내에서 '둔세'라는 형태로 존재했다.[31] 남북조시대 계단원 주지였던 젠니禪爾·죠요, 관동에서 센슈 구미전사에 유학 온 단에이湛睿 등은 앞서 언급한 남경삼회와 같은 품격있는 논의에 참여하는 학승은 아니지만 '담의'라는 자유활달한 문답을 왕성히 열고 있었다. 이번에는 그 가운데 일심·유심에 대한 논의 '구분유식'을 다루고자 한다.

### 4. 논의 '구분유식'에 대해서

동대사도서관 소장 '구분유식'(121/488)[32]의 전반부에서는 고산사 묘에의 고제인 기카이의 『화엄유식의단책』'구분유식'을 발췌하고, 그것에 대해서 거듭 논난하는 '정회득업定懷得業'에 의한 문답을 수록하고 있다. 여기서는 (가)구분유식이란 무엇인가를 묻는다. 후반부에는 겐겐顯玄 찬의 『화엄칙제초華嚴勅題抄』가 수록되어 있다. 노토미納富에 의하면 『화엄칙제초華嚴勅題抄』에는 세 군群의 사본이 있어,[33] 센슈 구미전사에서 서사되었다는 지어가 남아있다. 그 외 '상강사의上綱師義'·'고판승도의鼓坂僧都義'·'향훈초의香薰抄義'와 같은 학승의 해석이나 '계단장로'의 해석이 수록되어 있다. (나) '구분유식'은 유위무위의 어느 쪽에 분류되는가도 묻는다. 『화엄칙제초』가 1284년경에 성립했기 때문에 '고판의'는 동대사 존승원의 쇼젠聖禪(?-1270-?)으로 추정된다. 쇼젠은 논의에 참가하였고, 죠케이貞慶 찬 『명본초明本抄』

---

31 「堂衆」, 「律僧」 등의 분류에 대해서는 永村眞(1989), p.433 참조.

32 東大寺圖書館所藏, 『具分唯識』(121/488) 서지정보: 전 16장. 표지에 「具分唯識」, 표지 안쪽扉 오른쪽 아래: 「法眼弁雅」, 왼쪽 아래 「普門院」으로 되어 있음. 성립연대:1284년(弘安 7).

33 (A) 1317년(文保 元年) 5월에서 다음 해인 2년 5월에 걸쳐, 센슈 구메다지 등에서 서사된 것, (B) 1314년(正和 3) 11월부터 다음해인 4년 3월까지 구메다지, 지족원知足院에서 서사된 것, (C) 1329년(嘉曆 4) 2월에 칭명사稱名寺에서 서사된 것이 있다.

의 서사³⁴로 알려진 인물로, 동시대인 신죠審乘(1258-?)의 『화엄오교장문답초華嚴五教章問答抄』에 "고판지의야鼓坂之義也(『大正藏』72, p.628c)"로 거론되는 등 존승원을 대표하는 학승으로 알려져 있다.

동대사 존승원·계단원·고산사의 교학상의 상호 관계가 서서히 밝혀지는 가운데, 이렇게 논의·담의에서 여러 의견이 활발히 교환되며 존승원·계단원과 같은 원가에 구애 받지 않고 풍부한 사유의 토양 속에서 문답이 이루어졌을 것으로 추측된다. 그러한 치밀한 교의문답으로 후세까지 내려오는 교학의 맹아가 생겨난 것이다. 이러한 점으로부터 동대사 존승원의 학승, 고산사와 교학 상의 교류를 볼 수 있는 본 자료는 일본 화엄교학사상 중요한 것이다.

### 1) 구분유식이란 어떠한 것인가

동대사도서관 소장 『구분유식』에 수록된 「정회득업」의 사본은 『화엄유심의단책』을 발췌한 것이기에 의미가 통하지 않는 곳이 많다. 이하 『화엄유심의단책』에서 보충하면서 고찰하고자 한다.

> 묻는다. 『화엄경』 여심게는 "如心佛亦爾, 如佛衆生然. 心佛及衆生是三無差別."이다. 그렇다면 징관은 이 일심에 생멸·불생멸의 이분법을 갖추고 있다고 설명하는가? 징관은 진망화합의 뜻이 성립하고, 수연·불변의 덕이 있어 구분유식의를 세운다. 이에 대해 징관은 이 게송을 해석하여 삼무차별을 밝히고 있으나 구분유식으로 보지 않았다. 법장 등 여러 대사

---

34 『明本抄』(『大正藏』69, p. 507c), "文永四年五月二十五日申時於東大寺鼓坂住房, 以光明院御自筆状, 書寫了, 即一交了 / 權律師聖禪歲六十六 / 夏臘五十二."

들은 구분유식의를 밝힌다고 해도 여심게를 인용하지 않았고, 구분유식의를 증명하지 않았다. 이로부터 징관이 법장 등의 교판에 혼자 등을 돌려 구분유식의 의리를 세우는 것인가? 징관이 해석하는 바의 증거를 밝혀 대답하시오.[35]

먼저 물음에서는 징관이 여심게의 일심에 대해 진망화합의라는 구분유식의를 세우지만, 법장 등은 구분유식의를 설한다 하더라도 여심게를 인용하지 않으니, 징관이 법장의 교설에 등을 돌린 것은 아닌지 지적하고 있다. 대답으로는

징관도 구분유식의를 세우지만, 『연의초』에서 "무엇을 근거로 이 유식이 구분이라 할 수 있는가?"라고 징관 자신이 질문하고 다음과 같이 대답한다. "부처와 마음은 그 체성이 다함이 없음을 알아야 한다. 일심은 부처에 즉하는 마음이기 때문에 그저 망심만은 아님을 밝히고 있는 것이다."라고 해석하고 있다. 이 『화엄경소』의 문구는 이미 일심이 부처에 즉하는 마음임을 밝히고 있으므로 유심의가 성립한다. 따라서 진심과 망심의 두 뜻을 갖추고 있는 마음이라는 것이다.[36]

라고 하여 일심이 진망화합심이라는 것을 징관이 근거를 세워 증명하고

---

35 『華嚴唯心義短冊』(一丁右), "問, 華嚴經偈頌文, 如心佛亦爾, 如佛衆生然, 心佛及衆生是三無差別文. 爾者淸凉大師意, 以此文_證具分唯識義_可云耶. 答爾也. 付之, 依大師解釋尋今此頌文_, 雖明三無差別之旨ᵀ_, 未見具分唯識義_哉. 是以烈祖多引餘文ᵀ_雖證具分唯識_未引之今此文_哉. 如何可答耶."

36 『華嚴唯心義短冊』(一丁左), "是以淸凉大師上成具分唯識義_乎. 重問, 何以■得知具分耶ᵀ_. 答, 如心佛亦爾如佛衆生. 然應知佛與心軆性皆無盡. 旣是卽佛之心明非獨妄心, 文意°旣是卽佛之心故唯心義. 獨非妄心ノ㆑ᄂ, 眞妄二法和合心也ᄂ云也."

있다고 대답한다. 즉 심불중생 삼자의 체성이 다함 없기에, 『기신론』에서 설한 진망화합식을 의용하여 심식이 생멸·불생멸, 진·망이라는 상반된 측면을 겸하는 것으로 파악된다.

본 문답을 보면, 일심에 대한 해석을 축으로 하면서 징관의 해석이 중국 화엄의 법장 등의 조사와 다른 것을 회통하려는 태도가 엿보인다. 즉 법장 등이 '구분유식'이라는 용어를 사용하지 않고 아뢰야식의 진망화합을 해석하고 있으며, 징관은 혜원의 교설을 계승하여 '구분유식'을 도입하여 설명한다. 그 때문에 일본 화엄에서는 용어 활용으로 나타나는 차이를 회통할 필요가 있었던 것이다. 그리고 법장은 '법계연기'라는 진여의 작용에 중점을 두고 있었던 반면, 징관과 종밀은 '일심'을 '모든 것을 포괄하는 일심'으로 보고 이를 해석의 귀착지로 삼는다. 「정회득업」은 이러한 태도의 차이를 해소하면서 구분유식이 중국 화엄을 계승하고 있다고 주장하고 있다.

**2) 구분유식은 유위심, 무위심의 어느 쪽으로 분류 되는가.**
후반부에는 『화엄칙제초』가 수록되어 있다. 문답을 보면 다음과 같다.

(이하는 『[화엄]칙제초』)
묻는다. 화엄경의 글은 "如心佛亦爾, 如佛衆生然."이라고 한다. 그렇다면 지금 이 마음이란 유위심을 가리키는 것인가. 모순이다兩方. 만약 유위심을 가리킨다면, 징관이 여심게의 글을 해석하여 부처에 즉하는 마음은 단지 망심만이 아니다라고 하였다. 이를 통해 진망화합심임을 알 수 있다. 만약 그렇다면 법장의 해석으로는 심불중생이 무차별일 때 이 마

음을 유위심으로 보는 것일까.[37]

즉 여심게의 해석에 대해서 징관은 진망화합심이라고 말한다. 법장의 해석에서는 여심게의 마음이 유위심이냐고 묻는다. 이 문답에 대해 '상강사'·'사운'·'고판'을 들고 있다. 법장은 여심게의 해석 자체에 유위·무위의 평가는 내리지 않는다. 종밀은 『행원품소초』에서 권교에서는 팔식을 심으로 하고, 그 심이 유위생멸하기에 체가 되지 않으므로 일심에 대해 유위를 기준으로 판단하는 듯하다. 이를 계승한 묘에는 마음을 전칠식이 생멸을 거듭하는 유위법이고 제8아뢰야식이 생멸불생멸이라서 유위·무위가 화합하는 구분유식으로 나타낸다. 이러한 상위를 해소하려는 것이 본 문답의 취지이다. 먼저 상강사의 대답으로는

상강사가 말씀하신다.
답한다. 지금 이 '심, 불 및 중생'의 마음이란 유위·무위의 화합심이며, 구분유식이라 해야 한다. 징관이 말하기를 "부처에 즉한 심은 망심만을 말하는 것이 아니다."라고 하니 진망화합심임을 알 수 있다. 진여를 진眞으로 하고, 진여에 대하여 일심으로 망妄을 가설假設할 때, 그 범위는 염분의타染分依他·정분연기淨分緣起에 국한되지 않는다. 다만 법장이 두 가지 해석을 설한 가운데 첫 해석의 심은 유위무위화합심이고 구분유식이다. 두 번째 해석은 단지 유위의 한 쪽만을 들어 심이라고 한다. 지금 유위에 대해 논하고 있는데, 지금 유위심의 진리를 성性으로 삼고 있다. 진여

---

[37] 『華嚴勅題抄』(五丁右), "以下勅題抄 問, 華嚴經文云如心佛亦爾如佛衆生然々. 爾者今此心者指有爲心可云耶. 兩方. 若云指有心者, 見淸凉大師解釋口如心佛亦爾之文, 旣是卽佛之心明非獨妄心爲已云々. 知眞妄和合心云事. 若依之爾者, 宗家解釋中, 釋心佛及衆生是三無差別一之時, 心者可有爲心見タリ. 如何."

불리眞如不離의 유위심이기 때문에 반드시 서로 다르다고는 할 수 없다. 원래 두 해석이 있는 가운데, 지금 이 심은 생멸과 불생멸과 체용화합의 심이라는 것이다. 또한 생멸의 작용의 측면을 들어 심이라고 말하기 위해 징관은 구분유식의를 인용한다. 나아가 법장과 징관이 다른 것은 아니다. 또한 두 해석 모두 경문에 어긋나는 것도 아니다.[38]

라고 하여, 마음의 유위무위화합심을 설하고 구분유식이라고 결론짓는다. 왜냐하면 진여수연은 염분의타·정분의타, 염분연기·정분연기라는 상대하는 사상을 내포한다. 이로 인해 여심게가 나타내는 심은 유위무위화합심이라는 것이다. 이 해석은 징관이 『화엄경소』에서 심이 총상이기 때문에 염정의 구별이 있어도 심체는 다를 것이 없다고 나타낸 것에 의한다.[39] 이리하여 "구분유식이 어떠한 것인가."라는 일심의 성질을 묻는 문답이었던 것이 진여의 수연에 시점이 놓인 문답이 되어갔다.

다만 법장이 말하는 '명심작범'과 '명심기성'이라는 두 해석 중, 전자는 유위무위화합심의 구분유식이지만, 후자는 심과 불·중생이 구별이 없다는 해석이고 유위의 면을 말한다고 한다. 그리고 유위심의 성性이라는 본질에 설명의 중점을 두기 때문에, 진망에 무게를 두는 징관의 해석과도 다를 바 없다는 것이다. 이러한 상강사의 해석에 '사운私云'으로 의견을 더

---

[38] 『華嚴勅題抄』(五丁右), "上綱師云. 答. 今此心佛及衆生心者有爲無爲和合心. 卽具分唯識可云也. 卽淸凉旣是卽佛之心. 明非獨妄心述. 眞妄和合心云事自被知. 眞如云眞. 対彼云妄時. 有分斉不限染分依他·淨分緣起可被云妄欤. 但宗家解釋者作二釋中. 初釋心者有爲無爲和合心. 卽具分唯識□也. 第二釋意亦唯說有爲遍一心云也. 今有爲方取談. 今有爲心眞理爲性. 眞如不離有爲心故. 强非相違欤. 自本二釋. 今此心生滅不生滅軆用和合心云也. 又生滅用遍取云心釋故. 淸凉釋當具引唯識義. 更非二相違. 又二釋俱不可違經文也."

[39] 『華嚴經疏』(『大正藏』35, p.658c), "然心是總相悟之名佛. 成淨緣起. 迷作衆生. 成染緣起. 緣起雖有染淨心體不殊."

하고 있다.

개인적으로 해석하자면, 법장이 제시한 두 번째 해석에서 심은 구분유식이 유위무위화합심이라고 설한 것이 아니다. 첫 번째 해석은 심이 범부를 만들고 부처를 만드는 유위심이다. 혹은 또한 진여수연의 유위의 사법事法이기 때문에, 세간의 오음을 만들고 부처의 오음을 만든다. 어떤 해석에 따르면, 두 가지 해석은 모두 구분유식이 유위무위화합심을 가리킨다고 한다. 이에 이의는 없다. 다만 두 가지 해석의 차이는, 첫 번째 해석의 부처는 유위의 면을 다룬다. 징관이 말하는 심은 오온을 만든다는 해석과 같다. 두 번째 해석은 진리에 대해 이야기하고 있으며, 진리에 이름을 붙여 부처라고 한다. 이것이 두 가지 해석의 차이다.[40]

두 번째 해석인 '명심기성'의 심은 유위무위의 화합이라고 설하는 것이 아니라고하며 상강사와는 다르게 해석한다. 즉 첫 번째 해석인 '명심작범'은 진여수연을 말하는 것이고 심이 유위의 사법을 만들기 때문에 유위무위화합심을 가리키는 데에 이의가 없으나, 두 번째 해석 '명심기성'은 오직 보편적 경지인 진리를 가리켜 부처라고 한다. 이러한 심의 총상은 심진여문에서는 일법계대총상법문의 체라고 하는 『기신론』 교설에 의거한다.[41] 이리하여 진여의 작용에 주목하는 시점과 본체·성질에 중점을 두는 시점으로 일본 화엄사들의 해석은 전개되어 갔다. 여기에 문답이 거듭되면서

---

40 『華嚴勅題抄』(八丁右), "私云, 第二釋心者, 無說具分唯識有爲無爲和合心也. 初釋心作凡一作佛一之有爲心也. 或又眞如隨緣, 心."

41 『起信論』(『大正藏』32, p.576a), "心眞如者, 即是一法界大総相法門體."

「고판」에서도 유위심 여부를 묻는 문제가 거론된다.

> 대방大方은 화엄종의 미묘한 법문으로 의의가 미세하고 두 해석의 사안은 극히 번잡하다. 지금 이 뜻을 전부 비판하니 일가의 법문을 드러내기 위해서이다. 사람은 쉽게 의심해서는 안 된다. 지금 이 논의로써 일종一宗의 현지玄旨를 드러내는 것은 대대에 걸쳐 분명해지는 것이다. 이미 상강사의 허가를 받아 수학하는 면목은 무엇인가, 어떤 것인가.[42]

대방은 화엄종의 수승한 법문인데, 이 구분유식에 관련된 두 해석은 번잡하니 일가의 법문을 드러내기 위해 사람들이 쉽게 의심하지 말아야 한다고 한다. 이 논의가 화엄종 내에서 중요한 논의의 주제였음을 알 수 있다. 이처럼 「고판」의 뜻에서도 여심게의 유위심을 묻는 문답이 세워짐에 따라 본 논의가 묘에 이후 이어지는 일심의 유위·무위를 묻는 논점을 계승하고 있음을 알 수 있다.

법회 중 논의라는 교리문답 속에서 일심과 관련된 논의가 전개되어 갔음이 확인되었다. 그러나 논의뿐만 아니라 창도唱導에서도 그러한 양상을 볼 수 있다. 다음 절에서는 『원각경』의 수용을 통해 일본 화엄이 창도 자료 속에서 어떻게 일심을 파악했는지 고찰하고자 한다.

### 5. 창도 자료에 보이는 『원각경』의 일심

원래 『원각경』은 일본에는 736년(天平 8)에 전래되었으며, 『원각경』 성립

---

[42] 『華嚴勅題抄』(八丁左), "大方ハ此事當宗微妙法門微細ニシテ, 二釋了簡極煩シ. 今難ニ悉此ᵋ旨, 被顯一家法門故. 人輒不爲此疑_. 今此論義ᵅシテ顯一宗玄旨事, 世々神明云々. 既預上綱師許可ᵆ_修學面目何事如此_耶."

후 시간이 얼마 지나지 않아 유입되었다.[43] 가마쿠라시대 이전에는 거론된 흔적이 전혀 없으며, 가마쿠라시대에 처음으로 고산사계 학승에 의해 필사되었다고 생각된다.[44]

묘에는 겐포建保 연간(1213-1219) 경부터 『원각경』을 중시하고, 종밀의 『원각경약소초』 등에 대한 강의도 하였다. 또한 『원각경약소주』를 바탕으로 독자적인 관법인 불광관을 구성하고, 『원각경』 수지의 공덕을 설명하는 『지경강식』을 작성하는 등 그 이해가 종밀에 근거하고 있다는 점이 지적되고 있다.[45] 1250년(建長 2) 성립된 『고산사성교목록高山寺聖教目錄』에서는 종밀의 저작인 『원각경략소』·『원각경략초』·『원각경수증의』·『원각경략수증의』가 열거되어 있고, 고산사 경장에 『원각경』 주석서가 다수 소장되었음을 알 수 있다.[46] 이처럼 묘에나 그 문하는 『원각경』이나 종밀의 영향을 많이 받았던 것이다. 묘에 이후 동대사 존승원에서도 『원각경』 주석이 행해지고 있으며, 소쇼宗性나 소쇼가 '현재賢才'라고 평했던 고제 짓코實弘의 자료가 남아있다.[47]

법회 내에서도 창도는 재가 신자를 위한 것으로 사람들의 신앙이나 생

---

**43** 石田茂作(1982), p.3.

**44** ニールス・グュルベルク(1998).

**45** 前川健一(2012), p.151.

**46** 池田證寿(2018), p.45.

**47** 소쇼宗性의 『원각경략소초중법화경초圓覺經略疏鈔中法華經抄』(113/60), 짓코実弘의 『원각경대소초요문圓覺經大疏抄要文』(113/176)과 『원각경심경요문圓覺經心鏡要文』이 남아있다. 소쇼의 『원각경략소초중법화경초』(113/60)의 간기에는, 1257년(正嘉 元年)에 토가노오栂尾·쇼카이静海로부터 빌린 종밀의 『원각경소초』를 종효득업宗曉得業이 서사했다는 것이 나와있다. 쇼카이는 「화엄혈맥華嚴血脈」(고산사본 초출)에 의하면, '明恵―喜海―静海'로 화엄의 법통을 이어받은 인물이다. 또 짓코의 『원각경심경요문』(113/177)은 1251년(建長 3) 10월에, 『원각수증의요문圓覺修證義要文』(113/175)은 1248년(宝治 2) 정월에, 둘 다 '栂尾抄'가 서사하였다. 이와 같이 묘에로부터 이어지는 『원각경』 해석의 흐름을 존승원 학승들도 잇고 있었다는 것을 엿볼 수 있다. 실제로 존승원에서의 의례에서 어떤 영향이 있었는지는 금후 밝혀나가고자 한다.

활사상과 깊이 관련된 것이었다. 동대사 창도에서는 존승원 벤교辨曉(1137-1200)의 설초說草가 유명하며 단간을 포함해 130여 점이 남아있다. 벤교는 '중고重古의 영장英匠'으로 여겨져 동대사의 교학을 부흥시킨 인물로서 알려져 있다. 그러나 『원각경』이나 그것과 관련된 자료는 남아 있지 않다.[48]

가나자와金澤 칭명사稱名寺 제3대 주지 단에이(1271-1347)도 많은 설초를 남겼다. 단에이는 센슈 구미전사에 유학을 간 관동 출신의 율승이다. 존승원 학승과 율승의 공동수학 장소였던 지족원에서 수학하였으며, 그곳에서 얻은 고산사의 교학을 다양한 각도에서 비판·수용하였다. 이러한 배경에서 단에이는 벤교와는 달리 창도자료 중 『원각경』『원각경총석』『원각대의』와 같은 『원각경』에 관한 것을 남기고 있다. 단에이의 창도자료는 남북조시대의 재가신자들에게 『원각경』이 얼마나 뿌리를 내렸는지 알 수 있는 귀중한 자료이다. 먼저 『원각경』에서는 그 대의를 다음과 같이 나타낸다.

다음으로 『원각경』이다. 무릇 이 경전의 위대한 본의는, 말대말세의 대심중생 스스로의 심이 원각묘심이라고 믿는 것이다. 심의 본체인 영지는 자성청정이다. 이에 따라 첫 깨달음은 원각묘심에서 일어나므로 인지라고 한다. 그 후 갑자기 생사번뇌가 본래 공적임을 깨닫는다. 그리고 신속하게 보리열반의 성性이 궁극임을 현현시킨다. 이것이 『원각경』의 대의이다.[49]

---

[48] 神奈川県立金澤文庫(2013)에는 『원각경』에 관한 기술은 없다.

[49] 納富常天(2018), p.137, "次圓覺經凡ソ此ノ經ノ大ナル意ヘ, 末代末世大心衆生深信シテ自心是圓覺妙心ナリト. 靈知不昧カラ. 以之ヲ 爲初悟本起之因地ト. 然後頓ニ悟生死煩悩之本ヨリ空寂ナリト. 速ニ顯サシムル菩提涅槃之性究竟セルヲ, 是カ此ノ經大意ナ候."

말법 세상 중생의 대심이 바로 원각묘심이라고 깊이 믿는 것이『원각경』본의라고 설한다. 종밀은『화엄경』이 가장 뛰어난 것이라고 칭송하지만, 반면 권수나 번잡함 때문에 초보자에게는 수학하기 어렵고 소홀히 하는 자가 많다고 탄식한다. 이러한 배경에 따라 근기에 응하여『원각경』을 전파하게 되었다.

남북조시대 일본 화엄에서도 비슷한 문제에 직면한 듯 보이는데, 단에이는 재가신자들에게『원각경』의 경의를 해설하고 원각묘심을 깊게 믿을 것을 권한다. 이러한『원각경』의 수지·수행을 삼근三根으로 분류하고,『원각경총석』에서는 다음과 같이 기술한다.

이미 해解에 의거하여 행법을 이루는 종지를 다 밝혔기 때문에, 보현장 이후 자세히 그 수행의 모습을 설하겠다. 거기에는 삼근의 수행이 있다. 먼저 보현보살·금강장보살·미륵보살·청정혜보살의 4장章을 통해 관행을 밝힌다. 이것은 상근의 수증이다. 다음으로 위덕자재보살·변음보살·정제업장보살·보각보살의 4장은 별도로 관행을 밝힌다. 이것은 중근의 수증이다. 마지막 원각보살의 한 장은 도량에 있는 가운데 설하고 기한을 세워 가행을 닦고 바르게 억념한다는 의리이다. 말세의 죄장이 중대한 중생에게 근기가 둔하기 때문에 쉽게 수증修證하기 어렵다는 것을 보여준다. 이를 위해 강한 인연에 맡겨 수승한 경境에 의지하여 점진적으로 수행하여 원각에게 계승契證하게 하는 것이다. 이는 하근의 관행이다. 이와 같이 이 경은 구체적으로 해행解行의 양문을 열고, 널리 돈점頓漸의

만기萬機를 섭취攝取하는 것이다.[50]

『원각경』에 등장하는 보살들 가운데 마지막 원각보살을 하근의 관행이라고 한다. 하근의 중생은 둔한 근기이므로 강한 인연을 만나, 뛰어난 경계에 대해서 점차 수행함으로써 원각묘심을 깨달을 수 있다고 한다. '돈오점수'를 나타내는 종밀을 계승하여 본 창도가 이뤄지고 있다는 것을 알 수 있다. 이런 상근·중근·하근과 같은 근기를 분류하는 시점은 단에이의 독자적인 것이다.

이처럼 단에이에 의해서 『원각경』에 관련한 창도가 작성됐지만, 이후 창도의 자리에서 사용된 모습이 보이지 않는다. 오늘에 이르기까지 산일되어 버렸을 가능성도 충분히 생각되지만, 『원각경』의 전개로서 원각묘심에 대한 깊은 믿음을 주장하기보다는, 추선 공양이나 예수, 불사 법회에 무게가 실린 창도의 성격이라고 생각된다. 나아가 논의나 주석서도 저작으로 남은 것이 적다. 일본 화엄에서는 고산사에서 우연치않게 『원각경』의 유행이 있은 뒤, 존승원 및 계단원에서도 수용되어 해석되었지만, 어디까지나 남도에서의 수학은 『화엄경』이나 중국 화엄 조사의 주석서 연구가 주된 것이었고 고산사에서 논의된 화엄에 대한 논제를 계승하고 세밀한 해석을 행한 것이 다시 확인됐다.

---

[50] 納富常天(2018), p.592, "已明依解成行之旨竟故, 普眼章已後廣說其〃修行之相貌〃, 有三根修行, 所謂普眼·金剛藏·彌勒·清淨恵之四章通シテ明觀行, 是上根修證也. 次威德·自在·弁音·淨諸業障·普覺之四章別シテ明觀行, 是中根修證也. 後圓覺菩薩〃一章ハ說荘〃道場〃, 立テ〃期限〃修加行_正憶念〃之義〃, 是則末世障重〃衆生根鈍ニシテ輙難〃修證シ, 故託二強緣一, 憑テ勝境一, 令_漸次ニ修行シテ契中證圓覺_, 此是下根之觀行也. 如是_此經具二開〃解行兩門_廣攝頓漸萬機〃_."

## IV. 마치며

본고에서는 현재도 법회나 매일매일의 근행에서 독송되는 여심게를 중심으로, 중세 일본 화엄이 징관·종밀의 해석을 거쳐 일심을 어떻게 파악했는지 검토하였다. 헤이안시대 일본 화엄에서는 법장의 교설에 따라 심식에 대해 해석하고 있으나, 일심을 상세하게 논의하지는 않는다.

가마쿠라시대에 들어선 후 고산사 묘에의 일심해석을 살펴보면, 징관·증밀의 교설을 계승하면서 전칠식은 유위법, 제8식은 생멸불생멸을 구비하는 '구분유식'으로 종교위에 위치 짓는다. 이 일심인 일체 중생의 심心 자체를 관찰함으로써 중생의 마음과 부처의 일체화를 시도한 것이다. 일심의 관찰을 십중관법으로 확립한 것이 교넨이다. 교넨은 일심을 만유의 근원으로서의 절대심·진여라고 하면서도, 오히려 일심의 '작作'에 대해 열 가지 견해로 분류하고, 일심에 의해 제교諸教를 통합하는 교판론적 고찰을 보여준다.

이런 논의를 배경으로, '초심시학지동법初心始學之同法'을 위해 저술된 죠요의 『화엄수경』에서는 체인 일심법계에서 중생도 부처도 만든다며 삼무차별의 평등성이 아니라 마음의 본원성을 설하였다. 이로 인해 묘에나 교넨과 같은 가마쿠라시대 화엄사의 교설을 계승하고 있음을 알 수 있었다.

동대사 논의에서는 존승원 소쇼의 『법승사어팔강문답기法勝寺御八講問答記』와 같은 학승들의 품격 높은 법회에서는 일심에 관한 논의는 확인되지 않는다. 그러나 동대사도서관 소장의 『구분유식』(121/488)에서는 다각도로 일심에 대해 검토되고 있다. 본 자료를 보면, 일심의 해석을 주축으로 하면서 중국 화엄조사인 법장과 징관의 다른 해석을 회통하려는 태도가 엿보인다. 일본 화엄에서는 해석의 차이를 회통할 필요가 있었다. 법장은 '법계연기'라고 하는 진여의 작용에 중점을 두고 있었던 반면, 징관·종밀은 '포괄하는 일심'으로서 일심에 집약한다. '정회득업'은 이러한 태도의 차이를 해소하면서, 일심을 중심으로 해석하여 중국 화엄을 계승한다. 즉 『기신론』의 일심해석에 기반을 두면서도 일심을 유위무위화합심인가 아닌가라는 새로운 관점으로 해석하려고 한다.

일본 화엄에서 일심의 해석이 상세하게 논의된 요인으로, 고산사계 승려들에 의해 『원각경』이 수용됨으로 묘에와 그 문하의 승려들 가운데 일심해석의 필요성이 높아졌을 가능성을 지적했다. 동대사에서도 서서히 법회 가운데 일심해석이 융성했으며, 여심게 독송도 법회에 편입되기에 이르렀다. 동대사에서의 의례의 변천에 대해서는 앞으로 검토하고자 한다.

〈부기〉

본고를 작성함에 있어 귀중한 자료의 열람·복사를 허가해 준 동대사도서관의 후의에 진심으로 감사드린다.

번역: 송동규
동경대 대학원 인도철학불교학 전공

## 〈참고문헌〉

### 약호

大正藏　大正新脩大藏經

卍續藏經　卍新纂續藏經

日佛全　日本佛教全書

### 원전

『高山寺緣起』(群書類從·釋家部卷788)

「具分唯識」(121/488, 東大寺圖書館所藏)

『法界義鏡』(『日佛全』13)

『演義鈔』(『大正藏』36)

『五敎章指事』(『大正藏』72)

『行願品疏』(『卍續藏經』5)

『行願品疏鈔』(『卍續藏經』5)

『華嚴經疏』(『大正藏』35)

『華嚴唯心義』(『日佛全』13)

### 단행본

高山寺典籍文書綜合調査団(1975), 『高山寺古文書』, 東京大学出版会.

吉津宜英(1989), 『華嚴一乘思想の研究』, 大東出版社.

石田茂作(1982), 『写経より見たる奈良朝仏教の研究』, 東洋書林.

神奈川県立金沢文庫(2013), 『称名寺聖教　尊勝院弁暁説草-翻刻と解題-』, 勉誠出版.

北畠典生(1990), 『華厳法界義鏡講義 上巻』, 永田文昌堂.

永村眞(1989), 『中世東大寺の組織と経営』, 塙書房.

藤丸要(2021), 『華厳法界義鏡講究』, 法藏館.

堀池春峰(1980), 『南都仏教史の研究』上, 法藏館.

横内裕人(2008), 『日本中世の仏教と東アジア』, 塙書房.

納富常天(2018), 『金沢文庫藏国宝称名寺聖教湛睿説草-研究と翻刻-』, 勉誠出版.

## 논문

池田証寿(2018), 「高山寺蔵南宋版『円覚経略疏』(影印)」, 高山寺典籍文書綜合調査団編, 『平成二十九年度高山寺典籍文書綜合調査団研究報告論集』.

佐藤道子(1978), 「祖師会の史的研究」, 『芸能の科学』9.

高田悠(2012), 「東大寺図書館所蔵写本『具分唯識』について」, 『印度学仏教学研究』65(2).

高田悠(2018), 「湛睿『古題加愚』「龍女成仏」の成仏義─翻刻と読解─」, 龍谷大学佛教学研究室年報.

高田悠(2022), 「久米田寺における華厳教学の形成」, 『印度学仏教学研究』70(2).

永村眞(2001), 「寺院社会史の視点からみる中世の法会」, 奈良女子大学古代学学術研究センター設立準備室編, 『儀礼にみる日本の仏教:東大寺・興福寺・薬師寺』.

ニールス・グュルベルク(1998), 「明恵作『持経講式』について」, 『大正大学綜合佛教研究所年報』20.

西谷功(2020), 「南都・北嶺の祖師忌-東アジア仏教儀礼の視点から-」, 楠淳證等編,『国際社会と日本仏教』頁 ≪龍谷大学アジア仏教文化研究叢書17≫.

野呂靖(2021),「東大寺戒壇院における華厳談義の形成―盛誉『華厳手鏡』の成立とその周辺」, 律宗戒学院 編『唐招提寺第二十八世凝然大徳御忌記念 凝然教学の形成と展開』, 法藏館.

野呂靖(2022),「盛誉『夢中戯』にみる南北朝期の華厳学」,『印度学仏教学研究』70(2).

野呂靖(2023),「高山寺蔵・明恵撰『華厳入法界頓証毘盧舎那字輪瑜伽念誦次第』について」, 高山寺典籍文書綜合調査団編(2023),『令和四年度高山寺典籍文書綜合調査団研究報告論集』.

前川健一(2012),「明恵に於ける宗密の受容」,『明恵の思想史的研究-思想構造と諸実践の展開-』, 法藏館.

三輪眞嗣(2019),「湛睿と覚聖」,『金沢文庫研究』342.

楊小平(2023),「『宗鏡録』における「法界」観」,『印度学仏教学研究』71(1).

吉田剛(2003),「宋代における華厳礼懺儀軌の成立」,『印度学仏教学研究』52(1).

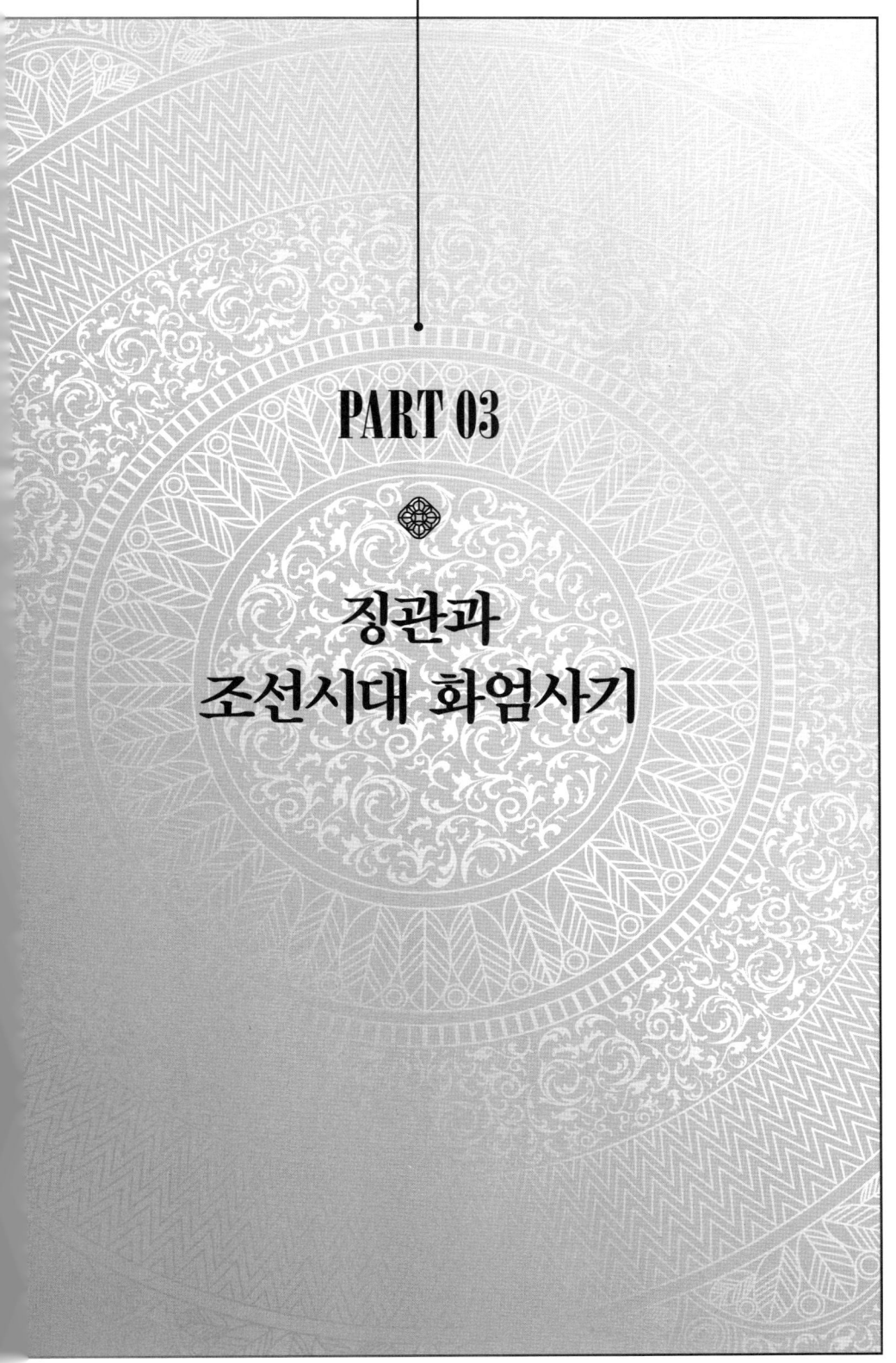

# PART 03

## 징관과 조선시대 화엄사기

# 01

## 조선후기 『화엄경소초』의 판각과 「영징이본대교靈澄二本對校」본의 의의[1]

강현찬

## I. 머리말

조선후기에 『대방광불화엄경소초大方廣佛華嚴經疏鈔』[이하 『화엄경소초』][2]는 1690년 징광사澄光寺, 1775년 영각사靈覺寺, 1856년 봉은사奉恩寺에서 총 3번 판각된다. 조선후기에 판각된 『화엄경소초』는 1625년 평림거사平林居士 섭기윤葉祺胤에 의해 회편되어 가흥대장경에 입장入藏된 『화엄경

---

1 본고는 『한국사상사학』53, 한국사상사학회, 2016, pp.81-121에 게재한 논문을 수정·보완한 것이다.

2 『화엄경소초』는 80권본『대방광불화엄경』과 징관의『대방광불화엄경소』, 『대방광불화엄경수소연의초』를 회편한 책이다. 가장 오래된 경·소·초, 회본會本 『화엄경소초』는 1563년 중국 절강성 항주의 소경사昭慶寺에서 판각된 것으로 추정되며, 이후 1625년 평림거사 섭기윤에 의해 회편된 『화엄경소초』가 가흥대장경에 입장入藏되었다. 이 논문에서 다루는 『화엄경소초』는 가흥대장경본 『화엄경소초』이다. 『화엄경소초』를 서명書名으로 하는 이유는 가흥대장경본 『화엄경소초』의 권수제명의 구성이 '大方廣佛華嚴經疏序演義鈔'(卷1), '大方廣佛華嚴經疏演義鈔'(卷2-8), '大方廣佛華嚴經疏鈔'(卷1-80), '大方廣佛華嚴經普賢行願品疏'(卷1), '大方廣佛華嚴經疏鈔釐會凡例', '大方廣佛華嚴經疏鈔音釋'으로 여러 권수제명이 등장한다. 총 89권 80책의 구성 가운데, 80권 70책의 권수제명이 '大方廣佛華嚴經疏鈔'이다. 『대방광불화엄경소초』가 가장 많은 권수제명이기 때문에 이를 기준으로 약칭하여 『화엄경소초』라고 하겠다. 구체적인 내용은 강현찬(2015), pp.4-10.

소초』가 1681년 조선에 전해지면서 시작되었다.

조선시대에 간행된『화엄경소초』에 대한 연구 중 이지관[3]의 연구에서는 조선후기에 전해진 가흥대장경의『화엄경소초』를 복각한 징광사본, 영각사본, 봉은사본, 이 세 판본에 대하여 서술하고 있다. 각 판본의 서문과 발문, 그리고 간행질을 상세하게 적고 있다. 하지만 봉은사의 인자호人字號 말에 실려 있는「화엄합본삼간후서華嚴合本三刊後序」와「영징이본대교靈澄二本對校」에 대해서는 언급되어 있지 않고,『화엄경소초』의 서문과 발문의 내용만을 서술하고 있어, 각 판본의 간행과 관련된 내용 서술이 부족한 편이다. 이와 함께 혜남[4]의 연구에서는 가흥대장경본『화엄경소초』와 이 판본의 저본이 되었던 소경사본昭慶寺本에 대한 설명과 이 두 판본의 차이점에 대해서 상세하게 서술하고 있다.

이 두 논문을 통해서 조선후기에 판각된『화엄경소초』세 판본과 가흥대장경본『화엄경소초』에 대한 기본적인 연구는 이루어졌다. 하지만 조선후기에 판각된 세 판본의 서문·발문·시주질 이외의 다른 내용은 서술되어 있지 않고, 오류도 몇 군데 있다. 그리고 세 판본의 비교 또한 되어 있지 않다. 봉은사본奉恩寺本에는 다른 판본에는 없는「영징이본대교」가 수록되어 있지만 이에 대한 정보가 전혀 없다.

조선후기『화엄경소초』판각과 관련된 연구는 2000년대에 들어와서 주로 역사학 전공자들에 의해 이루어졌다. 조선후기에 판각된『화엄경소초』가 어떻게 전래되었으며, 전래된『화엄경소초』가 어떤 판본인지에 대

---

3  이지관(1983).

4  혜남(1992).

한 연구[5], 『화엄경소초』의 판각으로 인한 조선후기 화엄학의 성행에 대한 연구[6]가 있으며, 그 외에 조선후기에 판각된 『화엄경소초』를 다루고 있는 다수의 연구[7]가 있다. 이와 같은 연구를 통해서 가흥대장경의 전래로 징광사본 『화엄경소초』가 어떻게 판각되었으며, 이후 영각사본이 어떻게 판각되었는지에 관해서는 그 내용이 풍부해졌다. 하지만 봉은사본의 판각과 관련된 내용은 「화엄합본삼간후서」를 통해서 자세히 살펴볼 수 있는데 이에 대한 서술이 없고, 봉은사본의 「영징이본대교」에 관한 것은 이종수의 「조선후기 가흥대장경의 복각」[8]에서 처음 언급되었지만, 그 내용에 관한 서술은 되지 않았다.

본 논문은 기존의 연구 성과를 정리하고, 이전의 연구에서 다루지 않았던 내용을 추가하여 조선후기 『화엄경소초』 판각에 관한 내용을 정리하고, 「영징이본대교」의 내용 분석을 통해서 어떤 자료인지 밝히고자 한다.

## II. 17세기 『화엄경소초』의 전래와 백암 성총의 판각

1690년 징광사에서는 『화엄경소초』가 판각된다. 징광사본 『화엄경소초』의 판각과 관련된 기록은 천자호天字號에 실려 있는 백암 성총栢庵性聰 (1631-1700)의 「해동신각청량화엄소초후서海東新刻淸凉華嚴疏鈔後序」와 관자호

---

5  이종수(2008); 이종수(2013).

6  김용태(2010).

7  
김종진(2004); 이희재(2008); 조명제(2008); 이종수(2010); 김용태(2012); 손성필(2013); 김용태(2014).

8  이종수(2013), p.340.

官字號에 실려 있는 석실 명안石室明眼(1649-1710)의 「신각화엄소초후발新刻華嚴疏鈔後跋」이 있다. 이 두 글에서는 『화엄경소초』가 어떻게 전해졌는지 알려준다.

> 근년에 대장경을 실은 한 척의 배가 우리나라에 와 닿았다. 명의 평림거사 섭기윤이 경·소·초를 모아서 각판한 80권 전경全經이 다행히 나의 수중에 들어왔다.[9]

> 지난 신유년(1681)에 어디에선가 큰 배가 서쪽에서 동쪽으로 왔다. 가득히 실은 것은 모두 불경이었다. [부처님의] 많은 말씀 가운데 금옥이 아닌 것이 없지만 가장 중요한 말씀은 청량국사가 지은 『화엄경수소연의초』였다.[10]

위의 기록에서는 1681년에 정체불명의 불서를 실은 배가 우연히 조선으로 왔고, 이 배에서 『화엄경소초』를 얻었음을 알 수 있다. 1681년은 숙종 7년으로 『숙종실록』 7년 7월 9일조 기사에서 이 상황을 좀 더 구체적으로 살펴볼 수 있다.

> 그 때 중국의 장사하는 배가 큰 풍랑 때문에 표류하여 나주 지도智島 등지에 도달한 것이 많았다. 또 불경이 있었는데 표질縹帙이 매우 새것이었

---

9 「海東新刻淸凉華嚴疏鈔後序」(澄光寺本『華嚴經疏鈔』 天字號), "頃年 載大藏一航 漂至鯷域 有明平林葉居士祺胤 所釐合登梓者 八十卷全經 幸入吾手."

10 「新刻華嚴疏鈔後跋」(澄光寺本『華嚴經疏鈔』 官字號), "向之辛酉 無何大舶 自西而東 滿中所載 皆是佛經 千言萬語 莫非金玉於中 最爲要說者 卽淸凉國師 所撰華嚴隨疏演義鈔也."

고 불사佛事에 쓰는 그릇 등 기이하고 교묘한 것이 있었다. 이것들이 물에 떠다니다가 조수海潮에 밀려와, 잇따라 전라도·충청도 등의 바닷가 여러 진과 포구에서 건져 내었는데, 총계가 1천여 권이었다.[11]

「해동신각청량화엄소초후서」와 「신각화엄소초후발」에서 이야기하는 배는 중국 상선이며, 표류하여 나주 지도智島[12] 인근에 오게 되었고, 이 배 안에는 많은 불서들이 있었으며, 이 가운데 섭기윤이 회편한『화엄경소초』가 있었던 것이다.

『숙종실록』에서 중국 상선의 실체에 대해, 이종수는 당시 동아시아 해상을 장악하고 있던 대만 정씨 일가의 비호 속에서 일본으로 가던 무역선이며 그 안의 서책들은 일본의 황벽판일체경(일명 철안판)을 판각하기 위해 보내진 가흥장 및 가흥속장이었음을 규명하였다.[13]

백암 성총은 임술년(1682) 여름에 영광 불갑사佛甲寺에 갔다가 근처 해변가에서 미처 수습되지 못한 불서들을 수집하게 되었고, 그 가운데에

---

11 『肅宗實錄』卷12, 7年(1681/康熙 20年) 7月 9日, "中國商舶因大風, 多漂到羅州智島等處, 而又有佛經縹帙甚新, 佛器等物製造奇巧, 漂泛海潮, 連爲全羅忠淸等道沿海諸鎭浦所拯得, 通計千餘卷."

12 1681년(숙종 7) 중국 상선이 표류하여 도착한 지역에 대한 기록으로, 남권희·최연식의 논문에서는 이충익李忠翊(1744-1816)이 1799년 송광사에서『진심직설』을 간행하면서 쓴 발문을 소개하고 있다. "그런즉 辛酉年(1681)에 대장경을 실은 배가 荏島에 도착한 것도 明珠 學士의 法施의 결과일 것이다." 여기에서 등장하는 임도荏島를 서해안 임자도로 이야기 하고 있다. 남권희·최연식(2000), pp. 171. 이지관은 "숙종 7년(1681)에 大藏船이 荏子島에 표착하여"라고 하였다. 이지관(1969), p. 322. 이후 이종수(2008)의 논문에서도 1681년(숙종 7) 중국 상선이 표류한 곳을 임자도로 표기하고 있다. 당대의 기록인『숙종실록』에서는 "羅州智島等處"라고 기록하고 있는데, 후대의 이충익은 표류선이 도착한 곳을 임자도로 기록하고 있다. 이후의 연구자들은 임자도로 표기하고 있다. 이 논문에서는 당대 기록인『숙종실록』에서 등장하는 "나주 지도"로 표현하고자 한다.

13 이종수(2008), pp. 268-272.

『화엄경소초』도 있었다.[14] 그러나 백암 성총은 『화엄경소초』 전체를 수습하지 못하였다.

> 제가 세 번 능가사에 갔고, 두 번 소요산 선운사에 갔으며, 그 외에 바다와 여러 산을 찾아 가지 않은 곳이 없습니다. 여러 경전들을 찾아서 400여권을 얻었습니다. ……『화엄경소초』 80권 중에 겨우 절반 정도를 얻었지만 아직 전체가 아닙니다. 이것이 제가 아침 저녁으로 마음에 걸리는 것이었습니다. 그런데 귀사에서 보관하고 있던 1갑 8권을 흔쾌히 보여주시어 그 부족한 것을 보충하게 해주시니 이 또한 법보시의 일대 인연일 것입니다.[15]

백암 성총은 표류선에서 수집한 불서들을 복각하는데 힘을 기울였다. 백암 성총의 주도하에 간행된 불서들[16]은 상당 부분이 표류선에서 수집한 가흥대장경의 복각본이었다. 이 불서들의 간행년을 보면 『화엄경소초』보다 먼저 간행된 불서들도 있다. 이것은 앞에서도 언급했듯이 『화엄경소초』 전체를 수집하는데 시간이 상당히 걸렸고, 1682년 이후 수집이 완료된 불서들을 먼저 간행하였기 때문이다. 그리고 『화엄경소초』 또한 수집이 완료되자 징광사에서 판각을 시작하게 된다.

---

14 「新刻華嚴疏鈔後跋」(澄光寺本 『華嚴經疏鈔』 官字號), "壬戌夏 甞遊佛岬 得見此訣於西海上 服而玩之寶而重之."

15 「與九峰普賢寺僧」 『栢庵集』, "某三入楞伽 再到逍遙禪雲 其餘並海諸山 無不投蹤 搜采衆經 已得四百餘卷 …… 雜華疏鈔八十卷 才得太半 而未由完部 此余朝夕懸係者也 貴寺中所留一匣八卷 快然見許 少補其缺 則此亦法施之一大緣也."

16 백암 성총이 간행한 불전으로는 『淨土寶書』, 『金剛般若經論疏纂要刊定記會編』, 『大明三藏法數』, 『大乘起信論疏筆削記會編』 등 총 12종류 197권 115책에 달한다. 이종수(2008), p. 277.

이에 판각하여 유통의 뜻을 일으키니 기사년(1689) 봄에 금화산[징광사]에 가서 여러 사람이 모연하여 원공願功의 뜻을 이루었다. 홍법 천양의 개사는 세상에 없으나 이미 끊어진 것이 이어짐은 멀리는 진수 정원이 있고 가까이에는 백암 성총이 있으며, 문인 명안은 또한 감로일적甘露一滴을 더하여 입법계품 21권을 판각함으로써 백암의 뜻을 안심시켰다. …… 강희 경오년(1690) 5월 백암의 제자 명안이 삼가 발을 쓰다.[17]

위의 기록에 의하면 『화엄경소초』의 판각은 1689년에 시작되어, 1690년에 끝났다. 판각에는 백암 성총의 제자를 비롯하여 여러 사람들이 도움을 주었고, 그 중에서 석실 명안은 입법계품 21권, 즉 『화엄경소초』 가운데 잠-관자호潛-官字號까지 21권 8책을 판각하는데 참여하였다.

징광사본 『화엄경소초』는 징광사 이외에 다른 사찰에서도 판각되었으며, 경판은 징광사에서 보관하였다. 이것은 간기[18]를 통해서 확인할 수 있다. 간기를 통해서 확인되는 판각 사찰로는 송광사, 덕유산 정토사, 징광사, 지리산 대원암, 백운산 황룡사가 있다. 이 사찰들은 주로 전라도와 지리산 일대의 사찰들이다. 이들 사찰 가운데 송광사는 부휴계 본산의 위

---

17 「新刻華嚴疏鈔後跋」(澄光寺本『華嚴經疏鈔』 官字號), "乃興壽梓流通之志 己巳春袖入金 諭某某諸募就願功志其可尙也 噫弘法闡揚之開士 無世無之 而其繼續已絶之緒者 遠在晋水 近在栢庵歟 門人明眼 亦沾甘露一滴 募刻入法界品二十一卷 以慰栢庵之志 …… 康熙庚午仲夏栢庵之後明眼謹跋."

18 澄光寺本『華嚴經疏鈔』卷7末: 康熙三十九年庚辰(1700)初春慶尙道東萊金井山 梵魚寺分刻移實于湖南樂安澄光寺 / 卷17之2末: 康熙二十八年己巳(1689)三月始六月終成歲律呂四字松廣寺刻成澄光寺傳置 / 卷23之2 張次 第9(右)張 欄外上段: 全哭道長水德裕山淨土寺開刊 / 卷54末: 太淸康熙二十九年庚午(1690)開刊扵全羅道樂安金華山澄光寺 / 卷64末: 庚午(1690)仲夏大源庵刻成 / 卷72末: 康熙二十九年(1690)四月日 全羅道光陽地白雲山黃龍寺開刊移佇于金華山藏中 / 卷77末: 康熙二十九年庚午(1690)孟夏慶尙道晋州西智異山大源庵刻成移貯于金華山藏中.

상을 갖는 사찰로서 부휴계 적전의 탑과 탑비[19]가 세워진 사찰이다. 송광사 이외의 정토사·징광사·대원암·황룡사 역시 부휴계 세력의 사찰이라고 생각되며, 특히 징광사는 백암 성총에 의해 판각된 『화엄경소초』 이외에도 많은 불서들이 판각된 곳이다.

각 책말冊末이나 권말卷末에는 시주질施主秩이 기록되어 있다. 주로 승려들이 기록되어 있고, 일반인은 많지 않다. 「해동신각청량화엄소초후서」에서 언급되었던 인물 가운데 전판사前判事 상잠尙岑의 이름이 여러 곳에서 등장한다. 총 3번[20] 상잠이라는 이름이 등장하며 판각의 감독인 도감이라는 직책을 수행하였다. 그리고 「해동신각청량화엄소초후서」에는 "門人 性學 性修 慶永 秀演 戒性 冲性 明眼"이라는 승려들이 등장하는데 이 가운데 "性學 性修 慶永 戒性 明眼"[21]은 각 책말이나 권말에 기록되어 있어 이들의 판각 활동을 엿볼 수 있다. 이 가운데 석실 명안은 「신각화엄소초후발」을 쓴 인물로 백암 성총의 제자 가운데 『화엄경소초』 판각에 가장 깊이 관여하였다고 볼 수 있다.

한편 징광사본 『화엄경소초』에는 판각 시기와 사찰이 다른 하나의 책이 있다. 총 80책 중 가운데 7번째 책인 홍자호洪字號는 1700년 경상도 범어사에서 판각되어 그 목판이 징광사로 옮겨진 것이다.[22] 홍자호의 권말

---

[19] 김용태(2010), p.153.

[20] 澄光寺本『華嚴經疏鈔』卷2上末(地): 都監尙岑領募刻者 / 卷1之1末(日) 第40張 左面: 都監尙岑 / 卷13之3末(秋): 都監尙岑自捨兼領募.

[21] 澄光寺本『華嚴經疏鈔』卷25之2末: 大士性學領募刻此卷 / 卷21之1末: 性修領募刻此卷, 卷34之2末: 嘉善海鑒白米百斗白䊚五卷助刻此經 性修領募, 卷36之2末: 釋氏性修領袖刻此卷, 卷57末: 釋氏性修 募刻此卷, 卷58之1末: 佛弟子性修募刻 / 卷9末: 慶永明侃大訥絢淡處淨覺岑坦天絢旭清共領募刻此卷 / 卷26末: 大士戒性募刊此卷 / 卷62末: 尙淸校對比丘明眼領募衆緣刻成此卷.

[22] 澄光寺本『華嚴經疏鈔』洪字號 末, "康熙三十九年庚辰(1700)初春慶尙道東萊金井山 梵魚寺."

에는 「화엄소초권제칠합록후발華嚴疏鈔卷第七合錄後跋」이 실려 있어서 범어사에서 『화엄경소초』가 판각된 정황을 알려주고 있다.

지난 경오년(1690)에 조계 백암화상이 중국 섭거사가 이합한 80자호를 판각하였으나, 그 중에 제 7 홍자호만이 결락되어 어디에 있는지 알지 못했다. …… 마침 이 남장 단초본이 어디서부터 왔는지는 모르겠으나 조계 호월선사의 손에 들어왔다. …… 내가 무인년(1698) 가을에 현하법석으로부터 와서 선사의 문하에 머물면서 현담을 열람하였다. 강의가 이 부에 이르자 선사께서 나에게 "내가 당초 여기에 합록한 것은 생각이 있었기 때문이다. 그대가 간행할 수 없겠는가?"라고 말씀하셨다. 나는 두 번 절하고 "제가 가르침을 받들겠습니다."라고 하였다. 그래서 권선문을 받들어 모연한지 한 달도 되지 않아 쌀을 짊어지고 엽전을 가지고 오는 자가 폭주하여 판각할 자금이 다 구비되었다. 선사께서 또 말씀하시기를 "자금은 다 마련되었지만 글자체를 모사할 자가 어디 없겠는가?"라고 하셨다. 나는 정중하게 "제가 중국 만승명이 글씨를 쓴 책자를 가지고 있으니 그 글자를 잘라내어 글에 따라 합철하면 될 것입니다."라고 말씀드렸다. 이에 곧 불사를 시작하여 한 달도 되지 않아 그 권수에 맞게 철하여 마쳤다. …… 강희 경진년(1700) 1월 1일 해동 사미 담권이 삼가 발문을 쓰다.[23]

---

[23] 「華嚴疏鈔卷第七合錄後跋」(澄光寺本 『華嚴經疏鈔』 洪字號), "向之庚午曹溪栢庵和尙乃登梓唐葉居士所釐合者八十字號中但此第七洪字號未知是落在何所也 …… 適此南藏單鈔自無何而至于曹溪瑚月禪師之手 …… 余在戊寅秋自懸河法席來依于師門下披閱懸談至此剖師謂曰吾之當初合錄乎此者有意存焉而未可刊行耶奈再拜曰某甲願受敎矣乃奉勸軸募緣未月員未携錢者輻輳物力旣具師且謂曰物力則雖備而柰無唐體模寫者何余跪告曰某甲有唐萬承明所書冊字字割出而隨文綴合則可圖矣乃克期始事月未及晦逐卷綴竟 …… 康熙庚辰孟春初吉海東沙彌曇卷謹跋."

여기에서 알 수 있는 것은 징광사본『화엄경소초』는 1690년에 홍자호 1책을 수집하지 못하여 80책 전체를 이때 판각하지 못했다는 점이다. 홍자호는『화엄경소초』가운데 7번째 책으로 '화엄경현담華嚴經玄談'[24] 권7에 해당하는 책이다. 어떤 경로인지 알 수 없지만, 조계曹溪 호월선사瑚月禪師가 남장南藏의 단초본單鈔本[25]을 얻게 되어, 결락되었던 홍자호 1책을 범어사에서 판각한 것이다.

징광사본『화엄경소초』홍자호와 가흥대장경본『화엄경소초』홍자호의 차이점을 살펴보기 위해 신문풍출판공사에서 영인한 가흥대장경본『화엄경소초』와 대조해 보았다. 그 결과 징광사본『화엄경소초』홍자호는 가흥대장경본『화엄경소초』의 소문疏文과 초문鈔文의 배열이 달랐다. 그러므로 가흥대장경본『화엄경소초』의 복각은 아니다. 그리고 9권본 '화엄경현담'[26]도 대조해 본 결과, 징광사본『화엄경소초』홍자호의 소문과 초문의 배열이 일치하는 부분도 있었지만 다른 부분도 있었기 때문에 9권본 '화엄경현담'을 복각한 것도 아니다.

---

[24] '화엄경현담'은 별도의 책으로 저술된 것이 아니다. 경·소·초, 회본『화엄경소초』가 만들어지면서 형성된 것으로 보인다. 징관의『화엄경소』와『연의초』에는 경문의 주석이 시작되기 전에 징관이『화엄경』의 핵심 사상을 정리한 부분이 있다. 이 부분은『화엄경소』권1-4,『연의초』권1-17에 해당된다. '화엄경현담'은 경문의 주석이 시작되기 전까지의『화엄경소』와『연의초』가 회편된 부분인 것이다.

[25] 남장 단초본에 대한 다른 연구자들의 견해를 살펴보면, 혜남은 영락 남장 가운데『연의초』만이 있는 것을 입수하여 소와 초를 합본으로 만들어 판각한 것이라고 하였고, 이종수는 중국 대장경 중에 남장은 가흥장을 가리키며 범어사에서 판각한 홍자호와 섭기윤이 판각한『화엄경소초』홍자호는 그 체제가 다르기 때문에 다른 판본을 구했던 것 같다고 설명하고 있다. 단초본은『화엄경수소연의초』를 말하지만, 남장의 정체는 불분명하다. 징광사본『화엄경소초』홍자호와 남장이라고 불리는 여러 대장경들과 실제로 대조해 볼 필요가 있다.

[26] '화엄경현담'에는 권사항이 다른 두 가지 본이 있다. 하나는 가흥대장경에 수록되어 있는『화엄경소초』와 조선후기에 판각된『화엄경소초』의 천-황자호天-荒字號에 해당하는 총 8권으로 구성된 8권본 '화엄경현담'이 있다. 또 하나는 가흥대장경본『화엄경소초』의 저본이 된 소경사본으로 '화엄경현담'이 9권으로 구성되어 있다. 이와 관련된 연구로는 혜남(1991), pp. 21-46; 강현찬(2015), pp. 5-19.

징광사본『화엄경소초』홍자호는「화엄소초권제칠합록후발」에서 언급한 것처럼 남장의 단초본, 즉 남장에 수록된『연의초』에서 초문을 모사하였을 것이다. 소문은 진수 정원晉水淨源(1010-1088)이 회편한『화엄경소』[27]의 여러 판본이 유통되고 있었을 것으로 보인다. 그 가운데 판각연대가 비교적 가까운 1564년 귀진사나 1635년 징광사에서 판각된 진수 정원의『화엄경소』[28]에서 소문을 모사하였을 것으로 생각된다.

징광사본『화엄경소초』홍자호의 소문과 초문의 배열이 가흥대장경이나 9권본 '화엄경현담'과 일치하지 않는 이유는 이 두 판본이 없는 상황에서 자신들 나름대로『화엄경소』와『연의초』를 회편했기 때문이라고 볼 수 있다. 그리고 회편을 담당한 인물로는「화엄소초권제칠합록후발」을 쓴 담권일 가능성이 높다.

## Ⅲ. 18세기 설파상언의『화엄경소초』판각과 화엄사기

『화엄경소초』는 1775년에 다시 판각된다. 그 이유와 판각의 과정은 연담 유일蓮潭有一(1720-1799)이 쓴「중간화엄경후서重刊華嚴經後序」를 통해서 알 수 있다.

지난 경인년(1770) 겨울 징광사 판각에 화재가 나서 80권판(화엄경소초)이

---

[27] 진수 정원은 80권본『화엄경』과 징관의『화엄경소』를 회편하여 120권본『화엄경소』를 만들었다.『화엄경소』라는 서명을 사용할 때는 징관의 60권본『화엄경소』와 구분하여 다르게 표기하여야 한다.

[28] 조선후기에 판각된 진수 정원의『화엄경소』에 대한 연구는 이지관(1983), pp. 314-323; 이상백(2014); 오용섭(2018); 김단일(2019).

모두 재가 되었다. …… 지금 여러 대덕들이 거의 입적하였지만 오직 설파 대사만이 살아있어서 영광전처럼 총림의 높은 우러름을 받고 있어서 『화엄 경소초』를 판각하는 일을 피할 수 없었다. …… 갑오년(1774) 봄에 판각을 시작하여 다음해 을미년(1775) 여름에 판각을 마쳐 영각사에 판각을 세우 고 보관하였다. …… 구본(징광사본) 가운데 잘못이 있어 해인사본의 문장 으로 분별하여 바로 잡았다. 개정하는데 근거할 바가 없는 것은 논하지 않 았다. …… 건륭 을미년(1775) 7월 15일에 법제자 유일이 삼가 쓰다.[29]

징광사에 보관되어 있던 『화엄경소초』 경판은 1770년 겨울에 화재로 인해 모두 소실되었다. 그리하여 설파 상언雪坡尙彦(1707-1791)의 주도하에 1774년부터 1777년까지 경판을 판각하였다. 그리고 영각사에 판각을 세 우고 경판을 보관하였다. 영각사본 『화엄경소초』는 징광사본 『화엄경소 초』와 마찬가지로 여러 사찰에서 판각된 경판을 영각사로 옮겨 보관하였 는데 이것은 간기[30]를 통해서 확인할 수 있다. 주요 판각 사찰로는 지리 산 대암정사, 지리산 실상사내원, 충청도 공주 마곡사와 묘각사, 천안 광 덕사가 있다. 징광사본 『화엄경소초』가 지리산과 전라도 일대의 사찰에서 판각된 것과는 달리 영각사본 『화엄경소초』는 주로 지리산과 충청도 일대

---

[29] 「重刊華嚴經後序」,(靈覺寺本『華嚴經疏鈔』官字號), "竊於庚寅冬板閣災八十卷板子盡爲灰飛 …… 今諸大耆德 淪落殆盡而惟大師存焉叢林仰之歸然如魯靈光則大經鋟梓之大事實爲躲閃不得故 …… 甲午春董役越明年乙未 夏竣功建閣于靈覺以藏之 …… 舊本中有誤處讐海印本文改定無所據者存而不論 …… 乾隆乙未七月自恣日法 弟有一謹書."

[30] 靈覺寺本『華嚴經疏鈔』卷8下末: 歲舍癸巳(1773)春開刊于全羅道南原黃嶺庵 / 卷34之4末: 崇禎紀元後三乙未 (1775)夏 忠淸道藍浦縣峨嵋山 / 卷37之1末: 崇禎紀元後三乙未(1775)四月日 忠淸道公州地天乖山妙覺寺 / 卷 37之2末: 崇禎紀元後三乙未(1775)孟夏忠淸道公州麻谷寺化主體珠募緣刊出次 / 卷38之3末: 崇禎紀元後三乙未 (1775)夏忠淸道天安廣德寺刊出化士處峻 / 卷52之2末: 乾隆四十二年丁酉(1777)二月初八日始役於雲峯縣智異 山實相寺內院 / 卷54末: 乾隆三十九年甲午(1774)夏智異山臺岩精舍重刊 / 卷55末: 乾隆三十九年甲午(1774)夏 智異山臺岩精舍開刊 / 卷73末: 乾隆三十九年甲午(1774)春自日字三十卷開刊于全羅道茂朱九千洞移置于卷.

의 사찰에서 판각되었다.

한편 연담 유일의 「안의영각사화엄각신건기安義靈覺寺華嚴閣新建記」에는 『화엄경소초』 경판을 영각사에 보관하게 된 이유가 기록되어 있다.

> 갑오년(1774) 봄에 각판을 시작하여 그 해 여름에 종역하였으니, 이 절은 명산 거찰로서 영호남의 중간에 위치하므로 전국 제방으로부터 인경 거리의 균형을 고려하여 정한 것이다. 을미년(1775) 봄에 판각을 짓고 봉안하였다. …… 건륭47년(1782) 10월 10일에 연담 유일 기록하다.[31]

이전의 『화엄경소초』 경판은 징광사에서 보관하고 있었다. 경판의 보관 장소가 호남에서도 한쪽에 쏠려 있었기 때문에 영남 지역에서 상당히 먼 거리였다. 그래서 영호남의 중간 지역에 위치한 큰 사찰로 영각사를 『화엄경소초』 경판의 보관 장소로 택했던 것이다.

영각사본 『화엄경소초』의 권말에는 시주 사찰이 기록되어 있다. 그 내용은 살펴보면 다음의 【표1】과 같다.

【표1】 영각사본 시주 사찰

| 권사항 | 시주 사찰 |
|---|---|
| 卷29 | 孤雲寺 寶泉寺 佛桂寺 定惠寺 花岩寺 安養寺 了德寺 金堂寺 |
| 卷36之2 | 全羅各寺 道甲寺 大芚寺 寶林寺 天冠寺 開興寺 龍泉寺 龍興寺 鳳岬寺 雙溪寺 定水寺 美黃寺 佛會寺 法泉寺 楞加寺 佛岬寺 金塔寺 雙峯寺 萬德寺 水淸寺 開天寺 |
| 卷37之1 | 甲寺 神院寺 栗寺 新興寺 靑林寺 普門寺 彌勒寺 妙覺庵 內院庵 |

---

31 「安義靈覺寺華嚴閣新建記」, "甲午春董剞劂之役 竣功于其夏 以此寺 以名山巨刹 跨嶺湖之間 諸方來印之道里均也 乙未春 立閣而藏之 …… 乾隆四十七年壬寅 陽月 上澣 蓮潭有一 記." 이지관(1998), pp. 324-326. 재인용.

| | |
|---|---|
| 卷41 | 道岬寺 大芚寺 美黃寺 萬德寺 開天寺 ?會寺 龍興寺 竹林寺 棲鳳寺 輔國寺 石泉寺 波根寺 |
| 卷52之1 | 寶林寺 雙峯寺 雙溪寺 修仁寺 珍島雙溪寺 興國寺 開興寺 華嚴寺 無爲寺 萬興寺 師子庵 雲興寺 美黃寺 |
| 卷79 | 各寺施主秩 尙州各寺 銀海寺 赤裒山城 南海各寺 豊基各寺 表忠祠 圓通寺 泗川各寺 醴泉各寺 星州各寺 淸凉寺 固城各寺 聞慶各寺 開寧各寺 實相寺 咸安各寺 咸昌各寺 善山各寺 靈覺寺 鎭海各寺 柒谷各寺 永川各寺 龍溪寺 柒原各寺 大丘各寺 義興各寺 海印寺 昌原各寺 慶山各寺 居昌各寺 雙溪寺 金海各寺 慈仁各寺 ?興各寺 長水寺 熊州各寺 靑道各寺 靈鷲寺 東萊各寺 密陽各寺 鳳谷寺 梁山各寺 玄風各寺 直指寺 蔚山各寺 昌寧各寺 咸陽各寺 慶州各寺 靈山各寺 山淸各寺 靑河各寺 宜寧各寺 丹城各寺 新寧各寺 三嘉各寺 晉州各寺 河陽各寺 草溪各寺 昆陽各寺 安東各寺 陜川各寺 河東各寺 義城各寺 高寧各寺 |

위의 【표1】은 영각사본 『화엄경소초』가 전라도, 경상도, 충청도의 여러 사찰에서 시주를 받아 판각되었음을 보여준다. 전라도에서는 대둔사·도갑사·미황사·용흥사·쌍계사 등이 중복되어 기록되어 있으며, 경상도에서는 해인사·은해사·직지사 등의 사찰 이외에 각 지역의 여러 사찰이 시주하였다.

18세기에 『화엄경소초』가 다시 판각된 것은 이전의 징광사본이 화재로 소실된 것이 가장 큰 이유이지만, 『화엄경소초』에 대한 수요가 계속 있었기 때문이다. 영각사본 『화엄경소초』의 판각과 함께 이 시기에는 사기私記[32]라고 하는 불교 문헌에 대한 주석서들의 저술이 증가하게 된다. 18세기 이전에도 사기의 저술은 있었지만, 18세기에 가장 많은 사기가 저술되었다. 그리고 현존하는 사기는 조선후기에 성립한 이력과정 교재에 대한

---

32 조선후기 사기 저술에 대한 연구로는 다음과 같은 논문이 있다. 이종수(2012); 이정희(2013); 김천학(2016); 이선화(2017); 이승범(2021).

주석서가 대부분이며, 이력과정 성립과 밀접한 관계를 가진다.

사기의 저술은 종밀의 『선원제전집도서禪源諸詮集都序』, 지눌의 『법집별행록절요병입사기法集別行錄節要幷入私記』, 대교과에 해당하는 『화엄경』이 중심이 된다. 이 가운데 화엄사기의 저술은 1690년 징광사본 『화엄경소초』의 간행이 직접적인 영향을 주었다. 이는 다음의 사례를 통해서 살펴 볼 수 있다.

징광사본 『화엄경소초』 간행 이전의 인물인 편양 언기鞭羊彦機(1581-1644)는 『화엄경』을 간행·유포하였는데, 『화엄경』이나 『원각경』 등에 대한 주석서가 제대로 된 기준이 없고 산만하며 판본에 결락이 많고 온전하지 못함을 평소 아쉽게 여겨 제자인 풍담 의심楓潭義諶(1592-1665)에게 교정을 부촉하였다. 풍담 의심은 스승의 뜻에 따라 화엄 등의 판본 오류를 살펴 바로잡고 종지를 드러내 밝혔다고 하는데, 그 제자인 월저 도안月渚道安(1638-1715)에 가서야 『화엄경』에 대한 음석이 이루어졌다.[33]

풍담 의심의 제자인 월저 도안이 『화엄경음석』을 저술할 수 있었던 것은 1690년에 징광사본 『화엄경소초』가 간행되었기 때문이다. 그리고 조선후기에 저술된 화엄사기들은 모두 징광사본 『화엄경소초』의 간행 이후에 저술되었다는 점에서 징광사본 『화엄경소초』의 간행이 조선후기 화엄교학의 수준을 높이고, 성행하게 만든 계기가 되었다고 할 수 있다.

---

[33] 김용태(2010), p.256.

## Ⅳ. 19세기 남호영기의 『화엄경소초』 판각과 「영징이본대교靈澄二本對校」

『화엄경소초』는 화재로 인해 목판이 소실되어 다시 판각된 영각사본 『화엄경소초』에 이어 한번 더 판각된다. 다시 판각하게 된 동기와 과정은 봉은사본 『화엄경소초』 인자호人字號에 있는 「화엄합본삼간후서」를 통해서 살펴볼 수 있다.

> 화엄합본 판목은 해동 백암 성총三栢公이 징광사에서 강희 기사년(1689)에 판각하였고, 건륭 경인년(1770)에 불이 나서 설파 상언雪老이 영각사에서 그것[화엄의 뜻]을 밝히고 갑오년(1774)에 비록 인행하였지만 판본은 세월이 오래되어 자획이 닳아서 흐려지고 판목이 있는 땅이 또한 남쪽에 치우쳐 있어서 두루 유포하는데 실로 어려움이 있었다. 남호 영기 대사奇師가 대중과 더불어 모연하여 순모종사詢謀宗師가 되었다. 함풍 을묘년(1855) 가을에 봉은사에 있으면서 판각을 시작하였고剞劂招役 다음해인 병진년(1856) 가을에 판각을 마쳤다. 대교 양본(징광사본·영각사본)을 제권의 끝에 붙여서 뒤의 전독자轉讀者로 하여금 한번 보고 옳고 그름을 헤아리게 하였다. 내탕금을 후하게 내려주시고, 높으신 분들縉紳이 곁에서 살펴주시고 …… 숭정기원 229년 병진년(1856) 9월 석원 비구 선영이 삼가 쓰다.[34]

---

[34] 「華嚴合本三刊後序」(奉恩寺本, 『華嚴經疏鈔』), "華嚴合本繡梓 海東者三栢公 澄光康熙己巳 而乾隆庚寅火 雪老靈覺厥炳 甲午而雖印行 然板本歲久 字畫刓缺 地且南僻 周布實難故 奇師與衆募緣 詢謀宗師 咸豊乙卯秋 在奉恩寺 剞劂招役 明年丙辰秋竣功 對校兩本 附諸卷尾 使後之轉讀者 一見可不之計 內帑優賜縉紳傍顧 …… 崇禎紀元二百二十九年丙辰菊月日 釋院比丘善影謹書."

위 서문에서 볼 수 있듯이 영각사본 『화엄경소초』에 이어 『화엄경소초』를 다시 판각하게 된 가장 큰 이유로는 영각사본 『화엄경소초』 경판들이 그 동안 많은 인출로 인해 자획이 많이 닳았기 때문이다. 즉 책의 인쇄 상태가 좋지 못해 글자를 제대로 알아보지 못했던 이유가 가장 컸던 것이다.

봉은사본 『화엄경소초』의 판각을 주도한 남호 영기南湖永奇(1820-1872)는 『화엄경소초』 판각을 위한 모연가사로 「광대모연가廣大募緣歌」[35]를 지었고, 「화엄경소초중간조연서華嚴經疏鈔重刊助緣序」를 남겼다. 이 서문은 『화엄경』의 가치를 소개하고 이것이 중국을 거쳐 조선에 유전되는 내력과 판각의 필요성을 소개한 것으로 『화엄경소초』 판각을 준비하는 과정에서 여러 대중들의 적극적인 동참을 유도하려는 맥락에서 쓴 것이다.[36] 남호 영기의 이러한 노력으로 봉은사본 『화엄경소초』는 이전의 두 판본에 비해 더 많은 시주자들이 참여하게 되었다.

판각 연대와 판각 사찰은 간기를 통해서 알 수 있는데 봉은사본 『화엄경소초』에는 간기가 「화엄합본삼간후서」 한 곳에만 기록되어 있다. 징광사본과 영각사본에서는 여러 사찰에서 판각되었음을 알 수 있는 간기가 여러 곳에 기록되어 있었다. 그러나 봉은사본 『화엄경소초』는 간기가 하나밖에 없다. 이것은 봉은사본 『화엄경소초』가 봉은사, 한 곳에서만 판각되었음을 알려주는 것이다. 또한 봉은사본 『화엄경소초』 인자호 말의 각수질[37]을 통해, 서울과 영남 출신의 각수刻手들과 승려들이 판각에 참여

---

[35] 「廣大募緣歌」에 대한 자세한 내용은 김종진(2004a); 김종진(2004b) 참조.

[36] 김종진(2004a), pp. 129-130.

[37] 奉恩寺本, 『華嚴經疏鈔』 人字號 末, "京刻手+片 李東郁 田永聖 高裔鑛 僧刻 比丘性典 比丘居安 比丘幻悟 餘員 二十四人 嶺刻手+片 接長金 公員裵 餘員 五十五人 除刻 李萬吉."

하였음을 알 수 있다. 판각 사찰의 기록이 없고, 각수들의 출신 지역과 신분이 기록되어 있는 것으로 보아 각수들이 봉은사에 모여서 판각하였다고 추측할 수 있을 것이다.

각 권말과 책말에는 시주질이 기록되어 있으며, 영각사본과 비슷한 형식을 취하고 있다. 차이점이 있다면 시주 사찰의 시주 금액을 기록하고 있다는 점이다.

【표2】봉은사본 시주 사찰

| 권사항 | 시주 사찰 |
|---|---|
| 卷64(翔) | 通度寺寺中文伍拾兩 翠雲庵堂中文拾兩 極樂堂中文拾伍兩 毘盧堂中文肆兩 白雲堂中文參兩 白蓮堂中文伍兩 普光堂中文肆兩 甘露堂中文參兩 圓通堂中文參兩 明月堂中文陸兩 金堂堂中文參兩 梵魚寺寺中文參拾兩 安心堂文參兩 鮮行堂文伍兩 大聖堂中文肆兩 青蓮堂中文參兩 西林寺寺中文捌兩 玉泉寺寺中文貳拾兩 龍門寺寺中文拾貳兩 華芳寺寺中文拾兩 多率寺寺中文肆兩 大源庵房中文拾貳兩 深寂庵房中文肆兩 法華庵房中文拾兩 碧松庵房中文拾兩 安國庵堂中文拾兩 靈源庵堂中文拾一兩 修道庵堂中文伍兩 桐華寺寺中文陸兩 淳屠庵堂中文伍兩 念亻+天庵堂中文參兩 內院庵堂中文肆兩 |
| 卷66(龍) | 銀海寺寺中錢拾參兩 寄寄庵文參兩 百興庵堂中文柒兩 雲浮庵堂中文肆兩 白蓮庵堂中文肆兩 表忠院中錢文拾兩 石南寺寺中文參拾柒兩 金龍寺寺中文陸兩 養眞庵堂中文參兩 大成庵堂中文伍兩 大乘社中文參兩 閨筆庵堂中文參兩 龍門寺寺中文參兩 |
| 普賢行願品疏(人) | 順天仙巖寺 興國寺 楞伽寺 樂安桐華寺 金塔寺 靈岩美黃寺 道岬寺 南平雲興寺 羅州雙溪寺 |

봉은사본『화엄경소초』인자호 말에는 6장에 걸쳐 연화질緣化秩, 산중종사질山中宗師秩, 육소질六所秩, 각수질刻手秩, 화주질化主秩이 기록되어 있

다. 시주질에는 당시 안동김씨의 중심인물이었던 김좌근과 김병기[38]의 이름이 판각되어 있다.

위의 「화엄합본삼간후서」에서 '대교 양본(징광사본·영각사본)을 제권의 끝에 붙여서 뒤의 전독자轉讀者로 하여금 한번 보고 옳고 그름을 헤아리게 하였다.'라고 하였듯이 봉은사본『화엄경소초』인자호 말에는 영각사본과 징광사본을 대교하여 그 결과를 정리한 「영징이본대교」가 수록되어 있다. 「영징이본대교」가 어떻게 구성되어 있는지 살펴보면 다음과 같다.

「영징이본대교」는 총 15장이다. 표기 방법은 대자大字로 □字上·中·下篇○丈上·下○行을 적어 징광사본의 위치를 나타내고 있으며, 소자쌍행小字雙行으로 대교 사항을 적고 있고, 하나의 □字冊 □字號가 끝나면 행을 바꾸었다. □字의 □은 천자문 순서로 쓰여 있으며, 책의 순서를 나타낸다. 2권 1책이거나 卷1之1-2일 경우는 상편·하편으로 적고 있고, 3권 1책이거나 卷1之1-3일 경우는 상편·중편·하편으로 적었다. ○丈 다음의 上·下는 좌우左右를 나타낸다. 한 장의 종이를 반으로 접어서 제책을 하였기 때문에 종이가 펼쳐진 상태에서 본다면 上은 오른쪽(앞), 下는 왼쪽(뒤)을 가리킨다.

「영징이본대교」에는 총 521개의 대교 사항이 쓰여 있으며, 크게 네 가지로 나누어 '誤'의 형식이 300개, '脫'의 형식이 73개, '衍'의 형식이 37개, '靈作'의 형식이 64개, 그 외 47개가 있다. 「영징이본대교」의 대교사항은 앞의 천-황자호, 즉 '화엄경현담'에 해당하는 부분은 대교사항이 없고, 『화엄경』 경문經文의 해석이 시작되는 일자호日字號인 卷1之1부터 시작된다.

---

[38] 奉恩寺本『華嚴經疏鈔』卷16之2 末, "領議政丁巳生金相公左根, 戶曹判書戊寅生金公炳冀"/ 奉恩寺本『華嚴經疏鈔』人字號 末, "府院君 洪公在龍 訓鍊大將金公炳冀 慶尙監使申公錫愚 京畿監使李公源命 直閣申公錫禧 承旨洪公鍾序 承旨洪公祐吉 承旨李公興敏 大丘判官金公箕淳 全州判官李公鐵原府使洪公吉謨 郎廳安公洵 監牧官金仁豊 僉知趙性黙 五衛將孫德仲 先達金起源."

징광사본과 영각사본의 실제 판각된 글자의 차이를 확인하고 징관의 『대방광불화엄경소』, 『대방광불화엄경수소연의초』와는 어떻게 다른지 비교·검토해 보겠다. 일자호에서 2개의 대교 사항을 중점적으로 살펴본다.

【표3】「영징이본대교」 검토 ①

| 위치 | (日字上篇)十五丈下三行 |
|---|---|
| 대교사항 | 有三 三一二誤 |
| 징광사 | 有三者向上成前二教無我所以 |
| 영각사 | 有二一者向上成前二教無我所以 |
| 봉은사 | 有三者向上成前二教無我所以 |
| 연의초 (권 17) | 疏 若依無相下 第二無相宗含於三教 謂始教頓教實教 謂若但云我既無我聞亦無聞 即大乘初門為始教意 若云能所雙寂無聞不聞 亦無我不我離念頓顯即頓教意 其從緣空故 向上成前二教無我所以 二者向下成不壞假名 即不聞之聞 為實教意 謂事理無礙故 聞即不聞無二義故 |
| 圓覺經大疏釋義鈔 (권 4) | 疏若無相下 二約空宗等釋 含於三教 謂始教頓教終教 故云等也 雖含三教 無相宗義理強 故云空宗 謂著但云 我既無我聞 亦無聞 即大乘初門 為始教意 若云能所雙寂 無聞不聞 亦無我不我 離念而顯 即頓教意 其從緣空故有二 一者向上成前二教無我所以 二者向下不壞假名 |

【표3】에서 제시한 대교 사항을 해석해보면, "일자호 상편[卷1之1]의 15번째 장 下 3행의 有三의 三자는 一二자의 誤자다." 90권본 『연의초』의 해당 부분에는 '有三者'이나 '有二一者'가 빠져 있다. 섭기윤이 가흥대장경본 『화엄경소초』를 회편하면서 교감이 이루어졌을 때 '有三者'가 들어간 것으로 보인다. 가흥대장경본을 복각한 징광사본 또한 '有三者'로 판각이되어 있지만 내용상 "有二 一者向上成前二教無我所以 二者向下成不壞假名"이 올바른 해석으로 볼 수 있다. 그리고 종밀宗密(780-841)의 『원각경대소석의초圓覺經大疏釋義鈔』 권4에는 영각사본과 같은 내용이 있는 것이 확

인된다.

 징관의 『화엄경소』 저술연대는 787년이고, 『연의초』의 저술연대는 불분명하나 『연의초』의 저술 이후 종밀의 『원각경대소석의초』가 저술되었을 것으로 보이며, 여기에는 징관의 『연의초』 내용이 일정 부분 그대로 인용되고 있다. 이러한 정황을 종합해 볼 때, 징관이 『연의초』를 저술했을 때, 처음부터 '有二一者'가 없었거나, 처음에는 있었으나 나중에 이 문구가 빠진채로 유통이 되었을 수 있다. 이와 관련된 부분은 별도의 연구가 필요하다고 생각된다.

 가흥대장경본 『화엄경소초』는 회편할 때 판각상의 실수로 '二一'을 '三'으로 판각했을 것으로 보이고, 이를 복각한 징광사본은 가흥대장경본과 같이 '三'으로 판각한 것이다. 영각사본은 『연의초』와 징광사본에서 잘못된 부분을 바로 잡은 것이다. 대교사항의 '有三三一二誤' 또한 一과 二의 순서를 바꾸어 판각하였다. '有三三二一誤'라고 해야 된다.

【표4】「영징이본대교」 검토 ②

| 위치 | (日字下篇)初九章上四行, 五行 |
|---|---|
| 대교사항 | 注相巧間脫 名字便故故衍, 注境相名巧方便利他八字衍 |
| 징광사 | (1) 一大圓鏡智 離諸分別 名無染著 所緣行相 微細難知 不忘不愚 <u>二切境相 巧方便故</u><br>(2) 二平等性智 觀一切法 有爲無爲 <u>自他境相 名巧方便 利他平等</u> 名善分別 |
| 영각사 | (1) 一大圓鏡智 離諸分別 名無染著 所緣行相 微細難知 不忘不愚 <u>二切境相 名巧方便</u><br>(2) 二平等性智 觀一切法 有爲無爲 <u>自他平等</u> 名善分別 |

| | |
|---|---|
| 봉은사 | (1) 一大圓鏡智 離諸分別 名無染著 所緣行相 微細難知 不忘不愚 一切境相 巧方便故<br>(2) 二平等性智 觀一切法 有爲無爲 自他境相 名巧方便 利他平等 名善分別 |
| 연의초<br>(권 18) | 所謂無染著巧方便 大智慧寶(一大圓鏡智 離諸分別 名無染著 所緣行相 微細難知 不忘不愚 一切(1)相 巧方便故) 善分別有爲無爲法 大智慧寶(二平等性智 觀一切法 有爲無爲 自他(2)境相名巧方便利他平等 名善分別)分別說無量法而不壞法性 |

【표4】에서 제시한 대교사항을 해석해보면, "일자호 하편卷1之2의 9장 上 4행의 注 相巧의 사이에 名자가 빠져있고, 便故의 故자는 빠져야 한다. 같은 장 上 5행의 注 境相名巧方便利他 8자는 빠져야 한다." 4행 부분에서는 앞의 '무염착' 부분은 설명 다음에 '名'이 나와서 설명과 명칭의 관계를 잘 설명해주는 반면, 뒤의 '교방편' 부분은 설명만 나오고 명칭을 드러내 주는 부분이 앞과 대응되지 않기 때문에 영각사본에서 '相巧' 사이에 '名'을 넣고, 마지막의 '故'를 빼서 앞 문장과 대구를 맞춰 주었다. 5행 부분에서 '境相名巧方便'의 6자는 앞에서 언급한 구절에 들어가야 할 것이 여기에 잘못 들어온 것으로 보인다.

이 부분에 해당하는 징광사본, 봉은사본과 90권본 『연의초』의 글자가 같다는 것을 확인할 수 있다. 이 경우는 90권본 『연의초』의 오탈자를 영각사본에서 바로 잡은 것이다.

「영징이본대교」와 징광사본, 영각사본, 봉은사본의 검토를 통해서 다음의 두 가지 사실을 확인할 수 있다. 첫째, 봉은사본은 징광사본의 복각본[39]임을 알 수 있다. 징광사본의 오자와 탈자가 봉은사본에도 그대로 판각되어 있는 것과 봉은사본 천자호에 징광사본의 「해동신각청량화엄소초

---

[39] 이지관은 봉은사본을 영각사본의 복각본이라고 하였지만 이는 오류이다. 이지관(1983), p. 39.

후서」, 관자호에 징광사본의 「신각화엄소초후발」이 실려 있는 것을 통해서 확인할 수 있다.

둘째, 영각사본은 교감사항이 반영된 가운데 판각이 되었다는 것과 교감이 비교적 잘 이루어졌다는 것이다. 영각사본에 실려 있는 「중간화엄경후서」에서 "구본(징광사본) 가운데 잘못이 있어 해인사본의 문장[40]으로 분별하여 바로 잡았다."[41]고 기록하고 있어 교감작업이 엄밀하게 이루어졌음을 알 수 있다. 영각사본의 판각을 주도한 설파 상언이 교감을 통한 판각에 참여하였음을 엿볼 수 있는 흔적으로, 『화엄경소』와 『연의초』의 오탈자와 오류를 정정한 『구현기鉤玄記』 1권과 『화엄청량소은과華嚴淸凉疏隱科』를 펴냈으나,[42] 현재 전하지 않고 있다.

대정신수대장경의 60권본 『화엄경소』, 90권본 『연의초』 가운데 대교 사항과 일치하는 문구를 찾아서 검토한 결과, 영각사본은 『화엄경소』와 『연의초』의 오탈자와 오류를 바로 잡아 판각에 반영하였고, 영각사본에서의 오자는 각수의 실수로 인한 것으로 보인다.

이렇게 영각사본에서 기존의 징광사본과 『화엄경소』, 『연의초』의 오탈자와 오류를 바로 잡을 수 있었던 것은 17세기 말, 징광사본 『화엄경소초』의 판각을 통해 『화엄경』과 그 주석서에 대한 이해가 심화되었기 때문이다.

---

[40] 「중간화엄경후서」에서 이야기하고 있는 해인본문은 해인사에서 소장하고 있던 「연의초」라고 볼 수 있다. 이와 관련하여 최영호(1997)에서는 1241년 가야산 하거사下鉅寺에서 판각된 『화엄경소』와 『연의초』에 대한 연구가 있다. 이 두 경판이 『대장목록大藏目錄』에는 제외되어 있지만, 인적·물적 자원의 내용, 경판에 투영된 의식, 경판의 형식 등이 '도감판都監板' 내지 이에 준하는 판의 성격을 띠며, '외장外藏에 편제된 판본류와 유사성을 가진다고 설명하고 있다. 설파 상언이 본 해인본문은 이 판본이지 않을까 생각된다.

[41] 「重刊華嚴經後序」(靈覺寺本 『華嚴經疏鈔』官字號), "舊本中 有誤處譬 海印本文改定 無所據者 存而不論."

[42] 김용태(2010), pp. 268-269.

## V. 맺음말

1681년 표류해온 중국 상선에서 가흥대장경본『화엄경소초』가 수집되어 1690년 징광사에서 복각되었다. 이를 통해서 조선후기에『화엄경소초』의 유통이 본격적으로 이루어지게 되었다. 징광사본『화엄경소초』는 징광사를 비롯해 송광사, 덕유산 정토사, 지리산 대원암, 백운산 황룡사에서 판각되었고, 판각된 경판들은 모두 징광사로 옮겨져 보관되었다. 그렇지만 1690년에 판각된『화엄경소초』에는 홍자호가 빠져있었고, 이 결락된 부분은 범어사에서 1700년에 판각되어 징광사로 옮겨졌다.

징광사본『화엄경소초』경판은 1770년에 이를 보관하고 있던 징광사 판각版閣에 불이 나서 모두 소실되었다. 1775년에 설파 상언의 주도하에 지리산 대암정사, 지리산 실상사내원, 마곡사, 묘각사, 광덕사에서 판각되어 영각사로 옮겨져 보관된다.『화엄경소초』경판을 영각사에 보관하게 된 이유는 「안의영각사화엄각신건기」에서 영각사가 명산 거찰로서 영호남의 중간에 위치하여 전국 제방으로부터 거리의 균형을 고려하여 정한 것이라고 한다.

이후 1856년 봉은사에서『화엄경소초』가 다시 판각되는데 봉은사본『화엄경소초』에 실려 있는 「화엄합본삼간후서」에서는 영각사본이 세월이 오래되어 자획이 닳아 인쇄 상태가 좋지 못하고, 경판을 보관하고 있는 영각사가 남쪽에 치우쳐 있어 두루 유포하는 데 어려움이 있어 다시 판각하게 되었다고 한다. 봉은사본『화엄경소초』는 남호 영기의 주도하에 판각이 이루어졌고, 인자호 말에 영각사본과 징광사본을 대교하여 그 결과를 정리한 「영징이본대교」가 수록되어 있다.

봉은사본에 수록되어 있는 「영징이본대교」를 살펴본 결과, 봉은사본은 징광사본을 복각한 것이며, 영각사본은 징광사본의 오자·탈자를 바로잡아 판각한 교감본이다. 「영징이본대교」의 분석을 통해서 영각사본의 교감이 비교적 잘된 것으로 판단하였지만 대교사항 전체를 살펴보는 작업이 필요하다. 영각사본은 징광사본 『화엄경소초』가 판각 된 이후 그 동안의 연구성과가 반영된 최신 교감본이라고 할 수 있다. 그리고 영각사본에서는 교정한 부분을 밝히고 있지 않아, 교정을 한 부분을 찾기가 어려웠던 것을 봉은사본에서는 「영징이본대교」를 만들어서 쉽게 찾아 볼 수 있게 하였다. 이렇게 영각사본 『화엄경소초』는 화엄사기의 저술과 더불어 18세기 화엄교학의 수준이 이전보다 높아졌음을 보여주는 증거이다.

향후 「영징이본대교」의 전체를 분석하여 영각사본 『화엄경소초』의 교감 수준이 어느 정도인지 밝힐 필요가 있겠다.

부록으로 「영징이본대교」 원문과 『화엄경소초』 세 판본의 서문, 발문, 간기를 정리하였다.

〈부록 1〉

「靈澄二本對校」

○ 日字上篇初六丈上八行(是說是有誤)十五丈下三行(有三三一二誤)二十二丈上九行(解徵徵答誤)三十丈上五行(今具且誤)同丈初行(華嚴嚴藏誤)三十六丈上五行(內宮宮作官)下篇初九章上四行(注相巧間脫名字便故故衍)五行(注境相名巧方便利他八字衍)十三丈下二行(菩提提薩誤)十四丈下五行(不妄妄灵作忘)

○ 月字上篇初六丈上十行(第四四七誤)七丈下二行(淺深上下)十二丈上七行(標辯辯數誤)十七丈下五行(所亦亦以誤)二十一丈下五行(中智智慧誤)二十三丈下八行(乃過乃灵作及)二十六丈下五行(俗眞上下)三十四丈上二行(釋於釋譯誤)下篇十丈上六行(三十三天四字月天子三字誤)

○ 盈字上篇三十丈下六行(皆云云示誤)三十九丈上六行(受樂樂衍)下九行(因樂樂衍)四十丈上六行(謂等間脫貪字)九行(等解下脫脫字)下篇十九丈上二行(說二二三誤)二十二丈下八行(慢謂慢憍誤)二十三丈下六行(今故二字上下)三十二丈初行(用光上下)三十五丈上二行(咸現現見誤)三十九丈下八行(性故間脫空字)四十丈上初行(法性性相誤)

○ 昃字上篇初二丈上二行(世樂世苦誤)十二丈下五行(有十下脫一字卷中中衍)二十丈上十行(佛示亦誤覺示示亦誤)二十八丈上六行(教功功城誤)四十四丈上七行(威曜曜懼誤)五十丈下二行(想分想相誤)五十三丈上五行(法之間脫界字)五十四丈上十行(得人人入誤)下篇初五丈上九行(見前見現誤)十八丈下下五行(諸普間脫惡字)二十六丈下六行(王如王三誤)二十七丈上二行(離自間脫衆生二字)三行(衆生二字衍)三十八丈下九行(十八八九誤)三十九丈上七行(也後後復誤)

○ 辰字上篇初九丈下七行(國上上土誤)十九丈上初行(問有問答誤)下篇十丈上二行(之門門行誤)五行(如是是界誤)二十一丈上六行(性能能堪誤)二十六丈下四行(忍故故果誤)三十一丈上二行(三十三四誤)

○ 宿字上篇二十二丈下二行(一念念塵誤)二十六丈上四行(諸法法佛誤)六行(意往往住誤)三十七丈下二行(光明明名誤)三十八丈下二行(昭然昭召誤)下篇二十六丈上三行(申已申中誤)三十四丈上二行(畏故畏異誤)

○ 列字上篇十六丈下二行(所由有三等五字移置次丈上五行疏鈔間)二十二丈上六行(徧加徧偏誤)下五行(脯纖間脫圓字)二十六丈上八行(現及間脫流)三十一丈下十行(宮歿歿灵作殿)

○ 張字十六丈下八行(一一二字衍)五十八丈下十行(於異異果誤)

○ 寒字上篇五十八丈下六行(初三上下)五丈上四行(部南南東誤邊三三有誤次行百半百三

誤)六行(北瀾南俠四字移在上行西罣上)

- 來字上篇初八丈上七行(彼人彼後誤)十五丈下二行(網者下一一二字衍)三行(交絡絡灵作結)下篇十一丈上九行(防非非灵作修)十四丈下八行(天子子下誤)十五丈上五行(光光下光字音誤)二十六丈下三行(故得故云誤)三十七丈上六行(種行種衆誤)三十八丈上五行(隨詮詮證誤)

- 暑字上篇初丈上五行(自從此第十二經盡第十三經菩薩問明品十六字衍盡第七會如來出現品九字脫)十六丈下三行(有義云三字衍)十八丈下五行(賢首首勝誤)二十七丈下十行(吉祥二字功德誤)三十七丈下三行(安行行得誤)四十五丈上八行(能能間脫仁字)下篇初丈上八行(法逐上脫今字)十九丈下二行(是於於故誤)三行(如中中四誤)

- 往字上篇十丈上初行(正理三十一五字衍)下二行(等中中小誤)三行(等大大中誤)二十三丈下二行(符昔符扶誤)下篇十三丈下二行(在明明名誤)三十一丈下初行(二業二三三誤)

- 秋字十五丈下六行(是識識誰誤)三十六丈下八行(經云經彿誤)十行(火山火土誤)六十丈上八行(謂緣緣移在上間依間)六十丈下二行(辨体辨灵作辨)六十一丈上七行(唯識識說誤)六十七丈上四行(識名名各誤)七十六丈上初行(印前前其誤)七十九丈上三行(無始始灵作如)八十四丈下六行(修其修隨誤)九十丈下四行(實有實是誤)

- 收字初二丈下初行(無我下脫所字)十三丈上初行(下辨行二字衍)十四丈下四行(疏下脫一地一持多答現無量九字)三十六丈下五行(法實間脫得成二字來歎歎難誤)四十五丈下二行(非爲爲唯誤)五十三丈下七行(難智智致誤)五十五丈上十行(眞如如入誤)六十二丈上八行(人生生天誤)下九行(教甚教行誤)六十三丈下二行(法則則旣誤)三行(現事間脫十字通於於衍)

- 多字初二丈上六行(是行是事誤)三丈下六行(圓行二字妙德誤)十一丈下五行(卽有卽衍)三十四丈上六行(天王王灵作主得三下脫入理二字)

- 藏字初九丈上四行(於虛於如誤何以以況誤十信信趣誤)同丈下二行(華藏二字成就誤)十丈下九行(皆有有其誤)二十丈上九行(心若若者誤)三十四丈下六行(故次下脫二字)五十八丈下五行(所作作化誤)

- 閏字二十丈上三行(喩也下脫譬如有人手執蜜器入字)

- 餘字上篇五丈下三行(二品二一誤)五行(上是上二誤)七丈上四行(以此間脫彼字)下篇三十二丈下十行(悟人人入誤)四十三丈下九行(無土土上誤)

- 成字上篇十五丈九行(地卽間脫經字)二十丈下九行(地三二二誤)二十二丈下二行(意者者言誤生處處起誤)七行(是入入業誤)下篇五丈下四行(義故間脫推生滅無在五字)十二丈上七行(而可而面誤)三十二丈下七行(丁知丁了誤)

- 歲字上篇十四丈下二行(悔所悔惡誤)十五丈上初行(令顯令今誤)五行(沉審沉精誤)十六丈下二行(緣彼緣勝誤)十八丈上七行(適悅適逼誤)二十四丈下八行(次名名明誤)三十二丈下四行(逕刀刀刃誤)三十五丈上六行(依上上止誤)三十五丈下七行(三意三二誤)下篇

初五丈下二行(少欲下脫是道二字)二十八丈上七行(障重重種誤)

○ 律字上篇十六丈下十行(疏二二三誤)三十丈上五行(二偈二三誤)下篇十二丈下七行(輕離二字上下)十五丈下三行(切得得行誤)二十一丈上初行(其後後復誤)三十二丈上九行(第五五七誤)三十四丈上二行(愛味間脫故字)三十七丈上六行(卽與與在誤)九行(是寶寶實誤)四十三丈下十行(三種三二誤)四十八丈上三行(積巧巧功誤)

○ 呂字上篇初丈上六行(相類類賴誤)下八行(升以以已誤)中篇二丈上三(薩字字名誤)五丈下七行(一身身塵誤)二十二丈下十行(六識識境誤)下篇六丈下八行(以遺遺遣誤)二十丈上八行(注二因因因誤)三十六丈下二行(後句二字作理字)三行(說也下脫此中答意順於應用八字)六行(玄談下中說二字衍)

○ 調字上篇三丈上六行(無礙礙癡吳)九丈下四行(一切下脫無罪二字)二十一丈下初行(卽已已見誤)二十八丈下八行(第一一二誤)三十七丈上八行(惑名名衍)三十九丈下九行(亦明明名誤)四十三丈上六行(無分間脫所字別斷斷衍)五十一丈上八行(復有有灵本脫番中中衍)十行(遂順間脫昔願二字)下篇二丈上初行(運也也灵作故)五丈下七行(餘四二字上下)六丈上二行(卵濕濕衍)十丈上五行(葉問問聞誤)十五丈上三行(若風二字上下)

○ 陽字三十丈上九行(卽喩喩池誤)三十二丈下五行(前地上下)四十九丈二(疑彼疑碍誤)五十三丈十行(德功二字上下)

○ 雲字初二丈上九行(用二二作一一兩字)十丈上三行(烏戒烏馬誤)十二丈下五行(外律外分誤)十七丈上四行(不住住作誤)下初行(所離離敵誤)二十四丈下初行(無明明作誤)二十七丈上六行(彼有下脫等義二字下之之誤)二十九丈下六行(如此下脫如此二字)三十二丈下七行(無碍碍學誤)三十三丈上七行(卽上上衍第一一三誤)三十四丈下初行(界法法衍)三十六丈上五行(界執執報誤)四十二丈上三行(一支一二誤)五十二丈下初行(四無無問誤)五十八丈下九行(色等等神誤)十行(爲妄爲餘誤)六十丈上十行(有種間脫三字)六十四丈上七行(則常常當誤)七十丈下六行(世間間界誤)

○ 勝字初九丈下十行(初說二字上下)十七丈下四行(無明明灵作今字)十八丈上九行(能閏閏生誤)二十二丈上七行(揀二二三誤)二十三丈下七行(略引引列誤)

○ 致字上篇二十七丈上初行(疏先間脫云字)四行(境彼彼衍)九行(境說說謂誤)中篇十六丈下四行(性之之衍)七行(身卽間脫等字)十七丈下九行(法身身芽誤)二十六丈下五行(所任任住誤)下篇二十四丈上二行(偈量二字上下)

○ 雨字初九丈下四行(十句句一誤)五行(下八八九誤)同行(一句句衍)六行(普淨法界故次一句八字衍當作淨白等次一無作法淨經云普淨等次一十六字)二十一丈下三行(聞已已移左大劫下)四十五丈上八行(四四八誤)五十丈上七行(想見見心誤)

○ 露字上篇十八丈下十行(鈔字衍七說等十五字連書于上行得等下)十九丈上二行(鈔字衍八如來等四十三字連書于上行劫等下)十八丈下十行(疏七智用無邊六字移書于次丈上三行)十九丈上二行(疏八離覺圓寂六字移在於同丈上四行)四十一丈上九行(佛卽彿成

誤)下篇十六丈下初行(注答也也衍)二行(或一間脫令字)十八丈上二行(須說須復誤下六間彿法間脫是字)二十丈下七行(地法法諸誤)二十二丈下五行(兩色字皆飾誤)二十三丈上初行(世間間界誤)二行(於此於就誤)二十四丈下四行(世界界間誤)八行(依持依住誤)二十六丈下七行(大念下慧行爲所遊路六字行等者二字脫)十行(無離離字倒誤)二十七丈上三行(故彼間脫是彼果故囚字)二十八丈下四行(謂以以於誤)二十九丈上八行(持義持任誤)九行(能持持衍大法間脫來字)十行(身命命令誤壞故故移在善法下)

○ 結字上篇初七丈下四行(二頂二字上下)十一丈上九行(觸三三衍思是脫觸字)十九丈下三行(出中中離誤)五行(奪方間脫二乘二字之意下盖彼自有如是一類八字)三十一丈上初行(爲盖下脫盖諸賢感五字隨況脫身轉二字)三十六丈上五行(謂此此智誤)

○ 爲字上篇二十丈下十行(意是間脫生字)三十一丈下五行(腰縢縢縫誤)三十三丈上初行(諸有下清淨二字情類誤)二行(餘有餘雖誤)下篇二十三丈上二行(不應下受施二字施肉誤)二十四丈上五行(彼之間脫七德二字)

○ 霜字上篇二十六丈上十行(於來於灵作施)同行(曉喩下脫令毒二字)下八行(妻子妻父誤)三十六丈上九行(不發下應起四種對治之心一九字往習間脫未字)四十三丈上初行(無報報執誤)下篇二十四丈下九行(方便便處誤)

○ 金字上篇初六丈上十行(後三三二誤)九丈上十行(田見田由誤)二十丈下四行(染淨淨汚誤)二十二丈上三行(隨淨淨染誤)下篇十一丈上二行(一心二字上下)下初行(知當知根四字作當知已知)二十一丈上九行(解生生衍云第間脫至字)二十二丈上十行(地名名各誤)二十九丈下四行(性異異界誤)

○ 生字上篇十八丈下十行(死廻間脫故字)十九丈上八行(後一一二誤)二十四丈上二行(卽例例倒誤)下篇十三丈上三行(無盡盡量誤)

○ 麗字初二丈上二行(根壞根杯誤)四丈下十行(自他他地誤)十三丈下初行(之相之一誤)二十一丈上七行(一字移在差別下)二十一丈下二行(集作上下)二十二丈上九行(初六六誤)二十四丈上五行(自論云何故至自要受樂二十九字移在下三行知何間)四十五丈下三行(俱無間脫無說二字)四十六丈上初行(非無無能誤)

○ 水字初三丈下六行(此四四五誤)十四丈下六行(大光明三字觀察之三字誤)十八丈上九行(解姑間脫脫字)十九丈上十行(餘食餘飲誤)二十丈下三行(與論與興誤)二十七丈下五行(六攝六云誤)二十八丈下八行(識由由內誤)二十九丈上初行(中滅滅移在上末行能染間)三十一丈下八行(文約文叉誤)三十二丈上十行(二淨淨遍誤)四十一丈下末行(總申申由誤)四十五丈下八行(其体体本誤)六十一丈上三行(有二二 三誤)

○ 玉字初二丈上五行(令此令今誤)五丈上三行(法寶寶實誤)十四丈下二行(由六間離字衍)十五丈初一行(無散無衍)十八丈上初行(文也二字衍)二十一丈上初行(心之之爲誤)二十五丈上三行(喩顯顯難誤)二十七丈下三行(又說又衍)三十七丈上八行(上修道二字斷惑二字誤)五十丈下六行(下所求尢成誤)五十五丈下四行(令不不他誤)五十八丈下初行

○ (照理照無誤)六十三丈上三行(六意六大誤)中篇八丈下十行(地大大灵作六)

○ 出字十九丈上十行(先滅先後誤)二十二丈下四行(注五過五出誤)五行(正影影灵作顯)二十八丈上初行(時解時衍)四十三丈下初行(向四向灵作同)四十六丈上初行(正證正灵作止)四十九丈上初行(捨修捨灵作拾)五十四丈下三行(三千千十誤)五十八丈下九行(第五五三誤)七十一丈上三行(三義三二誤)上五行(普樂善字喜誤)六行(善樂善喜誤)

○ 崑字上篇初丈下行(咨佛咨諸誤)三丈上八行(僧爲僧誰誤)五丈上初行(此比比灵作比)十五丈上七行(已知知灵四)十七丈下二行(餘三三二誤)二十丈上七行(爲成成我誤)二十五丈下七行(往化往灵作住)四十丈下七行(下供養二字修行二字誤)

○ 岡字初二丈上初行(一種間脫切字)七丈下末行(時時持誤)九丈上七行(法寶寶實誤)十丈上九行(立後後復誤)十三丈上四行(大論大本誤)十七丈上九行(情要情主誤)四十二丈下八行(他物他化誤)九行(通四三三五誤)十行(種性性相誤)四十八丈上初行(俱非間脫四字)六十一丈下六行(對種對到誤)六十五丈上十行(多乘乘灵作乘)六十六丈下四行(雖寶寶實誤)七十二丈下七行(此經此北誤)七十三丈上五行(不住住信誤)七十四丈上六行(不墮墮隨誤)下四行(又遇遇灵作過)七十六丈下八行(自初地菩薩至說名離垢故三十三字移在上五行疏二種垢故下於中令字今誤)同行(故喻故二誤)

○ 劍字二丈下九行(上本上止誤)四丈下八行(上圓滿下脫聞持二字)八丈下九行(彼淨間脫超字)十四丈上三行(皆今皆背誤)十六丈上九行(致在致數誤)二十一丈下六行(閉苦閉灵作閑)三十五丈下二行(由此二字上下離時離暫誤)三十九丈下四行(其引其具誤)四十丈上九行(上二二三誤)五十四丈下五行(五瑜五字衍)七行(空等等衍)五十五丈下二行(對色色等誤)五十六丈上八行(得借下脫初禪三識之心見聞覺觸是故乃至第四猶有此想空定滅之此上所識約次修三十二字而誤在下五十九不三行鈔當檢看)五十八丈上二行(於此此餘誤)五十九丈下三行(初禪等三十二字宜移在上五十六丈上八行得借下)六行(云滅滅作不念二字)六十一丈下六行(入上上灵作止)六十三丈上七行(寂照照然誤)六十八丈上六行(二禪二初誤)七行(三禪三二誤)六十九丈上七行(正受禪三字受正書三字誤)七十四丈上初行(以能間脫三種二字)

○ 號字十八丈下初行(後無後從誤)二十丈上八行(離故離新誤)三十五丈下十行(於下下衍)三十七丈上十行(生愛受憂誤)三十八丈上二行(引三三二誤)四十三丈上初行(若善善灵作盖)下八行(樂爲間脫欲字)四十四丈上七行(滿瑜間脫修字)下二行(中已已不誤)三行(惡己已得誤)四十五丈下四行(功能能灵德)五十丈下二行(信解信灵作勝)五十二丈上七行(伏等等字移柱上行体相間)同行(覺分覺力誤)五十四丈上初行(總收收灵作取)五十五丈上四行(離念離雖誤)五十六丈下九行(依實依眞誤)五十八丈下三行(出入入生誤)六十九丈下五行(等者二字衍)七十五丈上初行(長四四灵作因字)

○ 巨字三丈下九行(有人人本誤)十一丈下六行(約具具見誤)十九丈上五行(生因二字上下)三十八丈上九行(者略間脫處所二字)五十丈上八行(大悲悲慈誤)五十一丈上七行(疏字

衍後三頌起世智勝七字移柱上丈末行生勝下)五十一丈下二行(疏頌果位三果可知八字移在上第九行頌於是下疏頌結說四字脫)

○ 闕字初十丈上七行(六卽卽遣誤)十一丈下三(有則間脫無字)十六丈(總觀觀顯誤)十七丈下三行(後但但二誤)二十七下十行(十方方門誤)三十二丈下六行(聖人二字凡夫誤)三十七丈下七行(行用用灵作明)四十三丈上五行(自至間脫此字)下三行(取潤潤灵作洞)四十六丈下七行(表色色業誤)五十六丈上六行(所治治對誤)下三行(虛誑誑灵作乘)六十二丈上四行(名色二字彼識誤)七十一丈下二行(愛受二字上下相換)八十一丈下六行(理無理灵作種)八十二丈下九行(境俱俱灵作供)八十四丈下十行(此破破灵作彼)八十六丈上三行(染淨淨灵作污)八十七丈上七行(非一一灵本刻脫)八十八丈下九行(豈是豈皆誤)九十八丈上六行(空諸間脫見因二字)九十九丈上三行(不立不別誤)百一丈上五行(迷相相於誤灵則此二字皆誤)百二丈下八行(自生生灵作在)百六丈下三行(二由二移在故思問)四行(三以三移在五行故彼間)百十丈上十行(成起成生誤相非二字能作二字誤)百十一丈下九行(法前間脫說字)百十五丈下七行(末境疏上下)百十八丈上九行(論文文衍但初間脫無字)百二十一丈下三行(一正順論意四字衍)五行(衆生二字脫)

○ 珠字二十八丈下九行(自作自二誤)三十五丈上五行(第十二字作云)同行(業有間脫行字)四十三丈下九行(緣數間脫一法所謂四字)五十五丈上末行(上段上二誤)

○ 稱字初五丈下二行(者第第等誤)二十丈上十行(下別想間境界二字衍性字脫也)二十二丈下八行(故自間脫無字)三十六丈下六行(生大間脫無字)六十一丈上七行(二色二五誤)九行(云逈云灵作一一兩字逈色者者衍)七十二丈上五行(得入入灵作人字)

○ 夜字上篇二十三丈上十行(準若準灵作集)三十二丈下三行(示色示灵作手)四十二丈下四行(天問問灵作間)四十九丈上七行(就果果灵作界)五十丈下五行(位處間脫明字)五十九丈上四行(攝根根灵作植)六十二丈下五行(八如八人誤灵亦誤)下篇十丈下五行(會之亦同云云至具上七故五行半移在上七行論二間而初下會下作者字終七故下脫會字)十二丈上八行(釋云釋灵作偈身者等誤)下二行(共爲共灵作其字)二十一丈上末行(智者者灵作如)二十八丈下七行(無量量碍誤)九行(說是二字上下)

○ 光字三十丈下七行(四句四五誤)五十八丈上二行(今初二字衍也)

○ 果字上篇初四丈下二行(重會重同誤)十八丈下六行(三時時昧誤)

○ 李字上篇七丈上七行(前十十八誤)十三丈上三行(十方十一誤)二十四丈上七行(一介無定異故四字衍又與灵作如)下五行(如見見是誤)中篇初七丈上九行(飄劫劫動誤)八丈上九行(衆緣緣彩誤)十五丈上九行(有故故衍不畏畏怖誤並如上脫聞二無所有不畏七字)下篇二十三丈下二行(鈔如間脫言字)三行(一切法下脫者字標云如空者五字衍)三十四丈下十行(巾上巾中誤)

○ 柰字下篇七丈下二行(凝望望布誤)

○ 榮字上篇二十丈下十行(次三三二誤)二十八丈下五行(但深間脫此字)

- 重字上篇初四丈上三行(章說別章誤)下七行(餘相相身誤)中篇十二丈上六行(盛三盛灵作虚)十八丈上八行(而共共其誤)二十九丈下七行(以光光先誤)三十丈上六行(而屆屆灵作屈)下篇十二丈下八行(倣此倣灵作例例中例列誤)二十三丈上五行(浩榑榑傳誤)二十七丈上五行(十末後二頌三世攝化行平等因竟十四字灵脫)
- 芥字初二丈下二行(法報法化誤)二十七丈下八行(五重五灵作正)三十六丈上十行(一喻一十誤)三十八丈上三行(固果固因誤)四十三丈下十行(而出而灵作面)
- 薑字上篇初丈下五行(釋中中字衍)六行(十爲間脫八中十三字)
- 海字上篇初丈上八行(思故間脫分齊難思四字)下九行(先令令灵作命)九丈下六行(自無自灵作目)下篇十三丈下十行(後五五二誤)十六丈下八行(殊應殊灵作昧)三十四丈下十行(來印印灵作卽)
- 鹹字上篇二十三丈下八行(斯爲斯灵作所)三十八丈下二行(法主間脫今知法三字)五十五丈下行(如化如加誤)
- 河字下篇初丈下十行(初二二一誤)二丈上初行(一是一二誤)
- 淡字下篇三十一丈下初行(三助間脫幷字)三十一丈下七行(無散無灵作彼)三十二丈上初行(心說灵作想心)
- 鱗字上篇二十丈上九行(云問問字衍)下篇十六丈下五行(亦施亦二誤)二十二丈下六行(法如間脫有字)
- 潛字上篇十一丈上三行(印卽上下)下篇二十六丈下六行(爲性性灵作境)同丈下八行(處若若字衍)同丈九行(爲性性灵作境應如如知誤)三十丈下四行(所滅下落立滅盡名四字)
- 羽字上篇二十七丈上七行(六兼六灵作四字)下篇十二丈下三丈(求生求來誤)三十六丈上四行(而往而灵作不字)六十九丈下四行(而行行灵作去)
- 翔字上篇初三丈下十行(佛言佛灵作復)
- 師字上篇二十一丈下十行(同於同灵作問)三十四丈上六行(一切三昧灵作三昧王三昧)
- 官字下篇二十九丈下十行(知佛間一字衍)五十丈下八行(二有二三誤)

<부록 2>

각 판본 序文, 跋文, 刊記

| 冊次 | 函次 | 卷事項 | 序文 / 跋文 | 刊記 |
|---|---|---|---|---|
| 1 | 天 | 卷1 | (징)海東新刻淸涼華嚴疏鈔後序……庚午(1690)仲春初吉海東沙門性聰槃談書 / 大方廣佛華嚴經隨疏演義鈔序 澄觀(唐) 述 /御製大方廣佛華嚴經序……永樂十年(1412)六月初四日<br>(영) 大方廣佛華嚴經隨疏演義鈔序 / 御製大方廣佛華嚴經序<br>(봉)海東新刻淸涼華嚴疏鈔後序 / 御製大方廣佛華嚴經序 / 大方廣佛華嚴經隨疏演義鈔序 | |
| 7 | 洪 | 卷7 | (징)華嚴疏鈔卷第七合錄後跋……康熙庚辰(1700)孟春初吉海東沙彌曇卷謹跋 | (징)卷7末: 康熙三十九年庚辰(1700)初春慶尙道東萊金井山 梵魚寺分刻移實于湖南樂安澄光寺 |
| 8 | 荒 | 卷8 | | (영)卷8下末: 歲舍癸巳(1773)春開刊于全羅道南原黃嶺庵 |
| 28 | 歲 | 卷17之1-17之2 | | (징)卷17之2末: 康熙二十八年己巳(1689)三月始六月終成歲律呂四字松廣寺刻成澄光寺傳置 |
| 36 | 雨 | 卷23之2 | | (징)卷23之2 張次 第9(右)張 欄外上段: 全罖道長水德裕山淨土寺開刊 |
| 46 | 出 | 卷34之4 | | (영)卷34之4末: 崇禎紀元三乙未(1775)夏忠淸道藍浦縣峨嵋山 |
| 48 | 岡 | 卷35之1 | | (영)卷35之1末: 崇禎紀元後三乙未(1775)孟夏 忠淸道公州麻谷寺 |

| | | | | |
|---|---|---|---|---|
| 52 | 闕 | 卷37之1 | | (영)卷37之1末: 崇禎紀元後三乙未(1775)四月日 忠清道公州地天乖山妙覺寺 |
| 53 | 珠 | 卷37之2 | | (영)卷37之2末: 崇禎紀元後三乙未(1775)孟夏忠清道公州麻谷寺化主體珠募緣刊出次卷 |
| 55 | 夜 | 卷38之2-38之3 | | (영)卷38之3末: 崇禎紀元後三乙未(1775)夏忠清道天安廣德寺刊出化士處峻 |
| 64 | 薑 | 卷51之1-51之2 | | (징)卷64末: 庚午(1690)仲夏大源庵刻成 |
| 65 | 海 | 卷52之1-52之2 | | (영)卷52之2末: 乾隆四十二年丁酉(1777)二月初八日始役於雲峯縣智異山實相寺內院 |
| 66 | 鹹 | 卷53-54 | | (징)卷54末: 太清康熙二十九年庚午(1690)開刊於全羅道樂安金華山澄光寺<br>(영)卷54末: 乾隆三十九年甲午(1774)夏智異山臺岩精舍重刊 |
| 67 | 河 | 卷55-56 | | (영)卷55末: 乾隆三十九年甲午(1774)夏 智異山臺岩精舍開刊 |
| 69 | 鱗 | 卷58之2, 卷59 | | (영)卷58之2末: 乾隆三十九年甲午(1774)夏 智異山臺岩精舍重刊<br>(영)卷59末: 乾隆三十九年甲午(1774)夏 智異山臺岩精舍重刊 |
| 70 | 潛 | 卷60之1-60之2 | | (징)卷60之1末: 康熙二十九年庚午(1690)四月日 慶尙道晋州智異山大源庵刻成 移貯于金華山板堂<br>(영)卷60之1末: 乾隆三十九年甲午(1774)夏 智異山臺岩精舍重刊 |
| 72 | 翔 | 卷63-64 | | (영)卷64末: 乾隆三十九年甲午(1774)夏 智異山臺岩蘭若重刊 |
| 73 | 龍 | 卷65-66 | | (징)卷66末: 大源庵刻成<br>(영)卷66末: 乾隆三十九年甲午(1774)夏方丈山內院精舍重刊 |
| 74 | 師 | 卷67-69 | | (징)卷69末: 庚午(1690)夏智異山大源庵刻成 |

| 75 | 火 | 卷70-72 | | (징)卷72末: 康熙二十九年(1690) 四月日 全羅道光陽地白雲山黃龍寺開刊移佇于金華山藏中<br>(영)卷72末: 乾隆三十九年甲午(1774)夏智異山臺岩庵自鹹至火又人凡士卷開刊 |
|---|---|---|---|---|
| 76 | 帝 | 卷73-75 | | (징)75末: 庚午(1690)夏大源庵刻成<br>(영)卷73末: 乾隆三十九年甲午(1774)春自日字三十卷開刊于全羅道茂朱九千洞移置于卷 |
| 77 | 鳥 | 卷76-77 | | (징)卷77末: 康熙二十九年庚午(1690)孟夏慶尙道晋州西智異山大源庵刻成移貯于金華山藏中 |
| 78 | 官 | 卷78-80 | (징)新刻華嚴疏鈔後跋……康熙庚午(1690)仲夏栢庵之役明眼謹跋<br>(영)重刊華嚴經後序……乾隆乙未(1775)七月自恣日法弟有一謹書<br>(봉)新刻華嚴疏鈔後跋……康熙庚午(1690)仲夏栢庵之役明眼謹跋……慶尙道晋州智異山大源庵刻成[1] | (징)卷80末: 慶尙道晋州智異山大源庵刻成 |
| 79 | 人 | 大方廣佛華嚴經普賢行願品疏 | (영)卷上末: 乾隆三十九年甲午(1774)夏智異山臺岩蘭若重刊<br>(봉)華嚴合本三刊後序……崇禎紀元二百二十九年丙辰(1856)菊月日釋院比丘善影謹書 / 靈澄二本對校 | |

---

[1] 봉은사본은 징광사본에 있는「신각화엄소초후발」과 간기를 그대로 복각하였다. 발문과 간기 때문에 징광사본으로 보는 경우도 있다. 징광사본과 봉은사본의 관자호官字號를 비교해보면, 시주질·간행질·판각된 인명정보의 내용이 다르다. 이를 통해서 두 판본을 구분할 수 있다.

〈참고문헌〉

**약호**

大正藏　大正新脩大藏經

卍續藏經　卍新纂續藏經

**원전**

『大方廣佛華嚴經疏』(『大正藏』35)

『大方廣佛華嚴經隨疏演義鈔』(『大正藏』36)

『華嚴經疏鈔』(『嘉興大藏藏』11-12冊, 『卍續藏經』5-7, 澄光寺本, 靈覺寺本, 奉恩寺本)

『華嚴經玄談』(『卍續藏經』5)

**단행본**

김용태(2010), 『조선후기 불교사 연구』, 신구문화사.

이지관(1969), 『韓國佛敎所依經典硏究』, 해인사.

**논문**

강현찬(2015), 「조선 후기 『화엄경소초』의 판각과 화엄학의 성행」, 동국대학교 석사학위논문.

강현찬(2016), 「조선후기 『화엄경소초』의 판각과 「영징이본대교(靈澄二本對校)」본의 의의」, 『한국사상사학』53, 한국사상사학회.

김단일(2019), 「17세기 조선의 『大方廣佛華嚴經疏』 간행과 승려 문파의 상관성」, 한국학중앙연구원 석사학위논문.

김용태(2012), 「동아시아의 澄觀 화엄 계승과 그 역사적 전개 -송대와 조선후기 화엄교학을 중심으로-」, 『불교학보』61, 동국대학교 불교문화연구원.

김용태(2014), 「조선후기 중국 불서의 유통과 사상적 영향」, 『보조사상』41, 보조사상연구원.

김종진(2004a), 「1850년대 불서간행운동과 불교가사 -남호영기를 중심으로」, 『한민족문화연구』14, 한민족문화학회.

김종진(2004b), 「〈廣大募緣歌〉의 창작 배경과 문학적 특성」, 『韓國詩歌研究』6, 한국시가학회.

김천학(2016), 「설파상언의 징관 『화엄소초』 이해의 일고찰」, 『호남문화연구』59, 전남대학교 호남학연구원.

남권희·최연식(2000), 「『眞心直說』의 著者에 대한 再考察」, 『한국도서관·정보학회지』제31권 제2호, 한국도서관·정보학회.

손성필(2013), 「16, 17세기 불교정책과 불교계 동향」, 동국대학교 박사학위논문.

오용섭(2018), 「조선시대 『대방광불화엄경소』의 간행」, 『서지학연구』76, 한국서지학회.

이상백(2014), 「歸眞寺와 간행 불경 연구」, 『서지학연구』48, 한국서지학회.

이선화(2017), 「조선후기 華嚴 私記의 연구와 『往復序』 회편 역주」, 동국대학교 박사학위논문.

이승범(2021), 「朝鮮後期 華嚴十地 私記 硏究 -蓮潭과 仁岳의 私記를 중심으로」, 동국대학교 박사학위논문.

이정희(2013), 「조선후기 사기의 불교학적 의미」, 『한국불교사연구입문』下, 지식산업사.

이종수(2008), 「숙종7년 중국선박의 표착과 백암성총의 불서간행」, 『불교학연구』 21, 불교학연구회.

이종수(2010), 「조선후기 불교의 수행체계 연구: 三門修學을 중심으로」, 동국대학교 박사학위논문.

이종수(2012), 「조선후기 불교 사기 집성의 현황과 과제」, 『佛敎學報』 61, 동국대학교 불교문화연구원.

이종수(2013), 「조선후기 가흥대장경의 복각」, 『서지학연구』 56, 한국서지학회.

이지관(1983), 「韓國佛敎에 있어 華嚴經의 位置」, 『佛敎學報』 20, 동국대학교 불교문화연구원.

이지관(1998), 「德裕山靈覺寺誌」, 『伽山學報』 7, 가산불교문화진흥원.

최영호(1997), 「海印寺 所藏本『大方廣佛華嚴經疏』·『大方廣佛華嚴經隨疏演義鈔』의 판각성격」, 『한국중세사연구』 4, 한국중세사학회.

혜 남(1992), 「청량 '화엄경소초'의 流傳」, 『수다라』 7, 해인승가대학.

# 02

# 조선후기 화엄학의 유행과 그 배경[1]

이종수

## I. 머리말

임진왜란의 발발은 정치적으로 조선전기의 종말을 고하는 것이면서 불교사적으로 조선후기의 서막을 여는 것이었다. 조선전기 왕조에 따라 부침을 거듭하였던 불교에 대한 숭불과 억불 정책으로 인해 불교계는 심한 타격을 입었고 점차 정치권력으로부터 멀어져가고 있었다. 바로 이런 시기에 임진왜란이 발발하였고 불교계는 누란의 위기에 있던 국가를 구하기 위해 의승병을 조직하여 전쟁터에 나가 큰 공적을 세웠다. 전쟁이 끝난 후에도 불교계는 정치권력 가까이 다가갈 수는 없었지만 연산군 대와 같은 더 이상의 불교 탄압은 면할 수 있었고 묘향산·금강산·팔공산·지리산 등 서울에서 멀리 떨어진 지방에서 안정적으로 발전을 이룰 수 있었다.

조선후기 불교계는 조선전기까지 있었던 선종이나 교종의 종파적 구별

---

[1] 본고는『불교학연구』42, 불교학연구회, 2015, pp. 59-82에 게재한 논문을 수정·보완한 것이다.

은 없었지만 임진왜란에서 의승義僧의 상징이었던 청허 휴정淸虛休靜(1520-1604)의 문도를 자처한 청허계와 벽암 각성碧巖覺性(1575-1660)이 남한산성 축조에서 공적을 세운 후 새로운 계파로 대두한 부휴계를 중심으로 발전을 이루어 나갔다. 청허계와 부휴계 모두 국가적 위기에 궐기하였던 의승병에 그 기반이 있었지만 사상적으로는 선종을 표방하였다. 청허 휴정과 부휴 선수浮休善修(1543-1615)는 부용 영관芙蓉靈觀(1485-1571)의 문하에서 수학한 동문으로서 임제선의 수행전통을 계승하는 사상적 공통성을 가지고 있었다. 이에 따라 청허계와 부휴계를 자처했던 승려들은 선종의 한 부류인 임제종의 종도가 되었다.

그런데 17세기 사회가 안정되어가고 성리학적 질서가 정비되던 시점에 불교계는 차츰 강학이 발전하여 강원교육이 체계화되어 갔다. 교학을 마친 이후에 선수행의 단계에 들어가는 사교입선捨敎入禪이 보편화 되어 선禪의 종장은 교학을 겸비하였다. 이에 따라 17세기 후반에 강원은 전국적으로 일정한 교재를 가지고 교육하기에 이르렀고 그 중심에는 화엄학이 있었다.[2] 강원의 강사는 화엄학의 대가였으며 임제종의 선사였다. 그들은 전국적으로 여러 대찰에 머물며 화엄을 강의하였다. 그런데 왜 화엄이었을까? 역사적으로 불교는 중관·유식·천태·화엄·밀교·정토 등의 여러 종파가 있었고, 서로 경쟁관계였다. 그런 종파의 학문 가운데 조선후기 불교계는 선 수행에 들어가기에 앞서 화엄 공부를 선택하였고, 이로써 화엄학이 크게 유행하였다.

이 글은 조선후기 화엄학 유행의 배경이 무엇인지 고찰하기 위해 기획

---

[2] 일반적으로 화엄학은 화엄교학華嚴敎學을 의미하는 경우가 많지만, 본고에서 화엄학의 개념은 화엄강학華嚴講學의 의미도 포함하고 있음을 밝혀둔다.

되었다. 조선후기 화엄학의 유행에 대해서는 여러 글에서 이야기되었다.[3] 하지만 그 배경에 대해 천착한 연구는 보이지 않는다. 이에 본 글에서는 화엄학이 유행했던 현상을 문헌을 통해 확인하고, 그 이유와 배경에 대해 논해보고자 한다. 아울러 화엄학의 유행이 가져온 한국불교의 특징적인 모습도 발견할 수 있기를 기대한다.

## II. 조선후기 화엄학의 유행

화엄학이 한국불교사에서 통합적인 승려 교육 과목으로 인정된 것은 조선후기였을 것으로 추정된다. 조선전기까지 종파불교에서 선종과 교종은 엄연히 다른 수행체계였으므로 서로 교류는 했을지언정 종파를 초월한 통합적인 수학과정이 있었다고 볼만한 근거를 찾기는 어렵기 때문이다. 하지만 교종의 경우 조선전기에 이미 화엄학이 가장 중요한 지위를 점하였던 것 같다. 1406년(태종 6)에 11개 종파가 7개로 축소되고 다시 1424년(세종 6)에 선종과 교종으로 통폐합된 후, 승과僧科에서 선종은 『전등록』과 『염송집』이 시험교재가 되고, 교종은 『화엄경』과 『십지경론』이 시험교재가 되었기 때문이다.[4]

선종과 교종의 종파는 명종대 문정대비에 의해 불교가 중흥될 때 허응 보우虛應普雨(1515-1565)가 판선종사도대선사判禪宗事都大禪師에 임명되고

---

[3] 혜남(1992); 이지관(1988a); 법산(1994); 김용태(2010), pp. 253-272. ; 김진현(현석)(2010); 이종수(2010), pp. 121-137; 강현찬(2015), pp. 25-62.

[4] 「教林結果洒於雜花」, 이능화(1918), pp. 43-55.

수진守眞이 판교종사도대사判敎宗事都大師에 임명되었으므로 조선중기까지 그 명맥이 유지되었다고 볼 수 있다. 하지만 1552년(명종 7)에 있었던 선과禪科에 합격한 청허 휴정은 선종전법사禪宗傳法師를 거쳐 판대화엄종사겸판대조계종사判大華嚴宗事兼判大曹溪宗事에 임명되고 임금으로부터 사자법호 국일도대선사선교도총섭부종수교보제등계자賜紫法號國一都大禪師禪敎都摠攝扶宗樹敎普濟登階者라는 시호를 하사받았다.[5] 마침내 선사禪師 출신의 청허 휴정이 선종과 교종의 판사를 겸하였던 것이다. 여기서 우리는 두 가지를 추정해볼 수 있다. 하나는 휴정의 시호에 나타나듯이 당시의 선종은 조계종으로 지칭되고 교종은 화엄종으로 지칭되고 있었다는 점이고, 다른 하나는 휴정이 활동하던 시기에 선교양종이 하나의 단일종단으로 통합되었다는 점이다. 조선전기에 이미 화엄종이 교종을 대표하였지만 선사였던 휴정이 선교판사에 임명됨으로써 화엄종 역시 선종에 통합되어갔다고 볼 수 있을 것이다.[6]

하지만 화엄학은 선종의 테두리 안에서 교학의 정체성을 잃지는 않았던 것 같다. 휴정 역시 교학을 배척하기 보다는 선지禪旨에 이르기 위한 하나의 방편으로써 교학을 부분적으로 수용하였다. 그는 『선가귀감』의 제5구에서 '선은 부처의 마음이고 교는 부처의 말씀'이라는 말을 해석하면

---

5  『霽月堂大師集』,「淸虛大師行蹟」(『韓佛全』8, p. 120), "壬子膀禪科出身 初行洛山住持 次行禪宗傳法師 次行判大華嚴宗事兼判大曹溪宗事 賜紫都大禪師禪敎都摠攝扶宗樹敎受登階號.";『편양당집』,「蓬萊山雲水庵鍾峰影堂記」(『韓佛全』, p. 253), "以禪宗大選 判曹溪華嚴兩宗事 賜法號國一都大禪師禪敎都摠攝扶宗樹敎普濟登階者."

6  선교통합은 단번에 이루어진 것이 아니라 서서히 이루어졌다고 보아야 할 것이다. 왜냐하면 17세기에 살았던 설송 연초雪松演初(1616~1690)의 「양산통도사설송당연초대선사비문」(지관 편,『韓國高僧碑文總集』, 가산불교문화연구원, 2000, p. 258)에 "休靜之道 分而爲二派焉 有曰惟政 應祥 雙彦 釋霖 卽敎派也 有曰彦機 義諶 雪霽 志安 卽禪派也."라는 인식이 있었기 때문이다.

서[7] "선과 교의 근원은 세존이고, 선과 교의 갈래는 가섭과 아난이다. 말 없음으로써 말 없음에 이르는 것은 선이고 말 있음으로써 말 있음에 이르는 것은 교이다. 마음은 선의 법이고 말은 교의 법이다."[8]라고 하여 말 없음에 이르는 길로써 말 없음의 길과 말 있음의 길을 함께 설명하고 있기 때문이다. 휴정이 말하였던 교학의 핵심이 화엄종이라고 본다면 그의 제자들이 화엄교학을 공부할 수 있는 길을 터주고 있다고 할 것이다.

청허 휴정의 문파 가운데 화엄교학에 관심을 가진 문파로는 먼저 소요파를 들 수 있다. 소요 태능逍遙太能(1562-1649)은 『화엄경』을 읽고 시를 썼다.[9] 그리고 그의 손제자 취여 삼우醉如三遇(1622-1684)는 대둔사에서 화엄종지를 강의했는데 항상 청중이 수백인이었으며 그의 법문을 듣고 깨닫는 이도 많았던 것 같다.[10] 그리고 청허계의 또 다른 문파인 편양파에서도 화엄교학을 중시했다. 편양 언기鞭羊彦機(1581-1644)는 경절문·원돈문·염불문의 삼문수학에 대해 언급하면서 화엄학의 수행방법이라고 할 수 있는 원돈문에 대해 "신령스런 심성이 본래 청정하여 원래 번뇌가 없는 것임을 돌이켜 비추어 보는 것"[11]이라고 하였다. 언기에게 있어서 교학은 중하근

---

7 '禪是佛心 教是佛語'라는 말은 규봉 종밀이 『禪源諸詮集都序』(『大正藏』48, p.400)에서 "經是佛語 禪是佛意"라고 말했던 것과 같은 의미이다. 이 말은 선교일치를 주장했던 역대 조사들의 글에 자주 보인다. 허응 보우도 「寄焉」(『虛應堂集』, 『韓佛全』7, p.563)에서 "禪是諸佛心 教是諸佛語 心口必不違 禪教何曾二"라고 하였다.

8 『禪家龜鑑』(『韓佛全』7, p.635), "禪教之源者 世尊也 禪教之派者 迦葉阿難也 以無言至於無言者 禪也 以有言至於無言者 教也 乃至心是禪法也 語是教法也."

9 「讀華嚴一部偶題」, 『逍遙堂集』(『韓佛全』8, p.191), "吾人素是即邊人 自許人中出格人 咀嚼貫花無一字 眼前塵利舊時人."

10 「해남대흥사취여당삼우대사비문」, 지관 편(2000), p.274, "嘗於大芚之上院樓 演說華嚴宗旨 聽講者數百人"; 「해남대흥사화악당문신대사비문」, 지관 편(2000), p.288, "醉如三愚禪師 集大衆 講華嚴宗旨 師在樓板下 竊聽之 立地頓悟."

11 「禪教源流尋劍說」, 『鞭羊堂集』(『韓佛全』8, p.257), "圓頓門工未 返照一靈心性 本自淸淨 元無煩惱."

기의 수행법으로서 용인되었던 것이다.[12] 이에 대해 제자인 풍담 의심楓潭 義諶(1592-1665)은 "스승은『화엄경』과『원각경』의 여러 주소註疏가 지나치게 허황되거나 설명이 부족한 곳이 많다고 아쉬워하며 빼거나 더하고자 하였지만 그 뜻을 이루지 못하고 자신에게 그 일을 부탁하였다."[13]고 하였다. 즉 제자에게 교학을 게을리 하지 말도록 당부한 것이다.

언기의 가르침을 받은 풍담 의심은 날마다『화엄경』을 들고 다니며 그 잘못된 부분을 바로 잡았으며 음석音釋을 지어 후학들을 가르쳤다.[14] 그의 제자 가운데 상봉 정원霜峰淨源(1627-1709), 월담 설제月潭雪霽(1631-1704), 월저 도안月渚道安(1638-1715)이 화엄교학으로 유명하였다. 상봉 정원은 희양산 봉암사에서『도서』와『절요』의 과문을 짓고『화엄경』의 과목을 나누었다. 당시 청량 징관淸凉澄觀(738-838)의 화엄 사과四科 가운데 삼과三科가 없어져서 일과一科만이 남아 있었지만 상봉 정원이 나머지 삼과를 복원하였는데 훗날 청량 징관의『화엄경소초』를 구하여 비교해보니 차이가 없어서 주변 사람들이 감탄했다고 한다.[15] 월담 설제는 여러 경전에 정통했지만 그 가운데 특히『화엄경』과『선문염송』에 밝았으며 매일같이 소리 내어

---

12 「上高城」,『鞭羊堂集』(『韓佛全』8, p. 262), "欸曰 奇哉 一切衆生 皆具如來智慧 但以妄想執著 而不證得 欲示宅中 寶藏 垂言教立義理 而四十九年 東說西說 慈雲廣布 法雨遐沾 於是寵駿枯槁 咸蒙其澤而滋榮 此中才下根 承言會 意者 是謂教門也."

13 「영변보현사풍담당의심대사비문」, 지관 편(2000), p. 218, "鞭羊 常以華嚴圓覺諸家註疏 汗漫且多殘缺 欲刪 潤而未果 至是執師手而托之."

14 『회양표훈사풍담당의심대선사비문』, 지관 편(2000), p. 222, "日把華嚴等經 數百十卷 正其差謬 著其音釋 然 後 三乘奧義 煥然復明."

15 「문경봉암사상봉당정원선사비문」, 지관 편(2000), p. 282, "造都序節要科文於曦陽之鳳巖寺 尤精華嚴大經 經 有四科 逸其三 師緣文究義 遂定三科 俾讀者不迷其旨 後得唐本叅較 乃無差違 學者驚服 以爲淸凉轉世云."

읽었다.¹⁶ 월저 도안은 풍담 의심에게서 서산대사의 비밀한 가르침을 배우고 묘향산에 들어가 화엄대의를 강의하고 연찬하여 화엄종주로 불렸으며 청량국사를 방불케 했다고 한다.¹⁷

그리고 월저 도안의 제자 설암 추붕雪巖秋鵬(1651-1706)은 묘향산에서 주석하다가 스승으로부터 청허의 의발을 전수받아 호남으로 내려가서 대흥사, 징광사 등지에서 강의했는데 수백명이 그의 강의를 들었다고 한다.¹⁸ 그가 『화엄경』을 강의했다는 말은 없지만 스승인 도안이 화엄종주로 불렸던 것에서 본다면 화엄교학에 능했으리라 짐작해볼 수 있다.

한편 부휴계의 경우도 화엄학에 대한 관심이 청허계 못지않았다. 부휴계의 백곡 처능白谷處能(1617-1680)은 선과 교학은 둘이 아니어서 교학을 떠나 별도로 선이 있는 것이 아니고 선을 떠나 별도로 교학이 있는 것도 아니라고 하여 선교의 근원은 같다고 하였다.¹⁹ 이러한 스승의 교학관을 배운 모운 진언慕雲震言(1622-1703)은 화엄종주로 불렸다. 그는 『화엄경』을 손에서 놓지 않았고, 문하에는 항상 100여명이 그에게 화엄 강의를 들었다고 한

---

16 「낙안징광사월담당설제대사비문」, 지관 편(2000), p. 304, "諸經肯綮 融會貫通 尤愛華嚴拈頌 口不撤誦 大開後學迷途."

17 「해남대흥사월저당도안대사비문」, 지관 편(2000), p. 318, "初從天信長老受戒 叅楓潭 盡得西山密傳 甲辰入妙香山 講究華嚴大義 世稱華嚴宗主";『月渚堂大師集』(『韓佛全』9, p. 121), "恒留意華嚴法界 彷佛淸凉國師 常勸人念佛徃生 依俙廬山遠公 遍遊名山住錫之場 屢設華嚴海會 或上堂 或示衆 禪也教也 儒焉釋焉."

18 「낙안징광사설암추붕대선사비문」, 지관 편(2000), p. 340, "遠近緇白 聞聲坌集 師從而說法 辭辨縱橫甚晰 詣講座者 日累百人 法席之盛 近世所未有也.";「해남대흥사설암추붕대선사비문」, 지관 편(2000), p. 346, "(道)安公深加器異 授以淸虛衣鉢 俾爲人天教主."

19 『大覺登階集』(『韓佛全』8, p. 325), 「禪教說贈勒上士序」, "心口雖二 理則一源 …… 非離教而別有禪也 非離禪而別有教也."

다.[20] 진언의 찬술로 『화엄품목문목관절도華嚴品目問目貫節圖』가 전한다.

그리고 벽암 각성의 손제자 백암 성총栢庵性聰(1631-1700)이 1691년에 순천 선암사에서 화엄대회를 열자 전국에서 구름같이 모였다고 한다.[21] 이때 성총은 『화엄경소초』를 간행하여 유포하면서 큰 법회를 열었던 것 같다. 성총의 제자 무용 수연無用秀演(1651-1719)은 1719년에 호남과 영남의 승려들로부터 화엄 강의를 요청받아 송광사에서 열린 화엄대회의 맹주가 되었다.[22] 이 당시 화엄대회에 참여했던 수연의 제자 영해 약탄影海若坦(1668-1754) 역시 화엄교학에 능통하여 1750년에 있었던 화엄법회를 주관하였다.[23]

또한 청허계의 월담 설제와 부휴계의 모운 진언으로부터 가르침을 받은 환성 지안喚醒志安(1664-1729)은 화엄강백으로 명성이 높았으며 1725년에 금산사에서 화엄대법회를 열었을 때 1400여명이 운집하였을 정도였다.[24] 이때 수많은 대중이 모인 것을 보고 누군가 지안이 역도의 우두머리라고 모함하였고, 결국 지안은 제주도로 유배 가서 입적하였다. 지안의 억울한 죽음으로 인해 한 동안 불교계의 대규모 법회는 위축되었겠지만, 그로부

---

20 「慕雲大老行蹟」, 『華嚴品目問目貫節圖』(『韓佛全』8, p. 371), "晚歲樂華嚴爲要說 手不停披 …… 南北學者 承風而至 蒙琢磨者 常不下百指 逮丙寅秋 以公山遠公之請 居於雲浮精舍 大開毗盧藏海 重闡華嚴法會 …… 夫末季之大揚華嚴於東國者 實自先師彈舌之功 眞可謂法海之智揖 釋門之關鍵也."

21 「순천송광사백암당성총대선사비문」, 지관 편(2000), p. 299, "辛未 仙巖寺 設華嚴大會 八表雲奔."

22 「無用堂大禪師行狀」, 『無用堂遺稿』(『韓佛全』9, p. 366), "己亥春 湖嶺諸利 爲人師範者 及名可名者 僅三百餘 大會于此 請講華嚴及禪門 辭曰 以吾非正 烏能正人 讓益堅 請益篤 昇座揮麈 說破粵旨 落落圓音 重重交映 一會莫不惜伏 此豈非傳佛秘印 大闡臨濟宗風者乎."

23 「影海大師行狀」, 『影海大師詩集抄』(『韓佛全』9, p. 485), "至五十二己亥春 在松寺 爲無用大師 設華嚴大會 八表問津者 數盈千指 …… 庚午八十二 受門人楓巖之請 作雜華場中千人之長 猶如無用 應大師之請 作大會之主 此師之終濟衆也."

24 「해남대흥사환성당지안대사비문」, 지관 편(2000), p. 365, "乙巳春 設華嚴大法會於金溝金山寺 衆凡千四百."

터 거의 30년이 지난 1754년에 상월 새봉霜月璽篈(1687-1767)이 선암사에서 화엄강회를 열었을 때 1200여명이 모이기도 했다.[25] 또한 1785년 혜암윤장 惠庵允藏(생몰년미상)이 화엄사에서 법회를 열었을 때 1500여명이 운집하여 40리에 걸쳐 사람들이 이어졌다고 한다. 그런데 윤장도 당시 전라도 관찰사에게 무고誣告를 당해 흑산도에 유배되었지만,[26] 그 문도들이 조정에 상변上辨하여 윤장은 풀려나고 오히려 전라도 관찰사가 벌을 받았다. 사람들은 이르기를, 윤장은 지안이 되살아난 것이고 관찰사는 지안을 무고했던 사람이라고 하였다.[27]

이 외에도 지안의 제자 대암大菴은 화엄보살이라 불렸으며,[28] 호은 유기 好隱有璣(1707-1785)는 1734년에 벽허 한영碧虛寒影(1658-1735)이 주관한 화엄대회에 참석하여 감회를 시로 남기기도 했다.[29] 또한 오암 의민鰲巖義旻(1710-1792)은 농수 최천익崔天翼(1712-1779)이 법광사 화엄대회에 참석하고 읊은 시[30]의 운율자인 영靈·경經·성醒·청靑을 따서 다시 시를 읊기도 했다.[31] 그리

---

[25] 「霜月禪師行蹟」, 『霜月大師詩集』(『韓佛全』9, p.599), "甲戌春在仙巖本寺 設華嚴講會 來會者 一千二百餘人 會之盛 近古未之有也."

[26] 『正祖實錄』권19, 9년(1785) 3월 16일조 참조.

[27] 이능화(1918), p.897, "惠庵允藏 本在順天 大興寺 後移求禮華嚴寺 開講壇 千五百衆隨之 四十里相屬 爲全羅道 觀察使諷某所搆誣 啓竄濟州 惠庵門徒等上辨伸理 反竄趙某于濟州 師自濟州還 相逢海上 惠庵貴之 又仁岳義沾上其師惠庵書 甲辰之事 不忍言也云云者 卽指此亂也 又叢林相傳以爲 惠庵乃喚醒和尙轉世以償其宿寃云云."

[28] 「華嚴經七處九會品目跋」, 『松桂大禪師文集』(『韓佛全』9, p.587), "惟我大菴師也 三十七品爲其手 八十經論爲其身 可謂花嚴菩薩焉 可謂如來使焉 偉哉 一大花嚴 乃諸佛之密藏 實如來之性海."

[29] 「祭碧虛室華嚴大會(甲寅夏安居)」, 『好隱集』(『韓佛全』9, p.723), "華嚴法界一留心 世上情緣忘不記 想應八部呵禁中 敢有波旬來作戱."

[30] 『農叟先生文集』卷上, 五言律詩, "寂寞桑門裏 惟師闡佛靈 偶來法廣寺 普說華嚴經 雙樹風猶在 稠林夢欲醒 隨緣三宿客 長嘯海山靑."

[31] 「次法廣寺華嚴會叅崔上舍韻」, 『鰲巖集』(『韓佛全』9, p.765), "謾求心外佛 堪愧塔中靈 勝會知誰力 衰年幸此經 翛然神欲醉 直下意還醒 法樂無人會 逢君眼忽靑."

고 18세기 후반 호남에서는 연담 유일蓮潭有一(1720-1799)과 묵암 최눌默菴最訥(1717-1790), 영남에서는 인악 의첨仁岳義沾(1746-1796)이 화엄교학의 대가로 이름났으며 화엄대회의 맹주가 되었다. 또한 19세기에 활약했던 백파 긍선白坡亘璇(1767-1852), 침명 한성枕溟翰醒(1801-1876), 하은 예가荷隱例珂(1828-1898), 용호 해주龍湖海珠(?-1887), 원화 덕주圓華德柱(1839-1893), 함명 태선函溟太先(1824-1902)은 모두 화엄종주라 불렀다.[32]

## III. 선교융합의 강원교육과 화엄학 불서 간행

이와 같이 조선후기 이름난 승려들은 대선사大禪師이면서 동시에 화엄강사華嚴講師로 존경받았다. 그러면 왜 이들은 선사이었음에도 화엄강사로 인정받았던 것일까? 그 이전에도 선사이면서 화엄강사로 이름난 승려가 있었을까? 이에 대해 분명히 대답하기는 어렵다. 선사와 강사는 대칭되는 개념이 아니므로 이를 종파적 차이로써 설명하기도 어렵고, 조선전기까지 승과僧科에서 화엄학의 불전은 교종의 시험과목이었지만 선사라고 해서 뛰어난 화엄학자가 없었다고 단정 짓기도 어렵기 때문이다. 앞서 언급한 바와 같이 청허 휴정 이후로 선종과 교종(화엄)이 통합되어 갔고, 마침내 선사이면서 화엄학의 대가들이 차례로 등장하게 되었던 것 같다. 이러한 화엄강사는 강원교육의 정착과 화엄학 불서의 간행과 더불어 성장하였던 것으로 생각된다.

우리나라의 불교 강원 교육에 대해 대략적으로 파악할 수 있는 시기는

---

[32] 이능화(1918), p.49, "白坡亘璇 枕溟翰醒 荷隱例珂 龍湖海珠 圓華德柱 函溟太先 諸大法師 皆稱華嚴宗主."

17세기 이후이다. 강원이나 선원이라는 말은 고려시대에도 보이므로[33] 그에 따른 교육체계가 있었을 것으로 생각되지만 그 내용을 전하는 문헌이 발견되지 않으므로 현재로서는 자세히 알지 못한다. 그런데 17세기는 이미 교학이 선에 포섭된 시기로 청허계와 부휴계의 문파 불교로 재편된 상황이었다. 그 두 문파가 경쟁하며 성장하던 시기에 소위 말하는 사미·사집·사교·대교과의 강원 이력과정이 성립하여 18세기에 전국적으로 강원 교육이 정착된다.[34]

일반적으로 강원교육은 종파나 문파의 불교 이념을 실현하는 현장이므로 그 교육과정이나 교과목에 주목할 필요가 있다. 그런데 18세기 이후 전국 강원의 교육과정이나 교과목은 거의 일치했던 것으로 파악된다. 사미과에서는 『초심문』·『발심문』·『자경문』·『반야심경』 등을 배웠고, 사집과에서는 『선원제전집도서』·『법집별행록절요병입사기』·『대혜보각선사서』·『고봉화상선요』, 사교과에서는 『수능엄경』·『대승기신론』·『금강반야경』·『원각경』, 대교과에서는 『화엄경』·『선문염송』·『경덕전등록』을 배웠다.[35] 이처럼 전국 강원의 교과목이 같았던 것은 문파의 차이가 사상적 차이를 나타내는 것이 아니었음을 의미하는 것이라고 생각된다.

그리고 교육과정과 교과목을 통해 두 문파의 공동 교육이념이 선교융합禪敎融合에 있었던 것을 알 수 있다. 『도서』와 『절요』는 선교일치를 주장하는 논서로 볼 수 있고, 『능엄경』·『금강경』·『원각경』·『화엄경』은 선종의 소의경전이라 할 만큼 선禪의 근거를 설명하는 경전으로 볼 수 있기 때문이

---

[33] 『大覺國師外集』(『韓佛全』4, p.591), "慧因 本禪院改爲講院 特免租稅 朝廷爲僧統故也."

[34] 이종수(2010), pp.115-142.

[35] 이능화(1918), p.989.

다. 이 가운데 『화엄경』은 『염송』・『전등록』과 더불어 마지막 단계에서 배우는 교학이다. 즉 가장 학문적 깊이가 숙성된 최고의 과정에서 간화선의 교재라고 할 수 있는 『염송』과 함께 『화엄경』은 불교교학의 최종 단계의 수준으로 인식되었던 것이다. 이는 『화엄경』이 선 사상과 가장 일치하는 경전으로서 이해되었던 반증으로 볼 수 있고, 강사들에게 있어서 『화엄경』의 해석은 부처의 말을 통해 부처의 마음에 이르는 또 다른 이해 방식이었던 것으로 보인다. 부처의 말은 교학이고 부처의 마음은 선이라는 인식 위에 말과 마음의 일치점을 『화엄경』에서 찾았을 것으로 생각되기 때문이다.

그 사례로 우선 1635년 순천 송광사에서 청량 징관의 『화엄경소』에 주석을 가한 진수 정원晋水淨源(1011-1088)의 『화엄경소주』와 보리유지(5-6세기)가 번역한 『십지경론』이 판각되는 데서 짐작할 수 있다.[36] 『화엄경소주』는 아마도 고려시대에 송나라에서 수입한 목판본[37] 혹은 1564년에 간행한 귀진사본을 저본으로 판각했을 것이다. 그리고 『십지경론』은 고려대장경 판본을 복각한 것이다. 당시까지 이 두 책의 목판이 각각 관리되고 그로부터 인출된 책들이 유통되고 있었음에도 불구하고 송광사에서 다시 판각했던 것은 17세기 들어 강원교육이 발전함에 따라 강원 승려 수가 늘어나서 자체적으로 인출할 필요가 있었기 때문으로 생각된다.

그런데 왜 하필 송광사였을까? 추정컨대, 당시 송광사를 중심으로 한반도 남부지역에서 강원교육의 체계가 잡혀가고 있었던 것 같다. 이력과정과 이력과목에 대해 처음 체계적으로 논하고 있는 영월 청학詠月淸學(1570-1654)

---

[36] 순천 송광사에 『화엄경소주』와 『십지경론』의 목판이 보관되어 있다.

[37] 이 목판은 1423년에 일본에 주었다. 세종 22권, 5년(1423) 12월 25일(임신) 1번째 기사 참조.

은 청허 휴정의 제자이면서 부휴 선수에게서 수학한 적이 있으며 말년에는 송광사에서 그리 멀지 않은 낙안 징광사에 머물며 교화했다.[38] 그러므로 아마도 1635년에 송광사에서 간행한 화엄학 불서들도 보았을 것이고, 그의 제자들도 송광사를 왕래하였을 것이다. 그런 영향 때문인지 17세기 말 징광사는 강원 교과목의 출판 사업으로 명성이 높았으며 그 중심에는 백암 성총이 있었다. 그는 바로 부휴계 취미 수초翠微守初(1590-1668)의 제자로서 송광사의 보조유풍普照遺風을 계승하려 했던 인물이다.[39]

백암 성총은 송광사의 강원교육을 체험하며 성장한 후 보조 지눌普照知訥(1158-1210)의 저서가 포함된 강원 이력과목의 교재를 출판하여 보급함으로써 강원교육의 전국화를 이루는데 크게 기여하였다. 그가 주도하여 간행한 불서 총 187권 115책 가운데 이력과목과 관련 있는 불서는 182권 113책이다.[40] 사실상 거의 대부분에 해당하는 것이다. 그 중에 『화엄경소초』(90권 80책)가 있는데, 이 불서는 조선후기 화엄학 유행에 결정적 역할을 하였던 것으로 생각된다. 이는 조선전기에 교종이 화엄종으로 통합되고 조선중기에 화엄종이 선종으로 통합된 후, 송광사에서 『화엄경소주』와 『십지경론』이 간행되어 유통되는 등 화엄학의 불씨가 충분히 마련된 위에 『화엄경소초』가 간행됨으로써 화엄학 유행의 큰 불을 지핀 것이었다.

성총이 간행한 『화엄경소초』는 중국 가흥대장경을 복각한 것이다.[41]

---

[38] 「詠月大師原始要終行狀」, 『詠月堂大師文集』(『韓佛全』8, pp. 235-236).

[39] 백암 성총은 1678년 「송광사사적비」와 「보조국사감로탑비」의 건립을 주도하며 보조유풍普照遺風을 계승하는데 힘썼다. 김용태(2006), pp. 315-359 참조.

[40] 이종수(2010b)에는 197권 125책으로 표기되어 있지만 『화엄경소초』는 90권 80책이고 『회현기』 40권 20책은 계파 성능이 간행하였으므로 수정되어야 한다.

[41] 李富華·何梅(2003), pp. 595-598; 이미정(2014), pp. 65-99.

1681년 전라도 임자도에 표착한 중국상선에 있던 가흥대장경은 중국 명나라 말기부터 판각되기 시작하여 청나라 초기까지 약 120여년에 걸쳐 판각되었고 일본에 수출되었는데 태풍을 만나 임자도에 표착한 것이었다. 성총은 그 가흥대장경 가운데 이력과목과 관련 있는 불서들을 수집하여 간행하였다.[42] 이때 복각된 『화엄경소초』는 명나라 섭기윤이 각각 따로 유통되고 있던 『화엄경』과 청량 징관의 '화엄현담'·'화엄경소'·'화엄경소초'를 회편하여 총 90권 80책으로 엮은 것이다.[43] 그래서 독자가 소疏와 초鈔를 별도로 뒤적이며 찾아볼 필요 없이 하나의 책에서 볼 수 있어서 편리하였다.

성총은 1691년 선암사에서 화엄대회를 열어 『화엄경소초』 간행 소식을 전국에 알렸다. 이 소식을 접한 월담 설제는 징광사로 달려가 화엄학을 연구하고 후학을 지도하였다. 상봉 정원은 『화엄경소초』를 보고 자신의 공부를 점검하였으며, 월저 도안은 『화엄경소초』에 홍자권洪字卷이 없는 것을 안타까워하다가 나중에 별도로 구하여 직접 판각을 주도하기도 하였다. 백암 성총이 처음부터 표류선의 『화엄경소초』 전질을 구했던 것은 아니다. 여러 곳을 돌아다니며 수집하였지만 천자문 순서로 천자권天字卷부터 황자권皇字卷까지 80책 가운데 홍자권은 결국 구하지 못하였었는데 월저 도안과 그의 제자 설암 추붕 등에 의해 판각되었던 것이다.[44]

묘향산에서 활동하던 월저 도안은 『화엄경소초』를 인출할 비용, 즉 종

---

**42** 이종수(2008).

**43** 「重刊華嚴經編疏鈔落成慶懺疏」, 『栢庵集』(『韓佛全』8, p.469), "今者幸獲唐本 乃是兼會疏鈔 淸涼國老之手澤 尙新 平林居士之輯編流布."

**44** 「華嚴經後跋」, 『虛靜集』(『韓佛全』9, p.517), "辛酉載大經鉅舶 自無何 漂泊于荏島江干曹溪栢庵 獲此經 使門人登梓 而唯洪字一卷 失於風濤 齋未刊勒 香山雪巖禪師 素以斯典 爲遊心之場 亦寶玩而惜之曰 眞雪山童子之半珠也 切欲得補其缺而全之 因赴燕 使再三購求而不可得者 有禩矣 會我月渚大師 獲鈔本於南中 乃與同志 董役剞劂 不閱月而竣事 配爲全寶 …… 庚辰孟秋上浣虛靜法宗謹跋."

이와 먹을 구입하기 위해 「인화엄경종선근문印華嚴經種善根文」을 썼다.[45] 그리고 그의 제자 설암 추붕도 「인화엄경구절가권선문印華嚴經求切價勸善文」을 지어 경전을 인출하는 공덕으로 함께 열반의 언덕에 오르자고 호소하였다.[46] 결국 설암 추붕은 남쪽으로 내려와 해남 대흥사와 낙안 징광사 등지에서 활동하다가 입적하였다.[47]

한편 『화엄경소초』의 간행과 더불어 화엄학 유행에 큰 영향을 미친 불서로서 『회현기』(40권 20책)를 들 수 있다. 이 불서 역시 임자도 표류선에 있던 것을 부휴계의 계파 성능桂坡聖能(생몰년미상)이 수집하여 1695년에 지리산 쌍계사에서 간행한 것이다. 『회현기』는 원나라 보서가 청량의 『화엄현담』을 해석한 주석서이다. 청량의 『화엄현담』은 화엄학의 정수精髓라고 할 수 있으므로 『회현기』의 유통은 화엄학에 대한 이해를 더욱 깊게 하는 계기가 되었을 것이다.

이상의 내용을 정리해보면, 화엄학 유행의 결정적 계기는 백암 성총과 계파 성능 등 부휴계가 중심이 되어 가흥대장경의 화엄 불서를 수집하여 간행한 데서 비롯한 것이라 볼 수 있다. 즉 화엄종이 선종에 포섭되어 화엄학의 기초가 다져진 조선 불교계에 가흥대장경이 전래되고 그 가운데 화엄학 불서가 복각됨으로써 화엄학이 유행될 수 있는 토대가 완성된 것이었다.

---

[45] 「印華嚴經種善根文」, 『월저당대사집』(『韓佛全』9, p. 112), "今欲印大華嚴法門 出流通而遂開心地."

[46] 「印華嚴經求切價勸善文」, 『雪巖禪師亂藁』(『韓佛全』9, p. 329), "伏願善女人善男子 同結大功德大因緣 貝葉樺皮 印百千之妙頌 紙素白氍 披十萬之正文 則累世宗親 多生父母 期解脫於赤洒洒天 同歸智海 脫苦具於黑漫漫地 俱登道山."

[47] 「낙안징광사설암당추붕대선사비문」, 지관 편(2000), p. 340, "住香山內院 眞修退藏三十餘年 謂南方敎所未布 乃杖錫游邁."

## Ⅳ. 화엄소초의 재복각再復刻과 화엄사기

17세기 말 가흥대장경의 유입과 더불어 활발해진 불교계의 화엄학 불서간행은 18세기에도 이어졌다. 1713년에 지리산 왕산사에서 인담印湛이 『주화엄법계관문注華嚴法界觀門』을 간행하였고, 1739년에 지리산 국태사에서 화은 호경華隱護敬(생몰년미상)이 『화엄경소과문華嚴經疏科文』을 간행하였다. 이 두 책도 가흥대장경을 복각한 것이다. 그리고 화엄학의 유행에 영향 받은 것으로 생각되는데, 화엄 신앙 역시 그 이전에 비해 확대되어 1721년(경종 1)에는 고성 와룡산卧龍山 운흥사雲興寺에서 『화엄경보현행원품』을 판각하고, 1736년(영조 12)에는 팔공산 동화사에서 『화엄경보현행원품』을 간행하였다.

징광사본 『화엄소초』의 간기를 살펴보면, 총 80책 가운데 홍洪(제7책)자 권은 동래 범어사, 성成(제27책)~려呂(제30책)는 순천 송광사, 함醎(제66책)은 낙안 징광사, 잠潛(제70책)·상翔(제72책)·용龍(제73책)·사師(제74책)·제帝(제76책)·조鳥(제77책)·관官(제78책)은 지리산 대원암大源庵, 화火(제75책)는 광양 백운산 황룡사黃龍寺에서 간행하였다. 그리고 나머지는 간기가 없어서 분명하지는 않지만 목판을 모두 징광사에 보관하였던 것으로 볼 때 징광사에서 판각했던 것 같다. 그런데 1770년의 화재로 이 목판들이 모두 불에 타서 재가 되어버렸다.

하지만 『화엄경소초』의 재복각再復刻은 신속하게 추진되었고, 그 중심에는 설파 상언雪坡尙彦(1707-1791)이 있었다.[48] 상언은 환성 지안의 법손으로

---

[48] 「重刊華嚴經序」, 『蓮潭大師林下錄』(『韓佛全』10, p. 259), "曩於庚寅冬板閣災 八十卷板子 盡爲灰飛 …… 今諸大耆德 淪落殆盡 而惟大師存焉 叢林仰之歸然 若魯靈光 則大經鋟梓之大事 竟爲躱閃不得 故命諸門人 均鳴化喙 十方檀越 翕然景從 如火就燥水就濕 不勞驅瀉 泉布輪囷 以甲午春董役 越明年乙未夏竣功 建閣于靈覺寺 以藏之".

교학에 밝았는데 그 중에서 특히 화엄학에 뛰어났으며 『화엄경소초』에 오자誤字가 있다는 말을 듣고 이를 확인하기 위해 해인사 장경각에 가서 여러 전적들을 참고하여 교정을 보기도 하였다.[49] 그런데 징광사의 화재로 『화엄경소초』 목판이 모두 소실되는 사건이 발생하자 이를 다시 판각하기 위해 전국에 모연문을 돌리는 등 중간불사重刊佛事를 시작하여 1773-1775년까지 전체를 복각하고 덕유산 영각사靈覺寺에 목판을 보관하였다. 이때 상언은 징광사본을 복각하면서 자신이 교정보았던 글자들을 고쳐서 판각하였다. 이는 1852년에 남호 영기南湖永奇(1820-1872)가 영각사 판의 마멸이 심하여 보개산 지장암에서 세 번째 복각할 때 징광사본과 영각사본의 달라지는 글자를 교감한 '영징이본대교靈澄二本對校'를 남기고 있는데서 확인할 수 있다. 남호 영기에 의해 세 번째 판각된 『화엄경소초』 목판은 현재 서울 봉은사 판전에 보관되어 있다.[50]

설파 상언의 주도로 두 번째 『화엄경소초』를 판각할 때 많은 사찰에서 분담하여 간행하였다. 간기에 의하면, 남원 황룡암黃嶺庵에서 황荒(제8책), 보령 아미산峨嵋山에서 출出(제46책), 공주 마곡사에서 강岡(제48책)·주珠(제53책), 공주 천괴산天乖山 묘각사妙覺寺에서 궐闕(제52책), 천안 광덕사廣德寺에서 야夜(제55책), 지리산 실상사 내원內院에서 해海(제65책), 지리산 대암정사臺岩精舍에서 함鹹(제66책)·하河(제67책)·린鱗(제69책)·잠潛(제70책)·상翔(제72책)·화火(제75책)·인人(제79책), 방장산 내원정사에서 용龍(제73책), 무주 구천동九千洞에서 일日(제9책)·제帝(제76책) 등 30권을 간행하였고, 나머지는 자세하지 않다.

---

49 「고창선운사설파당상언대사비문」, 지관 편(2000), p.518, "參諸名師 三乘五教 無不言下卽會其妙 契神解於華嚴尤篤 …… 勝濟扶穎等 白師日 大經抄中所引 亦無不衍誤 盍移錫海印 證諸本以補同異 師往留之 考較乃已";
「重刊華嚴經序」, 『蓮潭大師林下錄』(『韓佛全』10, p.259), "舊本有誤處 豐海印本文改定 無所據者 存而不論."

50 '靈澄二本對校'에 대해서는 강현찬(2015), pp.49-56 참조.

모두 9곳 이상에서 나누어 판각하였음을 알 수 있다. 이렇게 판각한 목판은 모두 영각사에 보관하였다. 영각사에 목판을 보관한 이유에 대해 연담 유일은 "이 절은 명산에 있는 큰 사찰로서 영호남 사이에 있기 때문에 여러 지방으로부터 와서 인출하기에 공평하다."[51]고 하였다. 즉『화엄경소초』를 필요로 하는 많은 사람들이 최대한 빨리 와서 인출할 수 있도록 중간 지점인 영각사를 선택하여 목판을 보관하였던 것이다. 이러한 의도는 크게 성공하여 판각한지 백 년도 못되어 목판이 마멸되어 글자를 알아보기 어려울 정도로 많은 인출이 있었다. 그래서 결국 1852년에 남호 영기가 보개산 지장암에서 세 번째로 판각하고 봉은사에 목판을 보관하였던 것이다.

징광사의 화재가 불교계의 교학적 열정을 잠재우지는 못하였다. 오히려 전국의 많은 사찰에서 복각을 위한 비용을 대고 또 여러 사찰에서 나누어 판각함으로써 화엄학에 더욱 관심을 가지는 계기가 되었다. 설파 상언이 자신의 연구 성과를 새로운 판각 사업에 반영하는 모범을 보였고, 그 영향을 받은 연담 유일, 인악 의첨 등 당대 최고의 강백들이 사기私記[52]를 저술하였다. 『도서』, 『절요』 등의 강원 교과목을 강의하기 위해 별도로 기록한 노트를 사기라고 할 수 있는데『화엄경소초』와『회현기』에 대해서도 사기를 남겼다. 이런 형태의 기록은 18세기 초 과목科目 및 과도科圖를

---

51 「安義靈覺寺華嚴閣新建記」, 『德裕山靈覺寺誌』, "以此寺 以名山巨刹 跨嶺湖之間 諸方來印之道里 均也." 이지관 (1998b), pp. 324-326에서 재인용.

52 사기私記는 '개인의 기록'이라고 해석될 수 있듯이 불교 경론經論에 대한 개인적 의견을 정리한 것으로 예로부터 있어왔던 소초疏鈔에 비견될 수 있다. 사기의 또 다른 표현으로 '화족畵足'·'췌췌'·'발병鉢柄'·'하목蝦目' 등이 있다.

나누어 간단하게 기술하던 과평科評의 단계[53]에서 18세기 말 본격적으로 서술하여 기록하는 술기述記의 단계로 접어들었던 것으로 보인다.

화엄 과평으로는 상봉 정원의 화엄과목華嚴科目, 모운 진언의 화엄품목문목관절도華嚴品目問目貫節圖, 회암 정혜晦庵定慧(1685-1741)의 화엄경소은과華嚴經疏隱科, 설파 상언의 화엄은과도華嚴隱科圖, 묵암 최눌의 화엄과도華嚴科圖 등이 있었다고 하지만 이 가운데 모운 진언의 것만이 현전한다. 화엄 술기로는 설파 상언의 화엄십지품사기잡화부華嚴十地品私記雜貨腐, 연담 유일의 현담사기玄談私記·대교유망기大敎遺忘記, 인악 의첨의 화엄사기華嚴私記·화엄십지품사기잡화기華嚴十地品私記雜貨記 등이 남아 있다. 유일과 의첨은 대부분의 이력과목에 대한 사기를 남기고 있는데 그 중에 그들의 불교관을 연구할 수 있는 가장 대표적인 기록이 화엄사기라고 할 수 있다.[54] 이 화엄사기는 대부분 『회현기』의 내용을 비판하는 것으로부터 시작한다. 『회현기』는 청량의 화엄현담에 대한 주석서이기 때문에 조선시대 사기의 저자들은 『화엄경소초』의 제1책~제8책까지의 내용인 화엄현담과 비교하면서 글자의 잘못이나 내용의 문제점들을 꼼꼼히 따지고 있다. 원전을 정확하게 이해하기 위한 서술방식이라는 점에서 당시 실학적 풍토에 영향을 받은 고증적 주석이라고 할 수 있을 것이다.[55]

이들의 사기는 강원에서 수학하는 여러 승려들이 계속해서 필사하며 전하였기 때문에 현재까지도 글씨는 다르지만 내용이 비슷한 사기들이

---

[53] 과평의 대표적인 사례로, 상봉 정원霜峰淨源의 선원제전집도서분과禪源諸詮集都序分科와 절요과문절요科文, 설암 추붕雪巖秋鵬의 도서과평都序科評과 절요과평節要科評, 회암 정혜晦庵定慧의 도서과기都序科記 등을 들 수 있다.

[54] 이영무(1987).

[55] 이정희(2013).

전국에 흩어져 있다. 연담 유일 계통과 인악 의첨 계통의 사기가 가장 많이 전하지만 또 다른 계통의 사기가 있을 수 있고, 유일이나 의첨의 사기라고 하더라도 필사했던 사람들에 따라 가감이 이루어진 부분도 있을 수 있다. 아직 이에 대한 본격적인 연구가 이루어지지 않아 18-19세기 사기의 전국 유통에 대해 알기 어렵지만 그 여러 사기류 가운데 화엄사기가 가장 많이 발견되고 있는 것으로 볼 때, 19세기까지 강원에서 화엄에 대한 공부가 지속되었다고 볼 수 있을 것이다.

이처럼 화엄학에 대한 관심이 지속될 수 있었던 것은 전국적으로 강원교육이 정착하여 공부하려는 승려들이 계속해서 입문하고 또 좋은 강사를 찾아다니는 풍토가 조성되었기 때문일 것이다. 18세기 유명 화엄학 강사의 강의에 수백명이 몰려드는 현상에 대해서는 앞에서 살펴본 바이다. 이는 사회적으로도 17세기 이후 관학官學이 쇠퇴하고 향촌의 서당이 전국적으로 크게 증가하여 향촌교육이 활발해지면서 공부하는 학생들이 늘어났던 현상[56]과도 맞물려 이해될 수 있는 측면이 있는 것 같다. 그런 사회적 변화와 더불어 불교계도 강원교육이 발전하여 쌍계사 소장의 회현기 목판은 마멸되어 글자를 알아보기 어려울 정도로 인출이 잦았고, 『화엄경소초』는 세 번이나 간행되었던 것이라 생각된다. 그리고 불교 강학자들은 『화엄경소초』의 재복각으로 그치지 않고 이에 대해 주석을 가하는 사기를 저술하고 필사하여 전승했던 것은 당시 불교학의 수준이 상당하였음을 보여주는 것이라 할 것이다. 그러므로 17세기 이후 모든 종파가 선종으로 통합되었다고 하더라도 교학을 무시한 선 수행에만 머물지 않고 교학의 바탕 위에 간화선을 수행했던 조선불교 전통의 면모를 완성했다

---

[56] 오경택(2007).

고 평가할 만하다.

## V. 맺음말

　많은 사람들이 조선후기 불교가 권력자로부터 억압받고 경시되었다고 이야기하면서 다른 한편에서는 화엄학이 크게 유행했다고 말한다. 하지만 유학자들로부터 억압받고 멸시받던 시대에 불교 교학 가운데서도 어려운 영역으로 이야기되는 화엄학이 유행했다고 한다면, 이런 논리는 모순적이라 말하지 않을 수 없다. 역사적으로 억압을 당하는 가운데 학문이 유행하는 사례를 찾아보기 어렵기 때문이다. 이 두 가지 모순적 문제 가운데 본고에서는 화엄학 유행의 역사적 사실을 살펴보고 그 배경에 대해 세 가지로 논하였다.

　먼저 조선후기 선교융합적 수행풍토에 대해 이야기 하였다. 조선후기 선종으로 모든 종파가 사실상 통합되었지만 화엄교학만은 선종의 풍토 속에서 강원의 발달과 함께 그 명맥을 유지하였다. 선종에서 강원이 발달할 수 있었던 것은 교학을 배척하고 선 수행만을 인정한 것이 아니라 교학의 바탕 위에 선 수행에 들어가는 선교융합적인 수행 풍토가 저변에 자리잡고 있었기 때문으로 이해된다. 이러한 기반 위에 강원교육이 정착해 갔던 것이다.

　두 번째로 화엄학 불서의 간행에 대해 이야기 하였다. 차츰 정착해가던 강원교육이 크게 발전하게 된 계기는 가흥대장경의 우연한 전래와 그 복각이었던 것 같다. 1681년 표류선에 의해 전래된 가흥대장경을 입수한 승려들은 강원 교재 불서를 중심으로 판각하였는데, 그 중에서 『화엄경소초』와 『회현기』가 화엄학 유행에 결정적 영향을 미쳤던 것으로 보인다.

세 번째로 사기私記의 저술에 대해 이야기 하였다. 『화엄경소초』와 『회현기』의 판각 이후로 화엄학에 정통한 강사를 찾아다니며 공부하는 분위기가 형성되고, 유명 화엄학 강사의 강의에 수백명이 몰려드는 현상이 생겨났다. 화엄강사들은 강의를 위해 『화엄경』에 대한 과평을 짓고 또 사기를 저술하였다. 18세기 후반부터 본격적으로 나타나는 화엄사기는 19세기 강원에서 계속 필사 전승되면서 전국적으로 유통되었다.

이상의 세 가지 배경을 통해 화엄학이 유행했던 것으로 생각된다. 그런데 화엄학의 유행이 새로운 학문적 해석으로 발전하지는 못하였던 것으로 보인다. 예컨대 화엄사기의 경우 고증적인 문자 교감에서 크게 벗어나지 못한 점은 당시의 교학적 수준이 전前시대를 뛰어넘지 못했다는 증거가 될 수도 있기 때문이다. 이런 문제에 대한 연구는 차후의 과제로 미루고자 한다.

## 〈참고문헌〉

### 약호

大正藏　大正新脩大藏經

韓佛全　韓國佛教全書


### 원전

『農叟先生文集』

『大覺國師外集』(『韓佛全』4)

『大覺登階集』(『韓佛全』8)

『無用堂遺稿』(『韓佛全』9)

『栢庵集』(『韓佛全』8)

『霜月大師詩集』(『韓佛全』9)

『禪家龜鑑』(『韓佛全』7)

『禪源諸詮集都序』(『大正藏』48)

『雪巖禪師亂藁』(『韓佛全』9)

『逍遙堂集』(『韓佛全』8)

『松桂大禪師文集』(『韓佛全』9)

『蓮潭大師林下錄』(『韓佛全』10)

『詠月堂大師文集』(『韓佛全』8)

『影海大師詩集抄』(『韓佛全』9)

『鰲巖集』(『韓佛全』9)

『月渚堂大師集』(『韓佛全』9)

『正祖實錄』

『霽月堂大師集』(『韓佛全』8)

『鞭羊堂集』(『韓佛全』8)

『虛應堂集』(『韓佛全』7)

『虛靜集』(『韓佛全』9)

『好隱集』(『韓佛全』9)

『華嚴疏鈔』(징광사본, 영각사본, 봉은사본)

『華嚴品目問目貫節圖』(『韓佛全』8)

『會玄記』(쌍계사본)

## 단행본

김용태(2010), 『조선후기 불교사 연구』, 신구문화사.

李富華・何梅(2003), 『漢文佛敎大藏經硏究』, 宗敎文化出版社.

이능화(1918), 『朝鮮佛敎通史』下編, 新文館.

이지관(1998b), 『伽山學報』 7, 가산불교문화연구원.

지관 편(2000), 『韓國高僧碑文總集』, 가산불교문화연구원.

## 논문

강현찬(2015), 「조선후기 화엄경소초의 판각과 화엄학의 성행」, 석사학위논문, 동국대학교대학원.

김용태(2006), 「부휴계의 계파인식과 보조유풍」, 『보조사상』 25, 보조사상연구원.

김진현(현석)(2010), 「연담유일의 一心和會思想 연구」, 박사학위논문, 동국대학

　　　　　교대학원.

법　산(1994), 「조선후기 불교의 교학적 경향」, 『한국불교사의 재조명』, 불교시대사.

오경택(2007), 「조선시대 서당 연구의 현황과 과제」, 『전북사학』 31, 전북사학회.

이미정(2014), 「명말 강남 사대부의 佛學 유행과 가흥대장경 開版」, 『명청사연구』 42, 명청사학회.

이영무(1987), 「蓮潭私記上의 朝鮮華嚴學」, 『韓國의 佛敎思想』, 민족사.

이정희(2013), 「조선후기 사기의 불교학적 의미」, 『한국불교사 연구입문』, 지식산업사.

이종수(2008), 「숙종 7년 중국선박의 표착과 백암성총의 불서간행」, 『불교학연구』 21, 불교학연구회.

이종수(2010a), 「조선후기 불교 履歷科目의 선정과 그 의미」, 『한국사연구』 150, 한국사연구회.

이종수(2010b), 「조선후기 불교의 수행체계 연구-삼문수학을 중심으로」, 박사학위논문, 동국대학교대학원.

이지관(1988a), 「한국불교에 있어 화엄경의 위치」, 『한국화엄사상사연구』, 민족사.

혜남(1992), 「청량 화엄경소초의 유전」, 『수다라』 7, 해인사승가대학.

# 03

## 설파 상언의 징관 『화엄소초』 이해의 일고찰
「십지품소」를 중심으로[1]

김천학

## I. 머리말

조선시대 18세기는 '화엄의 시대'라고 불릴 정도로 화엄강회가 활발하였고, 1000명 이상이 운집하는 강회도 다수 열렸다. 강학의 성행은 경론에 대한 주석서인 『사기私記』의 편찬으로 이어졌으며, 이 가운데 징관의 『화엄소초』를 중심으로 연구하여 『사기』를 만든 인물도 적지 않다.[2]

조선시대의 화엄 연구는 1681년 임자도에 배가 표류하여 정착하고, 그 안에서 발견된 다량의 불서를 성총性聰(1631-1700)이 1695년까지 낙안의 징광사澄光寺와 하동 쌍계사雙溪寺에서 190권 5천판을 대대적으로 간행하여 널

---

[1] 본고는 『호남문화연구』59, 전남대 호남학연구원, 2016, pp.299-329에 게재한 논문을 수정·보완한 것이다.
[2] 김용태(2010), pp.243-272. 다카하시 도오루高橋亨·김영수·이영무·이지관·김상현 등이 18세기의 화엄학에 대해서 서술한 경우는 있지만, 자료에 대한 불충분한 정보로 진전되지 못하였다. 이 시대에 주목하여 당시의 화엄학 연구동향을 상세히 서술한 것은 김용태의 저술이 처음일 것이다.

리 유통시키는 것이 계기가 되었다.[3] 특히 조선후기 교학 이해의 흐름을 좌우한 것은 평림平林 본 『화엄경회편소초華嚴經會編疏鈔』 80권이었다.[4] 이후 18세기에서 19세기까지 화엄에 대해서 얼마나 많은 관심이 있었는지는 징광사본 『화엄소초』의 판각이 불에 타자 설파 상언을 중심으로 복각했을 때, 전라도·경상도·충청도에 걸쳐 시주한 사찰의 수로서 짐작할 수 있다.[5]

한편 당시는 화엄 뿐 아니라 사집·사교·정토·선 등에 대해서 사기私記가 저술되는데,[6] 이러한 사기들은 2000년대에 들어와 탈초하여 현토를 붙이거나 혹은 완역하여 간행되기에 이른다.[7] 그 중의 하나가 『삼가본사기』이고, 이것은 설파 상언·연담 유일·인악 의첨 삼가의 『화엄경』 「십지품사기」를 내용으로 하며 두 권으로 2002년에 간행되었다. 『삼가본사기』에 대해서는 아직 본격적 연구가 없다. 본고는 이 가운데 호남에서 태어났고, 연담 유일과 인악 의첨의 『화엄사기』에 영향을 미치며,[8] 영각사본 징관 『화엄소초』 복각의 중심이 되었던 설파 상언의 『십지품사기』에 대해서 기초적으로 연구하여 향후 본격적 연구의 길을 열어 놓는 것을 목적으로 한다.[9]

---

3  김용태(2010), p. 257.
4  김용태(2010), p. 260.
5  이종수(2010), pp. 135-136; 강현찬(2015), p. 36, p. 37.
6  김용태(2010), pp. 250-251에 자세한 일람이 있다.
7  봉선사능엄학림(2002), 『삼가본사기』유망기; 봉선사능엄학림(2002), 『삼가본사기』잡화기·잡화부; 동국역경원(2004), 『화엄청량소초현담기』; 대한불교조계종교육원(2008), 『사집사기』; 동국대학교출판부(2013), 『화엄경현담중현기』 등.
8  김용태(2010), p. 251.
9  봉선사능엄학림(2002), 『삼가본사기』잡화기·잡화부와 대한불교조계종교육원의 잡화부가 설파 상언의 『십지품사기』이다.

## Ⅱ. 설파 상언의 『잡화부』

### 1. 설파 상언의 화엄이력

설파 상언雪坡尙彦(1707-1791)은 편양파의 인물로 화엄교학의 대가로 유명하다. 그는 전남 고창군 출신으로 19세에 고창 선운사로 출가하였다. 그의 화엄이력을 보면, 호암 체정虎巖體淨(1687-1748)의 강회를 이어 전법제자가 되었고, 부휴계의 회암 정혜晦菴定慧(1685-1741)에게도 배웠으며, 그의 『화엄청량소은과』는 강학의 지남이 되었고, 연담 유일·인악 의첨·백파 긍선 등에 큰 영향을 끼치게 된다.[10] 『동사열전』에 의하면 설파 상언과 동문수학한 승려로 화순출신 연담 유일蓮潭有一(1720-1799)이 있으며,[11] 그에게 화엄을 배운 승려로는 화순 출신 나암 승제懶庵勝濟,[12] 담양 출신 양악 계선羊岳啓璇[13]을 찾을 수 있다.

설파 상언의 저술은 위에서 언급한 『화엄청량소은과』 외에도 『구현기』가 있었으나, 현재 볼 수 있는 것은 『십지품사기』인 『잡화부雜貨腐』뿐이다. 조선후기에는 청량 징관의 『화엄소초』를 통해서 화엄학을 연구했고,[14] 설파의 『십지품사기』도 이러한 경향을 따른 것으로 징관 『화엄소초』의 복주에 해당한다.

『잡화부』 발문에서는 "우리 화상 설파장로는 현 시대의 화엄강주이다. 이 경을 강의한 것이 전후에 걸쳐 13번인데 징관『[화엄]소초』 가운데 경론

---

10  김용태(2010), p. 251, p. 268 등 참조.
11  범해각안, 김두재 옮김(2015), p. 305.
12  범해각안, 김두재 옮김(2015), p. 280.
13  범해각안, 김두재 옮김(2015), p. 331.
14  이종수(2015), pp. 59-82.

을 인용한 곳이 많고 내용을 이해하기 어렵기에 해인사에 들어가 여러 경론 등을 널리 찾아서 거의 그 근원을 깨우치고 많은 학자들의 의심을 풀었으니 실로 교해의 지남이다."[15]라고 한다. 이로써 설파가 『잡화부』를 저술하기 위해 해인사의 경론 등을 활용했음을 알 수 있다. 동 발문에서 『잡화부』의 내용과 관련해서는 "혹은 강노가 노파심으로 열어놓은 말들을 기록하고, 혹은 인용된 경론 등의 본문을 기술하여 학문의 길로 나아가는 이들의 이해를 도왔다."[16]고 한다. 즉 설파는 강주의 강의를 들어 기록하고, 해인사에서 여러 경론들을 직접 보고 일일이 전거를 찾거나 활용했음을 알 수 있다. 연담 유일이 설파 상언을 두고 청량 징관이 다시 온 것이라고 평가하며, 자신이 『십지품사기』를 저술할 때 전적으로 의지했다고 한 데에는[17] 그만한 이유가 있었던 것이다. 그는 앞에서 언급했듯이 1770년 징광사에 화재가 나서 『화엄소초』의 목판이 모두 소실되자, 이를 다시 판각하기 위해 전국에 모연문을 돌려 1775년에 전체를 복각할 정도로 열성적이었다.

## 2. 『잡화부』의 내용 구성

『잡화부』는 사본으로 전해져 오다가 현재 『삼가본사기』에 인악 의첨의 『잡화기雜華記』와 함께 수록되어 있다. 『화엄소초』를 판각했을 때의 천자문 함호와 편차를 따라가면서 필요한 부분에 사기를 붙이는 형식으로 되어 있는 본 『잡화부』는 징관 『화엄소초』 「십지품석」에 대한 사기私記로써,

---

15 『雜貨腐跋文』(p. 445), "我和尙雪坡長老는 爲當今의 華嚴宗主라 講是經이 前後凡十三遍하사 於疏鈔中에 引諸經論處가 猶多難曉할새 內入海印寺하야 廣搜諸經論하여 頗曉根源코는 而解諸學者疑網하니 實可謂敎海의 指南이로다."

16 『雜貨腐跋文』(p. 445), "或記講老의 婆心開示之言이며 或述所引諸經論本文하야 以助進學之解."

17 김용태(2010), p. 269.

현재는 징관의 『화엄경소』 제2지 이구지離垢地 맨 마지막 부분부터 시작하여 제10지 법운지까지의 내용으로 되어 있다.

설파 상언은 판각본 『화엄소초』 가운데 오탈자 및 내용상의 중요한 부분을 드러내어 이에 대한 자신의 견해를 서술하였는데, 오탈자의 수정 등을 통해 볼 때 징광사판 『화엄소초』를 저본으로 하여 저술하였음을 알 수 있다. 한 예로 제6지에 해당하는 궐자권闕字卷에 "正順論意四字衍也"[18] 라고 교정을 보았는데, 이것은 영각사 본에는 반영되어 있기 때문에[19] 영각사본을 저본으로 한 것은 아님을 알 수 있다.

현재 남아있는 『잡화부』에 거명된 인물로서는 강노講老가 50회 정도로 가장 많고, 다음이 38회 정도로 정영사 혜원慧遠이며, 그 외 현수 법장이 6회 정도 보인다. 그런데 강노를 인용할 때는 "사즉私則"이라는 언구를 13호 정도 사용하여 강노와는 다른 자신의 입장을 피력하였다. 예를 들어 3지의 부분에서 다음과 같이 강노가 인용되어 있고, 이에 대해 설파는 강노와는 다른 사견을 피력한다.

강노가 말하길, 앞의 송頌의 본의가 비悲는 해치지 않음을 체로 삼는다는 데 있다해도, 오히려 『파사론』에서는 '자비는 함께 성내지 않음을 체로 한다.'는 뜻을 취하여 송을 지었기에, 논주(징관)가 송의에 따라 해석하여 이에 말하기를 "此卽云云"이라 하였고, "若俱云云"[20]은 오히려 구사론주의 본의이기 때문에 그렇다고 한 것이다.

사견으로는, 즉 송은 문이 생략되었기 때문에 함께 성내지 않음을 성

---

18 『雜貨腐』, p.374.

19 강현찬(2015), 부록 「靈澄二本對校」, p.76. 여기서는 편의상 한 예만 들었으나 향후 좀 더 면밀히 볼 필요가 있다.

20 "此卽云云", "若俱云云"은 『鈔』(『大正藏』36, 490a)의 "此卽婆沙論意", "若俱俱舍論云"을 지칭한다.

으로 삼는 듯 하다고 볼 수 있으나, 생각하건대, 실제의 함의는 비悲는 해치지 않음을 성으로 삼기에 논주가 해석하는 가운데『파사론』의 뜻을 인용하여 해석한 후에 본 송의 뜻을 낸 것이다.[21]

즉 강노는 자와 비가 둘 다 성내지 않음을 체로 삼는 다는 것에 비중을 두지만, 그렇지 않고, 비悲는 해치지 않는 것을 체로 삼는다는 것이 설파의 의견이다. 그것이 징관의 본의라고 강노의 해석을 비판적으로 이해하는 구문이다. 이 문장에 대해 좀 더 정확히 이해하기 위해 징관『화엄소초』의 문장을 들어 문헌학적·사상적으로 풀이하는 것은 다음 과제로 미루고, 여기서는 설파가 강노와 다른 의견을 피력할 때 '사즉'을 사용하는 경향성만 지적하고자 한다. 강노는 설파에게 전법한 호암 체정으로 추정된다. 이러한 추정이 맞다면 설파 상언이 호암 체정의 강학을 이어받으면서도, 호암 체정의 징관 해석을 비판적으로 계승했음을 짐작할 수 있다.

또 징관이 혜원의 해석을 은근히 비판한 내용에 대해서, 설파는 이를 명확히 하기 위해 혜원을 인용한다. 법장은 6회 인용되듯이 그 영향력이 별로 없으며, 비판되는 예는 없지만 뚜렷하게 존숭되는 모습도 찾을 수 없다. 그리고『화엄소초』를 간행한 섭기윤葉棋胤을 '섭거사'로서 2회 인용하여 그 잘못을 지적하였다. 인명논사 진나陳那도 1회 언급된다.

한편 직접 서명을 인용한 경우로는 유식본주唯識本註, 유식주석唯識註釋 또는 주註로써 명나라 명욱明昱(-1611-)[22]의『성유식론속전成唯識論俗詮』을 53

---

[21]『雜貨腐』(p. 292), "講老云 前頌은 本意가 雖在悲以不害爲體나 却取婆沙論에 慈悲는 俱以無瞋爲體之意하여 作頌이어늘 論主가 順頌意而釋之하야 乃曰此卽云云이라하고 若俱云云은 却出俱舍論主의 本意故로 云爾라 私則 頌은 由文略故로 雖似俱而無瞋爲性이나 意則 實含悲以不害爲性이어늘 論主가 釋中에 引婆沙論意하야 用釋而後出本頌意也라."

[22] 명욱明昱은 지욱智旭(1599-1655)보다 약간 앞서 활동했으며, 유식계통의 저술만 남긴 명대의 대표적 유식학자이다. 藤谷昌紀(2001), p. 30.

회 인용한다는 점이 주목할 만하다. 이 문헌은 가흥장嘉興藏에 속한 문헌인데, 강노보다도 더 많은 회수를 인용함으로써 『성유식론속전』이 설파 상언의 유식 해석에 큰 도움을 주었음을 충분히 짐작하고도 남음이 있다. 명욱의 저술로는 그 외에도 『관소연연논회석觀所緣緣論會釋』이 '석론釋論'이란 명칭으로 1회 인용된다. 그 외 유식문헌으로 원나라 운봉雲峰의 『유식개몽문답唯識開蒙問答』도 서명이 아닌 형식으로 1회 인용되어, 설파의 유식학적 소양의 원류가 이들에게 있었음을 알 수 있다. 그 외 보서普瑞의 『회현기會玄記』가 3회 정도 인용되어 있고, 『일체경음의』 2회, 그리고 법장 『기신론소』, 종밀 『원각경초』, 『대명삼장법수』가 1회 인용되어 있다.

설파 상언의 『십지사기』에서 또 하나의 두드러진 특징은 경전에 대한 관심은 거의 없고, 유식계통 논서를 자유롭게 활용한다는 점이다. 경전으로는 『열반경』 6회 정도, 『인왕경』 3회 정도, 『유마경』 2회 정도이고, 나머지는 『무행경』·『심밀경』·『입태경』·『처태경』·『반야경』이 한 번씩 이름을 올리는 정도이다. 한편 논서로는 『구사론』 36회 정도, 『유가론』 32회 정도, 『유식론』 24회 정도, 『잡집론』 13회 정도, 『섭대승론』 7회 정도, 『파사론』 6회 정도, 『지도론』 4회 정도, 『장엄론』 4회 정도, 『중론』 4회 정도, 『순정리론』 3회 정도, 『지지론』 3회 정도, 『백론』 2회 정도, 『인명론』 2회 정도, 그 외 『현양론』·『십주비바사론』·『불성론』·『기신론』의 명칭을 찾을 수 있다. 논서 가운데는 『구사론』·『유가론』·『유식론』에 상당한 관심이 있음을 알 수 있는데, 논서 인용만을 합쳐도 17종 144회 정도에 이른다. 『잡화부』 내용이 많은 부분 유식 관련 논의로 채워졌을 거라는 것은 이러한 인용 경향으로부터 충분히 짐작할 수 있다. 실제로 4선정을 둘러싼 삼계구지三界九地·이종생사·십이인연·식설識說·인명론 등 유식학에 대해서 풍부한 지식을 보여주고 있다.

이와 같이 설파 상언이 법상 유식계 경론을 자주 인용하는 태도는, 그가 아비달마 및 유식에 대해 밝았다는 증거가 된다. 또 현수 법장에 대해 관심이 미약한 사실로는 당시 화엄학의 중심이 징관에 있었다는 사실을 명확히 알 수 있을 것이다. 그 외에 특이사항으로는 범어 역어에 대한 설명이 있다. 또 징관의 구문을 과문科文하여 설명하는 경우도 더러 있다.

이러한『잡화부』의 인용문헌에 대한 구체적 정보를 다음 표들로 정리하였다.

**【표1】 인물의 인용**

*각 지의 ( )은 전체 쪽수임. 이름이 거론된 횟수 중 한 번 나온 명칭에 대해 비교 등을 위해 반복될 경우 제외하였다. 예) 出遠公意라. …… 同遠公이요.

| 각 지 | 인용 인물 | 『잡화부』의 쪽수 | 비고 | 계 |
|---|---|---|---|---|
| 3지<br>274-297(25) | 강노 | 274,276,279,280,283,285(2),<br>289,290,291,292 | 私:289,290,292 | 11/3 |
| | 원 | 277(2),280,282,287(3) | | 7 |
| | 채옹蔡邕 | 296 | | 1 |
| 4지<br>300-314(14) | 강노 | 302,305,306(2),307(2),310 | 私:302,307(1),<br>310 | 7/3 |
| | 원 | 303(2) | | 2 |
| 5지<br>316-323(7) | 강노 | 320 | 私:320 | 1 |
| | 원 | 319,320 | | 2 |
| | 채옹 | 322(『음의』에서 재인용) | | 1 |
| 6지<br>326-374(48) | 강노 | 332(2),337,339,341,343,344,<br>345,347(2),349,360,361,362,<br>364,366,368,369,370 | 私:337,344,345,<br>347(2),349 | 19/6 |
| | 원 | 328,330,333,334(2),345,347,<br>348,357,367,373 | 333,334:법장,징<br>관,비교 | 11 |
| | 현수 | 333,334(2),363(2) | | 5 |
| | 陳那 | 362 | | 1 |
| | 葉거사 | 374 | 편찬오류 | 1 |

| | | | | |
|---|---|---|---|---|
| 7지<br>376-394(18) | 강노 | 377,380,386(2),388,389,390 | 意:389 | 7 |
| | 원 | 387,389(2),390(3) | | 6 |
| | 현수 | 392 | 기신론소 | 1 |
| 8지<br>396-408(12) | 강노 | 397(2) | 私:397(1) | 2 |
| | 원 | 399,401,402,404,406(2) | | 6 |
| | 고인 | 399 | 원공이 고인을 논박함. 설파가 원공을 논박함. | 1 |
| 9지<br>410-428(18)<br>430-435(5) | 강노 | 417(3),427 | | 3 |
| | 원 | 414,423,433 | | 3 |
| | 郭차 | 421 | | 1 |
| | 장자 | 421 | | 1 |
| | 葉거사 | 428 | | |
| 10지<br>438-444(6) | 강노 | | | 0 |
| | 원 | 443 | | 1 |

위에서 전체적 경향을 설명했지만, 【표1】로부터 제6지인 현전지의 해석이 가장 길며, 여기에 인용이 집중되는 경향을 더 알 수 있다. 그리고 제3지에 대해서도 다른 지보다 중시했다는 것을 알 수 있다.

【표2】 경전의 인용

| 각 지 | 인용경전 | 『잡화부』의 쪽수 | 계 |
|---|---|---|---|
| 4지 | 무행경 | 306 | 1 |
| | 열반경 | 308 | 1 |
| 5지 | 열반경 | 318 | 1 |
| | 심밀경 | 316 | 1 |
| 6지 | 열반경 | 331,339,340,373 | 4 |
| | 入胎經 | 361 | 1 |
| | 處胎經 | 361 | 1 |
| | 유마경 | 366 | 1 |
| 7지 | 유마경 | 388 | 1 |
| | 인왕경 | 391 | 1 |
| | 반야경 | 393 | 1 |

| | | | 0 |
|---|---|---|---|
| 8지 | | | 0 |
| 9지 | 인왕경 | 410, 412 | 2 |
| | 열반경 | 412 | 1 |
| 10지 | | | 0 |

【표2】는 경전의 인용인데, 뒤의 논서의 인용과 비교할 때 거의 의미가 없다고 보아도 좋을 것이다. 다만 제6지에서 경전에 대해서도 비교적 많이 언급한 것을 알 수 있을 정도이다.

【표3】 논서의 인용

| 각지 | 인용 논서 | 『잡화부』의 쪽수 | 비고 | 계 |
|---|---|---|---|---|
| 2지 | 구사론 | 274(2) | | 2 |
| | 유식론 | 275(3), 287 | | 4 |
| | 양섭론 | 275(2), 276 | | 3 |
| | 무성섭론 | 275 | | 1 |
| | 잡집론 | 281, 284 | | 2 |
| 3지 | 유가론 | 282, 283, 284, 285, 287, 288, 291, 292, 294(2), 295, 296 | | 12 |
| | 구사론 | 283(3), 284, 286, 288, 290(2), 291, 292 | 評(290) | 10 |
| | 파사론 | 283, 286, 293 | | 3 |
| | 지도론 | 284, 287 | | 2 |
| | 아비담론 | 284 | | 1 |
| | 현양론 | 286 | | 1 |
| | 순정리론 | 291(2), 292 | | 3 |
| | 십지경론 | 293(2) | | 1 |
| | 지지론 | 295, 296 | | 2 |
| 4지 | 잡집론 | 309, 312, 313 | | 3 |
| | 유가론 | 300, 305, 308, 309, 310, 311 | | 6 |
| | 구사론 | 306 | | 1 |
| | 파사론 | 306 | | 1 |
| | 지도론 | 308, 309 | | 2 |
| 5지 | 유식론 | 321 | | 1 |
| | 유가론 | 319, 321 | | 2 |
| | 장엄론 | 316 | | 1 |

| | | | | |
|---|---|---|---|---|
| 6지 | 장엄론 | 326,361 | | 2 |
| | 십주론 | 326 | 십주비바사론 | 1 |
| | 섭대승론 | 326,364 | | 2 |
| | 유식론 | 326,331,336,338,342,343(2),348,353,354, 355(2),360,361,369,370(2) | | 18 |
| | 구사론 | 327,336,340,346,351,352,353,354,355,359, 365(2),373 | | 13 |
| | 중론 | 331 | | 1 |
| | 유가론 | 332,340(4),343(2),345,351,355,357,370,373 | | 13 |
| | 백론 | 336,337 | | 2 |
| | 인명론 | 337(2) | | 2 |
| | 잡집론 | 342,357,367,370,371,372,373 | | 7 |
| | 십지론 | 351,360 | | 2 |
| 7지 | 유식론 | 376 | | 1 |
| | 구사론 | 380,381(2),384,388,392 | | 6 |
| | 중론 | 381(2),383 | | 3 |
| | 파사론 | 384,392 | | 2 |
| | 기신론 | 393 | | 1 |
| 8지 | 불성론 | 398 | | 1 |
| | 십지론 | 398 | | 1 |
| | 지지론 | 400 | | 1 |
| | 십지경론 | 402 | | 1 |
| | 구사론 | 403 | | 1 |
| | 섭대승론 | 406 | | 1 |
| 9지 | 유가론 | 410 | | 1 |
| | 구사론 | 411,419,420(2) | | 1 |
| | 장엄론 | 427 | 講老引用 | 4 |
| 10지 | 구사론 | 442 | | 1 |

【표3】에서 논서 인용을 보면 역시 제3지와 제6지에서 가장 많은 논서를 인용하고 있음을 알 수 있다. 제6현전지를 해석할 때는 아비달마·중관·유식·인명을 고루 활용하면서 사기를 찬술하고 있다는 특징을 발견할

수 있다.

**【표4】장소 인용**

| 각 지 | | 『잡화부』의 쪽수 | 비고 | 계 |
|---|---|---|---|---|
| 3지 | 會玄記(註) | 276, 280, 288 | | 3 |
| | 大明三藏法數 | 284 | | 1 |
| | 유식주석 | 288 (明, 明昱『成唯識論俗註』) | | 1 |
| 4지 | 원각경초 | 308 | | 1 |
| 5지 | 일체경음의 | 322(2) | | 2 |
| 6지 | 五蘊攝百法中頌 | 327(元, 雲峰『唯識開蒙問答』) | | 1 |
| | 註<br>(『成唯識俗註』) | 335(2), 337, 339, 341, 348, 349, 358,<br>359(3), 361, 362(4), 367 | 341:唯識<br>本註 | 17 |
| | 외도 | 356(數論師, 安茶論師, 因力論師) | | 1 |
| | 釋論 | 363(明, 明昱『觀所緣緣論會釋』) | | 1 |
| 7지 | 註 | 376, 377(2), 378, 385(6), 386, 391(3) | 『成唯識論<br>俗註』 | 14 |
| 8지 | 註 | 396(3), 397(3), 405(2) | | 8 |
| 9지 | 註 | 413(4), 425(7), 426(2) | | 13 |
| 10지 | | | | 0 |

【표4】에서 볼 수 있듯이, 제6지 해석을 위해 명욱의『성유식론속전』을 가장 많이 인용할 뿐 아니라, 참고한 다른 유식관련 주석 문헌도 제6지의 설명을 위해 활용하고 있다. 그리고 제7지에서 제9지에 이르기까지『성유식론속전』을 고루 활용하고 있음도 볼 수 있다.

**【표5】기타**

| 각 지 | 내용 | 『잡화부』의 쪽수 | 비고 | 계 |
|---|---|---|---|---|
| 3지 | 譯人之過 | 295 | | 1 |
| 4지 | 梵語 | 316 | | 1 |
| 5지 | | | | 0 |
| 6지 | 太極三才 | 331 | | 1 |
| | 유식송 해석 | 335(제1사, 제2사) | | 1 |
| | 有人釋 | 345 | | 1 |
| | 有師釋 | 345 | | 1 |
| | 제1사, 제2사 | 347 | | 1 |
| | 4사 | 352 | | 1 |
| | 古釋 | 364 | | 1 |
| | 有餘師 | 368, 369 | | 2 |
| | 釋 | 374 | 설파의 해석? | 1 |
| 7지 | 古德 | 382 | | 1 |
| | 意 | 385, 387 | 설파의 해석? | 2 |
| 8지 | 古人 | 399 | | 1 |
| 9지 | 有人 | 415 | | 1 |
| | 古解 | 415 | | 1 |
| | 有餘師 | 420, 421 | | 2 |
| | 구사송해석 | 제1,2,3사 | | 1 |
| | 梵本 | 431 | | 1 |
| 10지 | | | | 0 |

　【표5】의 기타인용에서는 범본이나 번역의 문제도 3번 정도 다루고 있는데, 이것은 【표4】에서의 『음의』 인용과도 상통한다. 설파 상언이 번역어의 문제에 대해서 어느 정도는 관심이 있었음을 반영하는 결과일 것이다.

　이상의 【표】를 통해 설파 상언이 유식 관련 주제에 많은 관심을 가지고 있음이 드러났고, 제3지와 제6지에 관심이 많음을 알 수 있다. 다만 『잡화부』가 「십지품사기」 전체가 아니고, 각 품에 대해서도 내용 부분에 대한 면밀한 검토가 필요하기 때문에 잠정적 결론임을 밝혀둔다.

다음 장에서는 설파의 화엄교리 이해에 대해서 밝히고자 한다. 【표】를 통해 검토한 결과, 설파의 유식사상에 대해서 검토를 필요로 하지만 본고에서는 화엄학을 이해하기 위한 일반적 선행 작업으로써 교판론과 무애론를 먼저 밝힐 것이며, 유식사상에 대한 분석은 향후 과제로 할 것이다.

## Ⅲ. 설파 상언의 화엄사상

### 1. 교판

설파 상언의 교판론을 서술하기 전에 『사기』의 대상인 『화엄소초』의 저자인 징관의 교판을 먼저 간단히 정리할 필요가 있다. 징관의 교판론은 모든 교와 종을 권교와 실교, 법상종과 법성종으로 크게 대별하면서도 원교만의 원융성을 강조하는 것이 특징이다.[23] 실교는 법성종이라 하며, 종교·돈교·원교가 다 포함되어 종·돈·원 셋이 모두 일승이라는 입장이다. 그리고 천태종 담연이 활동하던 시대 상황도 있어 천태종과의 관계를 고려하여 화엄을 돈교 가운데 원교, 법화를 점교 가운데 원교로 구별하여 화엄종을 교판적으로 천태종보다 우위에 두기도 한다.[24] 그와 같은 입장에서 점원漸圓이라는 말을 쓰더라도, 화엄종의 경우는 항포行布의 끝인 반면에, 천태종에 대해서는 점교가일 뿐이라고 일축하기도 한다.[25] 한편 동·별일승에 대해서도 주목할 필요가 있다. 징관은 원교를 동교일승과 별교

---

23 張文良(2006), pp. 17-27.
24 徐海基(2000), p. 70.
25 徐海基(2000), p. 71.

일승으로 나누기는 하지만, 별교는 원융무애하고, 동교는 돈교頓敎와 실교實敎에 해당한다. 따라서 별교일승은 동교일승보다 우위에 위치하면서, 동교일승을 다 포함하는 기능도 갖게 된다.[26] 이러한 기초 지식을 갖고 설파 상언의 교판에 대해서 고찰한다.

설파 상언이 사용하는 교판용어는 원교·시교·종교·돈교·항포·법성원종·법상대승·실교대승·권대승·원가점·원중점이다. 이하 각각 용어에 대해서 고찰한다.

우선 시교와 종교에 대해서는, 제3 발광지『사기』에서, 사무량四無量에 대해서 시교와 종교에 해당시킨다.[27]『연의초』에서는 이 뒤에『대집경』에 근거해서 종교와 돈교에도 공통된다고 하기 때문에 사무량이 시교와 종교에만 한정되지는 않는다고 규정하는데,[28] 설파는 "또한 '復應'云云 이전은 시교에 통하고, 이후는 종교에 통하는 것이 또한 가능하다."[29]라고 하였을 뿐,『대집경』부분에 대한 교판적 규정은 기록하지 않았다. 이것은『사기』의 성격 상 필요한 부분만을 발췌하여 기록하기 때문이고, 사무량이 돈교에도 통한다는 것을 부정한 것은 아닐 것이다.『사기』를 읽을 때 이러한 점도 유의해야 한다. 다음은 원교에 대해서 고찰하고자 한다.

원교의 성격을 알 수 있는 내용 가운데,『잡화부』에서는 "'如離'운운은 …… 각 십의十義가 있으니 저 품이다. 이것은 항포 가운데 원교를 취한

---

26 徐海基(2000), pp.74-75.
27 『雜貨腐』(p.292, 65下4), "通始終云云은 此四無量이 通於始敎及終敎니."
28 『鈔』(『大正藏』36, 490a), "準大集 …… 此通終頓."
29 『雜貨腐』(p.292, 65下4), "亦可復應云云以前은 通始요. 以後는 通終也라."『소』의 원문은 "復應此四通緣一切. 以智導之則無所著."(『大正藏』35, 786c).

것이고, '及圓'운운은 별처別處의 문장이다."³⁰라고 한다. 이 부분은 『연의초』에 대한 기記인데, 『연의초』에는 "만약 원교를 밝힌다면, 아래 이세간품과 같으니 각 10의가 있음과, 그리고 원융 등과 같다. 若圓敎明. 如下*離世間品. 各有十義. 及圓融等."³¹로 되어 있다. 따라서 십의는 「이세간품」의 십의임을 알 수 있지만, 십의의 내용이 무엇인지에 대한 구체적인 정보는 없다. 설파는 여기에서 「이세간품」의 십의와 원융을 분리해서 이해한 것을 알 수 있다. 그래서 「이세간품」의 십의에 대해서는 항포인 원교로 삼은 것이고, 원융은 별처문이라고 한 것은 항포가 아닌 원융한 원교로 본 것이다. 이로써 설파의 교판에서 원교 안에 항포가 속했음을 알 수 있다. 『연의초』의 문장으로는 반드시 설파와 같은 해석을 도출하기는 어렵지만, 설파의 항포와 원융에 대한 구별은 징관의 교판적 사유와 일치한다.³²

한편 「발광지」의 끝부분에서는 "'況圓'운운은 당종의 깊은 뜻을 드러낸 것이다."³³라고 한다. 여기서의 당종은 당연히 『화엄경』을 가리킨다. 그런데 이에 대한 『연의초』문은 "하물며 하나하나의 지 가운데 모두 결론 맺어 말하기를 '만약 뛰어난 원력으로 다시 이것을 지나 백겁천겁백천억나유타겁이 지나도 능히 수를 알 수 없다.'라고 하였으니, 이것은 항포에 입

---

30 『雜貨腐』(p. 292, 65下7), "如離云云은 …… 各有十義가 是彼品이니 此卽行布中取圓教요. 及圓云云은 別處文이라."

31 『鈔』(『大正藏』36, 490a8) *대조본에는 '下' 탈락. 참고로 『화엄소초』의 합호와 편차에 따라 일일이 표시하면서 번역한 것이 月雲解龍 감수, 瑞峰盤山 역주(2003) 『화엄경청량소』1, 2, 3, 동국역경원. 이 역주본를 통해서 『삼가본사기』가 지시하는 『화엄소초』 원문을 찾을 수 있다.

32 宮地清彦(1992), p.82에서는 '名異義同'으로 해석하는 『회현기』설을 수용하여 설명하고 있다.

33 『雜貨腐』(p. 296, 85上7), "況圓云云은 顯當宗深義라."

각한 것이다. 하물며 원융을 알 수나 있겠는가?"[34]라고 되어있다. 이 뜻은 『화엄경』의 각 지마다 뛰어난 원력으로 헤아릴 수 없는 시간을 지나가는 것은 항포에 의한 것이다. 이 항포도 뛰어난데, 하물며 원융은 또 얼마나 뛰어나겠는가하는 뜻으로 이해된다. 그렇다면 역시 화엄종의에 항포와 원융이 다 포함되어야 할 것이다.

설파는 그 가운데 원융을 '깊다'고 했다. 그렇다면 낮은 교설도 있을 것이다. 이 구문과 관련해서 『사기』에서 "'非盡'운운은 『영락경』 설이 단지 숫자에만 기탁한 것으로 원만수가 없어 이치를 다한 것이 아님을 드러낸 것이다."[35]라고 언급하듯이 낮은 교설은 『영락경』을 지칭한다. 『사기』에서 『영락경』의 수가 원만수가 아닌 것을 낮게 평가하는 이유이다. 그렇다면 『화엄경』의 항포와 원융은 둘 다 원만수에 해당할 것이다.[36] 다만 설파는 항포와 원융 가운데는 특별히 원융을 화엄의 종으로 강조하였다.

설파는 화엄을 '법성원종法性圓宗'이라고 표현하기도 한다.[37] 법성원종은 현재로서는 종밀의 『원각경대소석의초』에서만 그 예를 찾을 수 있다. 위 【표4】에서는 제4지에 종밀의 『원각경초』를 인용한 사례를 표시하였다. 법성원종이라는 표현을 사용하는 것도 제4지의 주석에 보인다. 따라서 종밀의 용어를 빌려 쓴 것임을 알 수 있다. 다만 종밀은 『열반경』 등이 여기에 해당한다고 한다. 따라서 설파의 사용법과는 다름을 알 수 있다.

---

[34] 『鈔』(『大正藏』36, 492b), "況一一地中. 皆悉結云. 若以殊勝願力復過於此. 百劫千劫百千億那由他劫. 不能數知. 此約行布. 況圓融耶."

[35] 『雜貨腐』(p.297, 85下3), "非盡云云은 顯瓔珞所說은 但寄數요 無圓滿數로 非盡理라."

[36] 『鈔』(『大正藏』36, 271a), "疏 況圓融門中不依次位者. 三況出圓義也. 則上所引尚是行布. 以四位成佛深淺不同故. 初初即具後故是圓融. 今約信滿猶寄終教說耳."

[37] 『雜貨腐』(p.312, 48上6).

원교와 관련해서 또 한 가지 주목할 것은 "원가圓家와 원중圓中은 비슷하나 다르다. 원가의 점은 원으로 향하는 점이기에 낮고, 원 가운데의 점은 이미 원교 가운데의 점이기 때문에 깊다."[38]라는 말이다. 이것은 "첫째는 원가의 점이고, 둘째 비유는 원 가운데 점이며, 구슬의 비유는 즉 점원이고, 바다의 비유는 곧 원원이니, 네 가지 비유가 원융하다."[39]라는 『화엄경소』의 문장에 대해서 해석한 것이다.

처음 비유는 연못, 다음은 산, 이어서 구슬(마니보주), 바다의 비유인데, 『십지경론』에 설하는 지영상분地影像分[40]의 네 가지 비유이다. 그래서 설파가 이에 대해서 설명한 것이다. 다만 징관은 네 가지 비유가 원융하다고 하였으므로 각각의 비유에 대해서 깊고 낮음을 구분한 것 같지는 않다. 『연의초』의 설명을 보면 다음과 같다.

> 이 말은 천태지의에서 나왔으나 천태지의의 사용법과 약간 다르다. 천태의 원점은 점교가의 원이다. 지금은 원교 항포의 궁극일 뿐이다. 원원도 역시 다르니, 곧 처음과 끝이 원융한 것이 원원이고, [천태와 같이] 원교가 원만한 것을 원원이라고 이름 하지 않는다. 이로써 알 수 있다. 위에 대해서 모양을 취하여 나타내면, 앞의 두 비유 [연못, 산]은 교이고, 뒤의 두 비유 [구슬, 바다]는 증이다. 그러나 진실한 도리로 보면 네 가지 비유

---

[38] 『雜貨腐』(p. 442, 49下4), "圓家와 圓中은 似同而異하니 圓家漸은 將向圓之漸故淺하고 圓中漸은 已至圓中之漸故로 深也라."

[39] 『疏』(『大正藏』35, 838b), "初一即是圓家漸, 次喻圓中漸, 珠喻即是漸圓, 海喻即圓圓也, 四喻圓融."

[40] '地影像分'이란 용어는 『십지경론十地經論』 가운데서 처음 나온다. 『論經』"佛子. 譬如從阿耨大池流出."(『大正藏』26, 200c)로부터 시작하여 "即名得薩婆若."(『大正藏』26, 202b)까지의 비유에 대한 부분의 과목명칭이다.

는 각각에 모두 교와 증이 있다.[41]

징관은 네 가지 비유에 대해서 천태가의 점가를 비판하면서 화엄종 원가의 의미로 풀었음을 강조하였다. 각각에 모두 교와 증이 있다는 것은 항포와 원융을 의미할 수도 있다. 즉 원교 내의 비유가 된다. 그런데 설파와 같이 첫째 비유를 '원으로 향하는 비유'로 보면, 원교 외의 종을 의미할 수도 있다. 그리고 비유의 출처가 제10법운지이기도 하고, 각각에 교와 증이 있다는 진술로부터 보아도 의문이 든다. 징관은 「이세간품」을 해석하는 곳에서 다음과 같이 설명한다.

> 원가의 점은 처음에 바다에 들어가면 점점 깊어지긴 해도, 한 방울의 물이 이미 큰 강보다 크다. 하물며 그 조그만 물(천태가)과의 관계에 있어서야 두말할 것도 없다. 원가의 원은 밑바닥 없는 바다를 궁구한 것이다. 그러므로 지금의 점은 원가의 점이고, 오히려 이미 점가의 원을 넘었는데 점가의 점을 넘은 것은 두말할 것도 없다.[42]

이와 같이 원가는 그것이 점이라해도 이미 점가인 천태의 원교를 넘어선 교설을 의미하며, 이미 원교의 대해에 들어간 것을 의미한다. 따라서 원가圓家에 대해서 "원으로 향한다."는 해석이 원교의 바다에 들어가 있는

---

41 『鈔』(『大正藏』36, 578c), "此言自天台生. 而小不同. 彼處漸圓是漸教家圓. 今亦圓教行布之極耳. 圓圓亦與彼不同. 乃是初後圓融名圓圓. 非圓教圓滿名圓圓也. 是知, 上取相顯, 前二喻教, 後二喻證. 理實四喩一一之中, 皆有教證."(역주 『淸涼疏』3, p.825).

42 『鈔』(『大正藏』36, pp.164c-165a), "圓家漸者. 如初入海雖則漸深, 一滴之水已過大江. 況濫觴耶. 圓家圓者. 如窮海無涯底. 故今云漸是圓家漸. 尚過漸家之圓. 況漸家之漸."

상태가 아니라면 문제가 있을 수 있다.

여기서 설파의 표현을 이해하기 위해 동시대 화엄 강주였고, 설파의 강의를 들은 연담 유일의 『유망기遺忘記』와 인악 의첨의 『잡화기』를 참조해 보고자 한다. 『유망기』는 다음과 같이 설명한다.

> 처음과 둘째는 비슷하지만, 처음은 낮은데서 깊은데 이르며, 둘째의 점은 다만 차별이기 때문이니 점이지만 심천이 없다. 자세한 비유는 알 수 있을 것이다. 세 번째 점원은 단 하나의 원교 가운데 항포이기 때문에 점원이라 하였다.[43]

즉 연담 유일도 원가점과 원중점이 비슷하다는 것을 인정했지만, 어떻게 비슷한지에 대한 설명이 명료하지 않다. 한편 인악 의첨은 "원가점 등은 처음은 원교가圓敎家 가운데서 단지 오직 점의 뜻만을 말한 것이며, 두 번째는 원교가 가운데서, 원 가운데 있는 점을 말한 것으로 그 때문에 같지 않다."[44]라고 하여 첫째와 둘째 비유를 모두 원교가에 대한 해석으로 풀이하였다. 이와 같이 삼가가 첫째와 둘째에 대해 비슷하다고 생각하여 구별하려 노력한 흔적을 볼 수 있다. 이 가운데 인악 의첨만이 원교가를 전제로 하여 해석한 것으로 생각된다. 따라서 설파 상언과 연담 유일의 해석은 징관의 해석과 달라질 수도 있을 것이다. 이렇게 애매한 해석

---

[43] 『三家本私記』遺忘記(p.408, 49下4), "又初與二가 相似나 而初從淺至深하고 第二之漸은 但差別故로 漸而無深淺也니 詳喩可知라 第三漸圓者一圓敎中에 行布故로 云漸圓也라."

[44] 『三家本私記』雜華記·雜貨腐(p.268, 49下4), "圓家漸等者는 初則圓敎家中의 但漸一義之謂요 二則 圓敎家中의 圓中且漸之謂니 所以不同이라." 인악 의첨의 해석에서 처음의 점은 원·돈·점 3교 가운데 원교가 포섭하는 구조 내에서 점漸을 의미하는 듯하고, 둘째는 원교 내에 포함된 점漸을 의미하는 듯하다. 그렇게 되면 설파 상언의 해석과도 어느 정도 일치한다.

이 된 이유는 징관이 천태와의 비교를 위해 위의 4개념을 제시했다는 사실을 염두에 두지 않았기 때문이라고 추측된다.

다음은 설파가 사용하는 권대승과 실교대승의 관계를 고찰한다. 우선 권대승에 대해서는 "'非極說'은 권대승權大乘의 설로서 이리理와 지智가 즉하지 못하기 때문이며, 지智가 유위이기 때문에 궁극終極의 설이 아니다. '涅槃'운운."[45]으로 되어 있다. 즉 유위의 지혜가 있으면 대승의 지극한 설이 아니어서 권대승이라고 하는 것이다. '涅槃云云'은 『화엄경소』에서 "『열반경』은 유위의 상을 덮어 가리기 위한 교설이다. 그러므로 삼승의 성인이 이것에 의하여 실천을 일으킨다. 이것에 의해 차별이 있으므로 수순하는 실천을 밝힌 것이다."[46]라고 한 것을 지칭한다. 유위를 없애기 위해 『열반경』을 따라 수행하는 것이다. 따라서 『열반경』은 권대승의 경전에 속하지 않는다. 법상종을 권대승으로 인식했는지는 확실하지 않지만, "소승은 육식으로 능생能生하고 법상대승은 이숙異熟으로 능작能作하고 실교대승實敎大乘은 유식唯識을 갖추어 능작한다."[47]라는 설파의 제6지 해석으로부터 어느 정도 추정 가능하다. 여기서 '유식을 갖추어具唯識'라 함이 이른바 '구분유식'을 가리킨다면 여래장 계통의 대승을 의미하여, 법상종 계통의 법상대승과 달라질 것이다. 연담 유일의 『유망기』에는 '非極'에 대해서 '相宗을 비판함'이라고 하였다.[48] 이와 같은 관련을 통해서 보면 설파가 생각

---

**45** 『雜貨腐』(p. 412, 12上8), "非極說者는 以權大乘之說이니 以理智不卽故로 智爲有爲하니 故非終極之說也라 涅槃云云은."

**46** 『疏』(『大正藏』35, 827c), "涅槃令覆有爲相故, 三乘聖人依此起行, 依此差別故, 名順行."

**47** 『雜貨腐』(p. 356, 72下5), "小乘은 六識으로 能生하고 法相大乘은 異熟으로 能作하고 實敎大乘은 具唯識能作故라." 실교대승은 대승실교로도 표현된다. (p. 348. 57下1).

**48** 『遺忘記』(p. 366).

한 권대승 역시 법상종과 관련 있고, 『열반경』은 실교대승인 구유식具唯識으로서 여래장 사상의 관계가 성립할 것이다.

그런데 잘못 해석하면 법상유식을 실교대승으로 이해한 듯이 보이는 구문도 있다. 설파는 같은 제6지 해석에서 "대승의 한 부류는 즉 실교대승이다."[49]라는 말을 한다. 이 문구대로라면 법상대승도 대승이기 때문에 법상유식도 실교대승에 속할 수도 있다. 그러나 그렇지 않다. 여기서 '대승의 한 부류'라는 표현은 『성유식론』의 주석서인 기基의 『술기』로부터 징관이 원용한 표현이다.

징관은 "『술기』에서 해석하기를 대승의 한 부류의 보살은 8식의 체는 오직 하나라고 했다. 단 하나의 물의 거울에서 많은 물거품의 상이 생기는 것과 같다. 즉 『술기』에 제시한 예 가운데 다섯 번째에 해당한다."[50]라고 한다. 즉 '대승일류' 설의 5가지 예 가운데 징관은 다섯 번째만을 지적한 것이다. 『술기』에서 네 번째는 『해심밀경』과 『유가론』 등의 설이다. 다섯 번째는 법상대승의 다음 단계인 실교대승의 경전을 가리키게 된다. 따라서 설파 역시 징관과 마찬가지로 다섯 번째만을 실교대승으로 본 것이다. 이로써 설파는 권[교]대승과 실교대승에 해당하는 경전을 명확히 구분하였다고 볼 수 있다.

설파의 교판론을 정리하면, 원교를 강조하지만 '법성원종'이라는 용어처럼 본래 취지와는 달리 사용하는 경우도 있고, '원가'와 '원중'의 해석처럼 천태를 염두에 두지 않음으로써 애매하게 이해한 경우도 있다. 권교대

---

49 『雜貨腐』(p. 360, 83上2), "大乘一類는 卽實敎大乘也라."

50 『鈔』(『大正藏』36, 526a), "釋曰. 卽大乘一類菩薩. 言八識體唯是一也. 如一水鏡多波像生. 卽當此中第五義也."; 『述記』(『大正藏』43, 236c)를 근거로 한 해석이다.

승인 법상종과 실교대승을 명확히 구분하는 것도 알 수 있다.

다음은 무애론에 대해서 고찰한다. 설파의 무애론에서는 원교·별교·동교 등의 교판적인 설명을 동반하기 때문에 교판론을 보충하는 의미도 될 것이다.

### 2. 무애론

징관에 이르러 이사무애와 사사무애라는 용어가 빈번히 사용된다.[51] 이것은 당연히 '이理'와 '사事'의 관계 속에서 성립되는데, 징관이 사용하는 두 개념의 기본적 특징은 '사'는 분할 가능한 것, '이'는 분할 가능하지 않은 것이다. 하지만 이와 같은 의미를 고정화시키지 않고 양자의 상관성과 절대성을 통찰해야 된다고 징관은 주장한다.[52] 징관이 이와 사로서 법계론을 전개할 때 가장 기본이 되는 사유는 '사' 가운데 항상 '이'가 존재하여 '사'와 융합한다는 관계일 것이다.[53] 그만큼 이사무애를 중시하는 것이 징관의 사상의 핵심이다.[54] 그럼에도 불구하고 징관은 많은 경우 사사무애법계를 궁극적 세계의 존재양상으로 표현한다.[55]

이상이 징관의 이와 사를 중심으로 한 무애론의 핵심적인 내용이다. 그렇다면 설파에게 이사무애와 사사무애의 관계는 어떠할까? 제3지 해석에 다음과 같은 말이 있다.

---

51 물론 이 두 용어는 법계론과도 밀접한 관련이 있고 징관은 자주 사용하지만, 설파 상언의 표현에서는 찾을 수 없으므로 논외로 한다.
52 木村清孝(1992), pp. 222-225.
53 徐海基(2000), p. 165.
54 鎌田茂雄(1965), pp. 546-548.
55 木村清孝(1992), p. 224.

'亦圓云云'은 마땅히 바로 사사무애事事無礙로써 원교에 배치하여 지금 쌍으로 앞의 종교와 돈교를 든 것이다. '入於圓'은 원교로 깊음으로 동교의 얕은 뜻을 포용함을 나타내고자 한 것이니, 원교로써 두 가지 무애법계를 다 포함한다. 즉 이사무애의로 쌍으로 비추는 뜻은 종교와 같고 쌍으로 막는 뜻은 돈교와 같기 때문에 동교인 타종을 포섭하는 것이다. 사사무애의는 별교인 원종에 해당한다.[56]

이에 해당하는 『화엄경소』나 『연의초』의 문에서는 무애론을 동원하지 않았다. 설파 독자의 해석이다. 또 동교를 낮게 보고, 별교를 깊게 보는 언구도 마찬가지이다. 설파는 이사무애의에 동교의 포섭 기능을 부여하고, 사사무애의는 그대로 별교에 해당한다고 해석하면서 둘 다 원교가 포함하는 법계로 해석한다. 그러나 동교는 낮은 뜻이다. 따라서 이사무애의가 동교이며, 동교는 종교 혹은 돈교에 해당함을 알 수 있다. 또 다른 구문에서는 다음과 같이 되어 있다.

'亦非云云'은 위에서 사事의 측면에서 나아가 일다상즉一多相卽에 입각하여 밝혔기 때문에 사사무애에 해당한다. 비록 '法性卽空'이라는 말이 있지만 단지 원인에 걸려있어 말한 것으로 즉 법성융통法性融通인 원인일 뿐이다. 이것은 성상상즉性相相卽에 입각하여 밝혔기 때문에 이사무애에 해당한다. '亦'자 아래는 '法性中故' 네 글자에 대응하여 보였으니 이상으로 중도처를 드러낸 것이다. 이미 드러냈으니, 즉 이것은 동교의 중

---

[56] 『雜貨腐』(p. 295, 76上7), "亦圓云云은 宜直以事事無礙로 配圓敎而今雙牒前終頓하야 入於圓者는 欲顯圓敎深이 該同敎淺之義니 以圓敎含具二無礙法界하니 理事無礙義邊으로 雙照義는 同終이요 雙遮義는 同頓故로 攝同敎他宗하고 事事無礙義邊으로는 攝別敎當宗也라."

도를 연속해서 밝힌 것이다. 그러므로 다시 별도로 보이지 않았다.[57]

위 문장으로 첫째, 사사무애는 사의 측면에서의 설명이고, 이사무애는 성과 상이 상즉하는 법성융통인의 측면에 의한 설명이 된다는 것을 알 수 있다. 다만 '원인에 걸려있다'는 표현으로 볼 때 사사무애와 이사무애의 교판적 차이도 염두에 두고 있다고 추정할 수 있다. 동교의 중도는 '法性中(법성인 중도)'의 다른 표현일 것이다. 이로써 앞의 인용문과 관련지어 볼 때 이사무애의 교판적 위상이 동교임이 확실해진다. 『화엄경소』와 『연의초』에는 역시 무애론을 동원하지 않았기 때문에 설파 독자의 해석이다.

여기서 징관과의 차이를 두 가지 정도 거론하고자 한다. 첫째, 이사무애와 동교의 관계이다. 「보현삼매품소」에 대해 징관의 『연의초』에서는 다음과 같이 말한다.

> 7과 8은 곧 이사무애를 갖추기 때문이다. 위의 8문은, 사리무애는 실교종實教宗을 벗어나지 않기 때문에 모든 대승에 통하므로, 즉 동교일승의 同教一乘義에 해당한다. '故此' 아래는 곧 사사무애법계로써 화엄별교일승종이 된다.[58]

위와 같은 징관의 진술을 통해서 보면 이사무애법계와 동교일승은 동

---

[57] 『雜貨腐』(p. 308, 31下3), "亦非云云은 上은 就事上하야 約一多相卽而明故로 當事事無礙하니 雖有法性卽空之言이 但滯因而言이니 卽法性融通因耳라 此는 約性相相卽而明故로 當理事無礙也라 亦字下에 應牒法性中故四字로대 而以上이 顯中道處로 旣牒인댄 則此連明同教中道故로 更不別牒也라."

[58] 『鈔』(『大正藏』36, 191a), "七八方具事理無礙故. 上八門不出事理無礙, 實教之宗故, 通諸大乘, 即同教一乘義也. 故此下二. 方是事事無礙法界, 華嚴別教一乘宗也."

격이 된다. 그렇다면 동교와 별교의 관계는 어떠할까? 이와 관련하여 징관의 저술에서 볼 수 있는 동교일승과 별교일승의 관계는 다음과 같은 예를 찾을 수 있다.

### 『화엄경소』 현담

셋째, 동교일승이다. 『법화경』 등과 같다. 넷째, 별교일승이다. 『화엄경』과 같다.[59]

일승에 두 가지가 있다. 첫째는 동교일승이다. 돈교와 같고, 실교(종교)와 같다. 둘째는 별교일승이다. 오직 원융하여 공덕을 갖추었다. 별교로 동교를 포섭하면 모두 원교에 속한다.[60]

### 『연의초』 48권

여섯째·일곱째는 돈교이다. 다만 마음의 부처에게 예를 올림으로 의례가 없는 예이다. 여덟째는 종교이다. 동교일승이기 때문이다. 뒤의 셋은 합하여 원교를 이룬다. 여덟째는 능히 한 예를 오로지하면 일체를 갖추기 때문이다. 아홉째는 깊고 낮은 것을 융합한다. 사事로써 이理를 따라 융합한다. 사사무애이기 때문이다.[61]

이와 같은 징관의 설명을 토대로 이해하면, 동교일승에는 돈교와 종교가 포함되며, 일승의 권내에 속하는 실교이고, 이사무애에 해당한다. 따라서 설파가 동교를 종교와 돈교로 보는 것은 징관의 견해와 부합한다.

---

[59] 『疏』(『大正藏』35, 513b), "三同教一乘. 如法華等. 四別教一乘. 如華嚴經."

[60] 『疏』(『大正藏』35, 514a), "一乘有二. 一同教一乘. 同頓同實故. 二別教一乘. 唯圓融具德故. 以別該同皆圓教攝."

[61] 『鈔』(『大正藏』36, 375b), "六七頓教但禮心佛. 無禮禮故. 八通終教同教一乘故. 後三合成圓教. 八是能禮一具一切故. 九融深淺. 事隨理融. 事事無礙故."

그런데 『연의초』 48권에서 말하듯 "뒤의 셋(돈교, 종교=동교일승)은 합하여 원교를 이룬다."는 징관의 표현은 좀 더 깊이 생각해봐야 할 것이다. 징관의 교판은 이미 연구되었듯이, 원교를 높이면서도 종교와 돈교와의 융통성을 강조하기 때문이다.[62]

설파는 화엄종이 원융하기 때문에 상을 따르는 것을 논하는 설보다 깊다고 이해한다.[63] 이것은 『화엄경』 법이 계위에 맞춘다면 『유가론』의 설과 같고, 만약 보살행을 구한다면 그 법이 깊고 묘하다는 『연의초』의 설명을 요약한 것이다.[64] 따라서 화엄종의 원융성이 법상대승·실교대승보다 깊다고 이해하는 것은 징관의 의도와 어긋나지 않는다. 그런데 징관은 원교의 별교일승성을 강조하면서도 원교가 갖는 분별과 융합의 두 측면을 잊지 않는다. 그럼에도 불구하고 설파의 교판론·무애론이 기본적으로 징관과 다르지 않으면서도, 징관의 화엄학이 지닌 원교의 포용적인 측면이 덜 나타나는 것도 사실이다. 이러한 점에 대해서는 향후 논의의 여지를 남겨둔다.

## IV. 결론

지금까지 설파 상언의 『화엄경』 십지품의 사기인 『잡화부』의 구성과 내용의 특징, 그리고 설파의 화엄사상을 검토하였다. 설파 상언은 백암 성

---

62 宮地淸彥(1993), p.39에서는 징관교판의 양면성에 대해서 설명하고 있다.
63 『雜貨腐』(p.281, 34上3), "通深者는 以此宗의 圓融故로 深於彼論隨相之說이라."
64 『鈔』(『大正藏』36, 485a), "今云正法其義通深. 若約寄位全同瑜伽. 若約勤求淨菩薩行. 則所聞法必當深妙."

총에 의해 부활된 교학의 부흥을 이어받아 화엄의 강주로써 활약하였다. 그가 저술한 『잡화부』의 내용을 검토한 결과, 유식문헌에 대해 조예가 깊다는 것을 발견할 수 있었다. 특히 명나라 명욱의 『성유식론속전』은 그가 가장 의지하던 유식문헌이라는 것도 밝혀졌다. 또한 『화엄소초』 가운데서 특히 『구사론』,『유식론』,『유가론』 등을 축으로 하여 아비달마·법상유식에 관련된 문헌들을 시종일관 인용하고 구사하는 것도 확인할 수 있었다. 이러한 것은 아마도 그가 해인사에 들어가 『화엄소초』를 연구하면서 얻어진 결과일 것이다.

그리고 그의 화엄사상 가운데 교판론과 무애론을 검토했다. 기본적으로는 징관의 이해와 같이 하지만, 교판론에서는 별교에 비해서 동교를 확연히 낮추어 구분하는 것을 확인할 수 있었다. 징관은 구분과 융합의 양 측면을 견지하고 있기 때문에, 설파와 징관의 차이점에 대해서는 좀 더 궁구해야할 필요가 있다. 삼가三家의 화엄사기를 비교 검토하면서 이러한 문제들은 풀어나갈 수 있을 것이다. 따라서 향후 조선시대 후기 화엄교학의 깊이를 천착해야 하는 과제가 남아 있다.

## 〈참고문헌〉

**약호**

大正藏　大正新脩大藏經

**원전**

『成唯識論述記』(『大正藏』44)

『十地經論』(『大正藏』26)

『華嚴經疏』(『大正藏』35)

『華嚴經隨疏演義鈔』(『大正藏』36)

**단행본**

김용태(2010), 『조선후기 불교사연구-임제법통과 교학전통』, 신구문화사.

범해각안, 김두재 옮김(2015), 『동사열전』, 동국대출판부.

奉先寺楞嚴學林(2002), 『三家本私記』遺忘記, 대한불교조계종교육원.

奉先寺楞嚴學林(2002), 『三家本私記』雜華記·雜貨腐, 대한불교조계종교육원.

月雲解龍 감수, 瑞峰盤山 역주(2003), 『화엄경청량소』1·2·3, 동국역경원.

鎌田茂雄(1965), 『中國華嚴思想史の研究』, 東京大學出版會.

木村淸孝(1992), 『中國華嚴思想史』, 平樂社書店.

張文良(2006), 『澄観華厳思想の研究』, 山喜房佛書林.

**논문**

강현찬(2015), 「조선후기 『화엄경소초』의 판각과 화엄학의 성행」, 석사학위논문, 동국대학교 대학원 한국불교융합학과.

이종수(2010), 「조선후기 불교의 수행체계 연구」, 동국대학교 대학원 사학과 박사학위논문.

이종수(2015), 「조선후기 화엄학의 유행과 그 배경」, 『불교학연구』 42.

宮地清彦(1992), 「澄観の教判論について」, 『駒澤大学仏教学研究会年報』 25.

宮地清彦(1993), 「澄観の教判論について」, 『駒澤大学仏教学研究会年報』 26.

藤谷昌紀(2001), 「妙立慈山『唯識三十論直解扶講記』について」, 『印度學』 第50-1.

徐海基(2000), 『澄観研究』, 東京大大學院 博士學位 論文.

# 04

## 조선 후기 『화엄소초』의 한국 유전과 불교미술의 제작 양상[1]

김자현

## I. 머리말

18세기 조선에서는 1681년 우연한 기회로 전래된 가흥대장경嘉興大藏經(이하 가흥장)을 계기로 화엄華嚴 교학의 중흥이 일어났다. 그 중 청량 징관淸凉澄觀(738-839)의 『화엄경소연의초華嚴經疏演義鈔』(이하 『화엄소초』 또는 『소초』)와 보서普瑞의 『화엄현담회현기華嚴懸談會玄記』(이하 『회현기』)와 같은 화엄 관련 불전의 전래는 조선 후기 불교 교학의 일대 전기가 되었고, 이 불전들이 복 각되어 강원 교재로 사용되면서 화엄학이 본격적으로 유행하게 되었다. 그리고 화엄을 우위에 두면서도 다른 교학과 선禪을 포섭하고 중국의 사상들까지 불교와 회통하고자 했던 징관의 제교융합적諸敎融合的 화엄은 고려 후기부터 점차 선교겸수禪敎兼修의 경향을 강화시켰고, 조선 후기에 이르러 선·교敎·염불念佛의 삼문三門체계 정립과 간화선看話禪과 화엄이 양립

---

[1] 본고는 『불교학보』102, 불교문화연구원, 2023, pp. 173-209에 게재한 논문을 수정·보완한 것이다.

하는 선교겸수의 구조에 지대한 영향을 미쳤다. 또한 이 시기 화엄학의 성행은 신앙과 사찰의 장엄에도 영향을 미쳐 화엄경변상도華嚴經變相圖, 연화장세계도蓮華藏世界圖, 신중도神衆圖와 같이 화엄 교학이 반영된 화엄계 불화들이 제작되었다. 조선 후기 양대 계파 중 부휴계浮休系 승려들의 활동 중심지였던 순천 송광사松廣寺를 중심으로 제작된 53불 또한 다불多佛 신앙과 화엄, 그리고 예참禮懺 의식이 결합된 조선 후기의 삼문수업의 경향을 여실히 보여준다. 『소초』를 비롯한 가흥장의 유입으로 발흥한 조선 후기 화엄학의 성행에 관한 내용은 최근 10여 년간 많은 연구자들에 의해 다방면으로 연구되어 의미있는 성과들이 도출되었다.[2] 그러므로 이글에서는 선행 연구들이 밝힌 사실들을 종합하여 정리하고, 사찰에서 제작된 조선 후기 화엄계 미술품들의 도상과 제작 배경 및 용도를 보다 면밀히 살펴보고자 한다.

## II. 조선 후기 『화엄소초』의 전래와 화엄 교학의 성행

### 1. 조선 후기 『화엄소초』의 전래와 전파

17세기 말 백암 성총栢庵性聰(1631-1700)이 간행한 불전들이 조선 후기 불교계의 사상 발전에 새로운 전기를 마련하였음은 익히 알려진 사실이다. 특히 그가 간행한 서적 중 『소초』는 18세기 조선의 화엄학 유행에 획기적인 역할을 하였다. 징관의 『소초』는 통일신라시대에 국내에 전해진 후 고

---

2 이에 관한 최근의 연구 성과는 다음과 같다. 강현찬(2015); 강현찬(2016); 김용태(2010), pp. 253-272; 김용태(2012); 김용태(2021); 이종수(2008); 이종수(2010), pp. 121-137; 이종수(2013); 이종수(2015); 이희재(2008); 조명제(2008).

려시대까지도 큰 영향을 미친 책이었다.³ 하지만 18세기 초 연담 유일蓮潭有一(1720- 1799)이 집필한 「대교사기서大教私記序」에 의하면 『소초』가 17세기 무렵에는 조선에서 거의 유통되지 않았던 것으로 보인다. 그러다 1681년 국내에 표착한 중국 상선을 통해 섭기윤葉祺胤이 송-명대까지의 『소초』주석과 교정 성과를 반영하여 간행한 최신판이 국내에 전해지게 되었고, 성총이 이 판본들을 수집하여 징광사澄光寺에서 판각·유통시키면서 조선 후기 화엄 교학이 일대 전기를 맞이하게 된 것이다.⁴ 특히 징관이 자신의 『화엄경소』를 더욱 상세하게 해석한 『소초』는 징관 화엄의 집대성작이면서 후대 화엄 교학 이해의 지침서 역할을 하였기 때문에 이를 대대적으로 간행·유통시킨 일은 화엄 강학과 주석이 촉발되는 결정적 계기가 되었다. 더욱이 이때 원나라 보서의 『화엄현담』에 대한 방대한 주석서 『회현기』가 함께 간행된 점도 큰 의미를 지닌다.⁵

한편 1681년 중국 상선의 임자도 표착을 통해 전래된 불전들이 중국 가-홍장이었음은 선행 연구를 통해 이미 밝혀졌으며,⁶ 당시 이 불전들을 수집하는데 가장 많은 노력을 기울인 이가 백암 성총이었다. 그는 중국 표류선이 임자도에 표착했을 때 인근 영광 불갑사佛甲寺에 있다가 표류선의 소식을 듣고 그 때부터 4년에 걸쳐 갖은 노력을 다해 이 불전들을 수

---

3 징관의 화엄주석서가 통일신라에 전래된 사실은 『삼국유사』 권4 「승전촉루勝詮髑髏」조의 화엄종 승려 범수梵修의 기록을 통해 확인할 수 있다.

4 奉先寺 楞嚴學林(2002), 「大教私記序」, 『華嚴清涼疏鈔十地品三家本私記-遺忘記』: 이 때 새롭게 유입된 『소초』는 명나라 섭기윤이 『화엄경』과 징관의 『화엄현담』, 『화엄경소』, 『화엄소초』를 모두 모아 재편집하여 총 90권 80책으로 엮은 당시의 최신판이었다.

5 김용태(2021), p. 191.

6 김용태(2008), p. 158; 이종수(2008), pp. 273-274.

습하였다.[7] 그리고 그는 이렇게 입수한 가흥장과 국내 전래 불전들을 모아 『소초』를 포함한 총 12종의 불전을 1686년부터 10여년에 걸쳐 징광사와 쌍계사雙磎寺에서 대대적으로 간행하였다.[8]

그 중 조선 후기 화엄학 유행에 결정적 역할을 한 『소초』는 1690년 징광사를 시작으로 총 3번의 판각이 이루어진다. 백암 성총이 상당한 시간에 걸쳐 수집한 『소초』는 1689년에야 비로소 징광사를 중심으로 송광사, 지리산 대원암大源庵, 백운산 황룡사黃龍寺 등 전라도와 지리산 일대의 부휴계 사찰에서 판각이 시작되었고, 1690년 판각을 완성하고 징광사에 보관되었다.[9] 『소초』의 두 번째 판각은 1775년 덕유산 영각사靈覺寺에서 이루어졌으며, 그 이유와 과정은 연담 유일이 쓴 「중간화엄경후서」에 상세히 기록되어 있다. 그 내용에 의하면, 1770년 겨울 징광사에 화재가 나서 기존의 『소초』 판목이 모두 소실되자 설파 상언雪坡尙彦(1707-1791)의 주도로 1774년부터 다음 해까지 새로운 경판을 판각하여 덕유산 영각사에 판각을 세우고 이를 보관하였다고 한다. 영각사본 『소초』는 지리산 대암정사臺岩精舍, 실상사내원實相寺內院, 공주 마곡사麻谷寺 등과 같은 지리산과 충청도 일대의 사찰이 분담하여 판각 후 영각사로 이운하였는데, 연담 유일은 「안의영각사화엄각신건기」에 이 절이 영호남의 중간에 위치하기 때문에 인경印經거리의 균형을 고려하여 새로 조성된 『소초』를 영각사에 보

---

7　그의 노력은 그가 『소초』 8권을 내어준 보현사 승려에게 감사의 마음을 전한 편지에도 상세히 기록되어 있다. 『栢庵集』 卷下, 「與九峰普賢寺僧」(『韓佛全』 8, p. 474a-b).

8　백암 성총의 간행불전은 이종수(2008), pp. 276-277【표1】과 김용태(2021), p. 178【표3】.

9　그런데 이 중 「홍자호洪字號」는 10년 뒤인 1700년 경상도의 범어사梵魚寺에서 판각되어 징광사로 옮겨졌는데, 홍자호의 권말에 실린 「화엄소초권제칠합록후발華嚴疏鈔卷第七合錄後跋」을 통해 그 정황을 알 수 있다. 이에 관한 자세한 내용은 강현찬(2016), pp. 88-91.

관하였다고 기록하였다.¹⁰ 또한 영각사본에 실려 있는 「중간화엄경후서」
의 "구본(징광사본) 가운데 잘못이 있어 해인사본의 문장으로 분별하여
바로 잡았다."¹¹는 기록은 영각사본이 엄밀한 교감 작업을 거친 후에 간행
되었음을 알려준다.¹² 그리고 이와 같이 영각사본에서 기존 징광사본의
오탈자와 오류 수정이 가능했던 것은 17세기 말, 징광사본 『소초』의 간행
을 통해 『화엄경』과 그 주석서에 대한 이해가 심화되었음은 물론, 영각사
본의 간행을 주도한 설파 상언이 화엄학에 정통한 대가였기 때문이었다.

『소초』의 세 번째 판각은 1855년 남호 영기南湖永奇(1820-1872)의 주관 아
래 봉은사奉恩寺에서 시작되어 다음 해에 완성된다. 판각의 동기와 과정
은 봉은사본 『소초』에 실려 있는 「화엄합본삼간후서」를 통해 살펴볼 수
있다. 그 내용에 따르면 봉은사본은 징광사본의 판목들이 반복적인 인출
르 인해 목판이 닳아서 자획이 흐려졌고, 보관 장소 또한 남쪽에 치우쳐
져 있어 두루 유포하는데 어려움이 있기 때문에 판각이 이루어졌다고 한
다.¹³ 그리고 봉은사본은 선행본들과는 달리 봉은사 한 곳에서 모두 판각
되었다. 또한 「화엄합본삼간후서」에 "대교 양본(징광사본·영각사본)을 제
권의 끝에 붙여서 뒤의 전독자轉讀者로 하여금 한번 보고 옳고 그름을 헤

---

10 「安義靈覺寺華嚴閣新建記」, "甲午春董剞劂之役 竣功于其夏 以此寺 以名山巨刹 跨嶺湖之間 諸方來印之道里均
也 乙未春 立閣而藏之……乾隆四十七年壬寅 陽月 上澣 蓮潭有一 記."

11 「重刊華嚴經後序」(靈覺寺本 『華嚴經疏鈔』官字號), "舊本中 有誤處響 海印本文改定 無所據者 存而不論."

12 강현찬(2016), p. 100.

13 「華嚴合本三刊後序」(奉恩寺本, 『華嚴經疏鈔』), "華嚴合本繡梓 海東者三栢公澄光康熙己巳 而乾隆庚寅火 雪老靈
覺厥炳 甲午而雖印行 然板本歲久 字畫刓缺 地且南僻 周布實難故 奇師與衆募緣 詢謀宗師 咸豊乙卯秋 在奉恩寺
剞劂招役 明年丙辰秋竣功……"

아리게 하였다."¹⁴라고 밝힌 것과 같이 봉은사본의 말미에는 영각사본과 징광사본을 대교하여 그 결과를 정리한「영징이본대교靈澄二本對校」가 수록되어 있는 점도 주목된다.¹⁵

지금까지 살펴본 바와 같이『소초』는 1690년 백암 성총에 의해 처음으로 간행된 이후 1775년 이를 교감하여 그 수정 사항이 반영된 영각사본이 간행되었고, 그로부터 80여년 뒤인 1855년 징광사본과 영각사본의 차이를 대교한 결과가 수록된 봉은사본이 또 다시 판각되었다. 그리고 이와 같이 조선 후기 3차례에 걸쳐 이루어진『소초』의 판각 사실은 조선 후기 불교계에서 화엄 교학의 심도있는 연구가 활발하게 진행되었음을 보여주는 실질적인 증거라 할 수 있다. 또한 영각사본이 많은 사찰들의 시주에 의해 제작되고 보관 장소의 입지 선정이 인경의 편의를 염두에 두고 결정되었다는 점이나 반복적인 인경으로 인해 마모된 영각사본을 대체하기 위해 봉은사본이 새롭게 조성되었다는 점도 당시 승려들의 이력 과정에 필수적이었던『화엄소초』의 중요성과 활발한 수요를 다시 한 번 느끼게 한다.

## 2. 조선 후기 화엄 교학의 성행과 특징

조선 전기까지 선종과 교종은 명확히 다른 수행 체계로 구별되었고, 서로 교류는 했을지 몰라도 종파를 초월한 통합적인 수행 과정이 있었다

---

14 "……對校兩本 附諸卷尾 使後之轉讀者 一見可不之計 內帑優賜縉紳傍顧 …… 崇禎紀元二百二十九年丙辰菊月 日 釋院比丘善影謹書……"「華嚴合本三刊後序」(奉恩寺本,『華嚴經疏紗』)

15 또한 최근의 연구를 통해 이와 같은「영징이본대교」까지 수록한 봉은사본이 오탈자를 바로 잡은 영각사본이 아닌 징광사본을 복각했다는 사실이 밝혀졌다. 강현찬(2016), p.100. 하지만 봉은사본의 제작 당시 양본의 대교를 모두 거치고도 왜 오류가 수정된 영각사본이 아닌 징광사본을 복각했을지에 대한 문제는 아직 규명되지 않았다.

는 근거는 아직까지 발견된 바 없다.[16] 그러므로 현재로서는 화엄학이 승려들의 공통적인 교육 과정으로 인정된 것은 조선 후기였을 것으로 여겨진다. 하지만 15세기 초 11개의 종파가 7개로 축소되고, 이것이 다시 선교 양종으로 통폐합된 이후, 승과에서 『화엄경』과 『십지경론十地經論』이 교종의 시험 교재가 되었다는 사실은 조선 전기에 이미 화엄이 교종에서 가장 중요한 사상으로서의 위상을 가지고 있었음을 보여준다.

조선 후기 불교계는 조선 전기까지 존재했던 선종이나 교종의 종파적 구별은 없었다. 하지만 조선 후기 불교계가 양대 계파로 불리는 청허 휴정淸虛休靜(1520-1604)의 청허계와 부휴 선수浮休善修(1543-1615)의 부휴계 승려들에 의해 간화선을 우위에 둔 선교겸수의 방향으로 흘러갔음은 의심의 여지가 없다. 청허계와 부휴계는 모두 임진왜란과 같은 국가적 위기에 궐기하였던 의승병에 기반을 두고 있었으며, 휴정과 선수는 부용 영관芙蓉靈觀(1485-1571) 문하에서 수학한 동문으로서 간화선의 수행 전통을 계승하는 사상적 공통성을 가지고 있었다.[17] 조선후기 불교의 방향성을 제시한 청허 휴정이 교학에 있어 화엄을 매우 중시하였던 경향은 그의 제자들을 통해 살펴볼 수 있다. 청허 휴정의 적전제자 사명 유정四溟惟政(1544-1610)은 그가 쓴 「화엄경발華嚴經跋」에서 화엄의 체와 용을 설명하며 "화엄의 체體는 본래 생성하는 것이 아니어서 시작도 없고 끝도 없으며, 그 용用은 실로 소멸하는 것이 아니어서 이루어지는 것도 아니고 무너지는 것도 아니다. 부처님의 설법도 모두 이것을 설명한 것이므로 화엄이 모든 교학의 근

---

**16** 조선 전기에는 교종과 선종이 명확하게 구별되었지만, 고려시대 천태종의 개창은 의천의 종파를 초월한 통합적 수행을 모색한 결과로 이루어졌다고 할 수 있다. 즉 그는 화엄종으로 출가한 뒤 중국에 가서 징관의 사상에 영향을 받고 귀국하여 교관겸수를 중시하며 천태종을 개창하였다.

**17** 이종수(2015), pp. 60-62.

본이 되고 만법의 으뜸이 된다."[18]고 밝히고 있어 그가 화엄을 모든 교학의 우위에 두고 있었음을 확인할 수 있다. 또 청허 휴정의 말년 제자 편양 언기鞭羊彦機(1581-1644)는 『화엄경』을 직접 간행하였고, 그의 제자인 풍담 의심楓潭義諶(1592-1665)에게 『화엄경』『원각경』 등의 결락된 부분을 보충하고 경판의 오류를 바로 잡도록 하였다. 그리고 이러한 작업은 의심의 제자이자 화엄종주華嚴宗主로 칭해진 월저 도안月渚道安(1638-1715)까지 계속되었던 듯하다.[19] 부휴계의 경우도 일찍이 화엄 교학에 대한 관심이 높아서, 부휴 선수의 적전제자 벽암 각성碧巖覺性(1575-1660)은 효종이 대군이었던 시절에 그와 화엄의 종지宗旨에 관하여 문답하기도 하였다. 또한 각성의 제자 백곡 처능白谷處能(1617-1680)은 그의 문집에서 "선과 교학은 둘이 아니어서 교학을 떠나 별도의 선이 있는 것이 아니고, 선을 떠나 별도의 교학이 있는 것도 아니다."[20]라며 선과 교가 동일하다는 논리를 펼쳐 교학을 매우 중시하였던 경향을 드러내기도 하였다.

이와 같이 조선 후기의 선사들이 간화선과 더불어 교학, 그 중에서도 특히 화엄 교학을 중시하였던 정황은 여러 방면에서 확인된다. 그러나 17세기 중반까지는 『화엄경』에 대한 본격적인 주석서가 나오지 않았고 강학을 통해 화엄 교학이 전수되었다는 사실 정도만 확인될 뿐, 그 이해 수준을 알 수 있는 구체적 자료는 남아있지 않다. 그런데 앞서 언급한 바와 같이 1681년 임자도에 표착한 중국 상선을 통해 전래된 가흥장으로 인하여 조선 후기의 화엄학 연구는 대대적인 변화를 겪게 된 것이다. 그 결과 18세기

---

18 『四溟堂大師集』 卷6(『韓佛全』8, p. 62a-b).

19 김용태(2012), pp. 280-281.

20 「禪敎說贈勒上士序」, 『大覺登階集』 卷2(『韓佛全』8, p. 325b-b).

이후가 되면 조선의 불교계에서는 화엄 강학이 각지에서 성행하였고, 주석서인 『사기私記』의 저술도 급증하여 가히 '화엄의 중흥'이라고 할 만한 상황이 도래하였다. 특히 백암 성총의 『소초』 간행은 이후 화엄교학 성행의 일대 전기가 되어 18세기 조선의 불교계는 화엄 교학이 중심이 된 이른바 '화엄의 시대'였다. 백암 성총의 『소초』 간행은 후대에 "100년이 지나지 않아 온 나라의 법보法寶를 인쇄하고 열람하는 자들이 옛 것을 버리고 백암 성총의 새 판본을 좇았다."[21]고 평가될 만큼 그 영향력이 매우 컸다.

이 시기 화엄학의 성행은 승려들의 활동 내역을 통해서도 확인 가능하다. 이를 선행 연구에 기반하여 정리해보면, 먼저 백암 성총은 『소초』의 간행에 즈음하여 1691년 순천 선암사仙巖寺에서 화엄대회華嚴大會를 개최하였는데 이 때 신도들이 전국에서 구름같이 모였다고 한다. 백암 성총의 전법 제자 무용 수연無用秀演(1651-1719)도 1688년 성총을 찾아가 『소초』를 전해 받고 그 정수를 얻었고, 1719년에는 호남과 영남의 승려들로부터 화엄 강의를 요청받아 송광사에서 열린 화엄대회의 맹주가 되었다. 그리고 이 당시 화엄대회에 참여했던 무용 수연의 제자 영해 약탄影海若坦(1668-1754) 역시 화엄 교학에 능통하여 1750년 송광사에서 화엄대회를 주관하였다. 또한 청허계의 월담 설제月潭雪霽(1632-1704)와 부휴계의 모운 진언慕雲震言(1622-1703)으로부터 가르침을 받은 환성 지안喚醒志安(1664-1729)은 선과 교의 대장大匠으로서 남북에 교화를 두루 펼쳤다. 그는 당대 화엄의 일인자로 평가받던 진언의 직지사 화엄법회에서 인정받고 법석을 물려받았다. 그의 강설 내용은 백암 성총이 간행한 『소초』에 모두 부합하였으며, 그는 1725년 금산사에서 1,400여 명이 운집한 화엄대법회를 주관하기도 하였다.

---

[21] 「松廣寺栢庵堂性聰大禪師碑銘陰記」, 지관 편(2000), p. 318.

18세기 전반에 활동한 주요 교학자로는 환성 지안의 문도인 호암 체정虎巖體淨(1687-1748), 함월 해원涵月海源(1691-1770)과 설암 추붕雪岩秋鵬(1651-1706)의 제자인 상월 새봉霜月璽篈(1687-1767)을 들 수 있다. 이 중 특히 상월 새봉은 환성 지안 이후 화엄의 1인자로 명성을 떨치며 1734년과 1754년에 선암사에서 1200여 명이 참석한 대규모의 화엄강회를 개최하였다.[22]

18세기 중후반에는 화엄관련 사기私記로 유명한 설파 상언, 연담 유일, 인악 의첨仁岳義沾(1746-1796)이 나와 화엄 교학의 수준이 절정에 달하였다. 설파 상언은 징관『화엄경소』와 해인사 대장경을 일일이 대조하고『소』와『소초』에서 잘못 인용된 부분을 정정하여『구현기鉤玄記』와『화엄은과華嚴隱科』를 저술하였고,『십지품』에 대한 사기도 남겼다. 또한 그는 앞서도 언급한 바와 같이 징광사의 화재로 성총이 간행한『소초』판목이 모두 소실되자 이를 중간하고 지리산 영각사에 경판각을 세워 이를 보관하였다. 설파 상언에게 수학한 후 30여 년간 화엄의 강석을 이끌던 연담 유일 또한 화엄의「현담」과「십지품」을 지었는데, 유일 계통의 필사본 사기는 현재『유망기遺忘記』라는 명칭으로 전해진다. 인악 의첨도 설파 상언에게 수학하고 연담 유일과 마찬가지로 설파 상언의『화엄은과』에 근거하여『소초』에 대한 사기를 썼다. 그리고 이후 화엄에 대한 이해는 연담 유일과 인악 의첨의 사기에 준거하였고, 이들의 사기는 19세기 이후 각각 호남과 영남에서 중시되면서 강원 교육을 통해 계승되었다.[23]

한편 한국의 화엄 교학은 고려 전기까지는 지엄과 법장, 그리고 의상 화엄을 중심으로 전개되었지만, 의천 이후에는 징관 화엄의 영향력이 커졌

---

22 이종수(2015), pp. 66-67; 김용태(2012), pp. 287-288.
23 김용태(2021), pp. 195-196.

다. 이어 지눌 단계에서는 이통현의 실천적 화엄론을 매개로 한 선교겸수를 추구하였다. 조선 전기에는 불교의 쇠퇴와 함께 교학도 침체되었지만, 조선 후기인 17세기에 들어 선·교·염불의 삼문 수행체계가 정립되었고 선교겸수의 지향 속에서 간화선과 화엄이 양립하는 구조가 이력 과정 등에 반영되었다. 이러한 분위기 속에서 이 시기 징관의 『소초』가 적극적으로 수용되어 화엄 교학의 발전에 기여하고 강원의 교재로 활용될 수 있었던 까닭은 징관의 사상적 경향이 선·교·염불의 종합적인 수행을 지향했던 당시 불교계의 수행관에 적합하였기 때문이었다. 일찍이 징관은 『소초』에서 '화엄경제華嚴經題의 의취義趣'를 일심一心에 귀섭시켰고, 교와 선의 나눔을 편중된 것으로 경계하였다. 즉 일심을 매개로 화엄과 선을 연결시키고, 화엄을 우위에 두면서도 천태·유식 등 제교학과 선을 포섭하고 나아가 유교·도교와 같은 중국적 사유와 불교를 회통하려 했던 징관의 사상적 경향이 당시 삼문의 수행 체계와 부합하였던 것이다.[24] 이와 같은 조선 후기 불교계의 사상적 동향은 백암 성총이 편찬했던 전적의 현황을 통해서도 짐작해 볼 수 있다. 1686년 징광사를 시작으로 1695년 쌍계사에 이르기까지 10여 년간 백암 성총이 간행한 불전은 총 12종이며, 이 중 9종이 이력 과정의 사집·사교·대교와 관련된 서책이었다.[25] 또한 나머지 전적들도 숫자와 관련된 불교의 개념, 즉 법수法數들을 해설해 놓은 불교사전 『대명삼장법수』, 백암 성총이 가흥장의 속장에 수록되어 있는 정토신앙과 관련된 내용들을 편집하여 간행한 『정토보서』, 그리고 『화엄경』·『금강경』·『법화경』·『관음경』 등 네 개의 경전에 대한 영험담으로 이루어진 『사경지험기』로 모두 선·교·염불의

---

24 김용태(2012), p. 284, p. 290.
25 백암 성총의 간행불전 목록은 이종수(2008), pp. 276-277【표1】; 김용태(2021), p. 178【표3】참조.

삼문과 관련된 것이었다.[26] 이를 서적의 성격에 따라 분류해보면 선과 관련된 불전이 4종, 교와 관련된 불전이 6종이며, 염불 또는 신앙 실천과 관련된 불전이 2종이다. 그러므로 이를 종합해보면 성총 또한 화엄을 중시하면서도 당시 삼문수행을 위한 승려들의 교육 및 수행 체계, 나아가 서책의 수요를 반영하여 이 전적들을 간행하였음을 짐작할 수 있다.

## III. 조선 후기 화엄 사상과 신앙이 반영된 불교미술

조선 후기 화엄 교학의 성행은 불교미술에까지 영향을 미치게 된다. 이 시기에 그려진 화엄경변상도와 연화장세계도는 화엄경의 구조와 화엄의 연화장세계를 시각적으로 구현한 대표적인 화엄계 불화이다. 또한 과거 53불의 숫자와 『화엄경』의 법수法數를 매개로 화엄과 다불多佛신앙을 융합한 사례나 화엄신중신앙의 반영으로 호법신들을 하나의 독립된 화목畵目으로 전각에 봉안한 신중도 또한 조선 후기 화엄 교학의 영향으로 나타난 독특한 양상이다.

### 1. 화엄경변상도 華嚴經變相圖

조선 후기에 제작된 화엄경변상도[27]는 칠처구회七處九會의 구성으로 이루어진 실차난타實叉難陀(652-710) 번역의 80권본 『화엄경』에 의거한다. 조

---

26 조명제(2008), p. 94, p. 99.
27 80화엄의 7처9회七處九會를 그린 불화에 대한 명칭은 화기마다 대화엄회大華嚴會, 화엄탱華嚴幀, 화엄7처9회華嚴七處九會 등으로 기록되어 있는데 이 글에서는 현재 국보로 지정된 송광사본의 공식 명칭을 기준으로 이 불화들을 화엄경변상도로 통칭하고자 한다.

선 후기 화엄경변상도는 18세기 후반부터 19세기 초까지 제작된 4점[송광사松廣寺(1770), 선암사仙巖寺(1780), 쌍계사雙溪寺(1790), 통도사通度寺(1811)]이 현전한다. 현전작은 모두 18세기 후반 이후의 작품들이지만, 『송광사지』에 백암 성총이 "낙안 징광사에서 『소초』를 비롯한 불전들을 간행하고, 1689년에 징광사에 화엄華嚴과 영산靈山 양탱兩幀을 화성畵成하였다."는 기록을 통해 17세기에도 화엄경변상도가 조성되었음을 짐작할 수 있다.[28] 또한 송광사 불조전佛祖殿에 조성·봉안된 〈53불도〉 발원문의 "……五十三佛陀華嚴八相藥師會三十三祖十八聖共作……"이라는 기록을 통해서도 53불도가 조성된 1725년에도 이와 함께 화엄경변상도, 팔상도, 약사회도, 33조사도, 18나한도가 함께 제작되었다는 사실이 확인된다.[29]

현전하는 4점의 화엄경변상도는 모두 하나의 화면 안에 칠처구회의 장면을 도해하였다는 점은 공통적이지만, 송광사·선암사·쌍계사본 3점과 통도사본은 전체적인 화면 구성이 다르다. 먼저 통도사본을 제외한 나머지 3점은 1770년부터 10년 간격으로 제작되었고, 세부적인 표현 차이 등은 있지만 도상의 배치나 구성에서는 기본적으로 동일하다.[도1]

---

28 임석진(2001), p.178.

29 현재 송광사에는 여기에 언급된 불화 중 화엄회도와 삼십삼조사도를 제외하고 나머지 작품들은 모두 현전한다. 김세영(2020), pp.140-141.

도1. 〈화엄경변상도〉, 조선(1770), 송광사성보박물관(『松廣寺佛畫』, p.38)

　　세 작품의 기본 구성은 9회의 설법이 이루어진 설법처의 위치를 기준으로 지상地上과 천상天上으로 나뉜다. 즉 화면의 상부에는 총 4회의 천상설법회를 2단에 걸쳐 화면 좌측 아래부터 제3회 도리천궁회忉利天宮會와 제4회 야마천궁회夜摩天宮會를, 우측에도 아래부터 제5회 도솔천궁회兜率天宮會와 제6회 타화자재천궁회他化自在天宮會를 배치하였다. 화면 하부의 지상설법회는 화면의 중심에 배치된 제1회 보리도량회菩提道場會를 기준으로 화면 우측에 총 3차례에 걸쳐 설해지는 보광명전회普光明殿會: 제2회, 제7회, 제8회를 하나의 설법회로 묶어서 표현하였고, 화면 좌측에는 제9회 서다림회逝多林會의 본회本會와 말회末會를 함께 배치하였다.[30] 그리고 화면의 최하

---

[30] 「입법계품」은 크게 근본根本(본회)과 지말枝末(말회)로 나뉜다. 근본법회는 여래과의 마지막 목적을 밝히고 있는 것이고, 지말법회는 이 마지막 목적을 실현하려고 하는 선재동자의 진리탐구의 과정을 밝힌 것이라 할 수 있다. 中村元 외 6인(1990), p.61.

단에는 「화장세계품華藏世界品」에 설해진 연화장세계蓮華藏世界의 구조를 시각화하여 향수해 위에 떠있는 붉은 연꽃과 그 위에 펼쳐진 세계종(찰종刹種)을 표현함으로써 칠처구회의 설법이 이루어진 모든 장소가 화엄의 연화장세계임을 나타내고 있다. 또한 이 그림에서는 대부분 부처가 아닌 설주說主보살들이 설하는 방식으로 구성되어 있는 『화엄경』의 특성을 반영하여 각 법회마다 본존 옆에 각각의 설주보살을 별도로 표현하고 있다는 점에서 이 불화를 제작한 주체들의 『화엄경』에 대한 이해를 엿볼 수 있다. 이는 돈황지역에서 당唐, 오대五代 시기에 제작된 화엄경변상도와의 차별성으로도 가늠해볼 수 있다. 돈황의 〈화엄경변상도〉는 화면 하단에 화엄향수해를 배치하고 그 위로 상중하 3단에 각각 3회의 설법회 장면을 배치한 구도이다. 하지만 이 그림은 9회의 모든 설법을 본존과 좌우 협시를 성중들이 둘러싸고 있는 일반적인 부처의 설법 장면으로 동일하게 표현하여 설법의 횟수만을 형식적으로 표현하였다는 점에서 조선의 화엄경변상도와 확연하게 구별된다.[도2] 즉 조선의 화엄경변상도에서 천상과 지상설법을 명확히 구분하여 배치하고 각 설법마다의 등장인물의 명칭을 정확하게 기입하거나 9회 서다림회의 53선지식과 같이 특정한 내용들을 표현하고 있는 점, 또는 경전에서 설하는 연화장세계의 구조를 명확하게 도해한 정황 등은 이 그림이 조선 후기에 성행했던 화엄 교학을 바탕으로 『화엄경』의 구조와 내용을 성실하게 구현하고 있음을 보여준다. 그리고 이처럼 복잡하면서도 어려운 『화엄경』의 내용을 명확히 이해하고, 이를 체계적으로 정리하여 도해하였다는 점에서 이 그림들은 단순한 예배 목적의 예경용 불화보다는 『화엄경』을 수학하는 승려들의 학습이나 수행에 활용할 목적으로 제작된 불화일 가능성이 크다고 생각한다.

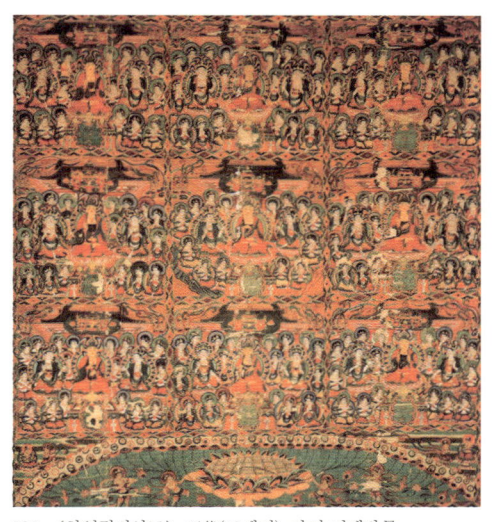

도2. 〈화엄경변상도〉, 五代(10세기), 파리 기메박물관(『シルクロード大美術展』, p.207)

또한 이 세 점의 불화가 비슷한 시기 인접한 지역에서 제작되었다는 점도 주목해야 한다. 송광사·선암사·쌍계사는 조계산과 지리산에 위치하며 조선 후기에는 벽암 각성·백암 성총·무용 수연·상월 새봉, 연담 유일 등의 걸출한 화엄종사들이 활동한 화엄사상의 중심지였으며 화엄대회가 설행되었던 사찰들이다. 또한 현전하는 많은 불화들의 화풍과 화기 분석을 통해 조선 후기 송광사와 선암사를 중심으로 화승들의 인적 교류와 협력이 이루어졌다는 것도 이미 익히 확인된 사실이다. 그리고 이와 같은 배경 속에서 18세기 후반 송광사·선암사·쌍계사에서 활동했던 화연華蓮·비현丕賢·평삼平三 등이 동일한 도상의 화엄경변상도 도상을 공유하여 제작하였다는 사실은 조선 후기 화엄 교학의 중심이었던 부휴문중이 세거한 사찰들을 중심으로 새로운 화엄계 미술이 제작되었음을 보여주는 확실한 정황이라 할 수 있다.

한편 이 3점의 화엄경변상도와 달리 통도사본은 『화엄경』의 내용에 새로운 도상이 추가되었다는 점에서 주목된다.[도3] 화면구성은 크게 『화엄경』의 칠처구회가 중심을 이루고, 화면 하단의 좌우로 천수관음千手觀音과 준제관음准提觀音이 등장한다. 이 그림은 1811년에 제작되어 수행자의

도3. 〈화엄경변상도〉, 조선(1811), 통도사성보박물관.(필자 촬영)

참선 공간인 보광전寶光殿에 봉안했던 작품으로, 그림은 중단과 하단에 지상설법을, 상단에 천상설법을 배치한 구성이다. 천상설법은 화면 상단 중앙에 설법인의 노사나불을 배치하고 오른쪽에 제3회 도리천궁회와 제4회 야마천궁회를, 왼쪽으로 제5회 도솔천궁회, 제6회 타화자재천궁회를 표현하였다. 지상설법은 화면 중단의 중심에 제2·제7·제8 보광명전회를 하나의 전각 안에 함께 배치하고 그 오른쪽으로는 제1회 보리도량회를, 왼쪽으로는 제9회 서다림회의 본회를 표현하였다. 화면의 하단에는 화면의 중앙에 제9회 서다림회의 말회를 중심으로 오른쪽에는 천수관음이, 왼쪽에는 윤장대輪藏臺와 준제관음이 도해되어 있다.

이 중 앞서 살펴본 3점의 화엄경변상도와 차별되는 부분은 특히 화면의 하단 부분이다.[도4]중앙의 서다림회 말회는 크게 두 장면으로 구성되어 있다. 오른쪽은 박락이 심해 탑의 모습은 희미하지만 '복성동반고탑福城東畔古塔'이란 명문이 또렷이 남아있어 복성 동쪽의 대탑에서 선재동자가 첫 번째 선지식인 문수보살을 만나는 장면을 표현한 것임을 알 수 있다.[31] 그리고 탑의 좌측에는 문수와 보현보살을 중심으로 수많은 성중들이 모여 있는데, 그 중 어린 동자의 정수리에 오른손을 올려놓은 보살은 문수보살이다. 이는 선재가 구법의 후반부에 다시 문수보살을 만나기를 원하자 보살이 멀리서 오른손을 내어 선재의 정수리를 어루만지며 수기를 내린다는 내용을 표현한 것이다.[32]

도4. 통도사 〈화엄경변상도〉 하단 부분.

문수보살의 반대편에 자리한 보살은 보현보살로, 선재의 구법에서 가장 마지막에 만나 성불의 경지를 가르쳐주는 보살이다. 이와 같이 말회에서는 선재동자가 구법을 시작하는 단계에서 만난 문수와 마지막 단계에서 만난 보현보살[33]을 표현함으로써 선재동자의 구법 여정을 구체적이면서도 상징적으로 표현하였다. 그리고 기존의 연구에서는 두 보살의 주위를 둘러싼 보살과 대중들을 53선지식과 복성법회에 모여든 성중이라 인식했으나, 이들 중 많은 이의 시선이 대탑이 아닌 반대쪽을 향하고 있다

---

[31] 『華嚴經』 卷62(『大方廣佛華嚴經』/『高麗大藏經』80, p. 814a-b).

[32] 『華嚴經』 卷80(『大方廣佛華嚴經』/『高麗大藏經』80, p. 937a).

[33] 『華嚴經』 卷80(『大方廣佛華嚴經』/『高麗大藏經』80, pp. 938a-939a).

는 점에 주목할 필요가 있다. 그리고 이들의 시선이 향하는 곳에는 화려하게 장식된 육각형의 윤장대를 돌리는 승려가 있다. 화엄경변상도에 새롭게 등장한 윤장대는 조선 후기 『화엄경』을 중심으로 한 교학의 부흥에 따른 경전의 중요성과 학문 성취의 염원을 의미한다고 해석할 수 있다. 즉 53선지식이 자력自力의 실천행으로 보살의 수행 단계를 성취해가는 '실천적인 화엄'을 의미한다면 윤장대는 경전을 중심으로 하는 '이론적인 화엄'을 상징한다고 하겠다.[34] 그리고 이러한 해석을 전제한다면 윤장대를 바라보는 성중들을 굳이 복성법회의 참가자나 53선지식의 표현으로 인식하는 것보다는 오히려 경전을 수지 독송하는, 또는 교학 연구를 통해 수행의 단계를 밟아가고자 하는 인물들로 보는 것이 보다 합리적이지 않을까 생각한다. 즉 선재동자의 구법을 문수·보현·복성대탑·선재동자와 다수의 선지식으로 표현하여 실천적인 화엄을 상징했다면, 경전을 수지독송하는 성중과 윤장대의 표현은 이론적인 화엄을 상징하여 한 화면에 화엄의 실천과 교학의 중요성을 동시에 표현하고자 한 것이라 볼 수 있는 것이다.

　또한 화면 하단의 좌우에 표현된 천수관음과 준제관음은 화면 상단 중앙에 자리한 설법인의 노사나불과 함께 이해되어야 한다. 이는 노사나불은 『화엄경』을, 천수관음과 준제관음은 『천수경千手經』을 대변한다고 할 수 있으며, 이처럼 두 경전이 조합되는 이유는 앞에서 언급했듯이 삼문수업의 영향으로 해석할 수 있다. 조선의 불화에 천수관음과 준제관음보살이 함께 조성된 이유는 천수관음에 관한 의례집과 관련이 있다. 사찰에서 사용하는 현행 『천수경』에는 「준제진언찬」·「귀의준제」·「준제진언」 등 독립적인 성격을 띤 준제관음의 진언이 첨가되어 있는데, 준제관음신앙은

---

[34] 이용윤(2002), pp. 210-212.

사실 『천수경』과는 직접적인 관련은 없다. 그러므로 준제진언과 같은 준제관음신앙은 아마도 관음신앙이라는 관점에서 어느 시기엔가 『천수경』에 수용되었고, 『천수경』이 유행함에 따라 더불어 그 속에 포함되어 있던 준제진언 수행 또한 유행한 것으로 추정된다.

화면 하단의 오른쪽에 자리한 천수관음은 물결이 이는 수면 위로 솟은 연꽃 위에 앉아 있으며 42수를 갖춘 형상으로 표현되었다.[도5] 관음의 왼쪽에는 대나무 세 그루와 용왕이, 오른쪽에는 정병을 든 선재동자가 자리한다. 관음·선재동자·대나무의 조합은 『화엄경』「입법계품」의 27번째의 선지식인 관음이 선재동자를 맞이하는 장면을 표현한 고려의 수월관음도에서 연원을 찾을 수 있으며, 천수관음과 선재동자의 조합 또한 고려의 〈천수관음도〉(14세기, 국립중앙박물관)와 일본 지코지持光寺소장의 〈천수관음도〉(1532)에서 선례를 확인할 수 있다. 또한 용왕과 선재동자가 관음과 함께 표현된 도상은 인수대비仁粹大妃의 발원으로 명대明代의 판본을 복각하여 간행한 『불정심다라니경』(1485)의 권수 판화[도6]를 시작으로 조선시대 관음 관련 경전의 권수판화로 빈번하게 등장한다. 그러므로 통도사본에 표현된 천수관음은 기존의 관음보살도에 나타난 다양한 도상을 적극적으로 차용하여 제작되었음을 알 수 있다.

도5. 통도사 〈화엄경변상도〉 천수관음.

도6. 「佛頂心陀羅尼經」 권수판화, 조선(1485), (「역주불설아미타경언해·불정심다라니경언해」, pp.65-66)

화면 하단 왼편에 자리한 준제관음은 『칠구지불모소설준제다라니경七俱低佛母所說准提陀羅尼經』이나 『칠구지불준제대명다라니경七俱低佛准提大明陀羅尼經』의 화상법畵像法[35]에 따라 수면 위로 피워 오른 연화좌에 앉아 있으

도7. 통도사 〈화엄경변상도〉 준제관음.

---

35 "몸은 황백색을 두르고 결가부좌하며 자리 위에는 연꽃이 있다. …… 다시 하늘 옷을 입었는데 모서리마다 영락을 달고 머리에는 관을 썼다. 팔에는 모두 팔찌를 차고 단檀과 혜慧에도 보배반지를 꼈다. 그 상의 얼굴에는 세 개의 눈이 있으며 열여덟 개의 팔이 있는데 위의 두 손은 설법상을 하고 …… 연꽃 아래에는 연못을 그리는데 연못 가운데에는 난타용왕과 오과난타용왕이 있으며……"

며, 형상은 3목目 18비臂이다.[도7] 연화좌 아래에는 난타용왕과 오과난타용왕이 연꽃줄기를 잡고 있다.

한편 준제관음의 우측에는 거울과 그것을 관하는 승려가 등장하는데, 이는 화상법에는 표현되어 있지 않지만 구례 화엄사華嚴寺에서 판각된 『준제정업准提淨業』(1724)을 통해 이해할 수 있다. 이 판본에는 2장의 판화가 실려 있는데, 그 중 〈불모준제상佛母准提像〉이라 기록되어 있는 판화가 통도사본과 도상의 배치와 표현이 거의 동일하다.[도8] 특히 화면 왼쪽에 자리한 거울과 거울을 향해 앉아있는 승려의 옆으로 '경단鏡壇'과 '행자行者'라는 방제가 있어 이것이 경단법을 행하는 승려를 표현했음을 명확히 보여준다. 그리고 『준제정업』에 "진언眞言을 행하는 자는 불상 앞에 계단을 설하고 향을 사르고 정수淨水로 공양한다. 15일 밤 동안 달이 떠오르는 동쪽을 향해 한 번도 사용하지 않은 새 거울을 자리 앞에 안치하고 거울 앞에서 인결하여 가슴 앞에 두고 다라니를 1,080번 읊는다.……"와 같은 내용이 있다.[36] 즉 이 두 가지 자료를 통해 준제관음의 우측에 거울을 바라보며 앉아있는 승려는 계단을 설치하고 그 앞에서 거울을 바라보며 준제주를 지송하는 경단법 수행자를 표현한 것임을 명확히 알 수 있다. 그러나 이 도상의 연원이 되는 화엄사판 『준

도8. 「준제정업」 〈불모준제상〉 판화, 화엄사 刊(1725),(필자 촬영)

---

**36** 『准提淨業』卷2, 壇法 條(『卍續藏經』104, p. 744a); 박일웅(2003), pp. 32-33.

제정업』도 이후에 추가로 간행된 기록을 찾아볼 수 없다. 또한 준제관음 과 관련된 다라니들과 『준제정업』의 내용도 쌍계사 수도암修道庵에서 간행 된 『비밀교秘密敎』(1784)와 1800년 망월사望月寺 『진언집』(1800) 등에 부분적 으로만 수록되어 있을 뿐이다. 그러므로 이와 같이 준제관음과 경단법에 관한 도상이 불화에 직접적으로 반영되었다고 해도 이를 근거로 조선 후 기 준제관음에 관한 독자적인 신앙이나 수행이 유행했다고 보기에는 무 리가 있을 듯하다. 다시 말해 『천수경』이 유행함에 따라 주요 다라니 중 하나로서 준제진언 수행 또한 유행하였고, 통도사본에 표현된 준제관음 의 도상은 화엄사에서 간행된 『준제정업』의 도상이 이 불화를 제작한 승 려들에게 공유되어 천수관음과 대칭되는 도상으로서 불화에 반영되었을 것으로 추정된다. 이와 같이 통도사 〈화엄경변상도〉는 승려들이 선수 행을 하는 보광전에 교학을 상징하는 『화엄경』의 노사나불과 칠처구회의 장면, 그리고 염불문인 『천수경』에 의거한 천수관음과 준제관음이 한 화 면 안에 결합된 불화가 제작되어 봉안되었다는 점에서 당시 불교계의 수 행 경향을 그대로 보여주는 독특한 작품이라 평가할 수 있다.

## 2. 연화장세계도 蓮華藏世界圖

화엄경변상도와 더불어 조선 후기 화엄과 관련하여 새롭게 제작된 불 화는 연화장세계도이다. 연화장세계는 고려에서 제작된 화엄경 변상판화 와 범망경 사경변상도 등을 통해 일찍이 표현된 바 있으며, 앞서 살펴본 송광사를 위시한 3점의 화엄경변상도의 하단에도 나타나지만, 19세기 후 반부터는 연화장세계만을 독립적으로 그린 연화장세계도가 그려졌다. 연 화장세계가 하나의 독립적인 화목으로 그려진 불화로는 용문사龍門寺 〈

연화장세계도〉(1894년경), 통도사〈화장찰해도華藏刹海圖〉(1899), 청룡사靑龍寺 내원암〈연화장세계도〉(1911), 서울역사박물관소장〈비로화장지도〉(19세기)가 현전한다.

『화엄경』의「화장세계품」은 보현보살이 대중들에게 비로자나불의 서원과 수행을 통해 완성된 연화장세계를 상세하게 설명한 부분으로 총 3권으로 구성되어 있으며 이 내용을 한 폭의 그림 안에 구현한 것이 바로 조선의 연화장세계도이다. 경전에 의하면 화장세계의 맨 밑에 풍륜風輪이 있고 그 위에 향수해香水海가 있으며, 이 향수의 바다 속에 한 송이의 큰 연꽃이 있는데, 이 연꽃 속에 함장含藏되어 있는 무수한 세계를 연화장세계라 한다. 또한 이 무수한 세계는 20중重으로 중첩된 중앙세계를 중심으로 110개의 세계가 있고, 다시 티끌의 수만큼 많은 세계가 그물처럼 얽혀 세계망世界網을 구성하고 있으며, 그 가운데에서 부처가 출현하여 중생들 속에 충만해있다고 한다.[37]

이러한 복잡한 구조의 연화장세계를 고려시대에 제작된 그림들에서는 향수해 위에 떠있는 대연화와 그 위에 자리한 무수한 부처의 모습들로 단순하게 표현하였다.[도9] 반면에 조선 후기 연화장세계도는 20개의 세계를 대연화 위에 역사다리꼴 형태로 표현하고, 각각의 세계를 주재하는 불명호를 기입하거나, 하나의 세계를 위에서 내려다 본 모습처

도9. 해인사「화엄경」판화의 연화장 세계 부분. 고려.(필자 촬영)

[37] 이기영(1982), pp. 337-338.

럼 중앙세계종을 중심으로 연결된 110개의 세계종을 표현한 원 안에 그 이름을 기입한 방식으로 보다 도식적이고 체계적으로 변모하였다. 그리고 이 그림들의 도상에 직접적인 영향을 미친 책은 『회현기』이다. 이 책은 1681년 조선에 유입된 가흥장의 일부로, 1695년 성총이 쌍계사에서 간행·유통시킨 이래로 강원의 교재로 널리 사용되었다. 이 책에는 「화장세계품」의 이해를 돕기 위한 두 개의 판화가 실렸는데 하나는 「화장세계품」 1권에서 설명한 중앙세계종에 분포된 20세계를 표현한 것이고, 또 다른 하나는 「화장세계품」에서 3권에 걸쳐 순차적으로 설명한 111개의 세계종을 도식화하여 연화장세계를 위에서 내려다본 모습으로 표현하였다.[도10][38]

 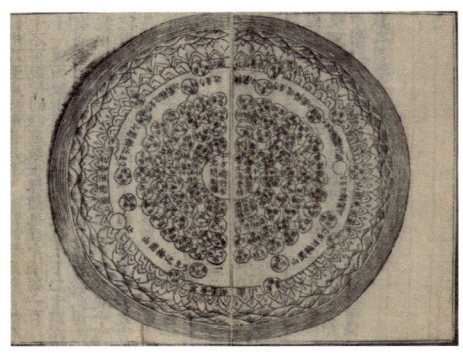

도10. 「화엄현담회현기」, 쌍계사 刊(1695).(필자 촬영)

앞서 살펴본 송광사 〈화엄경변상도〉와 같이 연화장세계가 화엄경변상의 일부분으로 표현된 것은 「화장세계품」이 제1회 보리도량회를 이루는 6품 중 하나라는 인식 속에서 화장세계도를 보리도량회와 연결하여 화면 하단에 표현한 것이다. 이 경우에는 『회현기』에 실린 두 번째 판화처럼 화장세계는 원형의 공간 안에 11개의 풍륜·향수해·대연화·111개의 세

---

[38] 이용윤(2002), p. 220.

계종으로 도해되지만, 송광사 <화엄경변상도>에서는 그림의 안정성을 감안하여 세계종을 좌우로 길게 배치하였다.

단독으로 그려진 4점의 연화장세계도 또한 『회현기』에 수록된 2개의 판화를 바탕으로 각기 다른 형태로 제작되었다. 용문사 <연화장세계도>는 1984년 용문사에 화재가 나기 전까지 강원에 봉안되었다고 하며, 화기가 손상되어 정확한 제작 시기는 알 수 없다. 하지만 이 그림은 수화사인 봉화奉華의 활동 시기로 보아 대략적으로 1894년 전후에 제작되었을 것으로 추정된다.[도11][39]

도11. <연화장세계도>, 조선 후기(1894 전후), 용문사성보박물관.(출처: 『한국의 불화』 9, p.64)

이 그림은 『회현기』에 수록된 2개의 판화 중 111개의 세계종을 도해한 판화를 모본으로 하여 붉은 연꽃잎을 경계로 밖으로는 연화장세계를 지지하는 구조를, 안으로는 「화장세계품」 1권에 설명된 중앙세계종을 중심으로 2·3권의 세계종이 연결되어 만들어진 10개의 세계종무리가 펼쳐진

---

**39** 이용윤(2002), p. 225.

모습을 표현하였다. 즉 연꽃 밖 11개의 오색테두리는 연화장세계를 받들고 있는 풍륜이며, 풍륜 안쪽에 푸른 물결은 향수해, 향수해 안에 핀 한 송이의 붉은 연꽃과 그 안에 오색 찬연한 암산은 금강륜산金剛輪山이다. 그리고 연꽃 중심에 자리한 큰 원에는 비로자나불을 중심으로 문수와 보현보살, 가섭과 아난이 그려져 있다. 이는 중심세계종에 자리한 비로자나불을 중심으로 다른 세계종을 연결함으로써 연화장세계가 결국 비로자나불 자체임을 보여주는 것이다. 비로자나가 자리한 이 원의 주변에는 10개의 원이 둘러져 있으며, 각 원마다 다양한 수인을 하고 있는 여래들이 그려져 있는데 이들은 「화장세계품」 2권에 서술된 10개의 세계종에 머무르는 여래를 표현한 듯하다. 또 이 10개의 원은 다시 10개의 원과 연결되고, 각 원에는 「화장세계품」 3권에 있는 세계종의 이름이나 여래가 표현되어 있다. 안성 청룡사 내원암 <연화장세계도>(1911)는 용문사본과 기본적인 도상의 구성은 동일하지만, 용문사본과 비교하면 도상이 정형화되고 채색 또한 단순해졌음을 알 수 있다. 하지만 이 그림은 동시기 경상도에서 제작된 불화 도상이 경기도 지역에 전파되었음을 알려준다는 점에서 화사들의 교류 연구에 자료적으로 중요한 의미를 갖는다.

서울역사박물관소장 <비로화장지도>(19세기)는 붉은 바탕에 백선으로 그린 선묘불화로 정확한 제작 연대는 알 수 없지만, 이 또한 동일한 화제의 그림들이 그려진 19세기에 제작된 것으로 추정된다.[도12] 이 그림은 『회현기』에 수록된 2개의 판화를 결합하고 그 주변으로 시방불과 문수·보현보살, 그리고 화엄 교학 발달에 결정적인 역할을 한 법장과 징관스님을 그려 넣었다. 먼저 화면의 상단에는 111종 세계종 판화와 시방제불을, 하단에는 역사다리꼴로 표현된 20세계를 중심으로 전면 좌우에 문수와 보

도12. <비로화장지도>, 조선후기(19세기), 서울역사박물관.(출처: 『禪·善·線描佛畵』, p.32)

현보살을 표현하였다. 이는 연화장 세계가 곧 법신 비로자나임을 상정한다면, 중앙에 배치된 '세계종과 20세계 판화의 결합 장면'이 곧 비로자나불이 되는 것이므로 비로자나삼존을 표현한 것으로도 볼 수 있다. 그리고 두 보살의 뒤로 각각 중국 화엄종의 제3조 현수 법장과 제4조 청량 징관이 책상에 앉아있는 모습으로 그려져 있다. 이들은 중국 화엄 교학의 발전을 이끈 인물일 뿐만 아니라 한국의 화엄 사상에도 큰 영향을 미친 인물들인데, 이처럼 이들이 화엄 관련 불화에 직접적으로 표현되었다는 사실에서 그들의 영향력을 다시 한 번 확인할 수 있다.

통도사 <화장찰해도華藏刹海圖>(1899)는 이 그림을 제작한 동호 진철東昊震徹이 1896년 통도사 <지장보살도>를 조성할 때 용문사 <연화장세계도>를 그린 봉화와 함께 작업한 점으로 보아 연화장세계도에 대해 알고 있었을 가능성이 높다. 그러나 통도사 <화장찰해도>는 『회현기』에 수록된 2개의 판화를 독특하게 결합하는 방식으로 또 다시 새로운 도상을 만들어냈다. 즉 연화장세계를 측면에서 바라본 20세계의 가운데에 연화장 세계를 위에서 내려다본 111종의 세계종 판화를 배치한 것이다.[도13] 현재 이 그림 또한 스님들의 강원인 황화각皇華閣에 봉안되어 있어 일반인

도13. 〈화장찰해도〉, 조선(1899), 통도사.(박세진 제공)

의 접근이 어렵다. 언제부터 이 그림이 강원에 봉안되어 있었는지는 알 수 없지만 연화장세계의 구조를 복잡한 도식으로 풀어낸 이러한 그림은 화엄교학에 익숙하지 않은 일반인들을 대상으로 조성된 것이 아니라는 점은 명백하다. 연화장세계는 비로자나불의 서원과 수행으로 이룩한 비로자나의 정토이자 그 자체가 비로자나불이라 할 수 있다. 그러므로 이처럼 17세기 말부터 강원을 통해 활발하게 유통되었던 『회현기』의 도상이 19세기에 이르러 독립적인 불화로 제작되었고, 이 그림이 용문사와 통도사의 사례처럼 승려들의 강학공간에 봉안되었다는 사실은 이 그림 또한 일반 신도들을 위한 예경용 불화가 아닌 화엄 교학을 바탕으로 수행을 지속해가는 승려들의 학습, 또는 수련을 목적으로 제작되었을 가능성을 보여준다.

## 3. 기타

화엄사상이 조선 후기 불교미술 조영에 직접적으로 영향을 미친 사례는 또 있다. 조선 후기에 조성된 불상은 석가모니불이나 아미타불이 주류를 이루지만, 17세기에는 비로자나불의 조성이 많아졌고, 그 불상들이 주로 부휴계 승려들이 세거하였던 사찰들에 조성되었다는 점 또한 흥미롭다. 이 시기 부휴문중과 관련된 사찰 중 비로자나불이 조성된 사례로는 보은 법주사 대웅전 비로자나삼신불상(1626), 구례 화엄사 대웅전 비로자나삼신불상(1636), 김제 귀신사 비로자나삼불상(17세기 전반)과 고창 선운사 비로자나삼불상(1633) 등이 있다.

또한 화엄사상의 성행은 화엄 이외의 불교 미술에도 적지 않은 영향을 주었다. 예를 들어 화엄사는 1699년부터 각성의 제자 계파 성능桂坡性能이 중창을 하며 중건된 장육전(지금의 각황전)에 1703년 석가모니불·다보불·아미타불과 보현·문수·관음·지적보살知積菩薩[40]이 봉안되었다. 이는 각성이 교정한 『오종범음집五種梵音集』에서 영산회 법화거불의 대상으로 언급되는 석가모니불·다보불·아미타불과 협시보살들을 봉안한 것으로, 화엄사의 중심 전각에 비로자나불과 관련 없는 이와 같은 도상이 조성된 것은 도상학적으로는 설명되지 않는다. 그런데 각성의 증손제자 무용 수연은 이 불사를 찬탄하는 글에서 "화엄사의 신축한 2층의 장육전에 3여래와 4보살을 만들어 봉안하고 …… 무변법계無邊法界에서 상락아정常樂我靜의 원융한 화엄의 도리를 설하고 있는 것은, 법신 비로자나의 몸이 일一에서 다多로 화현한 것이고 …… 연화장세계가 모두 하나의 가람 안에 들어와 있다."[41]라는 서술을 통해 이 사찰 안의 모든 조상이 비로자나불의

---

[40] 이곳에는 원래 아미타불의 협시인 세지보살이 봉안되어야 도상학적으로 맞는다. 지적보살은 『법화경』과 『화엄경』에 모두 등장하는 보살이기는 하지만, 왜 이와 같은 변화가 일어났는지에 대한 명확한 이유는 아직 밝혀진 바 없어 추가적인 고찰이 필요하다.

[41] 無用秀演, 「慶尙道梁山通度寺聖骨靈塔及湖南求禮華嚴寺丈六重修慶讚疏」, 『無用堂遺稿』 無用堂集下(『韓佛全』9, p. 361a).

화현이고, 이로서 연화장세계가 표현된 것이라는 해석을 내놓았다. 즉 이는 다양한 불보살의 존상을 모두 화엄의 불신관으로 포섭한 것이다. 그리고 이와 같은 논리로 화엄의 존상이 아미타불이나 미륵불과 같은 다른 존격의 형상으로 표현된 사례는 중국의 조각에서도 일찍부터 존재하였으며, 조선 후기에는 충청도 지역을 중심으로 집중적으로 조성된 보관을 쓴 부처의 도상이 화엄의 불신관에 의해 영산회의 주불로 조성된 것이 대표적인 사례이다.[42]

한편 이 시기에 송광사를 중심으로 부휴문중과 관계있는 사찰들에서 53불과 관련된 불상과 불화가 제작되었다는 점도 주목할 만하다.[43] 그 중 대표적인 사례로는 송광사 불조전의 53불상과 53불도를 들 수 있다. 53불의 조성은 기본적으로 불교의 다불사상多佛思想으로부터 형성된 것이다. 다불의 조성은 과거칠불, 35불과 53불, 천불, 삼천불, 만불 등 다양한 양상으로 전래되었는데, 우리나라에서는 현전 사례로 보았을 때 그 중에도 53불과 천불의 조성이 선호되었던 것으로 보인다. 우리나라에서는 일찍이 삼국시대에 53불신앙이 수용되어 고려시대에 조성이 성행하였으며, 조선시대에는 17-18세기 부휴문중과 관련된 사찰에서 다시 53불의 조성이 성행하였다.[44] 53불의 존명은 『불설대아미타경佛說大阿彌陀經』, 『관약왕약상이보살경觀藥王藥上二菩薩經』, 『점찰선악업보경행법占察善惡業報經行法』, 『자비도량참법慈悲道場懺法』 등에서 확인되는데, 현존하는 조선 후기 53불의 존명은 『관약왕약상이보살경』과 거의 일치한다. 그런데 고려 원묘국사圓妙國

---

42 이에 관한 자세한 사항은 배재호(2018), pp. 278-280; 박은경(2013), p. 106.
43 조선 후기 53불상과 불화에 관한 자세한 현황은 김세영(2015), pp. 42-60.
44 김세영(2015), pp. 52-54.

師 요세了世의 비명에도 그가 매일 53불에게 열두 번씩 예참하였다는 기록이 있고, 특히 예종대에 유입된『자비도량참법』에 의해 고려에서 참회사상이 크게 유행하였다는 사실,[45] 그리고 조선에서도 15세기에 왕실에서『자비도량참법』(명빈김씨(1447), 정희왕후(1474))과『예념미타도량참법』(정희왕후(1474))이 간행된 것으로 보아 고려에 이어 조선에서도 꾸준히 예참의례가 이루어졌음을 추정할 수 있다.[46] 그리고 이러한 분위기의 연장선상에서 조선 후기에 조성된 53불 또한 참법계열 경전에 의거한 예참과의 관련성을 가지고 제작된 듯하다. 실제로 송광사 불조전의 삼신불과 53불상에서 나온 복장발원문에서 "명호를 한번 들으면 즉시 죄가 다하여 없어진다."라는 내용과 "기쁘게 참회하며 상을 조상한다."는 내용이 확인되어 이 불상들이 칭명염불과 참회를 목적으로 조성되었음이 밝혀졌다.[47]

순천 송광사는 17세기에 전란으로 황폐해진 사찰을 복구하면서 송광사 주 사역의 남쪽 개울 건너편에 새로운 화엄도량으로 조성한 듯하다. 그 중 불조전의 내부에는 불단 중앙에 봉안된 석가·비로자나·노사나불로 이루어진 비로자나삼신불을 중심으로 좌우와 양 측벽에 걸쳐 ∩형 구도로 53불의 석조불상이 봉안되었다. 이 불상들은 1684년 조각승 충옥忠玉에 의해 화엄전의 석가삼존과 함께 조성되었다. 그리고 53불상의 뒤에 걸려있던 53불도는 화기를 통해 1725년 화사 의겸義謙의 주도 아래 제작되었음을 알 수 있으며, 존상의 옆에 적힌 방제를 통해 각각의 존명 또한 확인할 수 있다.[도14] 이를 정리해보면 이 불화는 삼신불三身佛과 오방불五

---

[45] 김세영(2015), pp. 23-24.
[46] 김자현(2017), pp. 33-36 【표2】 참조.
[47] 복장발원문은 김세영(2015), 부록 2·3 참조.

도14. 〈오십삼불도〉, 조선(1725), 송광사성보박물관.(송광사박물관 제공)

方佛을 표현한 '칠불도'를 중심으로 '구불도'와 '십삼불도'가 각각 좌우 양쪽 벽면에 걸리고 칠불도를 마주보는 방향으로 '오불도' 2점이 걸려 있는 구성이다. 즉 칠불도에는 삼신불과 오방불 중 중복되는 비로자나불이 한 번만 표현되었고, 53불도라 불리는 그림도 과거 53불 중 1불이 제외되고 '오불도'의 양 끝에 각각 과거를 나타내는 비바시불毘婆尸佛과 미래를 나타내는 당래미륵존불當來彌勒尊佛이 추가되어 사실상으로는 총 54불이 표현되었다. 즉 이 불화는 삼신불과 오방불에서 시작돼 53불이 순서대로 배치되고, 불화의 마지막에 과거천불과 미래천불을 상징하는 존상을 추가함으로서 불조전 내에 불신과 시방삼세의 부처가 상주하는 연화장세계를 표현한 것이라 해석할 수 있다.

또한 이 53불과 화엄과의 관계는 『화엄경』과 그 주석서들에서 실마리를 찾을 수 있다. 「화장세계품」에서는 화장세계가 비로자나불의 무수한 수행과 서원을 통하여 조성된 정토임을 밝히고 있다. 그리고 불국토로 가기 위한 수행은 여러 방편이 있는데, 그 중 『화엄경소』에서 설하는 5가지 염불문 중에는 객관의 경계를 반연하여 염불하는 연경염불문緣境念佛門이, 『화엄경보현행원품별행소초華嚴經普賢行願品別行疏鈔』에 언급되는 4가지 염불문 중에는 부처의 명호를 칭하거나 불상과 불화로 조성된 부처의 형상을 염하는 칭명염불과 관상염불觀像念佛이 있다. 또한 『소초』의 5가지 염불문 중에는 칭명왕생염불문稱名往生念佛門·관상멸죄염불문觀像滅罪念佛門이 조성된 불상을 바라보며 염하거나 칭명염불을 통한 참회 수행과 연관된다. 그러므로 송광사 불조전의 53불은 이와 같이 『화엄경』과 그 주석서에 담겨있는 염불수행법을 매개로 예참사상과 깊은 관련이 있는 53불과 결합될 수 있었던 듯하다. 더욱이 53이라는 숫자는 「입법계품」의 53선지식, 더불어 보살의 수행 단계와 성불의 지위인 52계위(십신十信, 십주十住, 십행十行, 십회향十廻向, 십지十地, 등각等覺, 묘각妙覺)에 최종 단계인 불퇴전지不退轉地를 포함한 화엄의 법수法數 '53'과도 연관지을 수 있기 때문에 이것이 다불 중에서도 53불이 선택된 이유였을 것이다.[48] 이처럼 『화엄경』의 법수인 53은 화엄 교학을 중심으로 공부하던 부휴계 승려들에게 특별한 의미가 있었던 것으로 보인다. 이와 관련하여 계파 성능은 수륙재의문 『자기문仔夔文』을 보충하고 수정하여 『자기문절차조열仔夔文節次條例』(1724)을 편찬하였는데 여기에 기존의 의식집에서는 보이지 않던 53불이 언급되어 있어 흥미롭다.[49] 즉 계파 성능은 비로단의 배치 규칙을 언급하는 부분에서 화엄경변상도와 함께 존승탑도·법계도·53불도를 함께 배치하도

---

**48** 김영태(1997), p.42; 김세영(2015), pp.38-41.

**49** 聖能, 『仔夔文節次條例』(『韓佛全』11, p.525a), "分壇排置規. 大毘盧壇. 滿月臺無處. 則外野排置. 毘盧七處九會二十重廣大利圖. 垂之. 蓮池一所. 十二面磨天盖一雙. 尊勝塔圖. 說禪花二座. 法界圖. 精進指路五十三佛圖. 各虛盖各執花. 第三般若輪燈一座. (此上皆屬毘盧壇也)."; 김현중(현주)(2016), pp.44-45.

록 하였는데, 이를 통해서도 부휴계 승려들이 화엄과 53불신앙을 연결하여 생각하고 있었다는 것을 확인할 수 있다.

 마지막으로 18세기경부터 하나의 독립된 화목畵目으로 제작되어 전각에 봉안되었던 신중도가 조선 후기 화엄 교학을 주도한 부휴계 승려들이 호법의 성격을 지닌 화엄 신중과 그들의 호국 신앙을 결합하여 제작되었다는 주장도 있다. 이 연구를 바탕으로 화엄신중신앙의 흐름을 정리하면 『화엄경』「세주묘엄품」에 등장하는 39위 신중을 바탕으로 하는 화엄신중신앙은 한국에서만 나타나는 독특한 신앙이다. 이 신앙은 화엄 교학에 능통한 고승을 화엄 신중이 옹호한다는 『삼국유사』의 의상義湘 이야기로부터 시작되었다.[50] 그리고 해인사의 희랑希朗대사가 화엄 신중을 보내 고려 태조 왕건을 도왔다는 설화[51]와 같이 통일신라하대에는 화엄신중의 무력적인 성격이 강조되었고, 이러한 흐름은 고려시대 전반에 걸쳐 나타났다. 하지만 조선 전기 불교 종단의 통폐합으로 인해 불교계가 위축되자 화엄신중신앙 역시 큰 힘을 발휘하지 못한 듯하다. 이후 양란을 거치면서 불교계는 의승군 활동을 통해 사회적 입지를 넓혀나갔고, 화엄 교학이 성행한 17-18세기 신중신앙은 새로운 호국 신앙의 상징으로 다시 부상한 것으로 여겨진다. 그리고 이러한 흐름을 주도했던 것이 부휴계의 벽암문중이었다고 한다.[52] 그리고 현전하는 신중도의 현황을 보면 18세기에는 선암사 〈신중도〉(1702)를 시작으로 도갑사 〈신중도〉(1740), 고운사 〈신중도〉(1740), 여수 흥국사 대법당·오십전五十殿 〈신중도〉(1741) 등이 제작되어

---

50 『三國遺事』卷第3,「前後所將舍利」.
51 지관 편저(1992),「伽揶山海印寺古蹟」,『伽揶山 海印寺誌』, pp. 562-563.
52 김현중(현주)(2016), p. 60.

전각 내에 봉안되었다. 선암사는 비록 벽암문중이 세거하던 사찰은 아니었지만, 부휴계의 중심 사찰인 송광사와 같은 조계산 권역에 위치하고 있으며 밀접한 교류를 통해 사상적으로도 영향을 받은 점이 확인된다. 그리고 도갑사·고운사·여수 흥국사 또한 벽암문중과 관련이 있고, 벽암문중은 특히 임진왜란 당시 전라좌수영 의승수군의 본부역할을 했던 여수 흥국사를 중심으로 호국불교를 표방하였다는 공통점이 있다.[53]

현전작 중 가장 이른 시기에 제작된 선암사 〈신중도〉는 호암 약휴護巖若休(1664-1738)가 송광사의 53불신앙에 영향을 받아 1702년 선암사에 53불상과 53불도를 제작할 당시 함께 제작되어 같은 전각에 봉안된 것으로 추정된다.[54][도15]

도15. 〈신중도〉, 조선(1702), 전남대박물관.(『仙巖寺 佛畵』, p.128)

---

53 이에 관한 자세한 사항은 김현중(현주)(2016), pp. 47-60.

54 약휴는 청허 휴정淸虛休靜-소요 태능逍遙太能-침굉 현변枕肱懸辯-호암 약휴護巖若休로 이어지는 청허계 소요파의 인물이다. 소요파는 비록 청허계로 분류되지만 시조인 태능부터 부휴계와 밀접한 관계를 맺으며 활발한 교류를 이어왔다. 김현중(현주)(2016), p. 48.

이 〈신중도〉가 53불상 및 53불도와 함께 제작되었다는 사실은 이 그림 또한 화엄과의 관련성이 있음을 짐작하게 한다. 더불어 18세기 화엄 교학의 성행으로 1750년 송광사에서 열린 영해 약탄의 화엄대회를 축하하는 연담 유일의 글에 '화엄회를 시작할 때 비로자나불과 화엄신중에게 공양을 올리고, 나라의 국운이 연장되고 법륜이 영원히 구르기를 기원'하는 문구가 보인다.[55] 그러므로 이를 통해서도 당시 화엄대회를 주도하던 부휴계 승려들이 화엄 신중을 예배의 대상으로 여겼고, 이들을 통해 나라와 불법이 모두 보호될 수 있다는 인식을 가지고 있었음을 엿볼 수 있다. 물론 조선 후기 신중도에 나타나는 신중들의 도상은 매우 다양하기 때문에 그 연원을 『화엄경』에 근거한 39위 신중으로만 볼 수는 없다. 하지만 현전하는 신중도의 초기 작례들이 모두 화엄 교학을 중심으로 하는 부휴계 승려들이 세거하던 사찰들과 깊은 연관이 있고, 화엄 교학의 성행과 더불어 18세기부터 독자적인 화폭의 신중도가 조성되었다는 점, 그리고 여러 의식집 속에서 신중 신앙이 화엄과 관련되어 언급된 정황 등을 종합적으로 고려한다면, 조선 후기의 신중도는 부휴계의 벽암문중이 호법의 성격을 지닌 화엄 신중과 그들의 호국 신앙을 결합하여 독자적인 화목으로 제작하기 시작한 것으로 보아도 큰 무리는 없을 듯하다.

---

[55] 「松廣寺影海和尚大會疏」, 『蓮潭大師林下錄』 卷3(『韓佛全』10, p. 252c).

## Ⅳ. 맺음말

지금까지 조선 후기 『소초』의 전래로 인한 화엄 교학의 성행과 그 영향으로 생겨난 화엄신앙의 양상을 살펴보았다. 1681년 우연한 사건으로 인하여 조선에 전해진 『소초』는 1690년 백암 성총에 의해 간행되어 강원의 교재로 활용되면서 화엄 교학의 중흥을 이끌었다. 그 결과 18세기 조선의 불교계에서는 화엄 강학이 각지에서 성행하였고, 『사기』의 저술도 급증하여 가히 '화엄의 시대'라고 할 만한 상황이 도래하였다. 이와 같은 조선 후기 화엄교학의 성행은 『소초』의 간행사로도 살펴볼 수 있다. 『소초』는 1690년 처음으로 간행된 이후 1775년 이를 교감하여 판각한 영각사본이 간행되었고, 1855년 징광사본과 영각사본의 차이를 대교한 결과가 수록된 봉은사본이 또 다시 판각되었다. 이와 같이 방대한 경전을 간행하며 복각을 반복하지 않고, 선행본을 수정 또는 보충하였다는 사실은 조선 후기 불교계에서 화엄 교학의 심도있는 연구가 활발하게 진행되었음을 보여주는 실질적인 증거라 할 수 있다. 또한 징관의 『소초』가 적극적으로 수용되어 화엄 교학의 발전에 기여하고 강원의 교재로 활용될 수 있었던 까닭은 화엄을 우위에 두면서도 다른 교학과 선은 물론 나아가 타종교의 사상까지를 모두 불교와 회통하려했던 징관의 사상적 경향이 선·교·염불의 종합적인 수행을 지향했던 당시 불교계의 수행 체계에 적합하였기 때문이었다.

한편 이와 같은 화엄 교학의 성행은 전각을 장엄하거나 수행의 도구로서 제작된 불교미술에까지 영향을 미쳤다. 화엄경변상도와 연화장세계도는 『화엄경』의 구조와 화엄의 연화장세계를 시각적으로 구현한 대표적인 화엄계 불화이다. 그런데 이 불화들은 『화엄경』의 구조와 내용을 명확히 이해하고 이를 체계적으로 정리하여 도해하였고, 승려들의 수행 공간에 봉안되었다는 사실에서 일반 신도들을 위한 예경용 불화가 아닌 화엄 교학을 바탕으로 수행을 지속해가는 승려들의 학습, 또는 수련을 목적으로 제작되었을 가능성을 보여준다. 그리고 17세기에 화엄 교학을 주도하던 부휴계 승려들이 세거하던 사찰을 중심으로 비로자나불상이 조성되고, 화엄사 각황전의 3불 4보살의 사례처럼 다른 존격의 불상들이 화엄의 불신관으로 포섭되거나 보관을 쓴 부처의 도상이 화엄의 불신관에 의해 영산회의 주불로 조성된 것과 같은 현상도 화엄 교학의 성행이 불교 미술에 직접적으로 영향을 미친 사례라 할 수 있다. 또한 이 시기 부휴문중과 관계있는 사찰들에서 53이라는 숫자를 매개로 화엄과 다불신앙을 결합하여 53불을 조성하고, 이 장소를 예참과 염불수행의 공간으로 조성한 것도 당시 화엄 교학에 기반한 신앙 양상을 살펴볼 수 있다. 마지막으로 화엄교학이 성행하던 18세기부터 독자적인 화목으로 조성된 신중도도 현전하는 초기 작례들이 모두 부휴계 승려들이 세거하던 사찰들과 깊은 연관이 있고, 여러 의식집 속에서 신중 신앙이 화엄과 관련되어 언급된 정황 등을 종합적으로 고려한다면, 부휴계 승려들이 호법의 성격을 지닌 화엄 신중과 그들의 호국 신앙을 결합하여 독자적인 화목으로 제작하기 시작하였을 가능성이 충분하다.

## 〈참고문헌〉

### 약호

卍續藏經　卍新纂續藏經

韓佛全　韓國佛敎全書

### 원전

『大覺登階集』(『韓佛全』8)

『大方廣佛華嚴經』(『高麗大藏經』80)

『無用堂遺稿』(『韓佛全』9)

『栢庵集』(『韓佛全』8)

『四溟堂大師集』(『韓佛全』8)

『三國遺事』

『蓮潭大師林下錄』(『韓佛全』10)

『仔夔文節次條列』(『韓佛全』11)

『准提淨業』(『卍續藏經』104)

### 단행본

김영태(1997), 『五十三尊佛 및 萬佛신앙의 經敎思想과 역사성』, 천태종 삼광사.

김용태(2010), 『조선후기 불교사 연구』, 신구문화사.

김용태(2021), 『조선불교사상사』, 성균관대학출판부.

中村元 외 6인(1990), 석원구 역, 『華嚴思想論』, 운주사.

배재호(2018), 『중국불상의 세계』, 경인문화사.

奉先寺 楞嚴學林(2002), 『華嚴淸凉疏鈔十地品三家本私記-遺忘記』, 조계종 교육원.

선암사성보박물관(2005), 『仙巖寺 佛畵』, 선암사성보박물관.

성보문화재연구원(1995), 『한국의 불화』9, 성보문화재연구원.

세종대왕기념사업회(2008), 『역주불설아미타경언해·불정심다라니경언해』, 세종대왕기념사업회.

송광사성보박물관(2004), 『松廣寺佛畵』, 불일출판사.

이기영(1982), 「華嚴思想의 現代的 意義」, 『韓國華嚴思想硏究』, 동국대출판부.

임석진(2001), 『松廣寺誌』, 송광사.

정각(1996), 『천수경연구』, 운주사.

지관 편저(1992), 『伽倻山 海印寺誌』, 가산문고.

지관 편(2000), 『韓國高僧碑文總集』, 가산불교문화연구원.

東京國立博物館(1996), 『シルクロード大美術展』, 東京國立博物館.

## 논문

강현찬(2015), 「조선후기 화엄경소초의 판각과 화엄학의 성행」, 동국대 석사학위논문.

강현찬(2016), 「조선후기 화엄경소초의 판각과 영징이본대교의 의의」, 『한국사상사학』 53, 한국사상사학회.

김세영(2015), 「송광사 불조전 53佛과 華嚴·懺悔 사상」, 용인대 석사학위논문.

김세영(2020), 「朝鮮 後期 華嚴 佛事의 地域的 流行과 僧侶門中 交流 : 송광사 화엄전 불사 중심으로」, 『미술사학』 40, 미술사교육학회.

김용태(2012), 「동아시아의 澄觀 화엄 계승과 그 역사적 전개- 송대와 조선후기 화엄교학을 중심으로-」, 『불교학보』 61, 동국대 불교문화연구원.

김자현(2017), 「朝鮮前期 佛敎變相版畵 硏究」, 동국대 박사학위논문.

김현중(현주)(2016), 「조선후기 벽암문도의 사상과 신중도 제작」, 『동악미술사학』 19, 동악미술사학회.

박은경(2013), 「조선 17세기 충청권역 戴冠菩薩形 掛佛의 특색」, 『문물연구』 23, 동아시아문물연구학술재단.

박일웅(2003), 「조선후기 불화에 보이는 밀교계 도상 연구」, 동국대 석사학위논문.

이용윤(2002), 「朝鮮後期 華嚴七處九會圖와 蓮華藏世界圖의 圖像 硏究」, 『美術史學硏究』 233,234, 한국미술사학회.

이종수(2008), 「숙종 7년 중국선박의 표착과 백암성총의 불서간행」, 『불교학연구』 21, 불교학연구회.

이종수(2010), 「조선후기 불교의 수행체계 연구-삼문수학을 중심으로」, 동국대 박사학위논문.

이종수(2013), 「조선후기 가흥대장경의 復刻」, 『서지학연구』 56, 한국서지학회.

이종수(2015), 「조선후기 화엄학의 유행과 그 배경」, 『불교학연구』 42, 불교학연구회.

이희재(2008), 「17세기 澄光寺의 불서출판」, 『불교학보』 49, 동국대 불교문화연구원.

조명제(2008), 「栢庵性聰의 佛典 편찬과 사상적 경향」, 『역사와 경계』 68, 부산경남사학회.

# 05

## 과도科圖와 사기私記를 활용한 간경법看經法
봉선사 능엄승가대학원의 사례를 중심으로[1]

이선화(선암)

## I. 서론

방대한 불교 경전을 읽을 때는 전체의 윤곽을 그려가면서 보는 것이 필요하다. 그렇지 않으면 부분에 매몰되어 전체 내용을 파악하기 어려울 수가 있다. 이때 필요한 것이 '과도科圖'로서 경전 강독의 나침반에 해당한다. 비슷한 용어로는 과문科文, 과판科判, 과석科釋, 과해科解, 과주科註, 과단科段, 분과分科 등이 있다. 과도는 경전의 내용을 문단별로 정리한 과목科目을 도표로 만들어 그린 것으로, 전체 줄거리를 개관하는 일종의 약도이다.[2] 책 앞에 목차를 두어 전체적 흐름을 소개하는 것처럼, 과도 역시

---

[1] 본고는 『남도문화연구』30, 순천대 남도문화연구소, 2016, pp. 123-152에 게재된 논문을 수정·보완한 것이다.
[2] 과목의 관계는 선으로 연결되어 표현되는데, 한 그루의 나무에서 가지가 뻗어나가 가장 마지막에 꽃과 잎이 피는 것과 유사한 계통구조로 표현되므로 일반적으로 '가지tree구조'樹型圖라고 한다. 내용이 길어지면 지면의 한계로 인해 다음 면으로 넘어가면서 상하의 연결선이 상당히 복잡해지는 경우가 많다. 김주경(2014), p. 35의 각주17과 본고의 별첨 자료 참조.

경전의 전체 내용을 일목요연하게 정리한 것이다. 한국불교의 전통적 강원講院교육에서도 경전이나 논서를 볼 때 이러한 과도를 이용하여 학습해 왔다.

과도와 함께 전통 강원교육에서 강학講學을 위해 널리 사용된 것이 '사기私記'이다. 사기는 개인의 사사로운 견해를 밝힌 기록이라는 뜻으로, 경론을 공부하면서 자신의 견해를 덧붙여 해설한, 일종의 학습 해설서이다. 고려 후기 보조 지눌普照知訥의 『법집별행록절요병입사기法集別行錄節要幷入私記』가 대표적이며, 특히 조선후기에 사기 저술이 성행하였다. 조선후기 강백들은 중국과는 달리 '소疏'나 '초鈔'와 같은 명칭이 아닌 '사기'라는 이름을 주로 붙였다. 간혹 기신사족起信蛇足, 금강하목金剛鰕目, 유망기遺忘記, 염송착병拈頌着柄, 발병鉢柄[3]처럼 보다 겸양의 의미를 드러낸 표현을 제목에 쓰기도 했지만 이 또한 사기의 범주에 속한다.

사기는 한국불교의 강원교육 전통을 고스란히 담은 경론 주석서라는 점에서 의의가 크다. 흔히 조선시대는 숭유억불로 불교가 거의 멸절된 시대로 표현하기도 하지만, 교학의 명맥이 유지되었고 사기처럼 경론에 대한 주석서가 다수 쓰였다. 조선후기에 나온 불교 사기 수백 권이 현재까지 전해지는 만큼, 그 수집과 편찬, 연구의 필요성은 한국불교의 사상전통을 이해하려 할 때 몇 번이나 강조해도 모자랄 것이다.[4] 하지만 경론의 주석서인 사기와 독해의 지침을 제시한 과도에 대한 학문적 분석이나 연

---

3 '사족'은 뱀 다리, '하목'은 새우 눈, '유망기'는 잊을 것에 대비해서 기록해 둠, '착병'은 자루를 붙임, '발병'은 발우의 자루라는 뜻으로 모두 '보잘 것 없다.', '필요없다.'는 뜻을 담아 자신의 저작물을 겸손하게 표현한 용어들이다.

4 이종수(2012), p.299.

구는 거의 이루어지지 않았다. 다만 봉선사 능엄승가대학원[5]의 전 학장인 월운月雲스님이 과도와 사기의 중요성을 강조하며, 강학을 할 때도 과도와 사기를 활용한 강독법을 계승하여 지켜왔다.[6]

이에 본고에서는 과도와 사기에 의거한 전통적 간경법을 봉선사의 사례를 통해 검토해 보고자 한다. 전통적 간경법은 경을 강독하기에 앞서 우선 과도를 통해 경전 속에서 '어느 위치'에 해당되는 것인지 지형도를 그린다. 그리고 사기를 통해 '어떻게' 읽어야 하는지를 이해한 후, 경을 보는 것이 일반적이다. 오늘날 승가대(이전의 강원)와 승가대학원[이전의 학림學林]에서는 이러한 전통적 강학방식이 많이 사라졌지만, 봉선사에서는 그 맥을 이어 과도와 사기를 활용한 간경을 아직도 행하고 있다.

그동안 과도와 사기의 중요성이나 현존 실태는 학계에 알려져 있지만,[7] 이를 활용한 전통적 학습방식이나 간경법에 대한 소개는 전혀 없었다. 본

---

[5] 1996년 문을 연 봉선사 능엄학림은 전문강사 양성이라는 취지 아래, 개원 후 지금까지 과도와 사기를 활용한 전통 간경법이 시행되고 있다. 2010년 11월 승가대학원령이 공포됨에 따라 특정교학연구기관으로 인가받아 능엄승가대학원으로 전환되어, 연구반과 전문반을 운영하며 졸업 때마다 과도와 사기에 대한 성과물을 지속적으로 내고 있다. 지금까지 총 40여 명의 졸업생을 배출하였고, 성과물은 아래【표1】에 정리되어 있다.

[6] 월운스님은 『華嚴淸凉疏鈔懸談記-遺忘記(天字卷~荒字卷)』, 대한불교조계종교육원(2004), 간행서(刊行序)에서 "科圖와 私記에 신경을 쓰는 이유는 經을 보는데 꼭 필요한 지침서이며 우리 전통의 看經法이기 때문이다. 그중에도 유독 사기에 신경을 쓰는 이유는 첫째 우리들의 공부에 큰 도움이 되기 때문이요 둘째 우리의 先人들이 우리의 체질에 맞게 만드셨기 때문이요 셋째 그 소중한 문헌을 이대로 방치한다면 곧 湮滅될 상황에 놓이기 때문이다."고 하였다. 『華嚴淸凉疏鈔十地品三家本私記-遺忘記』, 대한불교조계종교육원(2002), 간행서刊行序에서도 "우리나라 특유의 경학연구, 즉 과도와 사기를 幷課하는 방식을 履歷이라 하니, 뛰어넘는 것이 아니라 한 걸음 한 걸음 바닥을 뒤져나간다는 뜻이다. 깨달음에는 十地頓超의 법이 있으나 事理는 꼼꼼히 따지자는 것이어서 절대 계승 발전시켜야 할 문화유산이다.……요즘같이 문장력이 약해서 때로는 한 치 앞도 못 나가고 망망대해에 표류하는 심정일 때 과도는 나침반과 같아서 방향을 가늠케 하고, 사기는 海路圖와 같아서 주변정세를 알게 해 주는 기능이 있다."고 하였다.

[7] '불교의 문헌해석학과 과문科文의 전통'에 대한 특집 논문으로, 조은수·서정형(2014); 김주경(2014); 주성옥(명법)(2014); 하유진(2014)이 과문의 형식, 발전 과정 등을 다룬 적이 있다. 사기의 의미와 현황에 대한 논문으로는 김용태(2015); 이정희(2013); 이종수(2012)가 있다.

고에서는 조선후기 사기 중 가장 종류가 많은 『화엄현담華嚴玄談』에 대한 간경법을 살펴봄에 제일 첫 부분이자 가장 중요한 「왕복서往復序」[8]의 내용을 중심으로 검토해본다. 특히 과도 읽는 법, 사기에서 제시하는 다양한 사례와 실질적 활용방안을 분석해 보고자 한다. 또한 간경 및 사기 이해와 관련하여 가장 시급한 과제로는 경론의 원문과 주석서의 해당 부분을 함께 제시하는 회편會編을 들 수 있다. 이에 『화엄소華嚴疏』·『화엄초華嚴鈔』·『회현기會玄記』·사기私記를 회편한 예를 제시하고자 한다.

본고에서는 먼저 조선후기 이력과정의 성립과 사기 저술의 성행 양상을 살펴보고 사기의 현황과 간행 사례를 정리한다. 이어 봉선사 능엄승가대학원의 간경법을 과도 읽는 방식, 사기 간경법 예시, 사기 회편의 사례와 필요성으로 나누어 분석해 본다. 특히 봉선사에서 나온 사기 편찬서를 소개하고 전통적 간경법을 검토함으로써 향후 사기 편찬의 방향성과 강독의 방법론을 제시해 보려 한다. 이를 통해 사기의 내용과 구조에 대한 심화된 연구를 추구하고자 한다.

## II. 조선후기 사기私記의 출현과 양상

### 1. 이력과정과 사기 저술의 성행

현존하는 불교 사기는 조선후기 승려교육과정인 '이력과정履歷課程'의 교재에 대한 주석서가 대부분이다. 이력과정은 17세기 전반에 정립되었

---

[8] '往復無際 動靜一源……'으로 시작되는 이 글은 『화엄경소華嚴經疏』의 서문序文인데, 『화엄경』의 중심 사상을 간단명료하면서도 유려한 문체로 뚜렷이 밝힌 글이다. 흔히 이 서문을 '화엄경소서華嚴經疏序'라고도 하며, 첫머리의 두 글자를 따서 '왕복서往復序'라고도 한다.

는데, 사집四集·사교四敎·대교大敎 과정으로 구성되었다.⁹ 사집과는 대혜 종고大慧宗杲의『대혜서장大慧書狀』, 고봉 원묘高峯原妙의『고봉선요高峯禪要』, 규봉 종밀圭峯宗密의『선원제전집도서禪源諸詮集都序』, 보조 지눌이 종밀의 저술을 요약하고 주석을 붙인『법집별행록절요병입사기』이다. 이는 교학을 입문의 방편으로 삼은 선교겸수禪敎兼修와 간화선看話禪 수행을 강조한 것이다. 사교과는 처음에『금강경金剛經』·『능엄경楞嚴經』·『원각경圓覺經』·『법화경法華經』이 들어갔는데, 대체로 마음의 본질을 제시한 경전이다. 다만 18세기 이전에『법화경』대신『대승기신론大乘起信論』이 사교과에 포함되었다.『대승기신론』은 여래장如來藏과 유식唯識사상을 기반으로 하여 일심一心의 구조를 체계화한 논서로서 강원 교육에서 중시되었다. 대교과는『화엄경華嚴經』·『경덕전등록景德傳燈錄』·『선문염송禪門拈頌』이다. 화엄은 일승사상으로서 교학 중 가장 높은 지위를 차지한 것이고, 11세기 초 중국에서 나온 선종 계보서『경덕전등록』과 보조 지눌의 제자 진각 혜심眞覺慧諶이 간화선의 선양을 위해 편찬한『선문염송』은 선종의 역사와 수행기풍을 담은 책이다.¹⁰

　이력과정의 내용은 보조 지눌 이후의 선교겸수 방향과 간화선의 선양을 지향한 것이다. 선교겸수·화엄·간화선을 함께 중시한 보조 지눌의 사상적 영향력이 조선후기까지 계승된 것으로서, 간화선 우위의 선교겸수라고 하는 청허 휴정淸虛休靜의 수행 및 사상 경향과도 부합하는 것이었다. 선교겸수의 바탕 위에서 화엄과 간화선을 동시에 추구한 것은 공식 종단이 없는 상황에서 스스로의 정체성을 선종으로 내세우면서도 선과

---

9　『詠月堂大師文集』「四集四敎傳燈拈頌華嚴」(『韓佛全』8, pp. 234-235).

10　Jong-su Lee(2012), pp. 65-84; Kim Yong-T'ae(2013), pp. 549-555.

교의 전통을 동시에 계승해야 했던 시대적 분위기를 반영한 것이다.[11]

이력과정의 성립 후 주석서로서 사기가 본격적으로 등장하는 것은 18세기이다. 특히 18세기 중후반에는 교학의 종장으로 유명한 설파 상언雪坡尚彦, 연담 유일蓮潭有一, 인악 의첨仁嶽義沾이 나와 강학의 이해 수준이 매우 높아졌다. 해남 대둔사大芚寺의 연담 유일은 설파 상언에게 화엄을 배우고 『화엄현담』, 「십지품十地品」 등에 대한 사기를 남겼다. 영남에서 주로 활동한 인악 의첨도 설파 상언의 문하에서 수학하였고 설파 상언의 『화엄은과華嚴隱科』에 의거해 『화엄소초』에 대한 사기를 썼다. 이후 화엄에 대한 이해는 연담 유일과 인악 의첨의 사기를 전거로 하였고 이들의 사기는 19세기 이후 각각 호남과 영남의 강원에서 중시되어 계승되었다.[12] 김영수金映遂는 『조선불교사고朝鮮佛敎史藁』에서 두 사람의 사기가 호남과 영남의 강학에서 각각 전승되었는데 『화엄경』은 연담 유일의 사기가 상세하고 사교과는 인악 의첨의 사기가 좋다는 평가를 듣고 있다.[13]

사기의 초기 형태는 대체로 분과分科 형식[14]을 취하다가 18세기 중기 이후에 본격적으로 자신의 견해를 드러내는 문장의 형태로 나타난다. 이들 사기 중 현재 목판본으로 간행되어 전래된 것도 있으나, 대부분 필사본으로 전해지고 있다.[15] 필사본으로 전해지는 사기의 내용을 살펴보면, 판본마다 내용의 편차가 큰 것을 확인해 볼 수 있다. 그 주요한 원인으로

---

[11] 김용태(2015), p.72.

[12] 김용태(2012), pp.287-288.

[13] 金映遂(1939), p.164.

[14] 상봉 정원霜峰淨源(1627-1709)의 『선원제전집도서분과禪源諸詮集都序分科』, 『절요과문節要科文』, 『화엄과목華嚴科目』등의 제목에서 확인할 수 있듯이 17세기에는 과목科目을 다루는 사기가 주된 것이었다.

[15] 이종수(2012), pp.300-302.

는 '사기 올리기'와 '전강비망용傳講備忘用'의 두 가지 이유를 들 수 있다.

첫째, '사기 올리기'의 형태는 주로 강원 학인學人들이 날마다 내일 공부할 것을 그날그날 오후에 베끼면서 혹자는 정확히 원본대로 베껴나가고, 어떤 이는 다른 곳의 좋은 말씀까지 따다 넣기도 하고, 실력이 부족한 사람은 서투른 솜씨로 글자를 틀리게 쓰거나 빠뜨리거나 오류를 많이 내어 원본의 원형을 알아보기 어려운 상태로 만들어 놓기도 한다. 둘째, '전강비망용'이란 유명한 강사가 자신이 중시하는 사기를 정성껏 써 두었다가 문하생이 강사로 나가게 되면 그것을 전강의 신표로 준 경우이다. 두 번째 경우는 대체로 정확하여 참고자료로서의 가치가 충분하지만, 누구의 것을 베꼈다든지 자신이 저술했다든지 정확히 밝히지 않아 그 저술 계통을 알아보기 어렵고, 남의 말을 인용한 경우 출처를 밝히지 않아 그 말의 근거를 알기 어렵다.[16]

이력과목의 사기 중 가장 많은 분량을 차지하는 것은 연담 유일 계통인데, 해남 대둔사에서 강석을 펼친 그의 사기는 '유망기'라는 명칭으로 전해진다. 인악 의첨의 경우 그의 행장이나 비문에서 어떤 사기를 지었는지에 대한 언급은 없으나, 『서장사기書狀私記』·『능엄사기楞嚴私記』·『금강사기金剛私記』·『기신사기起信私記』·『화엄십지품사기-잡화기華嚴十地品私記-雜貨記』 등의 필사본이 인악 계통으로 추정되고 있다. 다만 인악 의첨이 직접 서술한 것인지, 그 제자들이 인악 의첨의 강의를 듣고 전한 것인지, 또 다른 제3자가 전한 것인지에 대해서는 검토가 더 필요하다.[17] 이 두 계통의 사기는 조선후기에 나온 강학용 사기를 대표하는 것으로 이에 대한 본격적 연구가 필요하다.

---

16 奉先寺楞嚴學林 編纂(2004a), 간행서刊行序에서 월운스님의 말을 요약 인용.
17 김상현 외 7인(2013), 〈해제〉, p.11.

## 2. 사기의 현황과 간행 사례

사기는 몇몇 사찰과 박물관, 도서관에 분산되어 있고 개인 도서수집가도 소장하고 있을 것으로 생각된다. 현재 동국대 도서관에 소장되어 있는 사기는 담양 용화사 묵담默潭(1896-1982) 유물관에서 복사해온 124권을 포함해 230권이 소장되어 있다. 이들 사기는 보관상태가 양호하지 못한데, 대부분 얇은 한지에 필사되었고, 그 본래 용도가 경전이나 논서 공부를 위한 참고서로서 여러 사람의 손을 거쳤기 때문에 많이 닳아 있는 상태이다. 동국대에 소장된 사기처럼 전국에 흩어져 있는 사기들도 대부분 보관 상태가 양호하지 않은 것으로 알려져 있다. 지금보다 손상되기 전에 전국에 흩어져 있는 사기를 조사, 수집하여 편찬하는 일은 더이상 미룰 수 없는 중요한 과제이다.[18]

그동안 사기의 현황에 대해서는 선행 논문에서 밝힌 것들이 있다.[19] 여기서는 필사되어 있는 사기를 탈초脫草해서 간행한 사례를 봉선사 편찬 서적을 중심으로 살펴보기로 한다. 봉선사에서 사기를 탈초하고 정서整書하여 간행한 것은 사기 연구에 초석을 다졌다는 점에서 의미를 갖는다. 봉선사에서 간행한 사기들의 작업 과정을 살펴보면, 전통적인 역장譯場 방식에 의해 진행되었음을 볼 수 있다. 『불조통기佛祖統記』에 나오는 것처럼 역장구위譯場九位[20]의 역할을 다 나누지는 않았지만, 어느 한 사람이 초서를 해독해 옮겨 쓰고 토를 달면[書寫] 학장스님이 1차적으로 탈초와

---

18 이종수(2012), p.306.

19 김용태(2010), pp.250-251.【표6】조선 후기 불교 사기; 이종수(2012), pp.315-327. 〈부록〉사기 소장 현황 (1)동국대 도서관 소장 목록, (2)담양 용흥사 소장 목록, (3)전국 주요 사찰 소장 목록 참조.

20 경을 번역하는 아홉 가지 단계를 말하는데, 역주譯主, 증의證義, 증문證文, 서자범학승書字梵學僧, 필수筆受, 철문綴文, 참역參譯, 간정刊定, 윤문潤文 과정이다.

현토懸吐가 바른지를 검토해 수정하고[證義], 이를 갖고 학인들이 논강하면서 잘못된 내용을 토론·지적하면[刊定], 마지막으로 학장스님과 학인들이 수업시간 때 다시 한 번 검토해서 내용을 확정하는 순으로 진행된 것이다. 봉선사에서 나온 과도집科圖集과 사기류를 연구기간·발행처·내용·저본별로 분류해서 표로 정리하면 다음과 같다.

**【표1】봉선사에서 간행한 과도집 및 사기류**

| 번호 | 서명 | 연구기간 | 발행처 | 내용 | 저본 |
|---|---|---|---|---|---|
| 1 | 華嚴經疏鈔科圖集 | 1996년 2월~1998년 6월 | 대한불교조계종 교육원 | 화엄경의 내용과 구조를 파악하는데 편리하도록 經科, 疏科, 鈔科를 도표화한 科圖集 | 古賢의 隱科와 臺灣華嚴佛敎視聽圖書館에서 發行한 大方廣佛華嚴經疏科文表解(淨空法師 著) 참조 |
| 2 | 三家本私記遺忘記 一冊 | 1999년 3월~2002년 3월 | 대한불교조계종 교육원 | 三家本私記란 명칭은 조선시대의 蓮潭有一, 仁嶽義沾, 雪坡尚彦 세 분의 私記를 모아 整書編纂한 華嚴經十地品淸凉疏鈔에 관한 私記. 遺忘記[21]는 蓮潭有一의 私記 | 東國大學校圖書館 所藏本(麗字卷~闕字卷) 釜山彌勒庵 白雲스님所藏本[22] (珠字卷~光字卷) |

[21] 애초에 유망기라는 이름을 연담 유일이 썼던 것 같은데, 화엄사기류에 대체로 유망기라는 이름과 연로기蓮老記라는 이름이 빈용되는 것은 대체로 연로기를 숭상하는 계열의 강사들이 많았기 때문이라 생각된다. 그들이 연로기에다 자기의 의견을 붙여 다시 제자들에게 전수하면서 원저자의 이름을 그대로 붙여주었거나, 자신이 연담 유일의 계열이 아니더라도 자기의 사기에다 유망기라는 이름을 붙여 전수했기 때문으로 보인다. 奉先寺楞嚴學林 編纂(2004a), 월운스님 간행서刊行序에서 인용. 이하 유망기는 모두 연담 계통의 사기로 보인다. 유망기의 특징으로는 내용이 친절할 뿐 아니라 필사가 정확하고, 천자권天字卷부터 상자권翔字卷까지 거의 전질이 온전히 남아있는 것이 특징이다.

[22] 부산의 금정산 미륵암에 주석 중이던 백운스님이 해남 대흥사에 들렀다가 고서古書 일습一襲을 인수引受해 왔는데, 당시 대흥사의 주지이던 박응송朴應松 스님이 고서적을 많이 소장하고 있으면서 적의適宜한 사람을 만나면 인계引繼하리라 생각했었다고 한다. 봉선사 능엄학림이 개원되고 이러한 소식을 접한 월운스님은 백운스님에게 연락해서 자료를 요청하였더니, 그는 자신의 권속으로서 전남 담양 용흥사龍興寺 주지로 있는 진우眞愚스님에게 맡겨두었으니 가서 보라고 했다. 이에 학인들을 용흥사로 보냈더니, 진우스님은 "원본은 스승께 있고, 나는 복사본만 갖고 있다."며 보여주었고, 이를 복사해 왔다. 奉先寺楞嚴學林 編纂(2006b), 월운스님 간행서刊行序에서 인용.

| | | | | | | |
|---|---|---|---|---|---|---|
| 3 | 三家本私記 雜華記 雜貨腐[23] 合本一冊 | 1999년 3월~ 2002년 3월 | 대한불교 조계종 교육원 | 내용은 상동. 雜華記와 雜貨腐를 합본하여 한 책으로 발행. 私記主는 雪坡尙彦 또는 仁嶽義沾으로 추정[24] | 雜華記: 白雲스님 所藏本. 雜貨腐: 潭陽 龍華寺 守眞스님 所藏本[25] |
| 4 | 華嚴經淸涼疏鈔懸談記 遺忘記(天字卷~荒字卷) 一冊 | 2002년 4월~ 2004년 | 대한불교 조계종 교육원 | 화엄경의 전체대의를 淸涼澄觀이 화엄경 본문에 들어가기 전에 8권 분량으로 서술한 현담에 대한 사기 | 東國大學校 圖書館 所藏本 (※筆寫者는 枕月) |
| 5 | 華嚴經淸涼疏鈔懸談記 鉢柄(天字卷~荒字卷) 懸談記 (玄字卷~洪字卷) 合本一冊 | 2002년 4월~ 2004년 | 대한불교 조계종 교육원 | 내용은 상동. 私記主는 未詳[26] | 鉢柄:奉先寺 月雲스님所藏本 懸談記: 潭陽 龍華寺 守眞스님所藏本 |

---

[23] 서명에는 잡화부雜貨腐라 되어 있는데, 2008년 합본合本해서 나온 책에는 잡화부로 되어 있다. 【표1】중의 9번 서명 참조.

[24] 잡화기雜華記는 십지기十地記에 붙인 잡화부와 함께 화엄을 해석한 문헌으로써 명칭도 비슷하고, 항목의 설정과 해석 방향도 대동소이하여 얼핏 보아도 같은 뿌리임을 추측할 수 있다. 저자와 관련해서는 『십지기 잡화부十地記 雜華腐』의 말미에 붙인 「십지경사기후발十地經私記後跋」에 '나'라고 자칭한 누군가가 "雪坡스님의 학풍을 이어받아 講經하면서 老師의 말을 기록하기도 하고, 모든 경론의 본문들을 곁들여 이 사기를 저술하였는데, 이는 後進들의 經學을 돕고자 했을 뿐, 결코 胸臆之說은 개입시키지 않았다."고 한 것으로 미루어보면, 첫째 설파 상언스님이 잡화부를 지었는데, 인악스님이 잡화기를 짓고는 그 말미에 발문을 붙였을 가능성, 둘째 인악 의첨스님이 잡화기를 지었는데 그 문하門下의 누군가가 전사轉寫하면서 자기능력에 따라 가감加減한 뒤 잡화부라는 이름을 붙이고는 그 말미에 발문跋文을 붙였을 가능성, 셋째 설파스님의 제3의 제자가 잡화부를 짓고는 그 말미에 발문을 붙였을 가능성 등을 생각할 수 있다. 奉先寺楞嚴學林 編纂(2006b), 월운스님 간행서刊行序에서 인용.

[25] 담양 용화사의 수진스님이 당신의 법사法師이신 고국 묵담故鞠默潭스님의 유품을 전수하여 보관 중이라는 소식을 듣고 봉선사에서는 2002년 4월에 학인들을 보내 사기류 1습一襲 99책을 복사해 왔다. 奉先寺楞嚴學林 編纂(2004a), 월운스님의 간행서刊行序.

[26] 저본의 표지에는 유망기라 해놓고 내용 첫 줄에는 발병이라 제題하고 있는데, 그 내용은 연담계통과는 전혀 다른 각도에서 다루고 있고, 고전고증古典考證이 충실하고 대의총판大義總判이 간명한 것으로 보아 인악 의첨이 아니면 그 무렵을 전후한 어떤 다른 대가의 저작일 것으로 생각된다. 奉先寺楞嚴學林 編纂(2004a), 월운스님의 간행서刊行序.

| | | | | | |
|---|---|---|---|---|---|
| 6 | 華嚴經淸凉疏鈔 三賢遺忘記(日字卷~生字卷) 一册 | 2004년~2006년 3월 | 대한불교 조계종 교육원 | 三賢, 즉 初會 六品과 제2회 六品과 제3회 六品과 제4회 四品과 제5회 三品(總25品)에 대한 사기 | 東國大學校 圖書館 所藏本 |
| 7 | 華嚴經淸凉疏鈔 三賢雜華記(日字卷~生字卷) 一册 | 2004년~2006년 3월 | 대한불교 조계종 교육원 | 내용은 상동. 私記主는 仁嶽 義沾 推定 | 釜山 梵魚寺 彌勒庵 白雲스님 所藏本 |
| 8 | 華嚴經淸凉疏鈔 十地 後三會 遺忘記(麗字卷~師字卷) 合本一册 | 2005년~2007년 | 대한불교 조계종 교육원 | 2002년도 발행한 화엄경 십지품에 관한 私記인 三家本私記와 後三會 (七. 八. 九會) 私記를 遺忘記와 合本하여 한 책으로 발행 | 麗字卷~闕字卷: 東國大學校 圖書館 所藏本 珠字卷~光字卷: 彌勒庵 白雲스님 所藏本 |
| 9 | 合本華嚴經淸凉疏鈔 十地 後三會 雜華記(麗字卷~官字卷) 雜華腐(劍字卷~光字卷) 一册 | 2005년~2007년 | 대한불교 조계종 교육원 | 雜華記와 雜華腐을 合本하여 한 책으로 발행[27] | 雜華記: 彌勒庵 白雲스님 所藏本 雜華腐: 潭陽龍華寺 守眞스님 所藏本 |
| 10 | 起信論 私記 1 | 2005년 4월~2006년 6월 | 능엄학림 (假編纂)[28] | 大乘起信論疏 筆削記에 대한 私記. 私記主는 蓮潭有一로 추정 | 潭陽龍華寺 守眞스님 所藏本 |
| 11 | 起信論 私記 2 | 2005년 4월~2006년 6월 | 능엄학림 (假編纂) | 내용은 상동. 私記主는 仁岳 義沾으로 추정 | 潭陽龍華寺 守眞스님 所藏本 |

27 잡화부는 연담 유일·인악 의첨 두 스님 외에 그들의 스승인 설파 상언의 기기라고 생각되어 첨부했으나, 수집된 자료가 부족하여 아홉 권만 수록했다. 십지사기 중 3사三師의 소목昭穆에 따른다면 의당 잡화부를 수권首卷으로 해야 할 것이나 온전히 갖춰지지 않았고, 또한 같은 계열이므로 잡화기 말미에 붙여 편책하였다. 奉先寺楞嚴學林 編纂(2008a), 일러두기.

28 시간의 부족, 재정적 어려움으로 인해 정식 출판되지는 않았고 약식 제본으로 출판하였다. 가편집본인 『기신론사기』 두 종류와 『금강경사기』 세 종류는 맨 앞에 정원淨園스님이 쓴 간행서에 의하면, 사기 저자에 대한 기록이 불분명하여 추정으로 사기의 제호題號를 붙였다고 하였다. 필자도 당시에 참여했던 바, 그 때는 정확한 저자나 계통을 밝히지 못한 채 편의상 인악기·연담기·백파기라 불렀고, 훗날의 과제로 미루어뒀었다.

| | | | | | |
|---|---|---|---|---|---|
| 12 | 金剛經 仁岳記 | 2007년 4월~2008년 1월 | 능엄학림 (假編輯) | 金剛經 五家解와 金剛經 刊定記에 대한 私記. 私記主는 仁岳義沽으로 추정 | 月雲스님 通度寺 主席時 發行 謄寫本 |
| 13 | 金剛經 鉢柄記 | 2007년 4월~2008년 1월 | 능엄학림 (假編輯) | 내용은 상동. 私記主는 白坡亘璇으로 추정 | 潭陽 龍華寺 守眞 스님 所藏本 |
| 14 | 金剛記 | 2007년 4월~2008년 1월 | 능엄학림 (假編輯) | 내용은 상동. 私記主는 未詳 | 潭陽 龍華寺 守眞 스님 所藏本 |
| 15 | 禪要私記[29] | 2006년 7월~2006년 10월 | 대한불교 조계종 교육원 | 蓮潭有一의〈禪要序〉와 作者未詳의〈禪要記〉와 白坡亘璇의〈高峯和尙禪要解〉三種의 私記 | 東國大學校 圖書館 所藏本 |
| 16 | 書狀私記 | 2006년 11월~2007년 2월 | 대한불교 조계종 교육원 | 眞覺慧諶의〈書狀記〉와 作者未詳의〈書狀摘難記〉二種의 私記 | 東國大學校 圖書館 所藏本 |
| 17 | 大方廣圓覺修多羅了義經私記 | 2009월 7월~2010년 11월 | 봉선사 능엄승가대학원 | 圓覺經 圭峯宗密疏鈔本에 대한 蓮潭有一(名稱:光明餘輝二卷)과 仁岳義沽(名稱:光明記三卷)으로 추정되는 私記 | 東國大學校 圖書館 所藏本. 光明記는 1960년 월운스님이 통도사에서 현토 編著한 영인본을 對照本으로 참조 |
| 18 | 楞嚴經私記 蓮潭記·仁岳記 | 2004년 4월~2005년 3월 | 봉선사 능엄승가대학원 | 楞嚴經戒環解에 대한 私記로 蓮潭有一의 楞嚴私記 2권과 仁岳義沽의 楞嚴記抄 2권 | 東國大學校 圖書館 所藏本 |

---

**29** 선요사기禪要私記는 아래의 서장사기書狀私記와 함께 대한불교조계종교육원 명의로 출판한 『四集私記』(조계종출판사, 2008)에 수록되었다.

한편 동국대 불교학술원의 '조선불교 사기 편찬 사업단'에서도 사기의 집성과 편찬 사업을 진행하여『화엄경현담중현기華嚴經玄談重玄記』[30]를 출간한 바 있다. 이는 원래『화엄소초』와『회현기』와『중현기』를 모두 모아 회편하려고 기획된 것이었지만, 1년 만에 사업이 종료된 관계로『중현기』를 탈초하여 원본과 함께 수록하는데 그치고 말았다. 사기는 어느 한 곳에서 탈초했다고 해서 완결될 수 있는 것이 아니라, 전국에 흩어져 방치되어 있는 사기를 수집해서 계통별로 분류하고 선본善本을 가리며, 각각을 탈초하여 별도의 텍스트화 된 책을 간행한 후, 계통별로 저본을 선정하고 대조본(갑본·을본·병본 등)과 문장을 대조한 주석을 붙이고, 각 사기들의 특징에 대해 해제를 작성하며, 원전原典과의 회편을 통한 연구 기초서를 편찬하는 복잡한 공정이 요구된다.[31]

## III. 봉선사 능엄승가대학원의 간경법

### 1. 과도科圖 읽는 방식

여기서는 봉선사에서 행해졌던 '과도와 사기를 활용한 간경법'을『화엄현담』<왕복서>의 사례에 적용시켜 소개해 본다. <왕복서>는 청량 징관淸凉澄觀이 지은『화엄경소華嚴經疏』의 서문序文으로『화엄현담』을 이해하는데 있어 핵심적인 내용이다. <왕복서>에 대해서는 청량 징관 자신의

---

[30] 김상현 외 7인(2013)은 담양 용화사 소장본을 저본으로 하였는데, 이체자를 통용자로 바꾸어 입력한 것은 봉선사 간행본과 같지만, 현토를 하지 않고 띄어쓰기 표시만 되어 있는 점과 원본을 함께 수록한 점은 봉선사 간행본과 다르다.

[31] 이종수(2012), pp. 299-300.

주석 뿐 아니라, 중국 원대의 주석인 『회현기會玄記』, 조선의 주석인 사기가 있으므로, 과도와 사기를 활용하여 본문을 보다 정확하고 효과적으로 이해하는데 매우 적합하다고 생각한다. 봉선사에서 저본底本으로 삼은 『화엄소초華嚴疏鈔』는 80권본 화엄경에 대한 청량의 주석서로서, 판본은 1625년에 명나라 섭기윤葉祺胤이 편집하여 가흥대장경嘉興大藏經에 입장했던 것으로 경經·소疏·초鈔가 합본된 것이다. 총 80권이 천자문 순서로 엮어져 있는데 이 중에 천天~황자권荒字卷까지 8권이 『화엄현담』에 해당한다. 이 『화엄현담』에 대해 주해를 한 것이 원元나라 보서普瑞의 『회현기』이다. 여기서는 『유망기』[32]와 『발병』[33]을 가지고 분석해 본다.

과도를 읽을 때에는 경이나 논을 강독하기에 앞서 과도를 펼쳐놓고 해당되는 부분을 앞뒤로 또는 전체적으로 파악하는데, 이 때 전체의 맥락 및 해당부분이 전체에서 차지하는 위치와 의미를 검토한다. 예컨대 강독할 부분이 현담玄談 천자권天字卷[4下4][34]의 '三含衆妙而有餘者 法界相大也……'부분이라면 과도를 펼쳐놓고 다음과 같이 읽고 해당 경문에 들어간다.[35]

"華嚴經疏科를 크게 나누면 넷이다.
첫째는 總叙名意요, 둘째는 歸敬請加요, 셋째는 開章釋文이요, 넷째는 謙讚廻向이다.
첫째 總叙名意에 둘이니, 첫째는 略分麤細二門이요, 둘째는 且依十門細

---

[32] 奉先寺楞嚴學林 編纂(2004a). 동국대 도서관 소장본을 저본으로 하여 대한불교조계종교육원에서 간행한 책이다.

[33] 奉先寺楞嚴學林 編纂(2004b). 월운스님 소장본을 저본으로 하여 대한불교조계종교육원에서 간행한 책이다.

[34] 4下4는 4丈 下面[뒷면] 4行을 가리킨다.

[35] 별첨자료 참조.

科이다.

둘째 且依十門細科에 열이니, 첫째는 標擧宗體요, 둘째는 別歎能詮이요, 셋째는 敎主難思요, 넷째는 說儀周普요, 다섯째는 言該本末이요, 여섯째는 旨趣玄微요, 일곱째는 成益頓超요, 여덟째는 結歎宏遠이요, 아홉째는 感慶逢遇요, 열째는 略釋名題라.

첫째 標擧宗體에 넷이니, 첫째는 約三大釋이요, 둘째는 約本末釋이요, 셋째는 明法界類別이요, 넷째는 總彰立意라.

첫째 約三大釋에 다섯이니, 첫째는 初句明用大요, 둘째는 明體大요, 셋째는 明相大요, 넷째는 融拂上三이요, 다섯째는 結法所屬이다.

지난 시간에 둘째 明體大까지 해마쳤고, 오늘 할 부분은 세 번째 '明相大' 부분에 들어갑니다.……"

즉 해당부분의 과목科目을 소개하기에 앞서 전체의 상과上科를 소개하고, 지난 시간에 했던 부분의 과목을 언급한 후, 이번 시간에 할 부분의 과목이 어디에 해당되는지 소개한다. 과도를 통해 전체적인 윤곽을 잡고 나면 다음 순서로 사기를 점검한다.

### 2. 사기 간경법 예시

사기에서는 원전의 오자誤字·탈자脫字·연자衍字를 교정함은 물론, 과목을 제시해서 문단을 정리하기도 하고, 때론 자신이 수학한 스승들과 동료들의 견해를 종합하거나 반박하는 등³⁶ 다양한 형태로 자신의 견해를 밝히고 있다. 봉선사에서는 사기를 통해 원전을 수정한 후 원전강독에 들어간다. 여기서는 사기에서 제시한 다양한 견해들을 유형별로 정리해 본다. 내용의 이해를 돕기 위해 사기에서 가리키는 원전의 해당 부분은 각주를 통해 제시하였고, 해석을 돕기 위해 문장마다 현토를 하였다. 또한 사기의 주석이 어느 정도의 정확성과 효율성을 지니는지 알아보기 위해 다음의 (1)·(2)·(3)·(4)의 네 가지 항목에 한하여『신수대장경』검색 시스템과 비교해 보기로 한다.

### (1) 원전의 오자誤字를 사기에서 지적한 경우

· 善染(7上8)³⁷의 染은 作淨이라³⁸『遺忘記』

이는 원전에 '揀其惡染 不揀善染'으로 되어 있는데, 앞의 악염惡染의 대구로 선염善染이 아닌 선정善淨이 문맥상 맞다. 이와 관련하여 오늘날 가장 널리 활용되는 CBETA(중화불전협회의 전자대장경)에 수록된『회현

---

**36** 사기 내용 중에는 '虎老云', '懶老云', '霜老云' 등의 형태로 다른 강사들의 견해를 소개한 경우가 많이 보인다. '虎老'는 호암 체정虎巖體淨, '霜老'는 상월 새봉霜月璽篈이며 '懶老'는 화엄일승의 법문을 설한 허곡 나백虛谷懶白으로 보인다. 때로는 이들 견해에 힘입어 부연설명하거나, 때로는 반박하며 자신의 주장을 편 경우도 있으며, 때로는 결론을 내지 못하고 후학들에게 상세히 검토할 것을 당부한 곳도 있다.

**37** 7上8은 7丈 上面 8行을 말하는데, 이는 원전인『회현기』의 장수와 항수이다. 여기서 다루는 모든 사기의 장수와 항수가 마찬가지이니, 이는 애초에 사기 저본에서 원전을 찾아보기 편리하도록 기입해놓은 숫자 표시를 그대로 따른 것이다.

**38**『會玄記』卷2, "鈔皆法界用也者(7上5)는 略結二對也니 謂如同教中에 准起信等說컨대 唯以出生世間出世間善因果로 爲用大니 則揀其惡染 不揀善染이어나와 今此別教는 一切染淨迷悟라 乃至六趣旋還披毛戴角히 皆法界用也니 故知同別之義가 亦天隔矣로다."

기』와 대조해보면, 사기에서 지적된 오류가 고쳐지지 않고 그대로 수록되어 있음을 알 수 있다. 즉 이 책의 해당부분인 "不揀善染"(X8, n236, p.98b13)을 보면 '染'에 대한 어떤 교감주도 붙어 있지 않음을 알 수 있다. 이처럼 사기는 오랜 세월 한국의 불교도들이 정밀한 독해의 과정을 거쳐 제시한 주석서인 만큼, 이후 대장경 교감에도 중요한 역할을 할 수 있을 것으로 기대한다.

### (2) 원전의 탈자脫字를 사기에서 지적한 경우

· 八三(1下6)의 間에 恐落得字라[39] 『遺忘記』
· 相依乎性(16下4)下에 落釋含字性體無外下八字也라[40] 『遺忘記』

이 부분도 CBETA의 『회현기』와 대조해보면 "八三菩提"(X8, n236, p.96c9)와 "相依乎性"(X8, n236, p.101a20)에 대한 어떤 교감주도 붙어 있지 않음을 확인할 수 있다.

---

[39] 『會玄記』 卷2, "八,三菩提(1下6)니 初句는 方便菩提니 一切菩提樹下에 示成正覺故요 二句는 實相菩提요 三句는 實智菩提라."

[40] 『會玄記』 卷2, "鈔淸淨法界杳杳冥冥者(16下1)는 即性淨無障礙理로 以爲能含之體니 如金含器故라 恒沙二字는 釋眾字라 性德下는 釋妙字라 上雖擧能含之體나 意在所含之相이요 又或帶因以明也니라 相依乎性下는 釋有餘二字라."

406

### (3) 원전에서 필요 없는 글자인 연자[41]를 사기에서 지적한 경우

· 生趣(6下8)의 趣는 恐衍이라[42] 『遺忘記』

이 부분도 CBETA의 『회현기』에는 "生趣"(X8, n236, p.98a42) 그대로 되어 있다.

### (4) 사기에서 원전의 대자大字를 소주小註로 지적한 경우, 또는 소주를 대자로 지적한 경우

· 今雖(19上2)下八字는 註也라[43] 『遺忘記』
· 註에 卽圓義也(10下7)와 卽音義也 八字는 註也요 餘皆彼疏니 當以元文으로 見也라[44] 『遺忘記』

이 부분도 CBETA의 『회현기』에는 어떤 교감주도 없이 각주41(X8, n236, p.123c12), 각주42(X8, n236, p.113c8)에 예시된 내용 그대로 되어 있다.

---

41 '衍'은 '넘친다.', '필요 없다.'는 뜻이며 연자는 필요 없는 글자라는 의미이다.

42 『會玄記』卷2, "六趣者(6下7)는 毗疊論에 云호대 趣者는 名到이며 亦名爲道니 謂彼善惡業因道로 能運到其**生趣處**일새 故로 名爲趣라"

43 『會玄記』卷5, "此菩薩知下(18下10)는 世俗智也니 所知十身은 皆是毗盧遮那正覺之體라 三界五趣와 無盡刹土는 能招身土業와 煩惱니라 **今雖言報**唯取能招니라 四向四果와 自悟緣生과 三賢十地妙覺果人과 世出世智과 一切敎理行果와 理空事空이니 如次是十身之體니라."

44 『會玄記』卷4, "疏圓音落落該十利而頓周者(10下5)는 起信疏에 云호대 一一語音이 偏窮生界호대 【**即圓義也**라】而其音韻이 【恒不雜亂라 **即音義也**라】若音不偏인댄 是音非圓이요 若音等偏하고 失其韻曲인댄 則是圓非音이나니와 今不壞曲而等偏하며 不動偏而韻差하니 此是如來】圓音이라 非是心識思量境界라하니라."

## (5) 사기에서 현토의 상이相異함을 지적한 경우

· 疏에 往復無際(1下6)나하야 用三大義가 皆廣多無際則上吐요 絶際無際則下吐也라[45][46] 『遺忘記』
· 鈔에 法華佛知見云云(10下7)者는 有人이 懸吐하야 云法華를 涅槃을 云云이라하나 愚는 謂하노니 法華에 佛知見을 涅槃에 槃涅槃을 云云이라하노라 盖法華는 以佛知見으로 爲宗而此約佛境界知一偈에 開示而無遺요 涅槃은 以槃涅槃으로 爲宗而此經出現一章에 曲盡體用也라[47] 『遺忘記』

두 번째 예시 문장을 번역하면 다음과 같다. "鈔에 '法華佛知見……'에서 어떤 사람은 吐를 달기를, 法華 다음에 '를' 토를, 涅槃 다음에 '을' 토를 달아야 한다고 하지만, 내 생각에는 '法華에 佛知見을 涅槃에 槃涅槃을'이라고 달아야 한다. 대개 『법화경』은 佛知見으로 宗을 삼는데, 『화엄경』에서는 '佛境界知' 한 게송을 들어 개시함에 빠트림이 없고, 『열반경』은 槃涅槃으로 宗을 삼는데, 『화엄경』에서는 '出現' 하나의 章에 體·用을 다하였다."

---

[45] 내용의 이해를 돕기 위해 현토의 상이함을 번역을 통해 확인하면 다음과 같다. "疏에 往復無際 다음에 縣吐할 때, 三大의 이치가 모두 廣多無際인 것을 쓴다면 '나' 吐로 해야 하고, 絶際無際를 쓴다면 아래 吐인 '하야' 吐로 해야 한다는 뜻이다."

[46] 『懸談 疏』, "往復無際(1下6)나 動靜一源이라 含衆妙而有餘하며 超言思而逈出者는 其唯法界歟인저."

[47] 『懸談 鈔』, "法華의 佛知見(10下7)을 一偈開示而無遺하고 涅槃의 般涅槃을 一章에 曲盡其體用하며 六百卷般若는 不出三天偈文이요 一大藏契經을 並攝七字之內니 是謂諸佛之智慧며 竭性相之洪源이라 故로 云廣大悉備矣라하니라."

## (6) 사기주私記主들의 견해가 같은 경우

· 上(19下8)字는 作下字也라 [48]『遺忘記』
· 上字는 下字也라 『鉢柄』

## (7) 사기주들의 견해가 다른 경우

· 報生智(18下6)者는 **地上菩薩**이 **有此智也**라 [49]『遺忘記』
· 報生智者는 **佛肉眼也**라 **亦可報身**의 **智也**라 『鉢柄』

## (8) 보충전거를 제시해서 찾아보게 한 경우

· 疏主云云(20上7)은 **見潛字上卷初丈下十行**이라 [50]『遺忘記』
· 宗趣云云(2上7)은 **見洪字卷八十六丈下六行也**라 [51]『遺忘記』

---

[48] 『會玄記』卷2, "鈔法界類別中(19下6)에 言第三無障礙法界者는 即事理無礙法界라 言屬上三法界者는 以上三法界가 融拂自在하야 歸總無障礙法界也라 上은 屬四法界와 五法界를 准此可知니라."

[49] 『會玄記』卷2, "然所以超者(18下5)가 有三義故니 一, 於人에 超權教菩薩과 及凡小故요 二, 於心에 非三慧와 及 **報生智**之境故요 三, 顯法體나 佛菩薩이 亦不思議故니라."

[50] 『會玄記』卷2, "故 **疏主**가 **下云**호대 然法含持軌과 界有多義라하니라."

[51] 『會玄記』卷3, "鈔故下裕公云者(2上7)는 下**宗趣疏**中에 引이니 即靈裕法師也라."

### (9) 학인들에게 면밀한 검토를 요구하며 과제로 남긴 경우

· 二行의 先單以智別鑒(6下2)云云과 及六行의 三諦齊觀에 釋其周鑒二字(6下6)云云은 愚恐不然이니 以鈔三諦齊觀云云이 但結上義이요 不是別義也니 學者는 詳之니라.[52] 『遺忘記』

### (10) 불충분한 사기를 훗날의 사기가 보충한 경우[53]

· 疏主云然三昧爲定云云者는 應在下疏나 而未詳何卷하니 後當檢入하라[54] 『遺忘記』

♧ 校者註: 今云 未詳在何卷은 在果字卷三丈下五行이라.

### (11) 사기에서 언급한 과목을 도표화하기

사기에서 과목이 제시된 곳에서는 늘 도표화하여 과도를 만들어서 한눈에 쉽게 파악하도록 하였다.

---

[52] 『會玄記』卷5, "鈔에 若作三觀下(6下2)는 **先單以智**로 **別鑒**前三大니 此는 唯釋其智字라 言空觀等者는 智論中에 分別色等은 假觀이요 性空寂滅은 空觀이요 此二不二難思는 中道觀也라하니 今別對三大하야 以相爲中者는 以居體用之中하야 融攝體用故라 言三諦齊觀者는 釋其周鑑二字라."

[53] 사기의 내용 중 보조설명이 필요하거나, 인용문에 착오가 있어 전체를 이해하기 불편한 대목, 사기에서 미해결 과제를 제시한 경우, 사기의 내용이 명백한 오류이거나 사기주가 미처 살피지 못했다고 여겨지는 곳 등, 사기의 미흡한 부분들을 봉선사 사기본에서는 교자주校者註의 형태로 보충하였다.

[54] 『會玄記』卷3, "疏湛智海之澄波虛含萬象者(19上7)는 科云所依定이라하니 即海印三昧也라 三昧는 此云等持니 平等持心하야 趣一境故라 若言定者인댄 謂心一境性이나 今云三昧를 科云定者는 **疏主**가 **云然三昧爲定**이 雖非敵對나 由平等持心하야 至一境故니 義旨相順故로 略云定이라하니 義如鈔釋이니라."

二. 唯約妄科(9下5)는 此科大旨로는 往復等一句가 皆妄見이라 然이나 釋此科한 記中科文이 錯誤니 若改科면 則約妄說이 二니 一은 約廣多無際하야 明往復이요 二는 約絶際無際하야 泯往復이라. 初中이 二니 一은 竪論이요 二는 橫論이라. 二는 約絶際無際하야 泯往復이 二니 一은 竪요 二는 橫이라 竪가 二니 一은 若約絶際云云(2下5)下는 正釋이요 二는 中觀論(2下6)下는 引證이라 二에 橫이 二니 一은 橫尋云云(2下8)下는 正釋이요 二는 是以遠公云云(2下9)下는 引證이라 『鉢柄』

두 번째 유약망과唯約妄科는 이 과목의 대지大旨로는 왕복往復 등 한 구절이 모두 망견妄見이 된다. 그러나 이 과목을 해석한 『회현기』 중의 과문이 잘못되었으니, 만약 과科를 고친다면 다음과 같다.[55]

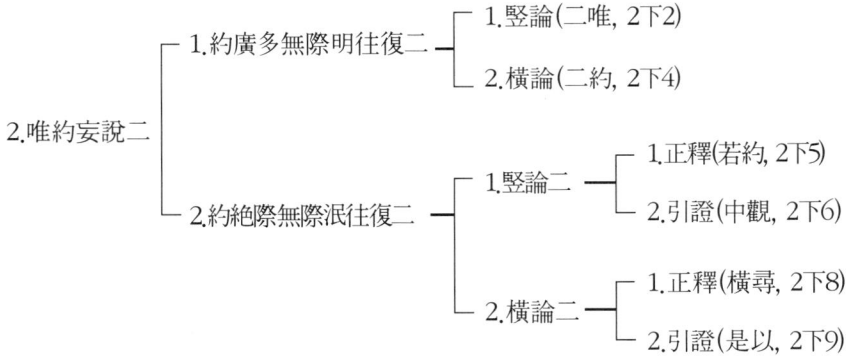

이상에서 살펴보았듯이 사기에서는 선배 학인들이 오랜 세월동안 다양한 형태로 해당 원전에 대한 주석을 제시한 만큼, 이를 토대로 보다 완성된 형태의 원전강독에 활용할 수 있다.

---

[55] 아래의 과도는 봉선사 사기본 『鉢柄』을 참조하였다.

## 3. 사기 회편의 사례와 필요성

사기를 볼 때 빠질 수 없는 작업이 바로 '회편'이다. 현담 사기를 다룰 때에는 『화엄현담』을 먼저 배치하고, 현담에 대한 주석서인 『회현기』의 내용을 그 밑에 배치하고, 다음으로 현담 사기의 내용을 현담 또는 『회현기』 아래에 배치한다. 주의할 점은 사기(『유망기』·『발병』 참조)의 내용이 『회현기』에 대한 설명 부분도 있지만, 『화엄소초』에 대한 설명들도 섞여있기 때문에 이 점을 유의해서 해당 원전 밑에 붙여야 한다.[56] 또 대부분의 사기가 행초서行草書 형태로 모든 항목을 연속해서 썼기 때문에 회편할 때 단락별로 나눠서 원전 아래에 배치하는데, 사기의 장수와 항수를 사기의 저본이 본 원전과 같은 본의 장수와 항수로 맞춰야 한다. 이렇게 배치하여야 원전과 사기의 설명 부분(장수·항수)이 호응되어 내용 파악이 용이하다. 필자의 경험으로 비춰볼 때, 간혹 사기의 저본에서 원전인 현담고 『회현기』의 순서를 따르지 않은 곳도 보이므로, 그런 곳은 순서를 다시 배열하여 원본의 순서대로 회편해야 한다. 즉 앞에 있어야 할 문장이 뒤에 있을 때도 있고, 반대의 경우도 있기 때문에 문장마다 장수와 항수를 일일이 맞춰가면서 확인해야 하는 수고로움이 있다.

사기를 번역할 때에도 마찬가지로 회편 작업을 먼저 마치고, 배치된 상위 원전들을 다 번역한 후에야 마지막으로 사기를 번역할 수 있다. 사기의 내용 중에는 현토를 지적한 곳도 많이 나오기 때문에 원전을 번역할 때에도 그 점을 고려해서 현토를 적용시켜 번역하는 것이 내용 파악에 훨

---

[56] 기존의 연구-이종수(2012), pp. 312-313에서 '현담사기는 『회현기』에 대한 주석'이라고만 언급하고 있는데, 이 점은 현담사기를 제대로 살펴보지 못한 오류이다. 『유망기』나 『발병』 중에 『화엄소초』의 내용을 지적한 부분들도 꽤 나오는데, 봉선사에서 간행된 사기들은 이 점을 구분해서 실었으므로, 살펴보면 쉽게 알 수 있다. 아래의 〈왕복서〉 예시 참조.

씬 수월하다. 일례로 〈왕복서〉의 첫 문장을 회편해 보면 다음과 같다. 사기에서 언급하고 있는 내용은 편의상 원전에서 밑줄로 표시하였다.

『懸談 疏』

<u>往復無際</u>(1下6)나 動靜一源이라 含衆妙而有餘하며 超言思而逈出者는 其唯法界歟인저.

『懸談 鈔』

今初(1下8)에 往復無際로 至其唯法界歟히 文有五句하니 言意多含이어니와 略爲四意라 一, 約三大釋이요 二, 約本末釋이요 三, 明法界類別이요 四, 總彰立意라 …… 何法이 往復고 略有三義하니 一은 雙約迷悟說이요 二는 唯就妄說이요 三은 返本還源說이니 <u>今初니 爲迷法界</u>而往六趣는 去也며 動也요 悟法界而復一心은 來也며 靜也니 皆法界用也라 …….

『遺忘記』

疏에 往復無際(1下6)나하야 用三大義가 皆廣多無際則上吐요 絶際無際則下吐也라 動靜一源은 初義는 則往動復靜이요 次義則往復皆動이며 往復體虛爲靜이요 後義則往은 靜이니 涅槃故요 復은 動이니 生死故也요 亦有往動復靜之義하니 如記可知라. 今初爲迷法界云云(2上6)의 爲字는 恐謂字也라.

『會玄記 卷2』

<u>疏往復無際</u>等者(1上3)는 廻向品에 說호대 廻向衆生은 即往復無際也요

廻向實際는 即動靜一源也요 廻向菩提는 即含眾妙而有餘也라하니 **彼疏**中에 廣以十門三義로 配三廻向일새 今略引彼하야 配釋**此文**호리라 一, **依三法**이니 初句는 眷屬般若요 次句는 實相般若요 三句는 觀照般若라 …… **二, 滅三道**니 **初句**는 **滅業道**요 次句는 滅苦道요 三句는 滅惑道라 …… **八, 三菩提**니 初句는 方便菩提니 一切菩提樹下에 示成正覺故요 二句는 實相菩提요 三句는 實智菩提라 …….

『遺忘記』

牒往復無際(1上3)者는 作記時에 疏鈔가 別行故로 先牒疏也니 下皆準知로다. [甲本]彼疏(1上5)者는 當檢雨字卷十六丈上九行下하라. 依三法者는 眷屬則 淨五蘊及善十一이니 即當三大中用大니 衆生이 依用故로 可當初句라. 二滅三道(1上8)中에 初句滅業道者는 回結縛業하야 爲利生業하고 見苦實際하야 能滅苦하고 照煩惱空하야 即得菩提일새 故로 如是配也라. 八三(1下6)의 間에 恐落得字라.

『鉢柄』

配滅三道(1上9)者는 滅生死無明業縛하고 而得往復自在故니 無際是自在義故니라 滅生死苦而得法身寂滅樂故며 滅塵沙惑而得恒沙妙故니라 亦可往復은 是無明業縛而以無際가 即事同眞絶際之意로 滅業也요 動靜은 苦而一源之義로 滅也요 含衆妙之衆妙者가 是妙智故로 此自滅惑也니라.

414

사기가 여러 종류가 있을 경우에는 우선 계통별로 분류해야 하는데, 화엄현담 사기의 경우 연담 계통과 인악 계통 등 서로 다른 계통의 사기류가 전해온다. 계통별로 분류한 후에는 같은 계통 안에서도 저본과 갑본甲本, 을본乙本 등으로 매겨서 내용을 대조하여 갑본, 을본의 내용을 각주 처리 한다든지 따로 표시하든지 해서 어떠한 형태로든 반영해야 한다.

봉선사에서 간행한 『유망기』의 경우를 예로 들면, 저본 외에 매권 일정치 않지만 한 권에서 네 권 『華嚴十地品 私記』의 경우 여덟 권의 이본異本을 참조하였는데, 의미와 문장이 약간 다른 경우와 빠진 부분은 별도로 표시[※]하여 별첨하였고, 저본에 없는 새로운 부분은 갑본 등으로 가칭하여 소개하였다.[57]

## IV. 맺음말

과도와 사기는 경론을 읽을 때 전체 모습을 그려보며 해설을 통해 내용 이해를 할 수 있으므로 매우 긴요한 지침서이다. 조선후기 이래 불교의 강원교육에서 그 전통이 이어져 온 간경법이 오늘날 승가 교육에서는 많이 퇴색되었다. 다만 봉선사처럼 그나마 명맥을 유지하는 곳이 있어 그 간경법의 사례를 소개하였다. 모든 경전 강독 및 교육과정에서 이를 적용할 수는 없겠지만, 전통적 간경법이 끊어지지 않고 계속 유지해 나가는 것은 매우 중요한 과제이다.

---

[57] 奉先寺楞嚴學林 編纂(2004a), 일러두기 참조.

사기나 과도집의 출간은 해당 원전에 대한 강독과 깊이 있는 이해를 전제로 한다. 이를 위해서는 한문 독해력은 물론 불교 교리나 사상체계 전반에 대한 이해, 선학의 증의證義와 감수監修 등이 반드시 필요하다. 봉선사에서의 강학전통 계승은 이 점을 잘 보여준다. 여러 사기들을 비교해서 원전에 맞춰 내용을 검토하고, 토를 달아 정서하는 일, 나아가 원전에 사기를 회편해서 번역하는 일은 지난한 작업이기에 한두 사람의 노력이나 능력이 아닌, 집체적 공동 작업과 성과 도출을 위한 기획이 필요하다.

　아직도 전국에 흩어져 있는 사기를 수집하는 문제, 탈초해서 정서하는 문제, 저본과 대조본의 문제, 저자와 계통을 밝히는 문제, 회편해서 번역하는 문제 등 산적한 과제가 남아 있다. 또한 전통 기록유산을 제대로 이해하기 위한 간경법의 계승이 필요하다. 본고는 봉선사의 사례를 중심으로 과도와 사기를 활용한 간경법을 소개한 것으로, 향후 사기의 역주와 회편의 성과를 도출하고 사기의 내용에 대한 연구를 진척시켜 나갈 것이다.

\* 별첨 <天字卷(玄談)의 科圖>[1]

天字卷(玄談)

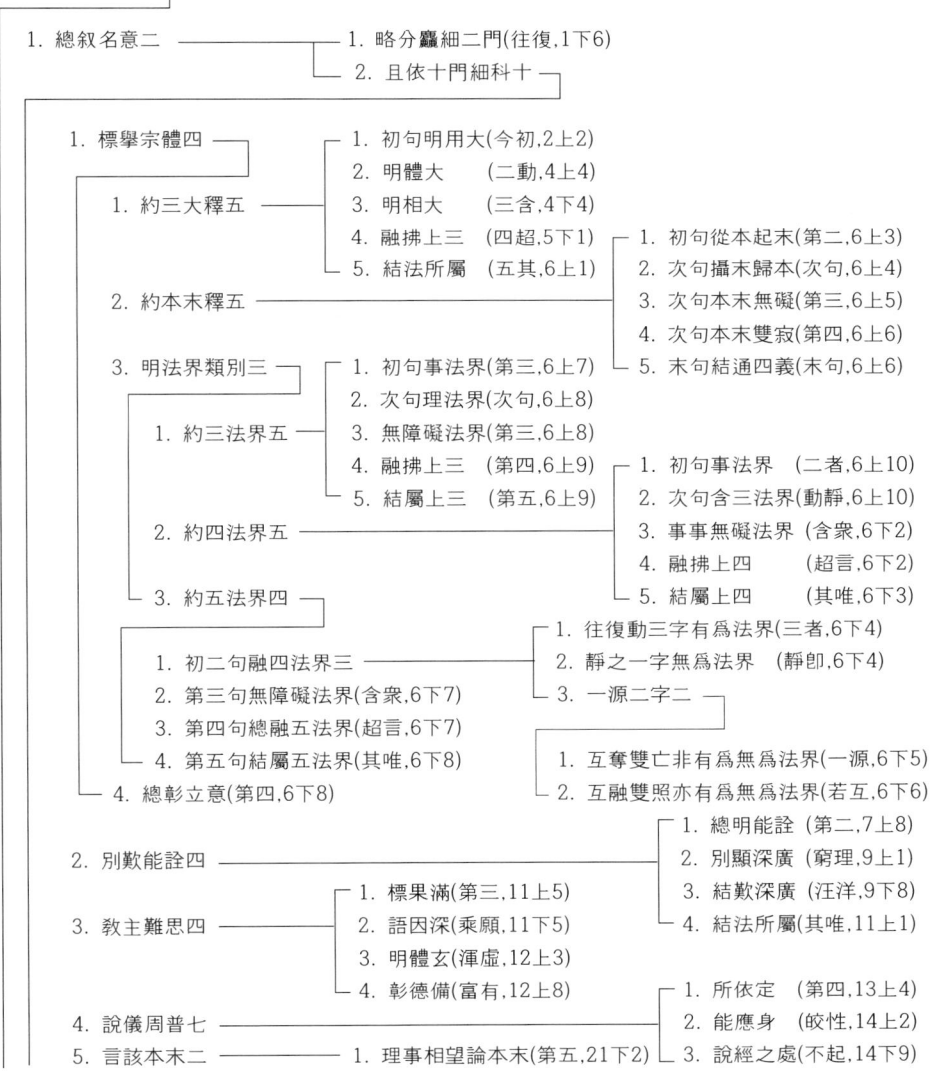

---

[1] 『華嚴經疏鈔科圖集』(대한불교조계종교육원, 1998) 1~2쪽에서 인용.

```
              ┌ 6. 旨趣玄微 ①→2              └ 2. 諸教相望論本末(若乃,24上7)    ┌ 4. 說經之時(無違,16下5)
              │ 7. 成益頓超 ②→2                                                │ 5. 明所被衆(盡宏,17下2)
              │ 8. 結歎宏遠 ③→2                                                │ 6. 明說本經(圓音,18上5)
              │ 9. 感慶逢遇 ④→2                                                └ 7. 別敘說儀(主伴,18下5)
              └ 10.略釋名題 ⑤→2
         ├ 2. 歸敬請加     ⑥→3
         ├ 3. 開章釋文     □→4
         └ 4. 謙讚廻向(官字卷下 法性,54上1)

1→① 6.旨趣玄微二 ──────┬ 1. 分科(第六,25上5)
                      └ 2. 隨釋二 ─┐
    ┌ 1. 理事無礙二 ────────┬ 1. 示三大(就初,25上8)      ┌ 1. 正明雙融(眞妄,27下5)
    │                     └ 2. 融眞妄二 ──────────    └ 2. 不礙雙存(事理,30下7)
    └ 2. 事事無礙二 ────────┬ 1. 明無礙所由(理隨,31上10)
                           └ 2. 顯無礙之相十 ─┐
       ┌ 1. 明諸法相卽自在門 (故得,32上9)
       │ 2. 廣狹自在無礙門  (廣大,34上6)
       │ 3. 微細相容安立門  (炳然,34下5)
       │ 4. 同時具足相應門  (具足,35上4)
       │ 5. 一多相容不同門  (一多,35下2)
       │ 6. 秘密隱顯俱成門  (隱顯,35下9)
       │ 7. 因陀羅網境界門  (重重,36上8)
       │ 8. 十世隔法異成門  (念念,36下2)
       │ 9. 託事顯法生解門  (法門,37上5)
       └ 10.諸藏純雜具德門  (萬行,37下10)

1→② 7.成益頓超二 ──────┬ 1. 分科(若夫,38上8)         ┌ 1. 見聞益  (見聞,40下7)
                      └ 2. 隨釋二 ─┐                │ 2. 解行益  (解行,42上9)
    ┌ 1. 總顯高深二 ───────┬ 1. 明高遠(今初,38下3)     │ 3. 頓證益  (師子,42下9)
    │                    └ 2. 彰深妙(深不,39上3)     │ 4. 超權益  (象王,43下5)
    └ 2. 正顯成益八 ─────────────────────────────      │ 5. 成智益  (啓明,45上2)
                                                    │ 6. 成位益  (寄位,46上8)
1→③ 8.結歎宏遠二 ──────┬ 1. 分科(第八,48上6)          │ 7. 顯因成果益(剖微,47上6)
                      └ 2. 隨釋二 ─┐                └ 8. 成就行願益(盡衆,47下4)
    ┌ 1. 當相顯勝(先當,48上7)     ┌ 1. 法(尋斯,48下7)    ┌ 1. 智明映奪喻(初其,48下8)
    └ 2. 對他顯勝二 ─────────     └ 2. 喩二 ─────────   └ 2. 高勝難齊喻(後須,49上2)

1→④ 9.感慶逢遇二 ──────┬ 1. 弘闡源由(第九,49上9)      ┌ 1. 對昔自慶(顧惟,49下9)
                      └ 2. 正明感遇二 ──────────     └ 2. 對今自慶(況逢,50上9)

1→⑤ 10.略釋名題三 ─────┬ 1. 雙標二目(第十,51上10)
                      │ 2. 雙釋二目二                ┌ 1. 解經題(大以,52上2)
                      └ 3. 雙結二目(後斯,55下2)       └ 2. 釋品目(佛及,54下3)

天字卷終
```

## 〈참고문헌〉

### 원전

『華嚴疏鈔』

『華嚴縣談會玄記』

### 단행본

奉先寺楞嚴學林 編纂(1998), 『華嚴經疏鈔科圖集』, 대한불교조계종교육원.

奉先寺楞嚴學林 編纂(2002a), 『三家本私記 遺忘記』, 대한불교조계종교육원.

奉先寺楞嚴學林 編纂(2002b), 『三家本私記 雜華記 雜貨腐』, 대한불교조계종교육원.

奉先寺楞嚴學林 編纂(2004a), 『華嚴淸凉疏鈔懸談記-遺忘記(天字卷~荒字卷)』, 대한불교조계종교육원.

奉先寺楞嚴學林 編纂(2004b), 『華嚴淸凉疏鈔懸談記-鉢柄(天字卷~荒字卷), 懸談記(玄字卷~洪字卷)』, 대한불교조계종교육원.

奉先寺楞嚴學林 編纂(2006a), 『華嚴經淸凉疏鈔 三賢遺忘記(日字卷~生字卷)』, 대한불교조계종교육원.

奉先寺楞嚴學林 編纂(2006b), 『華嚴經淸凉疏鈔 三賢雜華記(日字卷~生字卷)』, 대한불교조계종교육원.

奉先寺楞嚴學林 編纂(2008a), 『華嚴經淸凉疏鈔 十地 後三會 遺忘記(麗字卷~師字卷)』, 대한불교조계종교육원.

奉先寺楞嚴學林 編纂(2008b), 『華嚴經淸凉疏鈔 十地 後三會 雜華記(麗字卷~官字卷) 雜華腐(劍字卷~光字卷)』, 대한불교조계종교육원.

奉先寺楞嚴學林 編纂(2008a), 『起信論 私記 1』, 楞嚴學林 假編輯.

奉先寺楞嚴學林 編纂(2008b), 『起信論 私記 2』, 楞嚴學林 假編輯.

奉先寺楞嚴學林 編纂(2008c), 『金剛經 仁岳記』, 楞嚴學林 假編輯.

奉先寺楞嚴學林 編纂(2008d), 『金剛經 鉢柄記』, 楞嚴學林 假編輯.

奉先寺楞嚴學林 編纂(2008e), 『金剛記』, 楞嚴學林 假編輯.

奉先寺楞嚴僧伽大學院 編纂(2013), 『大方廣圓覺修多羅了義經私記』, 도서출판 해조음.

奉先寺楞嚴僧伽大學院 編纂(2013), 『楞嚴經私記 蓮潭記·仁岳記』, 도서출판 해조음.

佛學硏究所·敎材編纂委員會 編(2008), 『四集私記』, 조계종출판사.

김상현 외 7인(2013), 『華嚴經玄談重玄記』, 동국대학교출판부.

金映遂(1939), 『朝鮮佛敎史藁』, 民俗院. (2002, 『朝鮮佛敎史』로 影刊)

김용태(2010), 『조선후기 불교사 연구』, 신구문화사.

## 논문

김용태(2012), 「동아시아의 澄觀 화엄 계승과 그 역사적 전개-송대와 조선후기 화엄교학을 중심으로」, 『불교학보』61, 불교문화연구원.

김용태(2015), 「청허 휴정과 조선후기 선과 화엄」, 『불교학보』73, 불교문화연구원.

김주경(2014), 「중국 주석 전통 속에서 본 천태 五重玄義」, 『불교학연구』41, 불교학연구회.

이정희(2013), 「조선후기 사기의 불교학적 의미」, 『한국불교사연구입문』下, 지식산업사.

이종수(2012), 「조선후기 불교 사기 집성의 현황과 과제」, 『불교학보』61, 불교문화연구원.

조은수·서정형(2014), 「불교의 주석 전통과 科文의 발달」, 『불교학연구』41, 불교학연구회.

주성옥(명법)(2014), 「능엄경 註疏를 통해 본 과문의 특징」, 『불교학연구』41, 불교학연구회.

하유진(2014), 「大般涅槃經集解에 나타난 열반경의 科文에 대하여」, 『불교학연구』41, 불교학연구회.

Jong-su Lee(2012), "Monastic Education and Educational Ideology in the Late Chosŏn", *Journal of Korean Religious*, Vol. 3, No. 1.

Kim Yong-T'ae(2013), "Changes in Seventeenth-Century Korean Buddhism and the Establishment of the Buddhist Tradition in the Late Chosŏn Dynasty", *ACTA KOREANA* VOL. 16, NO. 2.

## 저자 소개

**김천학_** 동국대학교 불교문화연구원 HK교수. 화엄학 전공. 한국학중앙연구원 한국학대학원과 일본 도쿄대학 박사.
주요 연구로는 『平安期華嚴思想の研究-東アジア華嚴思想の視座より-』, 『균여화엄사상연구』, 「『한국불교전서』 수록 신라 문헌의 정본화 필요성」, 「법장 『기신론소』의 간경도감본과 대정장본의 사상적 상위」 등이 있음.

**장원량張文良_** 중국인민대학 불교와종교학이론연구소 교수. 중국불교 화엄학 전공. 일본 동경대학 인문사회연구과 박사.
주요 연구로는 『澄觀の華嚴思想研究』, 『批判佛敎的批判』, 『日本當代佛敎』, 『東亞佛敎視野下的華嚴思想硏究』, 『大乘起信論思想史研究』 등이 있음.

**노로 세이野呂靖_** 용곡대학 문학부 준교수. 불교학(일본불교, 화엄사상) 전공. 용곡대학 문학연구과 박사.
주요 연구로는 『凝然敎學の形成と展開』(공저), 『日本佛敎と論義』(공저), 『明惠上人夢記譯注』(공저), 「義林房喜海の成仏義―高山寺藏『三生成道料簡』を中心に」, 「明惠の成仏義解釈とその周辺―義天版章疏の影響関係を中心に―」 등이 있음.

**김지연_** 동국대학교 불교문화연구원 HK연구교수. 동아시아불교 전공. 동국대 불교학과 박사.
주요 연구로는 「『석마하연론(釋摩訶衍論)』의 사상적 지평」, 「중국에서 법장 『기신론소』의 유통에 대해서」, 「『대승기신론별기』 연구의 쟁점과 정향」 등이 있음.

**장위신張宇心_** 내몽고대학 철학학원 강사. 종교학(불교) 전공. 중국인민대학 철학학원 박사.
주요 연구로는 「慧苑の華嚴教学と『大乘起信論』」, 「慧均佛性思想研究以"五种佛性"为中心」 등이 있음.

**김용태**_ 동국대 불교학술원 불교문화연구원 HK교수. 한국불교사(조선시대불교) 전공. 서울대 국사학과 박사.
주요 연구로는 『조선 불교사상사』, 『한국불교사』(일본 춘추사), 『조선후기 불교사연구』 등이 있음.

**다카다 시즈카高田悠**_ 전 용곡대학 강사. 불교학(일본불교, 화엄사상) 전공. 용곡대학 문학연구과 박사.
주요 연구로는 「東大寺図書館所蔵写本『具分唯識』について」, 「湛睿における弥陀浄土義」 등이 있음.

**강현찬**_ 동국대 불교학술원 일반연구원. 조선시대 불교사 전공. 동국대 한국불교융합학과 박사과정 수료.
주요 연구로는 「조선 후기『화엄경소초』의 판각과 화엄학의 성행」 등이 있음.

**이종수**_ 국립순천대학교 사학과 부교수. 한국불교사 전공. 동국대 사학과 박사.
주요 연구로는 「숙종 7년 중국선박의 표착과 백암성총의 불서간행」, 「조선후기 가흥대장경의 복각」, 『운봉선사심성론』(역서) 등이 있음.

**김자현**_ 동국대 불교문화연구원 HK연구교수. 한국불교미술사 전공. 동국대 미술사학과 박사.
주요 연구로는 「조선시대 〈석가설법도〉를 통해 본 청문자도상의 연원과 수용」, 「불교판화를 통해 본 西夏 불교도상의 東傳」 등이 있음.

**이선화(선암)**_ 불교학술원 K-Buddhism 기록문화 콘텐츠팀 전임연구원. 한문불전 번역 전공. 동국대 한문불전번역학과 박사.
주요 연구로는 조선 후기 私記 연구, 私記 탈초 및 번역, 치문경훈 역주 등이 있음.

## 징관澄觀의 불교세계에 대한 해석
### 동아시아 불교의 관점에서

2024년 2월 13일 초판 1쇄 인쇄
2024년 2월 26일 초판 1쇄 발행

| | |
|---|---|
| 엮 은 이 | 김천학·장문량·노로 세이·김지연 |
| 발 행 인 | 박기련 |
| 발 행 처 | 동국대학교 출판문화원 |

| | |
|---|---|
| 출 판 등 록 | 제2020-000110호(2020.7.9.) |
| 주 소 | 04626 서울시 중구 퇴계로36길2 신관1층 105호 |
| 전 화 | 02-2264-4714 |
| 팩 스 | 02-2268-7851 |
| Homepage | http://dgpress.dongguk.edu |
| E-mail | abook@jeongjincorp.com |

| | |
|---|---|
| 디 자 인 | 더블디앤스튜디오 |
| 인 쇄 처 | 신도인쇄 |

ISBN 979-11-91670-57-8 (93220)

값 30,000원

이 책의 무단 전재나 복제 행위는 저작권법 제98조에 따라 처벌받게 됩니다.